2025年度版

教員資格認定試験

過去問題集

JN055614

協同教育研究会 編

協同出版

はじめに

教育を取り巻く環境は変化しつつあり，日本の公教育そのものも，教員免許更新制の廃止やGIGAスクール構想の実現などの改革が進められています。また，現行の学習指導要領では「主体的・対話的で深い学び」を実現するため，指導方法や指導体制の工夫改善により，「個に応じた指導」の充実を図ることが示されています。それにより，教員に求められるスキルは，今後さらに高いものになっていくことが予想されます。

それに反して公立学校の教員採用試験の倍率は年々低下傾向にあり，教員免許状を取得しても教員採用試験を受験することなく，他の職種を希望する学生も増えております。その結果，倍率の低下という状況となり，結果として教師の質の低下を招くこととなります。そのような問題を解決するための一つの手段として，教員資格認定試験が注目されております。

教員資格認定試験は，教職課程を修了していなくても教員としての資質，能力を有する者に教員免許を与える機会を開くためのもので，「広く一般社会に人材を求め，教員の確保を図る」ことを目的としています。

本書は，幼稚園及び小学校教員の資格認定試験を受験する人が，より効率よく学習できるように構成されています。第1章で教員資格認定試験の試験概要，出題傾向と対策，過去3年間の出題傾向分析を掲載し，第2章以降では幼稚園教員及び小学校教員の資格認定試験の過去3カ年の実施問題，解答および解説を掲載しています。なお，一部の問題につきましては，著作権の関係で，掲載していない箇所があります。あらかじめご了承ください。

なお2025年度教員採用試験から，教員資格認定試験の問題を使用して採用試験を実施してもよいとされました。実施の可能性のある自治体については，本書14ページをご参照ください。

みなさまが，この書籍を徹底的に活用し，教員資格認定試験・教員採用試験の合格を勝ち取って，教壇に立っていただければ，それはわたくしたちにとって最上の喜びです。

協同教育研究会

目次

●第1章　試験概要・出題傾向と対策 ………………………………… 5

試験概要 —— 6

出題傾向と対策 —— 15

教職教養　過去3年間の出題傾向分析 —— 20

小学校　過去3年間の出題傾向分析 —— 32

●第2章　幼稚園教員　資格認定試験 …………………………………41

2024年度

教科及び教職に関する科目（Ⅰ） —— 42

教科及び教職に関する科目（Ⅱ） —— 57

幼稚園教育の実践に関する科目 —— 72

2023年度

教科及び教職に関する科目（Ⅰ） —— 77

教科及び教職に関する科目（Ⅱ） —— 91

幼稚園教育の実践に関する科目 —— 107

2022年度

教科及び教職に関する科目（Ⅰ） —— 112

教科及び教職に関する科目（Ⅱ） —— 126

幼稚園教育の実践に関する科目 —— 142

●第3章　小学校教員　資格認定試験 ………………………… 147

2024年度

教科及び教職に関する科目（Ⅰ） —— 148

教科及び教職に関する科目（Ⅱ） —— 169

国語　169　社会　179
算数　188　理科　199
生活　205　音楽　214
図画工作　220　家庭　231
体育　238　外国語(英語)　247
教科及び教職に関する科目（Ⅲ）——255
国語　255　社会　259
算数　265　理科　269
生活　272　音楽　276
図画工作　278　家庭　283
体育　289　外国語(英語)　293
教科及び教職に関する科目（Ⅳ）——296

2023年度

教科及び教職に関する科目（Ⅰ）——302
教科及び教職に関する科目（Ⅱ）——324
国語　324　社会　336
算数　344　理科　353
生活　360　音楽　369
図画工作　375　家庭　385
体育　393　外国語(英語)　403
教科及び教職に関する科目（Ⅲ）——412
国語　412　社会　415
算数　421　理科　425
生活　428　音楽　432
図画工作　435　家庭　440
体育　443　外国語(英語)　446
教科及び教職に関する科目（Ⅳ）——450

2022年度

教科及び教職に関する科目（Ⅰ）――― 455

教科及び教職に関する科目（Ⅱ）――― 477

国語	477	社会	488
算数	498	理科	506
生活	513	音楽	522
図画工作	528	家庭	538
体育	547	外国語(英語)	556

教科及び教職に関する科目（Ⅲ）――― 565

国語	565	社会	568
算数	573	理科	577
生活	581	音楽	586
図画工作	589	家庭	595
体育	599	外国語(英語)	604

教科及び教職に関する科目（Ⅳ）――― 608

第１章

試験概要・出題傾向と対策

試験概要

※ 最新の内容は令和６年度受験案内を参照ください
※ 掲載情報は令和６年２月現在の情報です

第１節　教員資格認定試験の概要

1　教員資格認定試験とは

教員資格認定試験は，広く一般社会に人材を求め，教員の確保を図るため，大学等における通常の教員養成のコースを歩んできたか否かを問わず，教員として必要な資質，能力を有すると認められた者に教員への道を開くために文部科学省が実施している試験である。

2　取得できる免許状

・幼稚園教諭二種免許状
・小学校教諭二種免許状

普通免許状には「専修免許状」「一種免許状」「二種免許状」の3つの種類があり，それぞれ大学院卒業程度，4年制大学卒業程度，短大卒業程度に相当する。教員資格認定試験で取得できる免許状は幼稚園，小学校共に「二種免許状」である。いずれは一種免許状を取得することが求められるかもしれないが，教員採用試験や職務を行う上での差異は特にない。

3　教員資格認定試験の出願者数・合格者数

区分	幼稚園教員資格認定試験				小学校教員資格認定試			
	出願者	受験者	合格者	合格率	出願者	受験者	合格者	合格率
平成 30 年度	102	98	21	21.4%	1,018	849	112	13.2%
2019 年度	88	82	39	47.6%	917	780	248	31.8%
令和２年度	26	24	8	33.3%	819	742	167	22.5%
令和３年度	30	17	7	41.2%	1,242	799	173	21.7%
令和４年度	27	24	10	41.7%	1,017	782	135	17.3%
令和５年度	37	36	9	25.0%	1,051	869	191	22.0%

※ 合格率は合格者数を受験者数で除したもの。

4　教員資格認定試験の現状

近年，教員不足が社会問題化しており，教員資格認定試験にも注目が集まりつつある。そのような状況を鑑み，令和6年度以降の最新の教員資格認定試験について，下記3点の変更が発表されている。

(1)　高等学校(情報)教員資格認定試験の再開

2004年に停止となっていた同試験について，令和6年度より再開する。合格者は，高等学校教諭一種免許状(情報)の授与を受けることができる。

(2)　教員資格認定試験実施日の早期化について

教員不足問題を受け，教員採用試験の試験実施日が早期化されている。このような動向が教員資格認定試験にも影響を及ぼすこととなり，令和6年度試験は例年より1ヶ月程度早く実施される予定となっている。なお，試験日程は，下記の通りである。

a　幼稚園

試験実施日：令和6年6月16日(日)　9時00分～13時10分
最終合格発表：令和6年8月26日(月)

b　小学校

第1次試験実施日：令和6年6月16日(日)　9時00分～17時10分
第2次試験実施日：令和6年9月28日(土)
第1次試験合格発表：令和6年8月28日(水)
最終合格発表：令和6年11月20日(水)

c　高等学校(情報)

第1次試験実施日：令和6年6月16日(日)　9時00分～11時40分
第2次試験実施日：令和6年9月29日(日)
第1次試験合格発表：令和6年8月28日(水)
最終合格発表：令和6年11月20日(水)

(3)　令和6年度小学校教員資格認定試験の一部科目の免除について

細かい試験科目については「第3節　小学校教員資格認定試験の概要」に記載しているが，令和6年度小学校教員資格認定試験の試験科目のうち，教科及び教職に関する科目（Ⅰ）と教科及び教職に関する科目（Ⅲ）については，本人の申請に基づき，その試験科目の全部を免除することとされた。前者について免除の対象となるのは，幼稚園，中学校又は高等学校教諭の普通免許状を有し，学校等における教員として良好な勤務成績で3年以上勤務した者，後者について免除の対象となるのは，中学校又は高等学校教諭の普通免許状を有し，学校等における教員として良好な勤務成績で3年以上勤務した者となっている。

第２節　幼稚園教員資格認定試験の概要

1　幼稚園教員資格認定試験制度の趣旨

文部科学省では，規制改革推進3か年計画(平成15年3月28日閣議決定)を踏まえ，幼稚園と保育所の連携を一層促進する観点から保育士等として一定の勤務経験を有する者が幼稚園教諭免許状を取得する方策として幼稚園教員資格認定試験(以下，「認定試験」という)を実施しており，その試験実施事務を独立行政法人教職員支援機構(以下，「教職員支援機構」という)が行っている。認定試験は，受験者の学力等が大学又は短期大学などにおいて幼稚園教諭の二種免許状を取得した者と同等の水準に達しているかどうかを判定するもので，認定試験に合格した者は，都道府県教育委員会に申請すると，幼稚園教諭の二種免許状が授与される。

なお，認定試験は保育士資格を有する者に幼稚園教諭免許状の取得を義務付けるものではない。

2　取得できる普通免許状の種類

幼稚園教諭二種免許状

3　受験資格

平成15年4月1日までに生まれ，高等学校を卒業した者，その他大学(短期大学及び文部科学大臣の指定する教員養成機関を含む)に入学する資格を有する者で，保育士(国家戦略特別区域限定保育士を含む)となる資格を有した後，以下の(1)，(2)，(3)のいずれかに該当する者として3年以上勤務した者(実労働時間の合計が4,320時間以上である場合に限る)。

(1)　幼稚園(特別支援学校の幼稚部を含む)において，専ら幼児の保育に従事する職員「専ら幼児の保育に従事する職員」とは，預かり保育を担当する職員や学級担任の補助職員等を想定しているものであり，幼児の保育に直接携わらない勤務は，勤務期間に算入できない。

(2)　幼保連携型認定こども園において園児の教育及び保育に従事する職員

(3)　次に掲げる施設の保育士(国家戦略特別区域法第12条の5第5項に規定する事業実施区域内にある施設にあっては，保育士又は当該事業実施区域に

係る国家戦略特別区域限定保育士)

施設名	備考
① 児童福祉施設	児童福祉法(昭和22年12月12日法律第164号)第7条第1項に規定された施設
② 認定こども園である認可外保育施設	児童福祉法第59条第1項に規定する施設のうち同法第39条第1項に規定する業務を目的とするものであって就学前の子どもに関する教育，保育等の総合的な提供の推進に関する法律(平成18年法律第77号)第3条第1項又は第3項の認定を受けたもの及び同条第11項の規定による公示がされたもの
③ 地域型保育事業として認可された小規模保育施設	児童福祉法第6条の3第10項に規定する小規模保育事業(家庭的保育事業等の設備及び運営に関する基準(平成26年厚生労働省令第61号)第27条に規定する小規模保育事業A型及び小規模保育事業B型に限る。)を実施する施設
④ 地域型保育事業として認可された事業所内保育施設	児童福祉法第6条の3第12項に規定する事業所内保育事業(利用定員が6人以上の施設)を実施する施設
⑤ 公立の認可外保育施設	へき地保育所(「安心こども基金管理運営要領」(平成21年3月5日20文科発第1279号・雇児発第0305005号の別紙)の別添6の11に規定するへき地保育所)を含む。
⑥ 幼稚園併設型認可外保育施設	児童福祉法施行規則(昭和23年厚生省令第11号)第49条の2第3号に規定する施設
⑦ 認可外保育施設指導監督基準を満たす旨の証明書が交付された認可外保育施設	「認可外保育施設に対する指導監督の実施について」(平成13年3月29日雇児発第177号)の別添に示す「認可外保育施設指導監督基準」を満たし，「認可外保育施設指導監督基準を満たす旨の証明書の交付について」(平成17年1月21日雇児発第0121002号)に基づく証明書の交付を受けた施設 ただし，以下の施設を除きます。 ・利用定員5人以下の施設 ・当該施設を利用する児童の半数以上が一時預かり(入所児童の保護者と日単位又は時間単位で不定期に契約し，保育サービスを提供するもの)による施設 ・当該施設を利用する児童の半数以上が22時から翌日7時までの全部又は一部の利用による施設

4　試験の内容及び方法

・内容及び方法

区分	内容	方法
教科及び教職に関する科目（Ⅰ）	教育職員免許法施行規則第2条に定める幼稚園教諭免許状取得に必要な専門的事項のうち，教育原理，教育法規，教育心理，特別支援教育等に関する内容 〔幼稚園教員養成機関における授業科目名称の例〕 教職概論，幼児教育教師論，教育行財政，幼児教育学，幼児教育心理学，教育制度論，教育行政学，教育社会学，教育経営論等	筆記試験：マークシート方式(択一式とする。)
教科及び教職に関する科目（Ⅱ）	教育職員免許法施行規則第2条に定める幼稚園教諭免許状取得に必要な専門的事項のうち，保育内容の指導法，教育課程，教育方法，幼児理解，教育相談等に関する内容 〔幼稚園教員養成機関における授業科目名称の例〕 教育課程論，教育内容論，学習指導論，教育方法・技術論，保育内容指導法，幼児理解，教育相談等	筆記試験：マークシート方式(択一式とする。)
幼稚園教育の実践に関する科目	「幼稚園教育要領」，『幼稚園教育要領解説』，文部科学省作成の指導資料等，共通課題を基にした指導案(週案，日案)の作成に関する内容	筆記試験(論述式とする。)

・試験時間

教科及び教職に関する科目（Ⅰ）：50分
教科及び教職に関する科目（Ⅱ）：50分
幼稚園教育の実践に関する科目　：90分

5　試験の合格判定基準

教科及び教職に関する科目（Ⅰ）：満点の6割以上を合格とする。
教科及び教職に関する科目（Ⅱ）：満点の6割以上を合格とする。
幼稚園教育の実践に関する科目　：満点の6割以上を合格とする。

第３節　小学校教員資格認定試験の概要

1　小学校教員資格認定試験制度の趣旨

文部科学省では，広く一般社会から学校教育へ招致するにふさわしい人材を求めるため，職業生活や自己研修などにより教員として必要な資質，能力を身に付けた方が教員免許状を取得する方策として小学校教員資格認定試験(以下,「認定試験」という)を実施しており,その試験実施事務を独立行政法人教職員支援機構(以下,「教職員支援機構」という)が行っている。認定試験は,受験者の学力等が大学又は短期大学などにおいて小学校教諭の二種免許状を取得した者と同等の水準に達しているかどうかを判定するもので,認定試験に合格した者は,都道府県教育委員会に申請すると,小学校教諭の二種免許状が授与される。

2　取得できる普通免許状の種類

小学校教諭二種免許状

3　受験資格

高等学校を卒業した者,その他大学(短期大学及び文部科学大臣の指定する教員養成機関を含む)に入学する資格を有する者で,平成15年4月1日までに生まれた者。

4　試験の内容及び方法

〈第1次試験〉

・内容及び方法

区分	内容	方法
教科及び教職に関する科目(I)	教職専門科目に関する内容 教育職員免許法施行規則第3条第1項表における「教育の基礎的理解に関する科目」及び「道徳,総合的な学習の時間等の指導法及び生徒指導,教育相談等に関する科目」に関する専門的事項	筆記試験:マークシート方式(択一式とする。)
教科及び教職に関する科目(II)	小学校の各教科の具体的な授業場面を想定した指導法及びこれに付随する基礎的な教科内容 〔国語,社会,算数,理科,生活,音楽,図画工作,家庭,体育,外国語(英語)の10教科の中から6教科を選択して受験する。なお,6教科には「音楽」,「図画工作」,「体育」のうち2教科以上を含めること。〕	筆記試験:マークシート方式(択一式とする。)

区分	内容	方法
教科及び教職に関する科目(Ⅲ)	小学校の各教科の具体的な授業場面を想定した指導法及びこれに付随する基礎的な教科内容 〔国語，社会，算数，理科，生活，音楽，図画工作，家庭，体育，外国語(英語)の10教科の中から1教科を選択して受験する。〕	筆記試験(論述式とする。)
教科及び教職に関する科目(Ⅳ)	教職への理解及び意欲，児童理解，実践的指導力等，小学校教員として必要な能力等の全般に関する事項	筆記試験(論述式とする。)

・試験時間

教科及び教職に関する科目（Ⅰ）　　：70分

教科及び教職に関する科目（Ⅱ）　　：180分

教科及び教職に関する科目（Ⅲ）（Ⅳ）：合わせて120分

〈第2次試験〉

・内容及び方法

内容	方法
教職への理解及び意欲，小学校教員として必要な実践的指導力に関する事項	指導案作成，模擬授業，口頭試問(個別面接)等

※ 試験科目の一部免除について

次に掲げる試験科目については，本人の申請に基づき，その試験科目の全部を免除するものとする。

・教科及び教職に関する科目（Ⅰ）：幼稚園，中学校又は高等学校教諭の普通免許状を有し，学校等における教員として良好な勤務成績で3年以上勤務した者

・教科及び教職に関する科目（Ⅲ）：中学校又は高等学校教諭の普通免許状を有し，学校等における教員として良好な勤務成績で3年以上勤務した者

5　試験の合格判定基準

〈第1次試験〉

教科及び教職に関する科目（Ⅰ）：満点の6割以上を合格とする。

教科及び教職に関する科目（Ⅱ）：選択した6教科の満点合計の6割以上を合格とする。ただし選択した6教科のうち1教科でも最低基準(4割)に満たない場合は不合格とする。

教科及び教職に関する科目（Ⅲ）：満点の6割以上を合格とする。

教科及び教職に関する科目（Ⅳ）：A・Bの2段階評価とし，Aを合格とする。

〈第2次試験〉

複数課題について，総合的にA・Bの2段階で評価し，Aを合格とする。

第4節　教員採用試験での使用について

1　教員採用試験の現状

近年の公立学校の教員採用試験の競争率(採用倍率)は年々低下傾向にあり，令和5年度の全学校種総計で3.4倍となっている。また，受験者数も校種を問わず減少傾向となっている。これは，大量採用，競争率(採用倍率)の低下という近年の状況変化を受けて既卒受験者層が減少したことによる影響が大きくなっているが，教員免許状を取得しながらも教員採用選考を受験することなく，他の職種に流れる層が相当数いることも影響している。

その要因として，民間企業の就職活動の早期化により，就職活動を不安に思い，少しでも安定した就職先を早期に決めたいと考える学生は，教師を目指していても先に民間企業に就職先を決めてしまうという現状があるからだと考えられる。そこで文部科学省としては，民間企業等の就職活動を踏まえつつ，教員採用試験を早期化することにより，質の高い教師を確保するための工夫を行っていこうとしている。

2　早期化の課題点

教員採用試験の早期化を実施するにあたり，課題の1つとして，現在自治体ごとに作成をしている問題制作のスケジュールを前倒しして行わなければならないという点が挙げられる。しかし，自治体では高校入試の実施や人事異動業務など他の業務との関係もあり，負担が重く対応が難しいのが現状である。

3　早期化に伴う問題制作に係る負担の対応策について

令和6年度実施の教員採用試験に関して，試験実施日を教員資格認定試験実施日(6月16日)に合わせた場合には，文部科学省より教員資格認定試験(小学校教諭)の問題提供を受けることができる。これを利用することにより，各自治体における問題制作に係る負担を一部軽減することができる。

つまり，令和6年度の教員採用試験においては，試験実施日が6月16日(日)の自治体では，教員資格認定試験の問題(小学校，教職教養)が出題される可能性がある。

なお，現状(令和6年2月現在)，令和6年度教員採用試験が6月16日(日)に行われる予定の自治体を下記に示す。

北海道，新潟県，新潟市，滋賀県，福岡県，福岡市，北九州市，佐賀県，長崎県，熊本県，熊本市，大分県，宮崎県，鹿児島県，沖縄県

今後は，教員採用試験において，自治体の負担軽減の観点から，教員資格認定試験を使用した問題が増えていくことが予想される。どのような問題が出題されても慌てないように，早い時期から対策を講じておくことが重要であろう。

出題傾向と対策

※ 文科省の令和５年度の認定試験を弊社の教員採用試験シリーズとの整合性をとるために2024年度として掲載しています。

第１節　幼稚園教員資格認定試験の出題傾向

幼稚園教員資格認定試験では，教科及び教職に関する科目（Ⅰ），教科及び教職に関する科目（Ⅱ），幼稚園教育の実践に関する科目が実施されている。2024年度の実施問題の出題傾向を見ていくと以下の通りである。

教科及び教職に関する科目（Ⅰ）は，教職に関する知識を問う問題で，試験時間50分，全15問の四肢択一形式であった。問題数は過去3年間変更されていない。教育史は日本教育史と西洋教育史が各1問，教育方法2問，新生児や乳児に関する問題が3問，教育心理が各2問，教育法規が3問，幼稚園施設整備指針が1問，特別支援教育に関する問題が1問，我が国における教育・保育の状況に関する時事問題が1問，それぞれ出題された。

教育史は西洋と日本ともに人物に関するもので，幼稚園教諭の発展に貢献した人物について問われた。教育方法は理論名，新生児や乳児については，視覚や記憶，発達など，成長に関するものであった。教育心理は学習効果や発達の理論，教育法規は，学校教育法，学校教育法施行規則，就学前の子どもに関する教育，保育等の総合的な提供の推進に関する法律であり，幼児教育に関する法令が出題された。特別支援教育は障害者基本法の条文からの出題であった。該当する語句，空欄補充，正誤問題とバランスよく出題されている。正誤問題については誤っているものを4つの選択肢から1つ選択する問題であった。

教科及び教職に関する科目（Ⅱ）は，教科(幼稚園教員)に関する知識を問う問題で，（Ⅱ）と同じく，試験時間50分，全15問の四肢択一形式であった。問題数は過去3年間変更されていない。幼稚園教育要領から6問，幼稚園教育要領解説から2問出題された。また文科省及び厚労省の資料からは，『幼保連携型認定こども園教育・保育要領解説』，『幼児理解に基づいた評価』，『幼児の思いをつなぐ指導計画の作成と保育の展開』，『指導と評価に生かす記録』が出題された。他には，教育心理からカウンセリングについて，教科知識からは理科と音楽に関するものであった。

幼稚園教育要領及び幼稚園教育要領解説は，総則や内容から空欄補充形式の問題が多いが，情報機器の活用についてなど，より細かく問われるものもある。文科省及び厚労省の資料からは，保育における評価，指導計画の作成，教師に求められる専門性など，幼稚園教育の指導に関して出題されている。教科知識からは，知識を問う問題であった。

幼稚園教育の実践に関する科目は論述形式で，試験時間90分，大問形式で2問出題された。配慮事項についての説明，指導計画について改善として考えられる点を述べるものであった。

第２節　幼稚園教員資格認定試験の対策

教職に関する知識を問う問題では，教育法規，教育方法や教育心理，教育史，特別支援など幅広い分野から出題されている。正誤を問う問題も一部は出題されているが，教職としては一般的な知識を問う問題が多く，標準的な問題といえる。教科(幼稚園教員)に関する知識を問う問題では，幼稚園教育要領及び幼稚園教育要領解説に関する問題が半数を占める。空欄補充形式の問題が多く，こちらも標準的な問題が多い。文科省及び厚労省の資料は比較的新しい資料が多く，内容についても問われている。いずれも幼児教育に関する資料であり，そう考えると範囲は絞りやすいとも言える。国語や理科，表現に関わる問題が例年2問出題されている。幼稚園教育の実践に関する科目は，指導的な項目について実践的でかつ具体的に描かせるものであるため，難易度は高めといえる。論述対策については，文章を書く習慣を付けるなど，日常的な対策が求められる。

第３節　小学校教員資格認定試験の出題傾向

小学校教員資格認定試験は，教科及び教職に関する科目（Ⅰ），教科及び教職に関する科目（Ⅱ），教科及び教職に関する科目（Ⅲ），教科及び教職に関する科目（Ⅳ）で実施されている。2024年度の実施問題の傾向を見ていく。

教科及び教職に関する科目（Ⅰ）は，教職に関する知識を問う問題で，試験時間70分，全20問の四肢択一形式であった。教育史4問，教育法規3問，学習指導要領5問，教育時事2問，生徒指導2問，教育方法2問，教育心理2問の構成となっており，教育史の出題が多いのが特徴である。

教育史の特徴としては，日本と西洋に完全に分離された問題ではなく，日本と西洋の教育制度を関連させた出題が多い。時代としては，日本の近世，近代，現代にいたるまで幅広く出題されている。1965年にラングランが提唱した生涯学習の概念については，教育史とも教育原理ともとれる問題である。

一部正誤問題で迷うような選択肢はあるが，標準的な内容といえる。教育法規は，学校教育法の条文4つから構成される空欄補充問題，教育公務員特例法は近年改正された研修に関する正誤問題，いじめ防止対策推進の条文3つから構成される正誤問題であった。いずれの条文も教員採用試験では頻出の条文であり，比較的易しい問題である。小学校学習指導要領からは改訂の要点，総則(教育課程の編成，道徳教育に関する配慮事項)，小学校学習指導要領解説からは特別活動と総合的な学習の時間についてそれぞれ出題された。改訂の要点は同解説に含まれている内容で正誤問題，総則からは正誤問題と空欄補充問題，解説からの2問はそれぞれ正誤問題であった。改訂内容や評価の在り方など，学習指導要領はもちろん学習指導要領解説も併せて学習しておかないと対応できないやや難易度が高めの問題である。教育時事は2問で「新しい時代の特別支援教育の在り方に関する有識者会議　報告」と中教審の答申「新しい時代の教育や地方創生の実現に向けた学校と地域の連携・協働の在り方と今後の推進方策について」が出題された。生徒指導は「不登校児童生徒への支援の在り方について(通知)」と「児童生徒の教育相談の充実について～学校の教育力を高める組織的な教育相談体制づくり～(報告)」の2つが出題されている。教育方法はオペラント条件付けと教師期待効果について，教育心理は発達の最近接領域と防衛機制についてそれぞれ出題された。正誤問題が中心であるが，標準的な問題が多い。

教科及び教職に関する科目（Ⅱ）は，教科(小学校教員)に関する知識を問う問題で，試験時間180分，小学校全10教科で構成されている。各10問ずつで構成されており，音楽，図画工作，体育のうち2教科以上を含む6教科(60問)を解答する。国語は，学習指導要領5問，現代文(漢文の内容を含む)が3問，古文が2問となっていて，解釈や文法に関して問われている。社会は学習指導要領及び解説が3問，日本史3問，地理2問，公民2問である。公民については，電子商取引，個人情報保護，ワーク・ライフ・バランスなど，時事的な内容が問われている。算数は学習指導要領及び同解説4問，文章題の内容について1問，データの活用について1問，数について1問，図形について2問，容積の単位について1問が出題されている。図形の問題など，一部難解な問題が見られた。理科については，物理2問，化学3問，生物3問，地学2問である。学習指導要領の文章は出題されていないが，関連事項の教科で指導すべき内容について数問問われている。生活科は学習指導要領及び内容について5問，授業を行う際の留意事項(指導法)について4問，植物に関して1問出題されており，空欄補充形式の出題はなかった。実践的な指導方法について問われるなど，学習指導要領だけではなく同解説をしっかりと読みこんでおかないと対応できない問題である。音楽は学習指導要領2問，歌唱教材曲から4問，他に音程，楽器，音楽史，民族音楽から1問ずつ出題されている。標準的な問題である。図画工作は，学習指導要領3問，指導法3問，色彩や用具について3問，残りの1問は工作のもつ教育的意義について問われた。学習指導要領については標準的な問題であるが，指導法については少し難易度が高い。家庭は学習指導要領及び同解説2問，指導法1問，食生活2問，衣生活2問，家庭生活3問となっており，近年の家庭を取り巻く環境など時事的な問題も問われている。一部難解なものもあるが，全体的には標準的な問題である。体育は学習指導要領及び同解説をベースにした問題が多い。学習指導要領は目標及び指導計画の作成と内容の取扱いについて3問，体つくり運動について2問，器械運動や陸上運動の指導について2問，ボール運動，水泳運動，保健分野について各1問と幅広く出題された。学習指導要領解説に関するものなど，一部難解な問題はあるが，標準的な問題である。外国語(英語)は学習指導要領及び同解説から，内容や指導内容，取扱いについて4問，外国語・外国語活動における評価について1問，アクセントや文法について3問，英文読解が2問出題された。英文解釈については英文が非公開となっており，難易度はわからないが，学習指導要領及び文法については標準的な問題である。

教科及び教職に関する科目（Ⅲ）は，10教科それぞれに大問2問が出題されており，字数が制限されている論述問題で，1教科を選択して解答する。それぞれ大問の下に小問が数問で構成されている。科目の知識を問う問題もあるが，理由や指導方法，実験方法など，その内容は多岐にわたる。試験時間を考慮すると，難易度はかなり高めであると思われる。

教科及び教職に関する科目（Ⅳ）は，論文試験2題，教科についての内容ではなく，2024年度では，総合的な学習の時間と特別活動に関するものであった。具体的な学習方法や取組について，300字以上400字以内で記述する問題である。試験時間は，前述の教科及び教職に関する科目（Ⅲ）を含めて合計120分である。

第4節　小学校教員資格認定試験の対策

1日の試験で（Ⅰ）～（Ⅳ）の試験問題を解いていかなければならない。内容的にも空欄補充等の記憶に頼る問題は少なく，教科及び学習指導要領の内容を理解しているかかが重要となってくる。

（Ⅰ）の教職に関する知識を問う問題では，教職教養の範囲としては限られており，標準的な問題が多い。頻出法令や中教審答申，報告書等をしっかりとおさえておけばある程度対応できるだろう。

（Ⅱ）の教科（小学校教員）に関する知識を問う選択問題は，科目によって難易度のバラツキは見られるが，四肢択一問題ということを考えると，難易度としては標準的といえる。ただし，全体で60問解いていく必要があり，180分という時間を考えると結構ゆとりをもって解答できると感じるが，1問換算すると3分で解いていかなければならない。問題の趣旨を早くつかむ読解力，解答を導き出す理解力を必要とする。

（Ⅲ）（Ⅳ）の論述問題は，科目によって，量や文字数は異なる。こちらも問題の趣旨を理解し，知識を問う問題については，その解答について字数内でまとめる，指導方法や実験方法については，学習指導要領や教科書の内容を参考にしてまとめていく能力が求められる。論述試験については，内容はもちろんであるが，文章構成や誤字脱字等にも注意する必要がある。いずれにせよ数ヶ月の学習だけで対応できるものではない。特に文章を書く能力は，常日頃から時間をかけて身に付けておくようにしたい。

教職教養　過去3年間の出題傾向分析

▲：幼稚園教員　●：小学校教員

①教育一般

大分類	小分類	主な出題事項	2022年度	2023年度	2024年度
教育の機能・意義		教化・訓育・陶冶，野生児など			

②教育課程と学習指導要領

大分類	小分類	主な出題事項	2022年度	2023年度	2024年度
教育課程	教育課程一般	教育課程の原理，カリキュラムの種類（コア・カリキュラムなど）			
	基準と編成	小学校・中学校・高校， 学校教育法施行規則52条など			
	学習指導要領	総則（教育課程編成の一般方針，総合的な学習の時間の取扱い，指導計画等の作成に当たって配慮すべき事項など）			●
		学習指導要領の変遷，各年版の特徴，新旧の比較		●	●
道徳教育	学習指導要領	一般方針（総則）	●	●	●
		目標（「道徳教育の目標は～」，「道徳の時間においては～」）		●	
		内容，指導計画の作成と内容の取扱い	●		
	道徳の時間	指導・評価・評定，指導法，心のノート			
	その他	道徳教育の意義・歴史など			
総合的な学習の時間	学習指導要領	目標		●	
		内容	●		●
		指導計画の作成と内容の取扱い			
		目標，各学校において定める目標及び内容			
外国語活動	学習指導要領	目標，内容，指導計画の作成と内容の取扱い			
特別活動	学習指導要領	目標（「望ましい集団活動を通して～」）			
		内容（学級（ホームルーム）活動， 児童（生徒）会活動，クラブ活動，学校行事）	●	●	●
		指導計画の作成と内容の取扱い			

③教育原理

大分類	小分類	主な出題事項	2022年度	2023年度	2024年度
教授・学習	理論	完全習得学習，発見学習，プログラム学習，問題解決学習，有意味受容学習，ピア・サポート活動，グループエンカウンターなど	▲		
	学習指導の形態（学習集団）	一斉学習・小集団（グループ）学習，個別学習			●
	学習指導の形態（支援組織）	オープン・スクール，ティーム・ティーチング，モジュール方式		▲	
	学習指導の形態（その他）	習熟度別学習，コース選択学習			
	学習指導の方法	バズ学習，講義法，全習法，水道方式など	▲		
生徒指導	基本理念	原理・意義・課題（「生徒指導資料」「生徒指導提要」など）	●		
	領域	学業指導，進路指導・キャリア教育，保健指導，安全指導（「学校安全緊急アピール」など）			
	方法	集団指導・個別指導・発達障害			
	教育相談	意義・方法・形式，報告など		●	●
	具体的な指導事例	いじめ（時事問題，法令を含む）	●	●	●
		不登校，高校中退（時事問題含む）			●
		暴力行為，学級崩壊など（時事問題含む）			
	その他	生徒指導の関連事項			
人権・同和教育	歴史	法制史，解放運動史，事件			
	答申	「同和対策審議会答申」			
	地対協意見具申	「地域改善対策協議会意見具申」			
	関連法規	「人権教育及び人権啓発の推進に関する法律」			
	その他	「人権教育のための国連10年行動計画」，各都道府県の人権・同和教育方針など			
特別支援教育	目的	学校教育法72条			
	対象と障害の程度	学校教育法施行令22条の3			
	定義・指導法	LD，ADHD，高機能自閉症，PTSD，CP	▲		
	教育機関	特別支援学校（学校教育法72・76条），寄宿舎（学校教育法79条），特別支援学級（学校教育法81条）		▲	
	教育課程	学習指導要領，教育課程（学校教育法施行規則126～128条），特別の教育課程（学校教育法施行規則138・141条），教科書使用の特例（学校教育法施行規則139条）	▲		

大分類	小分類	主な出題事項	2022年度	2023年度	2024年度
特別支援教育	指導の形態	交流教育，通級指導，統合教育（インテグレーション）			
	関連法規	発達障害者支援法，障害者基本法		▲	▲
	その他	「特別支援教育の推進について」（通知），「障害者権利条約」，「障害者基本計画」，歴史など		●	
社会教育	定義	教育基本法1・7条，社会教育法2条			
	施設	公民館，図書館，博物館，大学・学校施設の開放			
	その他	関連法規（社会教育法，図書館法，博物館法，スポーツ基本法），社会教育主事			
生涯学習	展開	ラングラン，リカレント教育，各種答申（社会教育審議会，中央教育審議会，臨時教育審議会，生涯学習審議会）など			●
	その他	生涯学習振興法，放送大学			
教育時事	現代の教育	情報教育（「情報化の進展に対応した教育環境の実現に向けて」，「情報教育の実践と学校の情報化」，学習指導要領（総則）など）	●	●	
		その他 （環境教育，国際理解教育，ボランティア）			
	中央教育審議会答申	「『令和の日本型学校教育』の構築を目指して～全ての子供たちの可能性を引き出す，個別最適な学びと，協働的な学びの実現～」	●		
		「幼稚園，小学校，中学校，高等学校及び特別支援学校の学習指導要領等の改善及び必要な方策等について」			
		「新しい時代の教育や地方創生の実現に向けた学校と地域の連携・協働の在り方と今後の推進方策について」			●
		「道徳に係る教育課程の改善等について」			
		「学校安全の推進に関する計画の策定について」			
		「今後の学校におけるキャリア教育・職業教育の在り方について」			
		中央教育審議会初等中等教育分科会の 「児童生徒の学習評価の在り方について（報告）」			
		「教育振興基本計画について」			
		「新しい時代を切り拓く生涯教育の振興方策について～知の循環型社会の構築を目指して～」			
		「幼稚園，小学校，中学校，高等学校及び特別支援学校の学習指導要領等の改善について」			
		「子どもの心身の健康を守り，安全・安心を確保するために学校全体としての取組を進めるための方策について」			
		「今後の教員養成・免許制度の在り方について」			
		「新しい時代の義務教育を創造する」			
		「特別支援教育を推進するための制度の在り方について」			

大分類	小分類	主な出題事項	2022年度	2023年度	2024年度
教育時事	教育課程審議会答申	「児童生徒の学習と教育課程の実施状況の評価の在り方について」			
	教育再生会議	第一次報告・第二次報告・いじめ問題への緊急提言			
	その他	「問題行動を起こす児童生徒に対する指導について」（通知）			
		「体罰の禁止及び児童生徒理解に基づく指導の徹底について(通知)」			
		「キャリア教育の推進に関する総合的調査研究協力者会議報告書～児童生徒一人一人の勤労観，職業観を育てるために～の骨子」			
		「今後の特別支援教育の在り方について」			
		「人権教育・啓発に関する基本計画」			
		「人権教育の指導方法等の在り方について」			
		「不登校児童生徒への支援の在り方について(通知)」			●
		「発達障害を含む障害のある幼児児童生徒に対する教育支援体制整備ガイドライン～発達障害等の可能性の段階から，教育的ニーズに気付き，支え，つなぐために～」	●		
		「教育の情報化に関する手引」	●		
		「障害のある子供の教育支援の手引～子供たち一人一人の教育的ニーズを踏まえた学びの充実に向けて～」		●	
		「新しい時代の特別支援教育の在り方に関する有識者会議」			●
		教育振興基本計画			
		幼稚園施設整備指針			▲
		教育統計，白書，教育界の動向		●	
		各都道府県の教育方針・施策			
	その他	全国学力･学習状況調査，生徒の学習到達度調査（PISA），国際数学･理科動向調査（TIMSS）			
		上記以外	▲	▲	▲

④教育法規

大分類	小分類	主な出題事項	2022年度	2023年度	2024年度
教育の基本理念に関する法規	日本国憲法	教育を受ける権利（26条）			
		その他（前文，11～15・19・20・23・25・27・89条）			
	教育基本法	前文，1～17条	▲ ●	●	

大分類	小分類	主な出題事項	2022年度	2023年度	2024年度
教育委員会に関する法規		組織（地方教育行政法3条）			
		教育委員と教育長（地方教育行政法4・5・12条）			
		教育長と事務局（地方教育行政法16条・17条①②・18条①・19条①②）			
		教育委員会の職務権限（地方教育行政法14条①・23条）			
		就学関係（学校教育法施行令1条①②・2条，学校教育法18条）			
		学校，教職員等の管理（地方教育行政法32条・33条①・34条・37条①・43条・46条，地方公務員法40条①）			
		研修（地方教育行政法45条・47条の4①，教育公務員特例法23条）			
教職員に関する法規	教職員の定義と資格	定義（教育公務員特例法2条①②③⑤，教育職員免許法2条①，義務教育標準法2条③），資格（学校教育法9条，学校教育法施行規則20～23条，教育職員免許法3条）			
	教職員の身分と義務	公務員の性格（地方公務員法30条，教育基本法9条②，憲法15条②）			
		義務（地方公務員法31～38条，国家公務員法102条，教育公務員特例法17・18条，地方教育行政法43条②，教育基本法8条②）	▲	●	
		分限と懲戒（地方公務員法27～29条）			
		勤務時間・条件（労働基準法）等			
	教員の任用	条件附採用・臨時的任用（地方公務員法22条，教育公務員特例法12条）			
		欠格事由・欠格条項 (学校教育法9条，地方公務員法16条)			
	教職員の任用	不適格教員（地方教育行政法47条の2）			
	教員の研修	研修（教育公務員特例法21条・22条・24条・25条・25条の2・25条の3，地方公務員法39条）	●		●
		初任者研修（教育公務員特例法23条，地方教育行政法45条①）			●
	教職員の職務と配置	校務分掌（学校教育法施行規則43条）			
		教職員，主任等の職務（学校教育法37・49・60・82条，学校教育法施行規則44～47条）	●		
		職員会議（学校教育法施行規則48条）			
		教職員の配置（学校教育法7・37条など）			
	校長の職務と権限	身分（教育公務員特例法2条），採用と資格（学校教育法8・9条，学校教育法施行規則20条・教育公務員特例法11条）	●		
		教職員の管理（学校教育法37条④）			

大分類	小分類	主な出題事項	2022年度	2023年度	2024年度
	教員免許状	教員免許状の種類，授与，効力（教育職員免許法）			
学校教育に関する法規	学校の設置	学校の範囲（学校教育法1条）			●
		学校の名称と設置者（学校教育法2条，教育基本法6条①）			
		設置基準（学校教育法3条），設置義務（学校教育法38条）			
	学校の目的・目標	幼稚園，小学校（体験活動の目標を含む），中学校，中等教育学校，高等学校	▲	▲	▲
	学校評価及び情報提供	評価（学校教育法42条，学校教育法施行規則66～68条），情報提供（学校教育法43条）		▲	▲
学校の管理・運営に関する法規	設備と管理	学校の管理・経費の負担（学校教育法5条），学校の設備（学校教育法施行規則1条）			
		学校図書館（学校図書館法）			
	学級編制	小学校・中学校の学級編制，学級数・児童生徒数（義務教育標準法3・4条，学校教育法施行規則41条，設置基準）		▲	
	学年・学期・休業日等	学年（学校教育法施行規則59条）			
		学期（学校教育法施行令29条）			
		休業日（学校教育法施行令29条，学校教育法施行規則61条）臨時休業日（学校教育法施行規則63条）	●		
		授業終始の時刻（学校教育法施行規則60条）	●		
	保健・安全・給食	学校保健（学校教育法12条，学校保健安全法1・3・4・5条）			
学校の管理・運営に関する法規	保健・安全・給食	環境衛生（学校保健安全法6条），安全（学校保健安全法26～29条）			
		健康診断（学校保健安全法11・12・13・14・15・16条）		▲	
		感染症による出席停止（学校保健安全法19条）感染症による臨時休業（学校保健安全法20条）	●		
		その他（健康増進法，学校給食・保健・安全の関連事項）			
	教科書・教材	教科書の定義（教科書発行法2条，教科用図書検定規則2条），使用義務（学校教育法34条①②）			
		義務教育の無償教科書（教科書無償措置法），教科書使用の特例（学校教育法施行規則58条・73条の12），副教材等の届出（地方教育行政法33条）			
		著作権法（33・35条）			
	その他	学校評議員（学校教育法施行規則49条），学校運営協議会（地方教育行政法47条の5）		●	●

大分類	小分類	主な出題事項	2022年度	2023年度	2024年度
児童・生徒に関する法規	就学	就学義務（学校教育法17・36条）			
		就学手続（学校教育法施行令2条・5条①・9条・11条・14条，学校保健安全法施行令1条・4条②）			
		就学猶予（学校教育法18条，学校教育法施行規則34条）			
		就学援助（学校教育法19条）			●
	入学・卒業	学齢簿の編製・作成（学校教育法施行令1・2条，学校教育法施行規則29・30条）	▲		
		入学期日の通知と学校の指定（学校教育法施行令5条）			
		課程の修了・卒業の認定（学校教育法32・47・56条，学校教育法施行規則57・79・104条），卒業証書の授与（学校教育法施行規則58・79・104条）			
	懲戒・出席停止	懲戒と体罰（学校教育法11条）			●
		懲戒の種類（学校教育法施行規則26条）			
		性行不良による出席停止（学校教育法35条）			
	法定表簿	表簿の種類と保存期間（学校教育法施行規則28条①②など）			
		指導要録（学校教育法施行規則24条）			
		出席簿の作成（学校教育法施行規則25条）			
	児童・生徒の保護	いじめ防止対策推進法，児童福祉法，児童虐待防止法，発達障害者支援法	●	▲	●
児童・生徒に関する法規	その他	少年法，子どもの貧困対策の推進に関する法律，就学前の子どもに関する教育，保育等の総合的な提供の推進に関する法律		▲	
		児童の権利に関する条約（子どもの権利条約），世界人権宣言			
その他		食育基本法，個人情報保護法，子ども読書活動推進法，学校教育の情報化の推進に関する法律など		●	▲

⑤教育心理

大分類	小分類	主な出題事項	2022年度	2023年度	2024年度
教育心理学の展開		教育心理学の歴史			
カウンセリング・心理療法	カウンセリング	非指示的カウンセリング（ロジャーズ）			▲
		指示的カウンセリング（ウィリアムソン）			
		その他（カウンセリング・マインドなど）			
		精神分析療法			

大分類	小分類	主な出題事項	2022年度	2023年度	2024年度
カウンセリング・心理療法	心理療法	行動療法			
		遊戯療法，箱庭療法			
		その他（心理劇，自律訓練法など）			
発達理論	発達の原理	発達の連続性，発達における一定の方向と順序，発達の個人差，分化と統合		▲	
	遺伝と環境	孤立要因説（生得説，経験説），加算的寄与説，相互作用説（輻輳説）			
	発達理論	フロイトの精神分析的発達理論（リビドー理論）			
		エリクソンの心理社会的発達理論（自我同一性）	▲ ●	●	▲
		ピアジェの発生的認識論	▲ ●		
		その他（ミラーやバンデューラの社会的学習説，ヴィゴツキーの最近接領域，ハーヴィガーストの発達課題，コールバーグの発達段階説）		▲ ●	●
	発達期の特徴	乳児期，幼児期，児童期，青年期		▲	▲
	その他	その他（インプリンティング（ローレンツ），アタッチメント，ホスピタリズムなど）	▲		
適応機制	適応機制の具体的な種類	抑圧，逃避，退行，置き換え，転換，昇華，同一視，投射，合理化，知性視など			●
人格の理論とその把握	人格理論	類型論（クレッチマー，シェルドン，ユング，シュプランガー）	●		
		特性論（キャッテル，ギルフォード，アイゼンク）			
		力動論（レヴィン，フロイト）			
	人格検査法	質問紙法（YG式性格検査，MMPI）			
		投影法（ロールシャッハ・テスト，TAT，SCT，PFスタディ）			
		作業検査法（内田クレペリン検査，ダウニー意志気質検査）			
		描画法（バウムテスト，HTP）			
		その他（評定尺度法など）			
	欲求	マズローの欲求階層構造			
		アンビバレンス，コンフリクト，フラストレーション			
	その他	かん黙，チックなど			

大分類	小分類	主な出題事項	2022年度	2023年度	2024年度
知能検査	知能の因子構造	スピアマン，ソーンダイク，サーストン，トムソン，ギルフォード			
	知能検査の種類	目的別（①一般知能検査，②診断的知能検査（ウェクスラー式））	▲		
		実施方法別（①個別式知能検査，②集団的知能検査）			
		問題の種類別（①言語式知能検査，②非言語的知能検査，③混合式知能検査）			
	検査結果の整理・表示	精神年齢，知能指数			
	その他	知能検査の歴史（ビネーなど）			
教育評価	教育評価の種類	相対，絶対，個人内，到達度，ポートフォリオ	●	●	
		ブルームの分類（診断的，形成的，総括的）		●	
	評価の方法	各種のテスト，質問紙法，面接法，事例研究法			
	学力とその評価	学業不振児，学業優秀児，学習障害児			
		成就指数，教育指数			
	教育評価のキーワード	ハロー効果			●
教育評価	教育評価のキーワード	ピグマリオン効果	▲	▲	
		その他（スリーパー効果，ホーソン効果，中心化傾向）			
集団機能	学級集団の形成	学級集団の特徴，機能，形成過程		●	
	リーダーシップ	リーダーシップの型と集団の生産性		●	
	集団の測定	ソシオメトリック・テスト（モレノ）			
		ゲス・フー・テスト（ハーツホーン，メイ，マラー）			
学習	学習理論 連合説　S-R	パブロフ（条件反応と古典的条件づけ）	▲		
		ソーンダイク（試行錯誤説と道具的条件づけ，効果の法則）			
		スキナー（オペラント条件づけとプログラム学習）	▲	▲	▲ ●
		その他（ワトソン，ガスリー）			
	学習理論 認知説　S-S	ケーラー（洞察説）			
		トールマン（サイン・ゲシュタルト説）			

大分類	小分類	主な出題事項	2022年度	2023年度	2024年度
学習	記憶と忘却（学習過程）	学習曲線（プラトー）	▲		
		レミニッセンス，忘却曲線（エビングハウス）		▲	▲
		レディネス	●		
		動機づけ，学習意欲，達成意欲			▲
		学習の転移（正の転移，負の転移）			
	その他	関連事項（リハーサルなど）			
	社会心理	リーダーシップ論			

⑥西洋教育史

大分類	小分類	主な出題事項	2022年度	2023年度	2024年度
古代〜中世	古代	プロタゴラス，ソクラテス，プラトン，アリストテレス			
	中世	人文主義，宗教改革，コメニウス		▲ ●	
近代〜現代	自然主義	ルソー	▲		
		ペスタロッチ	●		▲ ●
		ロック			
	系統主義	ヘルバルト，ツィラー，ライン	●		●
	革命期の教育思想家	オーエン，コンドルセ，ベル・ランカスター（モニトリアル・システム）			
	児童中心主義	フレーベル	●	▲	
		エレン・ケイ			
		モンテッソーリ			▲
	改革教育学（ドイツの新教育運動）	ケルシェンシュタイナー，ナトルプ，シュプランガー，ペーターゼン（イエナプラン）	▲ ●		
	進歩主義教育（アメリカの新教育運動）	デューイ，キルパトリック（プロジェクト・メソッド），ウォッシュバーン（ウィネトカ・プラン），パーカースト（ドルトン・プラン）	●		▲
	各国の教育制度改革（第二次世界大戦後）	アメリカ，イギリス，フランス，ドイツ			
	現代の重要人物	ブルーナー，ラングラン，イリイチ	▲		
	その他	カント，スペンサー，デュルケムなど		▲	●

⑦日本教育史

大分類	小分類	主な出題事項	2022年度	2023年度	2024年度
古代	奈良	大学寮，国学，芸亭			
	平安	空海（綜芸種智院），最澄（山家学生式），別曹（弘文院，奨学院，勧学院）			
中世	鎌倉	金沢文庫（北条実時）			
	室町	足利学校（上杉憲実）			
近世	学問所，藩校	昌平坂学問所，藩校（日新館，明倫館など）		●	
	私塾	心学舎，咸宜園，古義堂，適塾，藤樹書院，松下村塾	●	●	●
	その他の教育機関	寺子屋，郷学			
	思想家	安藤昌益，大原幽学，貝原益軒，二宮尊徳，吉田松陰	●	●	
近代	明治	教育法制史（学制，教育令，学校令，教育勅語，小学校令の改正）		●	
		人物（伊澤修二，高嶺秀夫，福沢諭吉，倉橋惣三，城戸幡太郎，東基吉，野口幽香，関信三）	▲ ●		●
	大正	教育法制史（臨時教育会議，大学令・高等学校令）			
		大正新教育運動，八大教育主張		●	
		人物（芦田恵之助，鈴木三重吉）	●	●	
現代	昭和（戦前）	教育法制史（国民学校令，青年学校令）			
		生活綴方運動			
	昭和（戦後）	第二次世界大戦後の教育改革など			

⑧幼稚園教諭

大分類	小分類	主な出題事項	2022年度	2023年度	2024年度
幼稚園教育要領	幼稚園教育要領	幼稚園教育の基本	▲	▲	▲
		教育課程の役割と編成等	▲	▲	▲
		指導計画の作成，特別な配慮を必要とする幼児への指導,資質・能力，運営上の留意事項等	▲	▲	▲
		ねらい及び内容	▲		▲
	指導法	指導計画，指導案の作成	▲	▲	▲
	幼稚園教育要領解説	総説，ねらい及び内容	▲	▲	

大分類	小分類	主な出題事項	2022年度	2023年度	2024年度
指導資料	第3集	幼児理解と評価の主な内容			
	第5集	指導と評価に生かす記録の主な内容	▲		
教科知識	国語	文学作品等	▲		
	理科	生き物，植物等			▲
	表現活動	図工，音楽等	▲		▲
時事	答申，報告書	幼児の思いをつなぐ指導計画の作成と保育の展開，幼児理解に基づいた評価，指導と評価に生かす記録	▲	▲	▲
その他	幼保関連	幼保連携型認定こども園教育・保育要領，幼保連携型認定こども園教育・保育要領解説	▲	▲	▲

小学校　過去3年間の出題傾向分析

①国語

分　類	主な出題事項	2022年度	2023年度	2024年度
ことば	漢字の読み・書き	●	●	
	同音異義語・同訓漢字の読み・書き	●		
	四字熟語の読み・書き・意味			
	格言・ことわざ・熟語の意味			
文法	熟語の構成，対義語，部首，画数，各種品詞			●
敬語	尊敬語，謙譲語，丁寧語			
現代文読解	空欄補充，内容理解，要旨，作品に対する意見論述	●	●	●
詩	内容理解，作品に対する感想			
短歌	表現技法，作品に対する感想			
俳句	季語・季節，切れ字，内容理解			
古文読解	内容理解，文法（枕詞，係り結び）		●	●
漢文	書き下し文，意味，押韻	●	●	●
日本文学史	古典（作者名，作品名，成立年代，冒頭部分）	●		
	近・現代（作者名，作品名，冒頭部分）			
その他	辞書の引き方，文章・手紙の書き方など			
学習指導要領・学習指導要領解説	目標		●	
	内容	●	●	●
	内容の取扱い	●		●
	指導計画の作成と各学年にわたる内容の取扱い			
指導法	具体的指導法	●	●	●

②社会

分　類	主な出題事項	2022年度	2023年度	2024年度
古代･中世史	四大文明，古代ギリシア・ローマ，古代中国			
ヨーロッパ中世・近世史	封建社会，十字軍，ルネサンス，宗教改革，大航海時代			
ヨーロッパ近代史	清教徒革命，名誉革命，フランス革命，産業革命			
アメリカ史～19世紀	独立戦争，南北戦争			
東洋史～19世紀	唐，明，清，イスラム諸国			
第一次世界大戦	辛亥革命，ロシア革命，ベルサイユ条約			
第二次世界大戦	世界恐慌，大西洋憲章			
世界の現代史	冷戦，中東問題，軍縮問題，ヨーロッパ統合，イラク戦争			
日本原始・古代史	縄文，弥生，邪馬台国			
日本史：飛鳥時代	聖徳太子，大化の改新，大宝律令			
日本史：奈良時代	平城京，荘園，聖武天皇			
日本史：平安時代	平安京，摂関政治，院政，日宋貿易		●	
日本史：鎌倉時代	御成敗式目，元寇，守護・地頭，執権政治，仏教	●		
日本史：室町時代	勘合貿易，応仁の乱，鉄砲伝来，キリスト教伝来			●
日本史：安土桃山	楽市楽座，太閤検地			
日本史：江戸時代	鎖国，武家諸法度，三大改革，元禄・化政文化，開国		●	
日本史：明治時代	明治維新，日清・日露戦争，条約改正		●	●
日本史：大正時代	第一次世界大戦，大正デモクラシー			
日本史：昭和時代	世界恐慌，サンフランシスコ平和条約，高度経済成長	●		
地図	地図記号，等高線，縮尺，距離，面積，図法，緯度経度			●
気候	雨温図，気候区分，気候の特色			●
世界の地域：その他	世界の河川・山，首都・都市，人口，時差，宗教			
日本の自然	国土，地形，平野，山地，気候，海岸，海流			
日本のくらし	諸地域の産業・資源・都市・人口などの特徴	●	●	

分　類	主な出題事項	2022年度	2023年度	2024年度
日本の産業・資源：農業	農産物の生産，農業形態，輸出入品，自給率	●		
日本の産業・資源：林業	森林分布，森林資源，土地利用			
日本の産業・資源：水産業	漁業の形式，水産資源		●	
日本の産業・資源：鉱工業	鉱物資源，石油，エネルギー			
日本の貿易	輸出入品と輸出入相手国，貿易のしくみ			
アジア	自然・産業・資源などの特徴			●
アフリカ	自然・産業・資源などの特徴			●
ヨーロッパ	自然・産業・資源などの特徴			●
南北アメリカ	自然・産業・資源などの特徴			
オセアニア・南極	自然・産業・資源などの特徴			●
環境問題	環境破壊（温暖化，公害），環境保護（京都議定書，ラムサール条約，リサイクル）		●	
世界遺産	世界遺産			
民主政治	選挙，三権分立	●		
日本国憲法	憲法の三原則，基本的人権，自由権，社会権	●		
国会	立法権，二院制，衆議院の優越，内閣不信任の決議			
内閣	行政権，衆議院の解散・総辞職，行政組織・改革			
裁判所	司法権，三審制，違憲立法審査権，裁判員制度			
地方自治	直接請求権，財源			
国際政治	国際連合（安全保障理事会，専門機関）	●	●	
政治用語	NGO，NPO，ODA，PKO，オンブズマンなど			
経済の仕組み	経済活動，為替相場，市場，企業，景気循環		●	●
金融	日本銀行，通貨制度			
財政	予算，租税			
国際経済	アジア太平洋経済協力会議，WTO		●	

分　類	主な出題事項	2022年度	2023年度	2024年度
学習指導要領・学習指導要領解説	目標	●	●	●
	内容		●	●
	内容の取扱い			
	指導計画の作成と各学年にわたる内容の取扱い	●		●
指導法	具体的指導法	●	●	●

③算数

分　類	主な出題事項	2022年度	2023年度	2024年度
数の計算	約数と倍数，自然数，整数，無理数，進法	●	●	●
式の計算	因数分解，式の値，分数式	●		
方程式と不等式	一次方程式，二次方程式，不等式			
関数とグラフ	一次関数		●	
	二次関数			
図形	平面図形（角の大きさ，円・辺の長さ，面積）	●	●	●
	空間図形（表面積，体積，切り口，展開図）			
数列	等差数列			
確率	場合の数，順列・組み合わせ		●	
変化と関係・データの活用	表・グラフ，割合，単位量あたり，平均，比例	●	●	●
その他	証明，作図，命題，問題作成など	●	●	
学習指導要領・学習指導要領解説	目標		●	●
	内容	●	●	●
	内容の取扱い	●	●	
	指導計画の作成と各学年にわたる内容の取扱い		●	
指導法	具体的指導法	●	●	●

④理科

分　類	主な出題事項	2022年度	2023年度	2024年度
生物体のエネルギー	光合成，呼吸			
遺伝と発生	遺伝，細胞分裂			
恒常性の維持と調節	血液，ホルモン，神経系，消化，酵素		●	●
生態系	食物連鎖，生態系	●		
生物の種類	動植物の種類・特徴		●	●
地表の変化	地震（マグニチュード，初期微動，P波とS波）			
	火山（火山岩，火山活動）	●		
気象	気温，湿度，天気図，高・低気圧			●
太陽系と宇宙	太陽，月，星座，地球の自転・公転	●	●	●
地層と化石	地層，地形，化石		●	●
力	つり合い，圧力，浮力，重力		●	
運動	運動方程式，慣性	●		
仕事とエネルギー	仕事，仕事率			
波動	熱と温度，エネルギー保存の法則			
	波の性質，音，光			●
電磁気	電流，抵抗，電力，磁界	●	●	●
物質の構造	物質の種類・特徴，原子の構造，化学式	●	●	
物質の状態：三態	気化，昇華			●
物質の状態：溶液	溶解，溶液の濃度	●	●	●
物質の変化：反応	化学反応式			
物質の変化：酸塩基	中和反応			
物質の変化：酸化	酸化・還元，電気分解			
その他	顕微鏡・ガスバーナー・てんびん等の取扱い，薬品の種類と取扱い，実験の方法	●	●	

分　類	主な出題事項	2022年度	2023年度	2024年度
学習指導要領・学習指導要領解説	目標			
	内容	●		
	内容の取扱い			
	指導計画の作成と各学年にわたる内容の取扱い			
指導法	具体的指導法	●	●	●

⑤生活

分　類	主な出題事項	2022年度	2023年度	2024年度
学科教養	地域の自然や産業	●	●	●
学習指導要領・学習指導要領解説	目標	●	●	●
	内容	●	●	●
	指導計画の作成と各学年にわたる内容の取扱い	●	●	●
指導法	具体的指導法など	●	●	●

⑥音楽

分　類	主な出題事項	2022年度	2023年度	2024年度
音楽の基礎	音楽記号，楽譜の読み取り，楽器の名称・使い方，旋律の挿入	●	●	●
日本音楽：飛鳥～奈良時代	雅楽			
日本音楽：鎌倉～江戸時代	平曲，能楽，三味線，箏，尺八		●	
日本音楽：明治～	滝廉太郎，山田耕作，宮城道雄			●
	歌唱共通教材，文部省唱歌など	●	●	●
西洋音楽：～18世紀	バロック，古典派			●
西洋音楽：19世紀	前期ロマン派，後期ロマン派，国民楽派		●	●
西洋音楽：20世紀	印象派，現代音楽		●	
その他	民謡，民族音楽	●	●	●

分　類	主な出題事項	2022年度	2023年度	2024年度
学習指導要領・学習指導要領解説	目標	●	●	
	内容	●		●
	指導計画の作成と各学年にわたる内容の取扱い		●	●
指導法	具体的指導法	●	●	●

⑦図画工作

分　類	主な出題事項	2022年度	2023年度	2024年度
図画工作の基礎	表現技法，版画，彫刻，色彩，用具の取扱い	●	●	●
日本の美術・芸術	江戸，明治，大正，昭和			
西洋の美術・芸術：15～18世紀	ルネサンス，バロック，ロココ			
西洋の美術・芸術：19世紀	古典主義，ロマン主義，写実主義，印象派，後期印象派			
西洋の美術・芸術：20世紀	野獣派，立体派，超現実主義，表現派，抽象派			
その他	実技など			
学習指導要領・学習指導要領解説	目標	●	●	
	内容	●	●	●
	指導計画の作成と各学年にわたる内容の取扱い	●	●	●
指導法	具体的指導法	●	●	●

⑧家庭

分　類	主な出題事項	2022年度	2023年度	2024年度
食物	栄養・栄養素，ビタミンの役割			●
	食品，調理法，食品衛生，食中毒	●		●
被服	布・繊維の特徴，裁縫，洗濯	●	●	●
その他	照明，住まい，掃除，消費生活，エコマーク，保育	●	●	●
学習指導要領・学習指導要領解説	目標	●		●
	内容	●	●	
	指導計画の作成と各学年にわたる内容の取扱い		●	

分　類	主な出題事項	2022年度	2023年度	2024年度
指導法	具体的指導法	●	●	●

⑨体育

分　類	主な出題事項	2022年度	2023年度	2024年度
保健	応急措置，薬の処方			●
	生活習慣病，感染症，喫煙，薬物乱用			
	その他（健康問題，死亡原因，病原菌）			
体育	体力，運動技能の上達	●	●	●
	スポーツの種類・ルール，練習法	●	●	●
学習指導要領・学習指導要領解説	総則			
	目標	●	●	●
	内容	●		●
	指導計画の作成と各学年にわたる内容の取扱い	●	●	●
指導法	具体的指導法	●	●	●

⑩外国語・外国語活動

分　類	主な出題事項	2022年度	2023年度	2024年度
リスニング・単語	音声，聞き取り，解釈，発音，語句	●	●	●
英文法	英熟語，正誤文訂正，同意語，空欄補充，整序文	●	●	●
対話文	空欄補充，内容理解			
英文解釈	長文，短文			
英作文	一般英作文・課題英作文	●	●	●
学習指導要領・学習指導要領解説	目標・内容・指導計画の作成と内容の取扱い	●	●	●
指導法	具体的指導法	●	●	●

第 2 章

幼稚園教員資格認定試験

2024年度 ◆ 教科及び教職に関する科目（Ⅰ）

1 次の文章は，ある人物の業績について述べたものである。その人物として正しいものを，以下のア～エの中から一つ選んで記号で答えなさい。

ドイツの教育思想家である。児童神性論に立脚して，人間の発達を人間の神的な本質を外に表すことであると主張し，その発達の助成である教育は，根源的にまたその最初の根本特徴において必然的に受動的，追随的でなければならず，決して命令的，規定的，干渉的であってはならないと説いた。その幼児教育論への貢献は「遊び」のもつ教育的意義を明確に捉えたことであり，遊びの重要性に基づいて遊具と作業(いわゆる恩物)の体系が考案された。

ア　シュタイナー (Steiner, R.)　　イ　ペスタロッチ (Pestalozzi, J.H.)
ウ　フレーベル (Fröbel, F.W.A.)　　エ　ヘルバルト (Herbart, J.F.)

1 ウ

解説 フレーベル(1782～1852年)は，幼稚園の創始者として知られる。主著『人間の教育』には，人間の教育は子供の発達に対して「受動的・追随的」であるべきで，「命令的・規定的・干渉的」であってはならないと主張している。シュタイナー(1861～1925年)はドイツの教育実践家で，子供の自発性を尊重したヴァルドルフ学校を設立し，シュタイナー教育を提唱した。ペスタロッチ(1746～1827年)はスイスの教育家・教育思想家で，ルソーの影響を受け，孤児の教育や民衆教育の向上に努め，児童の自発的活動を重視する直感的方法を説いた。ヘルバルト(1776～1841年)はドイツの教育学者・哲学者で，教育の目的を倫理学に，方法を心理学に求め，教授の過程に関して四段階教授法を提唱した。

2 次の文章は，ある教育方法について述べたものである。その方法として正しいものを，以下のア～エの中から一つ選んで記号で答えなさい。

「子どもの家」における実践を通して，注意力の集中現象を発見し，子供には自分を育てる力(自己教育力)が備わっているとした。この教育方法は，その力が発揮されるための環境の整備に力点を置くもので，子供の自由な自己活動を援助する教育方法として考案された。

ア　ドルトン・プラン　　イ　直感教授法
ウ　モンテッソーリ・メソッド　　エ　プロジェクト・メソッド

2 ウ

解説 モンテッソーリ・メソッドは，イタリアの医学者・教育者であるマリア・モンテッソーリ(1870～1952年)によって考案された，自己教育力を前提とする教育法である。ドルトン・プランは，個に応じて学習課題と場所を選び，自主的に学習を進める教育法で，アメリカのパーカーストによって提唱された。直観教授法は，子どもに事物に直接的にふれさせる体験・経験を通して行う教授方法で，ペスタロッチの直観教授法が有名である。プロジェクト・メソッドは，児童生徒が自ら計画を立て，問題を実践的に解決する教育法で，問題解決学習を発展させた教育方法である。アメリカの教育学者キルパトリックによって提唱された。

3 次の①～④の文章は，ある人物の業績について述べたものである。その人物名の組合せとして正しいものを，以下のア～エの中から一つ選んで記号で答えなさい。

① 1900(明治33)年，貧民幼稚園である二葉幼稚園を設立し，フレーベルの精神を基本とする保育を実践した。二葉幼稚園は1916(大正5)年に二葉保育園と改称し，内務省所管の保育所となった。

② 東京女子師範学校附属幼稚園の初代監事(園長)。首席保母松野クララの通訳を務める一方，外国幼稚園書を参看して『幼稚園記』，『幼稚園法二十遊嬉』を著し，創設期の幼稚園教育の基盤をつくった。

③ 1936(昭和11)年，保育問題研究会を結成し，会長に就任した。「社会中心主義」を主張し，新しい「協同社会」を建設しうる「生活力」のある子供の育成を期した。著書に『幼児教育論』，『生活技術と教育文化』などがある。

④ 明治後期に東京女子高等師範学校助教授兼同校附属幼稚園批評係に就任し，恩物中心主義の保育を批判して，遊びを中心とする保育への転換を求めた。主著『幼稚園保育法』は日本における体系的保育論の端緒である。

	①	②	③	④
ア	野口幽香	関信三	東基吉	城戸幡太郎
イ	関信三	野口幽香	東基吉	城戸幡太郎
ウ	城戸幡太郎	東基吉	野口幽香	関信三
エ	野口幽香	関信三	城戸幡太郎	東基吉

3 エ

解説 ① 野口幽香(1866～1950年)は，日本にまだ幼稚園が少なかった明治初期に，私立幼稚園の先駆けとして「双葉幼稚園」を設立した。双葉幼稚園では，幼児教育のほか，貧しい子供たちの生活支援も行っていた。
② 関信三(1843～1880年)は，東京女子師範(現お茶の水女子大学)英語教師となった後，同校付属幼稚園の初代監事として，松野クララらと日本初の幼稚園経営にあたった。 ③ 城戸幡太郎(1893～1985年)は，保育問題研究会を設立し『保育問題研究』を創刊。社会中心主義を唱えた。
④ 東基吉(1872～1958年)は，フレーベルの影響を受け，恩物主義から遊戯中心の保育への転換をはかった。

4 新生児の視覚について述べたものとして誤っているものを，次のア～エの中から一つ選んで記号で答えなさい。

ア　出生時はまだ目が見えていない。
イ　新生児は顔のような刺激を注視する。
ウ　新生児は色相の区別がうまくできない。
エ　新生児は動いているものをスムーズに目で追い続けることができない。

4 ア

解説 新生児は出生時の視力は0.01～0.02程度で，目の前のものが動くのがわかる程度の視力であるが，見えていないわけではない。2か月頃から動くものを目で追ったりできるようになり，4か月頃になると，ピントを合わせることができるようになる。4か月頃の視力は0.1程度，1歳で0.2程度，6歳までに1.0程度になると言われている。

5 乳児の定型発達の姿として適切なものを，次のア～エの中から一つ選んで記号で答えなさい。

ア　生後３か月くらいになると養育者にだけ微笑を向ける。
イ　生後４か月くらいから人見知りが見られる。
ウ　生後５か月くらいに養育者から離れることに不安や苦痛を感じるようになる。
エ　生後６か月くらいに養育者へのアタッチメント(愛着)が形成される。

5 エ

解説 ア　乳児が生まれた直後から生後2か月頃まで見られる微笑は，単に神経の反射として顔の筋肉を動かしている新生児微笑である。3か月頃になると，抱っこされたりするとき微笑を返すようになるが，これは社会的微笑という。社会的微笑は，養育者や身近な人だけでなく，比較的誰に対しても行う行為である。　イ・ウ　人見知りや後追いといった分離不安は，生後8か月頃から始まり，生後10か月～1歳半くらいに最も強くなり，2歳頃には落ち着くと言われている。　エ　ボウルビィの愛着の4段階の発達過程によると，生後8～12週頃に誰に対しても同じような反応を示す第1段階から始まり，6か月頃から始まる第3段階で，特定の人に愛着を持ち一緒にいたいという態度を示し，愛着が形成されると言われている。

6 乳幼児の記憶の特徴として誤っているものを，次のア～エの中から一つ選んで記号で答えなさい。

ア　幼児は２歳の時のことを自覚的に思い出すことができる。
イ　３か月の乳児でも記憶する能力がある。
ウ　幼児は大人に比べて短期記憶の容量が少ない。
エ　幼児のエピソード記憶は，出来事についての会話によって影響を受けやすい。

6 ア

解説 ヒトは，3歳頃より前に経験した出来事をほとんど思い出すことができない。この現象を「幼児期健忘」と呼ぶ。その原因については，乳幼児期の学習が未熟で，記憶をうまく固着できない(記銘の失敗)とする考えや，記憶の貯蔵に必要とされた神経ネットワークが，後に発達したものに飲み込まれて，当時の記憶を思い出せない(検索の失敗)とする考えがある。

7 次の文章中の空欄［①］，［②］に当てはまる語句の組合せとして正しいものを，以下のア～エの中から一つ選んで記号で答えなさい。

絵を描くのが好きで自由遊びの時間にいつも絵を描いていた子供に，絵を描くことを頑張ったのでご褒美の賞状をあげたら，その後，自主的に絵を描くことが少なくなってしまった。このような現象は［①］と呼ばれ，ご褒美をあげたことで［②］が低下してしまったために起こるものである。

	①	②
ア	アンダーマイニング効果	内発的動機づけ
イ	アンダーマイニング効果	外発的動機づけ
ウ	学習性無力感	内発的動機づけ
エ	学習性無力感	外発的動機づけ

7 ア

解説 アンダーマイニング効果は，最初は内発的動機付けによって行動したことに対して，外発的動機付けによって動機付けが置き換えられてしまうと，その行動の自発頻度が低下してしまう現象である。問題文の「絵を描くのが好きでいつも絵を描く」は内発的動機付けによって行動したことであり，「ご褒美の賞状をあげる」が外発的動機付けである。学習性無力感とは，自分の行動が結果を伴わないことを何度も経験することで，やがて何をしても無意味だと思うようになっていき，結果を変えようとする行動をあきらめてしまう状態のことをいう。

8 発達心理学に関する理論や概念とそれに関連が深い人物の組合せとして誤っているものを，次のア～エの中から一つ選んで記号で答えなさい。

ア　発達の最近接領域 ―― ヴィゴツキー (Vygotskii, L.S.)
イ　アイデンティティ ―― エリクソン (Erikson, E.H.)
ウ　同化と調節　　　 ―― ピアジェ (Piaget, J.)
エ　社会的学習理論　 ―― スキナー (Skinner, B.F.)

8 エ

解説 社会的学習理論は，バンデューラによって提唱された。自分の直接体験した事柄ではなく，他者の行動を観察し模倣するという間接経験によっても学習が成立するという理論である。モデリング理論又は観察学習ともよばれる。スキナーは，スキナー箱による実験を基に，オペラント条件づけを提唱。その後，自身が開発したティーチングマシンを使ったプログラム学習を提唱した。

9 次の文章中の下線部を説明する理論として最も適切なものを，以下のア～エの中から一つ選んで記号で答えなさい。

A児(3歳)は，予防接種を受けるため，母親とともに病院を訪れた。注射を打たれたA児は，痛みにより大きな声を上げて泣き出した。その後，A児は病院の看板を見ると怖がるようになった。A児が病院の看板を怖がるようになったのは，恐怖が学習されてしまったためと考えることができる。

ア　古典的条件づけ　　　イ　観察学習
ウ　オペラント条件づけ　エ　プログラム学習

9 ア

解説 注射を打たれる前の病院の看板は，A児の情動に特に影響を及ぼさない中性刺激であり，A児に痛みをもたらす注射は，痛みによる恐怖という情動の無条件刺激である。A児が，「病院の看板を見ると怖がるようになった」のは，中性刺激であった病院の看板が，注射という無条件刺激と連合されるという条件づけが成立したからであり，これが古典的条件づけである。古典的条件づけは，パブロフが犬の実験で発見した学習の1つである。イ～エの選択肢については **8** の解説を参照。

10 次の各文は，「学校教育法」(昭和22年法律第26号)の条文である。文中の空欄［①］～［④］に当てはまる語句の組合せとして正しいものを，以下のア～エの中から一つ選んで記号で答えなさい。

第23条　幼稚園における教育は，前条に規定する目的を実現するため，次に掲げる目標を達成するよう行われるものとする。

一　健康，安全で幸福な生活のために必要な［①］習慣を養い，身体諸機能の調和的発達を図ること。

二　集団生活を通じて，喜んでこれに参加する態度を養うとともに家族や身近な人への信頼感を深め，自主，［　②　］の精神並びに規範意識の芽生えを養うこと。

三　身近な社会生活，生命及び自然に対する興味を養い，それらに対する正しい理解と態度及び［　③　］の芽生えを養うこと。

四　日常の会話や，絵本，童話等に親しむことを通じて，［　④　］の使い方を正しく導くとともに，相手の話を理解しようとする態度を養うこと。

五　音楽，身体による表現，造形等に親しむことを通じて，豊かな感性と表現力の芽生えを養うこと。

	①	②	③	④
ア	基本的な	自律及び協働	思考力	言語
イ	日常的な	自立及び共働	判断力	言葉
ウ	基本的な	自律及び協同	思考力	言葉
エ	日常的な	自立及び共同	判断力	言語

10 ウ

解説 学校教育法第23条は，同法第22条の目的を受け，幼稚園教育について5つの目標を定めている。これを受け，学校教育法施行規則第38条には，教育課程その他の保育内容の基準として，幼稚園教育要領によるものとすることが示されている。幼稚園教育要領(平成29年改訂)には，「幼児期の終わりまでに育ってほしい姿」が示され，そこには「健康な心と体」「協同性」「道徳性・規範意識の芽生え」「思考力の芽生え」「言葉による伝え合い」「豊かな感性と表現」など，学校教育法に示された幼稚園における目標に関わる項目が示されている。

11 次の各文は，「学校教育法施行規則」(昭和 22 年文部省令第 11 号)の条文であり，同第 39 条により幼稚園に準用される。文中の空欄［①］～［④］に当てはまる語句の組合せとして正しいものを，以下のア～エの中から一つ選んで記号で答えなさい。

第 66 条　小学校は，当該小学校の教育活動その他の学校運営の状況について，自ら評価を行い，その結果を［①］するものとする。
2　前項の評価を行うに当たつては，小学校は，その［②］に応じ，適切な項目を設定して行うものとする。

第 67 条　小学校は，前条第 1 項の規定による評価の結果を踏まえた当該小学校の児童の保護者その他の当該小学校の関係者 (当該小学校の職員を除く。) による評価を行い，その結果を［③］するよう努めるものとする。

第 68 条　小学校は，第 66 条第 1 項の規定による評価の結果及び前条の規定により評価を行つた場合はその結果を，当該小学校の設置者に［④］するものとする。

	①	②	③	④
ア	公開	実態	公開	公示
イ	公表	実情	公表	報告
ウ	発表	実態	発表	通知
エ	公表	実情	公表	告知

11 イ

解説 教育活動その他の学校運営の状況について評価することを小学校に課した学校教育法第42条を受け，学校教育法施行規則第66条は，小学校の自己評価について定めている。同施行規則第66～68条の規定により，各学校は，教職員による自己評価を行いその結果を公表すること，保護者などの学校関係者による評価を行いその結果を公表するよう努めること，自己評価の結果・学校関係者評価の結果を設置者に報告すること，が必要となる。学校評価については，文部科学省作成の「学校評価ガイドライン」(平成28年改訂)において詳しく説明されている。

12 「就学前の子どもに関する教育，保育等の総合的な提供の推進に関する法律」(平成18年法律第77号)の条文として誤っているものを，次のア～エの中から一つ選んで記号で答えなさい。

ア　この法律において「幼保連携型認定こども園」とは，義務教育及びその後の教育の基礎を培うものとしての満3歳以上の子どもに対する教育並びに保育を必要とする子どもに対する保育を一体的に行い，これらの子どもの健やかな成長が図られるよう適当な環境を与えて，その心身の発達を助長することを目的として，この法律の定めるところにより設置される施設をいう。

イ　第3条第1項又は第3項の認定を受けた施設及び同条第11項の規定による公示がされた施設の設置者は，当該施設において教育又は保育を行うに当たっては，第10条第1項の幼保連携型認定こども園の教育課程その他の教育及び保育の内容に関する事項を踏まえて行わなければならない。

ウ　幼保連携型認定こども園の教育課程その他の教育及び保育の内容に関する事項は，第2条第7項に規定する目的及び前条に規定する目標に従い，主務大臣が定める。

エ　主務大臣が前項の規定により幼保連携型認定こども園の教育課程そ

の他の教育及び保育の内容に関する事項を定めるに当たっては，幼稚園教育要領及び児童福祉法第45条第2項の規定に基づき児童福祉施設に関して内閣府令で定める基準(同項第三号に規定する保育所における保育の内容に係る部分に限る。)との整合性の確保並びに小学校(学校教育法第1条に規定する小学校をいう。)及び義務教育学校(学校教育法第1条に規定する義務教育学校をいう。)における教育との円滑な接続に配慮しなければならない。

12 ア

解説 「就学前の子どもに関する教育，保育等の総合的な提供の推進に関する法律」は，平成18(2006)年に成立した。小学校就学前の子どもに対する教育・保育，並びに保護者に対する子育て支援の総合的な提供を推進するための措置を行い，地域において子どもが健やかに育成される環境の整備に資することを目的とする法律である。　ア　同法第2条第7項の「幼保連携型認定こども園」を定義する条文だが，その目的において「保護者に対する子育ての支援を行うこと」が抜けているため，誤りである。　イ　幼保連携型認定こども園以外の認定こども園に関する認定手続等における教育及び保育の内容を定めた同法第6条である。　ウ・エ　幼保連携型認定こども園における教育及び保育の内容を定めた同法第10条第1項及び第2項である。

13 「幼稚園施設整備指針」(令和4年文部科学省大臣官房文教施設企画・防災部)に示された「幼稚園施設整備の基本的留意事項」に関する記述として誤っているものを，次のア～エの中から一つ選んで記号で答えなさい。

ア　ICTの活用などにより，学びのスタイルが多様に変容していくこと等を踏まえつつ，環境を通じた教育を実践してきた幼児教育の蓄積を生かし，幼稚園施設全体を，幼児の体験を豊かにし生活や学びの基盤を育む場として今一度捉え直すことが重要である。

イ　現状における幼稚園施設整備の諸課題に対応するため，短期的に目指すべき幼稚園施設像を示し，その上で域内の幼稚園施設の実態を把握し，地域における幼稚園施設の役割等も考慮した上で，短期的な幼稚園施設整備方針・計画(短期実現化計画等)を策定することが重要である。

ウ　多様な教育活動の実施，安全性への配慮，環境負荷の低減，地域との連携を考慮するとともに，域内の幼児数や保育ニーズの将来動向，幼稚園教育の今後の方向等を考慮しつつ，総合的かつ長期的な視点から施設の運営面にも十分配慮した施設計画を策定することが重要である。

エ　幼児期の特性に応じ，また，障害のある幼児にも配慮しつつ，多様な保育形態による活動規模を考慮した施設機能を設定することが重要である。また，その際，教育の内容や方法，設備，園具，遊具等の利用方法を把握するとともに，地域の気候，風土やその季節的な変化，園児の生活習慣等の違いへの対応，周辺環境の活用の可能性等も考慮して，必要な施設機能を弾力的に設定することが重要である。

13　イ

解説「幼稚園施設整備指針」は，文部科学省が幼稚園教育を進める上で必要な施設機能を確保するために，計画及び設計における留意事項を示したもので，平成5年に作成し，状況の変化等を踏まえ，数度にわたる改訂が行われている。出題されたのは「第1章　第3節　幼稚園施設整備の基本的留意事項」として示された事項で，アは「1　未来思考の視点の必要性」，イ・ウは「2　総合的・長期的な視点の必要性」，エは「3　適確で弾力的な施設機能の設定」における留意事項である。　イ　「総合的・長期的な視点の必要性」に関する事項であり，文中の「短期的」が誤りで「中・長期的」である。また，「短期実現化計画等」ではなく，「長寿命化計画等」である。

14 「障害者基本法」（昭和45年法律第84号）の条文として誤っているものを，次のア～エの中から一つ選んで記号で答えなさい。

ア （国及び地方公共団体の責務）
第6条 国及び地方公共団体は，第1条に規定する社会の実現を図るため，前3条に定める基本原則（以下「基本原則」という。）にのっとり，障害者の自立及び社会参加の支援等のための施策を総合的かつ計画的に実施する責務を有する。

イ （国民の理解）
第7条 国及び地方公共団体は，基本原則に関する国民の理解を深めるよう必要な施策を講じなければならない。

ウ （療育）
第17条 国及び地方公共団体は，障害者である子どもが可能な限りその身近な場所において療育支援を受けられるようにしなければならない。
2 国及び地方公共団体は，療育に関し，研究，開発及び普及の促進をしなければならない。

エ （経済的負担の軽減）
第24条 国及び地方公共団体は，障害者及び障害者を扶養する者の経済的負担の軽減を図り，又は障害者の自立の促進を図るため，税制上の措置，公共的施設の利用料等の減免その他必要な施策を講じなければならない。

14 ウ

解説 障害者基本法は，障害者のための施策に関し，基本理念を定め，国・地方公共団体等の責務，施策の基本事項等を定める法律である。同法第17条第1項は「国及び地方公共団体は，障害者である子どもが可能な限りその身近な場所において療育その他これに関連する支援を受けられるよう必要な施策を講じなければならない」，第2項は「国及び地方公共団体は，療育に関し，研究，開発及び普及の促進，専門的知識又は技能を有する職員の育成その他の環境の整備を促進しなければならない」として，障害のある子供への療育に焦点が当てられている。同法第17条は，平成23(2011)年の障害者基本法改正において新たに設けられた条文である。

15 我が国における教育・保育の状況について述べたものとして誤っているものを，次のア～エの中から一つ選んで記号で答えなさい。

ア　幼稚園の就園率(小学校及び義務教育学校第1学年児童数に対する幼稚園修了者数の比率)は，1981(昭和56)年度以降減少傾向で，2022(令和4)年度は40%を下回っている。

イ　2021(令和3)年度において，幼稚園の約90%が預かり保育を実施している。

ウ　2022(令和4)年の保育所等の待機児童数は，2017(平成29)年の9分の1程度まで減少している。

エ　2022(令和4)年度において，幼保連携型認定こども園の数は，幼稚園の数より多くなっている。

出典：「令和4年度学校基本調査」(令和4年文部科学省)
「令和3年度幼児教育実態調査」(令和3年文部科学省)
「保育所等関連状況取りまとめ」(令和4年厚生労働省)

15　エ

解説 「学校基本調査」によると，幼稚園(国立・公立・私立の合計)の数は令和3年が9,420，令和4年が9,111，令和5年が8,837で，年々減少している。一方，幼保連携型認定こども園の数は令和3年が6,268，令和4年が6,657，令和5年が6,982で，年々増加している。ただし，まだ幼稚園の数が幼保連携型認定こども園の数を上回っている。

2024年度◆教科及び教職に関する科目（Ⅱ）

1 次の各文は，「幼稚園教育要領」（平成29年文部科学省告示第62号）の「第1章　総則　第1　幼稚園教育の基本」の一部である。文中の空欄［①］～［③］に当てはまる語句の組合せとして正しいものを，以下のア～エの中から一つ選んで記号で答えなさい。

1　幼児は安定した情緒の下で自己を十分に発揮することにより発達に必要な［①］を得ていくものであることを考慮して，幼児の主体的な活動を促し，幼児期にふさわしい生活が展開されるようにすること。

2　幼児の自発的な活動としての遊びは，［②］発達の基礎を培う重要な学習であることを考慮して，［③］を中心として第2章に示すねらいが総合的に達成されるようにすること。

	①	②	③
ア	経験	心身の調和のとれた	環境を通しての指導
イ	体験	心身の調和のとれた	遊びを通しての指導
ウ	経験	身体の	遊びを通しての指導
エ	体験	身体の	環境を通しての指導

1　イ

解説　平成29年改訂の幼稚園教育要領では，幼稚園教育は学校教育法に規定する目的及び目標を達成するため，幼児期の特性を踏まえ，環境を通して行うものであることを基本として，3つの重視すべき事項が示されている。その3つの事項のうちの2つが提示されている。　①　今回の改訂の基本的な考え方の中に，「体験活動の重視」が示されている。②・③　自発的な活動としての遊びは，幼児期特有の学習である。自発的な活動としての遊びにおいて，幼児は心身全体を働かせ，様々な体験を通して心身の調和のとれた全体的な発達の基礎を築いていくことから，幼稚園における教育は，遊びを通しての指導を中心に行うことが重要である。

2　「幼稚園教育要領」（平成 29 年文部科学省告示第 62 号）の「第１章　総則　第２　幼稚園教育において育みたい資質・能力及び『幼児期の終わりまでに育ってほしい姿』」に示された内容の一部として適切でないものを，次のア～エの中から一つ選んで記号で答えなさい。

ア　健康な心と体

幼稚園生活の中で，充実感をもって自分のやりたいことに向かって心と体を十分に働かせ，見通しをもって行動し，自ら健康で安全な生活をつくり出すようになる。

イ　協同性

友達と関わる中で，互いの思いや考えなどを共有し，共通の目的の実現に向けて，考えたり，工夫したり，協力したりし，充実感をもってやり遂げるようになる。

ウ　数量や図形，標識や文字などへの関心・感覚

遊びや生活の中で，数量や図形，標識や文字などを覚える経験を重ねたり，標識や文字の役割に気付いたりし，自らの達成感に基づきこれらを活用し，興味や関心，感覚をもつようになる。

エ　言葉による伝え合い

先生や友達と心を通わせる中で，絵本や物語などに親しみながら，豊かな言葉や表現を身に付け，経験したことや考えたことなどを言葉で伝えたり，相手の話を注意して聞いたりし，言葉による伝え合いを楽しむようになる。

2　ウ

解説　幼稚園教育要領(平成29年告示)「第1章　総則」には，「幼児期の終わりまでに育ってほしい姿」が新たに示された。「幼児期の終わりまでに育ってほしい姿」は，幼児期にふさわしい遊びや生活を積み重ねることにより，幼稚園教育において育みたい資質・能力が育まれている幼児の具体的な姿であり，特に5歳児後半に見られるようになる姿を想定して示

されている。　ウ　数量や図形，標識や文字などに対して，幼稚園の段階では「覚える経験」ではなく「親しむ体験」を重ねる活動である。また,「親しむ」段階なので，「自らの達成感」ではなく「自らの必要感」に基づき活用する姿を想定して示されている。

3 次の①～④の文は，「幼稚園教育要領」(平成29年文部科学省告示第62号)の「第2章　ねらい及び内容　人間関係」に示された内容の一部である。各文の正誤(○×)の組合せとして正しいものを，以下の解答群ア～エから一つ選んで記号で答えなさい。

① 自分で考え，自分で行動する。
② 友達とたくさん関わりながら喜びや悲しみを共感し合う。
③ 友達と楽しく生活する中できまりの大切さに気付き，守ろうとする。
④ 高齢者をはじめ身近な人などの自分の生活に関係の深いいろいろな人に親しみをもつ。

[解答群]

	①	②	③	④
ア	○	○	×	×
イ	×	○	×	○
ウ	×	×	○	○
エ	○	×	○	×

3 エ

解説 幼稚園教育要領(平成29年告示)「第2章　ねらい及び内容」では，幼稚園教育の「ねらい」と「内容」を幼児の発達の側面からまとめて，5つの領域で編成している。心身の健康に関する領域「健康」，人との関わりに関する領域「人間関係」，身近な環境との関わりに関する領域「環境」，言葉の獲得に関する領域「言葉」，及び感性と表現に関する領域「表現」である。その中の領域「人間関係」に示された内容である。　②「たくさん」ではなく，「積極的に」友達と関わる姿が示されている。　④「身近な人など」ではなく，「地域の人々など」である。地域の人たちと関わる体験をもつことで，人と関わる力を育む姿が示されている。

4 「幼稚園教育要領」（平成29年文部科学省告示第62号）の「第２章　ねらい及び内容　言葉　３　内容の取扱い」に示された内容の一部として適切でないものを，次のア～エの中から一つ選んで記号で答えなさい。

ア　言葉は，身近な人に親しみをもって接し，自分の感情や意志などを伝え，それに相手が応答し，その言葉を聞くことを通して次第に獲得されていくものであることを考慮して，幼児が教師や他の幼児と関わることにより心を動かされるような体験をし，言葉を交わす喜びを味わえるようにすること。

イ　幼児が自分の思いを言葉で伝えるとともに，教師や他の幼児などの話を興味をもって注意して聞くことを通して次第に話を理解するようになっていき，言葉による伝え合いができるようにすること。

ウ　幼児が生活の中で，言葉の響きやリズム，新しい言葉や表現などに触れ，これらを使う楽しさを味わえるようにすること。その際，絵本や物語に親しんだり，言葉遊びなどをしたりすることを通して，言葉が豊かになるようにすること。

エ　幼児が日常生活の中で，文字などを使いながら知ったことや考えたことを伝える喜びや楽しさを味わい，文字に対する興味や関心をもつようにすること。

4 エ

解説 領域「言葉」は，経験したことや考えたことなどを自分なりの言葉で表現し，相手の話す言葉を聞こうとする意欲や態度を育て，言葉に対する感覚や言葉で表現する力を養う領域である。　エ 「知ったことや考えたこと」ではなく，「思ったことや考えたこと」を伝える喜びや楽しさである。　ウの留意事項については，今回の幼稚園教育要領改訂において，新たに加えられたものである。

5 次の文は，「幼稚園教育要領」(平成29年文部科学省告示第62号)の「第3章　教育課程に係る教育時間の終了後等に行う教育活動などの留意事項」の一部である。文中の空欄[①]～[③]に当てはまる語句の組合せとして正しいものを，以下のア～エの中から一つ選んで記号で答えなさい。

地域の実態や[①]とともに幼児の[②]を踏まえつつ，例えば実施日数や時間などについて，[③]に配慮すること。

	①	②	③
ア	保護者の事情	生活のリズム	弾力的な運用
イ	保護者の予定	生活のサイクル	計画的な運用
ウ	保護者の予定	生活のリズム	計画的な運用
エ	保護者の事情	生活のサイクル	弾力的な運用

5 ア

解説 教育課程に係る教育時間の終了後等に行う教育活動については，地域の実態や保護者の事情を考慮し，できるだけそれらの事情に応えるよう，弾力的な運用を図ることが大切である。弾力的な運用に当たり大切なことの一つとしては，幼児の健康な心と体を育てる観点から，幼児の生活のリズムに配慮することがある。

6 次の文章は，『幼稚園教育要領解説』（平成30年２月文部科学省）の「第１章　総説　第３節　教育課程の役割と編成等　５　小学校教育との接続に当たっての留意事項」の一部である。文章中の空欄［①］～［③］に当てはまる語句の組合せとして正しいものを，以下のア～エの中から一つ選んで記号で答えなさい。

小学校においても，幼稚園から小学校への移行を円滑にすることが求められる。低学年は，［①］を生かしながら教科等の学びにつながる時期であり，特に，入学当初においては，［②］を編成し，その中で，［③］を中心に合科的・関連的な指導や弾力的な時間割の設定なども行われている。

このように，幼稚園と小学校がそれぞれ指導方法を工夫し，幼稚園教育と小学校教育との円滑な接続が図られることが大切である。

	①	②	③
ア	幼児期の教育を通じて身に付けたこと	スタートカリキュラム	総合的な学習
イ	幼児期の教育を通じて経験したこと	ファーストカリキュラム	総合的な学習
ウ	幼児期の教育を通じて経験したこと	ファーストカリキュラム	生活科
エ	幼児期の教育を通じて身に付けたこと	スタートカリキュラム	生活科

6 エ

解説 幼稚園教育要領(平成29年告示)「第1章　総則」「第3 教育課程の役割と編成等」「5　小学校教育との接続に当たっての留意事項」の(1)についての解説である。スタートカリキュラムとは，小学校へ入学した子供が，幼稚園・保育所・認定こども園などの遊びや生活を通した学びと育ちを基礎として，主体的に自己を発揮し，新しい学校生活を創り出していくためのカリキュラムである。小学校学習指導要領解説総則編(平成29年7月)の「学校段階等の接続」においても，「小学校低学年は，幼児期の教育を通じて身に付けたことを生かしながら教科等の学びにつなぎ，児童の資質・能力を伸ばしていく時期である」,「低学年においては，幼児期の教育との円滑な接続を図る観点からも，合科的・関連的な指導の工夫を進め，指導の効果を一層高めるようにする必要がある。特に，小学校入学当初においては，スタートカリキュラムとして，生活科を中心とした合科的・関連的な指導などの工夫が重要である」と解説されている。

7 次の文章は，『幼稚園教育要領解説』(平成30年2月文部科学省)の「第3章　教育課程に係る教育時間の終了後等に行う教育活動などの留意事項　2　子育ての支援」の一部である。文章中の空欄［①］～［③］に当てはまる語句の組合せとして正しいものを，以下のア～エの中から一つ選んで記号で答えなさい。

国や地方公共団体は，児童虐待の予防や虐待を受けた子供の保護などをするため，関係機関の連携体制を整備する［①］とともに，幼稚園や教師も国や地方公共団体の施策への［②］に努めることとしている。このような関係機関の連携のための仕組みとしては，児童福祉法の規定に基づき，各市町村などにおける［③］(子どもを守る地域ネットワーク)の整備が進んでおり，幼稚園においても日頃からこの協議会を通じて連携体制を構築し，個別の虐待ケースへの対応についてもこの協議会における連携の下，進めていくことが求められる。

	①	②	③
ア	責務を負う	連携	要保護児童虐待対策地域協議会
イ	責務を負う	協力	要保護児童対策地域協議会
ウ	役割を担う	連携	要保護児童対策地域協議会
エ	役割を担う	協力	要保護児童虐待対策地域協議会

7　イ

解説　①・②　児童虐待の防止等に関する法律第4条には，児童虐待予防や虐待を受けた子供の保護等に関して，国及び地方公共団体の責務等が規定されている。また，同法第5条第2項には，学校等及び学校の教職員等児童の福祉に職務上関係のある団体や関係のある者は，国及び地方公共団体の施策への協力に努めることとされている。　③　要保護児童対策地域協議会(子どもを守る地域ネットワーク)とは，「要保護児童の適切な保護，支援等を行うため，子どもに関係する機関等により構成される機関」であり，児童福祉法第25条の2により，地方公共団体はその設置に努めることとされている。なお「要保護児童」は，児童福祉法に基づいた保護的支援を要する児童で，児童福祉法第6条の3第8項で「保護者のない児童又は保護者に監護させることが不適当であると認められる児童」とされている。

8　次の①～④の文は，『幼保連携型認定こども園教育・保育要領解説』(平成30年3月内閣府・文部科学省・厚生労働省)の「第３章　健康及び安全　第５節　災害への備え」に示された内容の一部である。各文の正誤(○×)の組合せとして正しいものを，以下の解答群ア～エから一つ選んで記号で答えなさい。

①　幼保連携型認定こども園においては，学校保健安全法第27条に基づき，危険等発生時対処要領(危機管理マニュアル)を作成し，災害等の

発生に備えなくてはならない。

② 災害発生の二次対応では，状況に応じて決められた避難場所に，どのような経路，タイミング，方法で避難を行うかを速やかに判断できるよう訓練を行うことが重要である。

③ 災害時は電話等がつながらないことを想定し，あらかじめ複数の連絡手段を決め，保護者に知らせておく。

④ 各関係機関等とは，定期的に行う避難訓練への協力なども含め，地域の実態に応じて必要な連携や協力が得られるようにしておくことが必要である。

[解答群]

	①	②	③	④
ア	×	×	○	○
イ	○	×	○	×
ウ	○	○	×	×
エ	×	○	×	○

8 ア

解説 ① 危険等発生時対処要領の作成等を規定しているのは，学校保健安全法第29条である。同法第27条は，学校安全計画の策定等の規定である。 ② 災害発生の二次対応については，「状況に応じてどの避難場所に，どのような経路，タイミング，方法で避難を行うかを速やかに判断できるよう訓練を行うことが重要である」と解説されている。避難する際は，「想定」にとらわれず，そのときの実際の状況を見ながら判断し，より適切な行動をとることが重要である。

9 次の①～④の文は，『幼児理解に基づいた評価』（平成31年3月文部科学省）の「第1章 幼児理解に基づいた評価の意義 1．幼児理解と評価の考え方」に示された「保育における評価」に関する内容である。

各文の正誤（○×）の組合せとして正しいものを，以下の解答群ア～エから一つ選んで記号で答えなさい。

① 教師の関わり方は適切であったかを評価する。
② 環境の構成はふさわしいものであったかを評価する。
③ あらかじめ教師が設定した指導の具体的なねらいや内容は妥当なものであったかを評価する。
④ 「幼児にどういった力が身に付いたか」という学習の成果を的確に捉えて評価する。

［解答群］

	①	②	③	④
ア	○	○	○	○
イ	○	○	○	×
ウ	○	×	○	×
エ	×	○	×	○

9 イ

解説 『幼児理解に基づいた評価』（文部科学省）は，幼稚園の教師が一人一人の幼児を理解し，適切な評価に基づいて保育を改善していくための基本的な考え方や方法などについて解説したものである。平成29年の幼稚園教育要領改訂を受け，記述内容が見直され，平成31(2019)年3月に改訂版が刊行された。保育における評価の観点は，①～③の3点が示されている。④の「どういった力が身に付いたか」という学習の成果を的確に捉えて評価するのは，小学校に上がってからの評価である。

10 次の文章は，『幼児の思いをつなぐ指導計画の作成と保育の展開』（令和３年２月文部科学省）の「第２章　指導計画の作成の具体的な手順とポイント　1. 指導計画の作成の具体的な手順　(1)　教育課程に基づいた指導計画の作成」の一部である。文章中の空欄［ ① ］～［ ③ ］に当てはまる語句の組合せとして正しいものを，以下のア～エの中から一つ選んで記号で答えなさい。

指導計画の作成に当たっては，教育課程に沿った長期の指導計画，さらにその長期の指導計画を基にした短期の指導計画を［ ① ］することが大切です。前週や前日の幼児の姿からのみ，ねらいや内容を設定し，環境の構成を考えるのではなく，幼児の［ ② ］に必要な体験を確保するためには，長期的な見通しをもちながら，目の前の幼児の姿に沿って指導すること，つまり，［ ③ ］を併せもった指導が必要です。

	①	②	③
ア	立案	発達	計画性と適切さ
イ	構想	学び	計画性と適切さ
ウ	構想	発達	計画性と柔軟性
エ	立案	学び	計画性と柔軟性

10 ウ

解説 『幼児の思いをつなぐ指導計画の作成と保育の展開』(文部科学省)は，指導計画作成にあたっての基本的な考え方や方法などを解説したものである。平成29年改訂の幼稚園教育要領の趣旨を踏まえて見直され，令和3(2021)年2月に刊行された。指導計画は，教育課程を具体化し，カリキュラム・マネジメントを支える重要な役割を果たすものである。指導計画の作成は，幼児一人一人の発達の実情を捉え，それに沿って幼稚園生活を見通すことが基本となる。具体的な指導においては，あらかじめ立てた計画を念頭に置きながら，それぞれの実情に応じた柔軟な指導をすることが求められる。

11 次の①～④は，『指導と評価に生かす記録』(令和３年10月文部科学省)の「はじめに　幼稚園教育の質向上を支える教師の専門性　2. 教師に求められる専門性」に示された「幼稚園教師に求められる資質能力」の一部である。①〜④の正誤(○×)の組合せとして正しいものを，以下の解答群ア〜エの中から一つ選んで記号で答えなさい。

①　幼児理解・総合的に保育を計画する力
②　得意分野の育成，教員集団の一員としての自覚
③　小学校や保育所との連携を推進する力
④　園長など管理職が発揮するリーダーシップ

[解答群]

	①	②	③	④
ア	×	×	○	○
イ	○	○	×	×
ウ	×	○	○	×
エ	○	×	×	○

11 ア

解説『指導と評価に生かす記録』(文部科学省)は，教師の専門性を高めるための記録の在り方や，その記録を実際の指導や評価にどのように生かしていくのかなどについて実践事例を取り上げて解説したものである。平成29年改訂の幼稚園教育要領の趣旨を踏まえて記述が見直され，令和3(2021)年に改訂版が刊行された。その中では，幼稚園教師に求められる専門性のうち重要なものとして，「幼児理解・総合的に指導する力」，「具体的に保育を構想する力，実践力」，「得意分野の育成，教員集団の一員としての協働性」，「特別な教育的配慮を要する幼児に対応する力」，「小学校や保育所との連携を推進する力」，「保護者及び地域社会との関係を構築する力」，「園長など管理職が発揮するリーダーシップ」，「人権に対する理解」の8点が示されている。

12 ロジャーズ(Rogers, C.R.)によるカウンセリングにおける三つの要素として適切でないものを，次のア～エの中から一つ選んで記号で答えなさい。

ア　自己一致(純粋性)　　イ　共感的理解
ウ　的確な指示　　エ　無条件の肯定的関心

12 ウ

解説　ロジャーズによるカウンセリングは，来談者(クライエント)中心療法とよばれる。来談者中心療法は，クライエントに指示を与えない非指示的療法である。したがって，「的確な指示」は当てはまらない。三つの要素は，カウンセラーに求められる基本的態度を表すものである。「無条件の肯定的関心」を「受容」と置き換え，「受容・共感・自己一致」と覚えるとよい。

13 幼児は，慣れ親しんだ楽器を使って友達と一緒に合奏する中で，自分だけでは表現できない音の広がりを感じたり，友達とタイミングを合わせたりする心地よさや楽しさを味わうようになる。このような合奏の楽しさや面白さを幼児が感じられるように教師は楽器の特質や扱い方などについて十分に知っておく必要がある。楽器の扱い方に関する記述として適切でないものを，次のア～エの中から一つ選んで記号で答えなさい。なお，左利きの幼児については，記述中の左右を入れ替えること。

ア　輪の形の鈴は，軽く握り込むように持つ。はっきりとリズムを出す場合は，左手に持ち，手首の辺りを右手で叩く。
イ　トライアングルは，ビーター(楽器を打つ棒)の重みを利用して落とすように打ち，素早く戻す。打つ位置によって音色が変わるので，曲に応じて打点を選択する。
ウ　タンブリンは，枠の丸穴の部分に左手の親指を入れ，安定させる。右手は，指をそろえて打つのが基本で，強い音を出すときは手のひら全体で打つ。

エ　カスタネットは，左手の人差し指又は中指の付け根までゴムの輪を通し，手のひらで軽く包み込むように持つ。このときゴムの結び目が下にくるようにする。

13 ウ

解説 タンブリンの穴はスタンドに取り付ける際に使うもので，指を入れるためのものではない。左手の親指は皮の上に乗せ，あとの4本で木枠をつかむのが，正しい持ち方である。

14 幼児は，自然と触れ合う中で様々な事象に興味や関心をもつようになる。「オカダンゴムシ」，いわゆる「ダンゴムシ」は，動きが面白く，捕まえやすいため，親しみをもつ幼児が多い。「ダンゴムシ」に関する記述として適切でないものを，次のア～エの中から一つ選んで記号で答えなさい。

ア　昆虫ではなく，エビやカニの仲間である。

イ　石や植木鉢の下などで見つかることが多い。

ウ　飼育する際，飼育ケースに腐葉土を敷いておけば，水分を補給する必要はない。

エ　主に落ち葉を食べる。

14 ウ

解説 ダンゴムシは，適度に湿ったところを好むので，毎日程度に霧吹きを行う必要がある。ダンゴムシはあしが14本あり昆虫ではなく，甲殻類でエビやカニの仲間である。主に夜に活動し，腐りかけた落ち葉や草，昆虫の死骸などを食べる。

15 情報機器の活用について「幼稚園教育要領」(平成29年文部科学省告示第62号)に示されている内容として正しいものを，次のア～エの中から一つ選んで記号で答えなさい。

ア　小学校教育との接続が重要であることを踏まえ，幼稚園生活においても視聴覚教材やコンピュータなど情報機器を積極的に活用し，小学校教育との関連を考慮すること。
イ　幼児期は直接的・間接的な体験が重要であることを踏まえ，視聴覚教材やコンピュータなど情報機器を活用し，幼稚園生活では得難い体験を積極的に取り入れるなど考慮すること。
ウ　幼児期は直接的な体験が重要であることを踏まえ，視聴覚教材やコンピュータなど情報機器を活用し，幼稚園生活では得難い体験を家庭でも積極的に行うなど，家庭との連携を十分考慮すること。
エ　幼児期は直接的な体験が重要であることを踏まえ，視聴覚教材やコンピュータなど情報機器を活用する際には，幼稚園生活では得難い体験を補完するなど，幼児の体験との関連を考慮すること。

15 エ

解説 平成29年改訂の幼稚園教育要領において，「指導計画の作成上の留意事項」に新たに示された事項である。幼児期の教育において情報機器を有効に活用するには，その特性や使用方法等を考慮した上で，幼児の直接的な体験を生かすための補完するアイテムとして活用するなど，工夫して活用していくことが大切である。ICTを活用した間接体験は，病弱の児童生徒に対する特別支援教育などにおける遠隔授業やVRを使った疑似体験などによって行われている。

2024年度 ◆ 幼稚園教育の実践に関する科目

1 幼稚園における教育活動の向上を図るには，指導計画の作成，実践，幼児理解に基づく評価，その評価を生かした指導の改善という好循環が必要である。「幼稚園教育要領」（平成29年文部科学省告示第62号）には，幼児一人一人の発達に基づく評価の実施に当たって配慮することが示されている。次の①～③の視点から，この配慮事項について説明しなさい。なお，記述に当たっては以下の語句を参考にしてよいが，使用は必須ではない。

①　指導の過程を振り返りながら幼児の理解を進めるには
②　評価の妥当性や信頼性が高められるようにするには
③　次年度又は小学校等にその内容が適切に引き継がれるようにするには

【語句（使用する順番及び回数は問わない）】
「指導の改善」「評定」「記録」
「園内研修」「組織的」「小学校との接続」

1　解答略

解説 ①　幼稚園教育要領解説（平成30年2月）には，評価の実施に当たって，「指導の過程を振り返りながら，幼児がどのような姿を見せていたか，どのように変容しているか，そのような姿が生み出されてきた状況はどのようなものであったかといった点から幼児の理解を進め，幼児一人一人のよさや可能性，特徴的な姿や伸びつつあるものなどを把握するとともに，教師の指導が適切であったかどうかを把握し，指導の改善に生かすようにすることが大切である」と記されている。また，評価を行う際には，他の幼児との比較や一定の基準に対する達成度についての評定によって捉えるものではないことに留意する必要があることが記されている。
②　評価の妥当性や信頼性が高められるようにするには，創意工夫と組織的かつ計画的な取り組みの推進が必要である。具体的には，日々の記録や写真などの幼児の情報を生かしながらの評価や，複数の教職員によっ

て幼児のよさを捉えるなど，より多面的に幼児を捉える工夫をするとともに，評価に関する園内研修を通じて，幼稚園全体で組織的かつ計画的に取り組むことが大切である。

③　幼児の発達状況の次年度への引き継ぎについては，幼稚園の中で適切に引き継がれるようにするとともに，日頃から保護者に伝えるなど，家庭との連携に留意することが大切である。また，小学校等への引き継ぎについては，学校教育法施行規則第24条第2項において，校長は児童等が進学した場合，児童等の指導要録の抄本または写しを作成し，これを進学先の校長に送付する義務が定められており，幼稚園の場合は，園長が幼児の指導要録の抄本又は写しを作成し，これを小学校等の校長に送付する義務を負うこととなる。小学校等への引き継ぎの際には，小学校等との情報の共有化を工夫することも必要である。

2　次は，ある幼稚園の5歳児クラス(男児12名，女児12名)の9月第2週の指導計画(週案)，幼児がリレー遊びをする姿の記録，及びその記録を通して今後の指導の改善を図ろうとする様子を示したものである。このリレー遊びをする幼児の姿を基に，指導計画の改善として考えられる点について，あとの(1)～(4)の問いに答えなさい。

＜週案＞　(5歳児　9月第2週)

幼児の実態	・友達とリレーや鬼遊びなど，体を動かして遊んでいるが，人数が増えるとルールが曖昧になり，自分たちで進められず，つまらなくなってしまう姿もある。 ・リーダーとなって進められる幼児がいない。
ねらい	・友達とのつながりを楽しみながら，考えを出し合って遊びを進めていく。 ・進んで運動遊びに取り組み，繰り返し試したり挑戦したりする。 ・①運動会の競技や係の仕事を楽しみにする。
内容	・自分の思いを話したり，友達の考えを聞いたりして遊びを進めていく。 ・学年の友達と運動会に向けての活動に取り組む中で，互いに親しみを感じる。 ・鉄棒や縄跳び，竹馬に挑戦する。 ・学年の友達と一緒にリレーやタイヤひきに取り組みながら自分の力を発揮していく。
環境の構成・教師の援助	・運動会に向けて，鉄棒や縄跳び，竹馬，リレーなどいろいろな運動遊びを経験していく中で，自分なりに目的をもって取り組み，楽しさや，できるようになったうれしさを感じられるようにしていく。 ・②リレーの勝敗が分かるようにアンカーたすき，ゴールテープを用意しておく。 ・リレーでは，繰り返し走る中で，力いっぱい走り，気持ちよさが感じられるようにする。 ・好きな遊びの中で，誰でも参加できるよう，③ジャンケンでのチーム分けやルールなどを遊びながら共通理解していくようにする。

次は，＜週案＞に基づき実践したある日の幼児の姿の記録である。

＜記録＞

朝からリレーに参加する幼児が多い。チーム分けはジャンケンで行うが，その意識の薄い幼児は二度，ジャンケンしてしまったり，ジャンケンしないで並んでしまったりしている。 走ること，だんだんと速くなってきていることがうれしいようで，エンドレスで走る。 Ａ児は，ぐっと走り方が変わってきた。Ｂ児は，自分がバトンをもらったときに前を走っていると「抜かした」と思っているらしく，誇らしげに報告してくれた。 ④Ｃ児とＤ児は，ゴールテープを持っているが，庭の中央を二人でぐるぐると回って，最後にはゴールテープは置き去りになっていた。 差が開き過ぎたとき，「どっちが勝っているの？」という言葉が何度か聞かれた。勝ち負けを意識するようになり，友達と競い合って走ることが楽しくなってきている。 ⑤相手チームとの人数が全然違っていてもゲームが続いており，人数を合わせようという気持ちはないようだ。アンカーたすきも「やってみたい」という思いで走り終わった子が近くにいた友達に渡していき，誰がアンカーで走っているのかも分からなくなってしまった。(後略)

＜教師の省察＞

教師は，リレーの様子(参加する幼児は多いのに，リレーが成立しない姿)を振り返る中で，教師自身の気持ちとして，運動会を控えていることから，リレー遊びをなんとか運動会の競技につなげようとばかり思っていることに気付いた。

次は，＜記録＞における幼児の姿から，改めて把握した幼児の実態の

一部である。

<改めて把握した幼児の実態>

・走る楽しさは感じている。
・友達の動きを感じながら，自分も動こうとしている。
・友達と競い合う雰囲気を感じて動こうとするが，リレーを意識していない。

(1) <記録>の下線部④及び⑤から，今後の指導の見直しを図る上でポイントとなる幼児の姿が読み取れる。幼児は，リレーをどのように認識しているのか記述しなさい。

(2) (1)で記述したリレーへの認識，<教師の省察>及び<改めて把握した幼児の実態>を踏まえ，今，幼児に経験してほしいことを二つ挙げなさい。

(3) (2)で挙げた幼児に経験してほしいことを実現するには，<週案>の下線部①を，どのように改善するとよいか記述しなさい。

(4) (3)で記述したねらいを達成するためには，<週案>の下線部②及び③について，それぞれどのように改善するとよいか記述しなさい。

2 解答略

解説 (1) C児とD児がゴールテープを持ったまま，庭の中央を走り回っている様子から，テープは遊具の一つとして認識されており，用具の意味や使い方が理解されていないことが分かる。友達と競い合って走ることが楽しいと感じられているものの，リレーは勝ち負けを競う競技であるという認識には至っていない。チームを同じ人数で作らなければならない点，アンカーたすきは最後の走者を示すものとして使われるという点など，リレーが成立するためのルールについては理解できていない。(2)　幼稚園教育要領(平成29年告示)において，5歳児後半に見られる姿として示された「幼児期の終わりまでに育ってほしい姿」には，「きまりを守る必要性がわかり，自分の気持ちを調整し，友達と折り合いを付けながら，きまりをつくったり，守ったりするようになる」という規範意識の芽生えが示されている。より楽しく遊べるように自分たちでルールを考えたり，つくり変えたりするなど，一人一人の幼児が主体的に参加できるような配慮が必要である。また，リレーを通して，他の幼児との関わり方を学んだり，協調性を育んだりする効果が期待される。チームで力を合わせて競技に取り組み，競い合う楽しさを経験することも大切である。

(3)　幼稚園教育要領解説(平成30年2月)の中の「教師の役割」には，「集団で一つのものを作ったり，それぞれが役割を分担して一つのことを成し遂げたりすることを通して，仲間意識がさらに深まる。皆で協力し合うことの楽しさや責任感，達成感を感じるようになり，友達にも分かるよう明確に自分の思いを主張したり，ときには自分のやりたいことを我慢して譲ったりすることを学んでいく」と述べられている。競技における役割や係の仕事をただ与えるのではなく，それぞれの意味を考え，子供たちと一緒に作り上げていく姿勢が必要である。

(4)　遊びが展開する過程では，幼児は周囲の環境と主体的に関わり，物や人との関わりを深める中で遊びの目的を見いだし，その目的に向かって，何が必要かどのようにすればうまくいくかなど，試行錯誤しながら取り組むようになっていく。リレーに必要な用具について，その意味や使い方を教師が示すことは必要だが，一人一人の幼児が主体的に関わろうとしているかを確認することが大切である。ルールの設定においては，幼児の成長段階に応じた設定が必要である。ルールを守れない子供がいたら，ルールを守れていない状況を把握しながら，理解できていないポイントの説明や気持ちをくんだアドバイスなど，個別のフォローが大切である。ジャンケンでチーム分けするには，力量が同じ程度の子供同士でジャンケンをするなど，チームごとの力量に差が出ないようにチーム編成するよう配慮する必要がある。

2023年度◆教科及び教職に関する科目（Ⅰ）

1 次の文章は，ある人物について述べたものである。その人物名として最も適切なものを，以下のア～エの中から一つ選んで記号で答えなさい。

主著『大教授学』は，世界最初の教育学の体系的書物とされる。教育はすべての人にとって必要なものであるとし，発達段階に応じた教育の必要性を説いた。また，世界で最初の絵入り教科書として『世界図絵』を著した。

ア　ペスタロッチ (Pestalozzi, J.H.)　　イ　ヘルバルト (Herbart, J.F.)
ウ　キルパトリック (Kilpatrick, W.H.)　　エ　コメニウス (Comenius, J.A.)

1 エ

解説 コメニウス(1592～1670年)は，チェコの教育思想家で，近代教育学の基礎を築いた。主著は『大教授学』や，世界で最初の絵入り教科書といわれる『世界図絵』などである。ペスタロッチ(1746～1827年)はスイスの教育家・教育思想家で，主著は『隠者の夕暮』『リーンハルトとゲルトルート』などである。ヘルバルト(1776～1841年)はドイツの教育学者・哲学者で，主著は『一般教育学』『教育学講義綱要』などである。キルパトリック(1871～1965年)はアメリカの教育学者で，プロジェクト・メソッドを提唱した。

2 次の文章は，フレーベル (Fröbel, F.W.A.) について述べたものである。文章中の［①］～［③］に当てはまる語句の組合せとして適切なものを，以下のア～エの中から一つ選んで記号で答えなさい。

ドイツの教育思想家・教育実践家であり，世界で最初の［①］の創設者として知られている。主著［②］では，神と自然と人間を貫く神的統一の理念に基づき自己活動と労作の原理を中心とした教育理論を説いた。遊びこそが幼児期における最も重要な活動であるとし，幼児のための教育遊具［③］を考案した。

	①	②	③
ア	幼稚園	『エミール』	自由遊具
イ	保育所	『人間の教育』	自由遊具
ウ	幼稚園	『人間の教育』	恩物
エ	保育所	『エミール』	恩物

2 ウ

解説 フレーベル(1782～1852年)は，幼稚園の創始者として知られる。主著『人間の教育』には，人間の教育は子供の発達に対して「受動的・追随的」であるべきで，「命令的・規定的・干渉的」であってはならないと主張している。また，フレーベルは，積み木のもととなる「恩物」と呼ばれる教育遊具を考案し，フレーベル教育に用いていた。『エミール』は知性偏重の教育を批判した小説形式の教育論で，フランスの啓蒙思想家ルソーの代表作である。

3 次の文章は，教育に関する用語の説明である。その用語として最も適切なものを，以下のア～エの中から一つ選んで記号で答えなさい。

1965年から，アメリカ連邦政府により，補償教育の一環として始まった。経済的，社会的に恵まれない家庭の幼児を対象に，読み書き等を中心に適切な教育を与えることで，健全な心身の発達を向上させ，小学校入学後の学習効果を促進させることを意図している。また，保健・医療や保護者の子育てについても包括的に支援する取組である。

ア　スタートカリキュラム　　イ　ミニマム・エッセンシャルズ
ウ　ヘッド・スタート計画　　エ　スリー・アールズ

3 ウ

解説 ウ　ヘッド・スタート計画は，アメリカで取り組まれている支援が必要な家庭の子供を対象に就学援助を行うプログラムで，健康や栄養面などのサポートも行っている。　ア　スタートカリキュラムとは，小学校へ入学した子供が，幼稚園・保育所・認定こども園などの遊びや生活を通した学びと育ちを基礎として，主体的に自己を発揮し，新しい学校生活を創り出していくためのカリキュラムである。　イ　ミニマム・エッセンシャルズは，最低限必要な基本教材や基本的教育内容のことである。　エ　スリー・アールズは，読み，書き・算術(計算)のことである。

4 人物とその人物が提唱した理論の組合せとして<u>適切でないもの</u>を，次のア～エの中から一つ選んで記号で答えなさい。

ア　ワトソン (Watson, J.B.) ―― S-R理論
イ　スキナー (Skinner, B.F.) ―― オペラント条件づけ
ウ　フロイト (Freud, S.) ―― エディプス・コンプレックス
エ　ブルーナー (Bruner, J.S.) ―― レディネス論

4 エ

解説 エ　ブルーナー(1915～2016年)は認知心理学の第一人者で，レディネスを待たず，レディネスの形成を促進する学習優位説を説き，子供が自分で発見し自ら学びとっていく「発見学習」を提唱した。レディネス論を提唱したのは，ソーンダイク(1874～1949年)である。レディネスは，知識，技能などの学習に必要な準備が整った状態を表す。

5 特色ある学校や学校形態とその説明の組合せとして適切でないものを，次のア～エの中から一つ選んで記号で答えなさい。

ア　オープンスクール ―― 教室の壁を取り払い，個別化・個性化教育をめざす学校形態，あるいは，地域の人々が学校の施設を利用したり，ボランティアとして学習に参加したりすること。

イ　コミュニティ・スクール ―― 1930年代末にアメリカで提唱され，発達した，地域社会の様々な教育的資源を活用し，同時に地域社会に教育的機能を提供する学校。

ウ　チャータースクール ―― 中世以後のイギリスで設立され，その後，大学への予備教育機関として発展した学校。

エ　オルタナティブ・スクール ―― 1960年代後半にアメリカで，従来の画一的な公立学校の教育体制や教育内容を打破する学校改革の実験として誕生した学校。

5 ウ

解説 ウ　チャータースクールはアメリカ合衆国における教育制度で，従来の公立学校では改善が期待できない，低学力をはじめとする様々な子どもの教育問題に取り組むため，親や教員，地域団体などが，州や学区の認可(チャーター)を受けて設ける初等中等学校で，公費によって運営されている。問題の説明文は，中世イギリスに誕生した「グラマー・スクール(文法学校)」である。

6 次の文の［　　］に当てはまる語句として最も適切なものを，以下のア～エの中から一つ選んで記号で答えなさい。

胎児期や生後早期に低栄養状態にあったり，ストレスや化学物質にさらされた体験など，望ましくない環境があった場合，将来的に健康を害したり特定の病気にかかりやすいという仮説があり，これを［　　］仮説と呼ぶ。

ア　内的ワーキングモデル　　イ　適性処遇交互作用
ウ　DOHaD　　エ　ピグマリオン効果

6 ウ

解説 ウ　DOHaD仮説は，胎児期や生後早期の環境において起きた体質の変化が，その後に環境が変化することによって，新たな環境に適応しきれず疾病にかかりやすくなるという説である。この仮説を裏返すと，病気の発症リスクを減らす可能性があることから，DOHaDの研究の発展とそれに基づく先制医療の推進が注目されている。　ア　内的ワーキングモデルとは，愛着行動を通して養育者から安心感や愛護感が得られることで，愛着が内在化することである。愛着の内在化によって，精神的に安定し，他者との関係を築く基礎にもなっていく。

イ　適正処遇交互作用(ATI)は，個々の学習者の適性に応じた教授法が異なるため，学習の最適化の必要性を強調したもので，アメリカの教育心理学者クロンバックが主張した。　エ　ピグマリオン効果は，他者からの期待を受けることで，その期待に沿った成果を出すことができるという心理効果である。

7　学習や認知に関する理論や概念と，関連が深い人物の組合せとして適切でないものを，次のア～エの中から一つ選んで記号で答えなさい。

ア　学習性無力感 —— セリグマン (Seligman, M.E.P.)
イ　流動性知能　 —— スピアマン (Spearman, C.E.)
ウ　自己効力感　 —— バンデューラ (Bandura, A.)
エ　シェマ　　　 —— ピアジェ (Piaget, J.)

7　イ

解説　知能には，流動性知能と結晶性知能がある。流動性知能は，新しい場面で適応を必要とするときに働く能力で，結晶性知能は，過去に習得した知識や経験をもとにして日常生活の状況に対処する能力である。このことを提唱したのは，キャッテルである。スピアマンは，知能には一般因子と特殊因子から構成されるとする知能の二因子説が有名である。

8　次の文章は，ある人物について述べたものである。その人物名として最も適切なものを，以下のア～エの中から一つ選んで記号で答えなさい。

５歳になるまでの幼児が遊んでいる様子を観察し，遊びが発達に伴ってどう変化するかについて，遊びの形態を六つに分類し，示した。その分類とは，「何にも専念していない行動」，「一人遊び」，他の子が遊んでいるのを眺めているだけの「傍観」，独立して遊んでいるが，そばで似たような遊びをする子がいる「平行遊び」，おもちゃの貸し借りなどが発生するが，役割分担や共通のルールなどはない「連合遊び」，そして，共通の目的を達成するために役割分担や共通のルールなどがある「協同遊び」である。

ア　パーテン(Parten, M.B.)　　イ　パーソンズ(Parsons, T.)
ウ　クレッチマー(Kretschmer, E.)　　エ　カナー(Kanner, L.)

8 ア

解説 ア　パーテン(1902～1970年)はアメリカの社会学者で，幼児期の子供の遊びが社会性の発達に関連があると考え，6つの発達段階を提唱した。　イ　パーソンズ(1902～1979年)はアメリカの社会学者で，社会学の理論体系を構築した。　ウ　クレッチマー(1888～1964年)はドイツの精神医学者で，体格・体型の違いによって性格・人格・気質を分類した類型論が有名である。　エ　カナー(1894～1981年)はアメリカの児童精神科医で，自閉症をはじめて報告した。

9 心理学に関連する語句の説明として最も適切なものを，次のア～エの中から一つ選んで記号で答えなさい。

ア　次の段階へ発達するのに十分な成熟のことをチャンクという。
イ　人間が他の動物に比べて未熟な状態で生まれてくることをソシオメトリーという。
ウ　主要な養育者と乳幼児の間で形成される情緒的な絆をアタッチメントという。
エ　視線を合わせる，共同注意が成立する，ごっこ遊びをする，などの発達的な様子が乏しい障害をADHDという。

9 ウ

解説 ウ　アタッチメントを提唱したのは，イギリスの児童精神科医ボウルビィ(1907〜1990年)である。　ア　次の段階へ発達するのに十分な成熟はレディネスである。チャンクとは，人間が情報を知覚する際の情報のまとまりを示す単位のことである。　イ　人間が他の動物に比べて未熟な状態で生まれてくることを，生理的早産という。ソシオメトリーは，集団の構造やまとまり具合，その集団における個人の地位等を客観的に把握するために考案された測定法である。　イ　人間が他の動物に比べて未熟な状態で生まれてくることを生理的早産という。ソシオメトリーは，集団の構造やまとまり具合，その集団における個人の地位等を測定，分析する理論である。　エ　視線を合わせる，共同注意が成立する，ごっこ遊びをする，などの発達的な様子が乏しい障害は，自閉スペクトラム障害である。ADHD(注意欠如・多動症)は，不注意・多動性・衝動性を特徴とする障害である。

10 次の文章は記憶に関して述べたものである。文章中の［　①　］〜［　③　］に当てはまる語句の組合せとして最も適切なものを，以下のア〜エの中から一つ選んで記号で答えなさい。

記憶には，新しい情報を覚える［　①　］，覚えた情報を忘れないように保っておく保持，保持した情報を必要に応じて思い出す想起の３区分があると考えられる。また，情報をそのまま思い出すことを［　②　］，情報を示されて同じかどうかが確認できることを［　③　］という。

	①	②	③
ア	刷り込み	再認	再生
イ	記銘	再認	再生
ウ	刷り込み	再生	再認
エ	記銘	再生	再認

10 エ

解説 記憶の過程には，覚えるという「記銘」，記憶が保持される「保持」，保持されていた記憶が呼び起こされる「想起」の，3つのプロセスがある。「想起」には，以前の経験をそのまま思い出す「再生」，以前の経験を再度経験した際に経験したことを確認できる「再認」，以前経験したことを要素の組合せで再現する「再構成」がある。心理学用語の刷り込みは，幼少期などの短期間の経験が，長期間にわたって消去できず強い影響を及ぼすことを表す。

11 次の各文は「学校教育法」（昭和22年法律第26号）の条文である。文中の［①］～［③］に当てはまる語句の組合せとして正しいものを，以下のア～エの中から一つ選んで記号で答えなさい。

第26条　幼稚園に入園することのできる者は，満［①］歳から，小学校就学の始期に達するまでの幼児とする。

第27条　幼稚園には，園長，教頭及び［②］を置かなければならない。

第42条　小学校は，文部科学大臣の定めるところにより当該小学校の教育活動その他の学校運営の状況について［③］を行い，その結果に基づき学校運営の改善を図るため必要な措置を講ずることにより，その教育水準の向上に努めなければならない。
（※法第28条において幼稚園に準用）

	①	②	③
ア	3	教諭	評価
イ	4	教諭	点検
ウ	3	教員	点検

エ　４　　教員　　評価

11 ア

解説 学校教育法第26条は，幼稚園に入園できる年齢を規定している。同法第27条は，幼稚園に園長，教頭及び教諭を置くことを規定し，同条第9項には「教諭は，幼児の保育をつかさどる」と規定されている。同法第42条は，子どもたちがより良い教育を享受できるよう，その教育活動等の成果を検証し，学校運営の改善と発展を目指すための取組である学校評価を各小学校に義務付けている。同法第28条では，同法第42条の規定を幼稚園に準用することが規定されている。

12 次の各文は学校教育に関する法令の条文である。それぞれの法規定に照らして誤っているものを，次のア～エの中から一つ選んで記号で答えなさい。

ア　幼稚園は，義務教育及びその後の教育の基礎を培うものとして，幼児を保育し，幼児の健やかな成長のために適当な環境を与えて，その心身の発達を助長することを目的とする。

イ　幼稚園の教育課程その他の保育内容については，この章に定めるもののほか，教育課程その他の保育内容の目標として文部科学省が別に公布する幼稚園教育要領によるものとする。

ウ　一学級の幼児数は，35 人以下を原則とする。

エ　学校においては，児童生徒等及び職員の心身の健康の保持増進を図るため，児童生徒等及び職員の健康診断，環境衛生検査，児童生徒等に対する指導その他保健に関する事項について計画を策定し，これを実施しなければならない。

12 イ

解説 イは，学校教育法施行規則第38条の規定だが，「保育内容の目標」が誤りで，正しくは「保育内容の基準」である。　アは幼稚園の目的を定めた学校教育法第22条，ウは1学級の幼児数を定めた幼稚園設置基準第3条，エは学校保健計画の策定等を定めた学校保健安全法第5条である。

13 次の各文は子どもに関する法令の条文である。文中の［　①　］～［　③　］に当てはまる語句の組合せとして正しいものを，以下のア～エの中から一つ選んで記号で答えなさい。

「児童虐待の防止等に関する法律」(平成12年法律第82号)

第１条　この法律は，児童虐待が児童の［　①　］を著しく侵害し，その心身の成長及び人格の形成に重大な影響を与えるとともに，我が国における将来の世代の育成にも懸念を及ぼすことにかんがみ，児童に対する虐待の禁止，児童虐待の予防及び早期発見その他の児童虐待の防止に関する国及び地方公共団体の責務，児童虐待を受けた児童の保護及び自立の支援のための措置等を定めることにより，児童虐待の防止等に関する施策を促進し，もって児童の権利利益の擁護に資することを目的とする。

「発達障害者支援法」(平成16年法律第167号)

第２条の２　発達障害者の支援は，全ての発達障害者が社会参加の機会が確保されること及びどこで誰と生活するかについての選択の機会が確保され，地域社会において他の人々と［　②　］することを妨げられないことを旨として，行われなければならない。

「子どもの貧困対策の推進に関する法律」(平成25年法律第64号)

第１条　この法律は，子どもの現在及び将来がその生まれ育った環境によって左右されることのないよう，全ての子どもが心身ともに健やかに育成され，及びその教育の［　③　］が保障され，子ども一人一人が夢や希望を持つことができるようにするため，子どもの貧困の解消に向けて，児童の権利に関する条約の精神にのっとり，子どもの貧困対策に関し，基本理念を定め，国等の責務を明らかにし，及び子どもの貧困対策の基本となる事項を定めることにより，子どもの貧困対策を総合的に推進することを目的とする。

	①	②	③
ア	生存権	交流	機会均等
イ	人権	共生	機会均等
ウ	生存権	共生	平等
エ	人権	交流	平等

13　イ

解説　①　児童虐待防止等に関する法律は平成12(2000)年に成立した法律で，平成16(2004)年の改正で，法律の目的を規定した第１条に「児童虐待は著しい人権侵害」であることが明記された。　②　基本理念を定めた発達障害者支援法第２条の２は，平成28(2016)年の同法改正において新設された規定である。基本理念の一つとして，どこで誰と住むかなど他者との共生について妨げられないことが示されている。　③　子どもの貧困対策の推進に関する法律は，貧困の状況にある子どもが，生まれ育った環境に左右されず健やかに育成される環境の整備と教育の機会均等を図ることを目的として，平成25(2013)年に成立した法律である。目的を定めた第１条には，前述の内容が示されている。

14 特別支援教育について述べたものとして適切でないものを，次のア～エの中から一つ選んで記号で答えなさい。

ア　特別支援教育では，障害の種類や程度に応じて盲・聾（ろう）・養護学校など特別な場で指導が行われる。

イ　公立の小・中学校では，特別支援学級の学級編成の標準は８人とされている。

ウ　近年，特別支援学級に在籍する児童生徒が，特別支援学校に在籍する児童生徒の数を上回っている。

エ　特別支援教育とは，障害のある幼児児童生徒の自立や社会参加に向けた主体的な取組を支援するという視点に立ち，適切な指導及び必要な支援を行うものである。

14 ア

解説 ア　平成18(2006)年の学校教育法の一部改正によって，平成19(2007)年から特別支援教育が実施されるとともに，それまでの盲学校，聾学校，養護学校の制度は，幼児児童生徒の障害の重複化に対応するため，特別支援学校に一本化され，複数の障害を受け入れることができる制度に転換された。　ウ　令和4(2022)年の文部科学省調査によると，特別支援学校に在籍する指導生徒数は約148,600人で，特別支援学級に在籍する指導生徒数は約353,400人である。平成24(2012)年に比べて，特別支援学校では約1.1倍，特別支援学級では約2.1倍となっている。

15 近年の我が国における社会的状況について述べたものとして適切でないものを，次のア～エの中から一つ選んで記号で答えなさい。

ア　一般世帯数を世帯人員別にみると，夫婦２人の世帯が最も多い。
イ　女性の就業率は 50%を上回っている。
ウ　日本における外国人の人口は増加傾向にある。
エ　男性が一日に家事関連に費やす時間は，過去 20 年間で 20 分増加している。

出典：「令和２年国勢調査」(令和３年 11 月 30 日総務省)
「平成 28 年社会生活基本調査」(平成 29 年９月 15 日総務省)

15 ア

解説 ア　厚生労働省の調査によると，令和4(2022)年6月2日現在における全国の世帯総数は5,431万世帯で，世帯構造の割合をみると，「単独世帯」が32.9%,「夫婦と未婚の子のみの世帯」が25.8%,「夫婦のみの世帯」が24.5%の順となっている。　イ　女性の就業率は，令和4(2022)年度は72.4%となっている。　ウ　在留外国人の人口は令和4(2022)年6月末現在，約296万人で，10年前の平成24(2012)年に比べて約93万人(+45.6%)増加している。　エ　総務省統計局の資料によると，男性の家事時間は51分(令和3(2021)年)で，20年前(平成13(2001)年)の31分より20分増加している。また，6歳未満の子供をもつ夫の家事時間は，1時間54分(令和3(2021)年)で，20年前(平成13(2001)年)の48分より，1時間6分増加している。ただしいずれも，女性の家事時間に比べて，圧倒的に少ない時間である。

2023年度◆教科及び教職に関する科目（Ⅱ）

1 次の文は，「幼稚園教育要領」（平成29年文部科学省告示第62号）「第1章　総則　第1　幼稚園教育の基本」の一部である。文中の［①］～［③］に当てはまる語句の組合せとして正しいものを，以下のア～エの中から一つ選んで記号で答えなさい。

幼児の［①］な活動としての遊びは，心身の調和のとれた発達の基礎を培う重要な［②］であることを考慮して，遊びを通しての指導を中心として第2章に示すねらいが［③］に達成されるようにすること。

	①	②	③
ア	自発的	学習	総合的
イ	創造的	経験	総合的
ウ	創造的	学習	計画的
エ	自発的	経験	計画的

1 ア

解説 平成29年改訂の幼稚園教育要領では，幼稚園教育は学校教育法に規定する目的及び目標を達成するため，幼児期の特性を踏まえ，環境を通して行うものであることを基本として，3つの重視すべき事項が示されている。その3つの事項のうちの1つが提示されている。自発的な活動としての遊びは，幼児期特有の学習である。自発的な活動としての遊びにおいて，幼児は心身全体を働かせ，様々な体験を通して心身の調和のとれた全体的な発達の基礎を築いていくことから，幼稚園における教育は，遊びを通しての指導を中心に行うことが重要である。また，幼児は遊びを通して，心身の様々な側面の発達にとって必要な経験が相互に関連し合い，総合的に発達していくことから，総合的な指導が大切となる。

2 「幼稚園教育要領」(平成29年文部科学省告示第62号)「第1章　総則　第2　幼稚園教育において育みたい資質・能力及び『幼児期の終わりまでに育ってほしい姿』」に示された「幼稚園教育において育みたい資質・能力」として適切でないものを，次のア～エの中から一つ選んで記号で答えなさい。

ア　豊かな体験を通じて，感じたり，気付いたり，分かったり，できるようになったりする「知識及び技能の基礎」

イ　友達と遊ぶ中で，主張したり，我慢したり，協力したり，頑張ったりする「思いやり，協同性，忍耐力等」

ウ　気付いたことや，できるようになったことなどを使い，考えたり，試したり，工夫したり，表現したりする「思考力，判断力，表現力等の基礎」

エ　心情，意欲，態度が育つ中で，よりよい生活を営もうとする「学びに向かう力，人間性等」

2 イ

解説 幼稚園教育要領(平成29年告示)「第1章　総則」には，「幼児期の終わりまでに育ってほしい姿」が新たに示された。「幼児期の終わりまでに育ってほしい姿」は，幼児期にふさわしい遊びや生活を積み重ねることにより，幼稚園教育において育みたい資質・能力が育まれている幼児の具体的な姿であり，特に5歳児後半に見られるようになる姿を想定して示されている。その「幼児期の終わりまでに育ってほしい姿」を示す前段として，幼稚園教育において育みたい資質・能力が示されている。幼稚園においては，幼稚園生活の全体を通して，幼児に生きる力の基礎を育むことが求められており，幼稚園教育の基本を踏まえたもので，「知識及び技能の基礎」「思考力，判断力，表現力等の基礎」「学びに向かう力，人間性等」である。小学校以降の育成を目指す三つの柱への接続が，図られている。

3 次の文は,「幼稚園教育要領」(平成29年文部科学省告示第62号)「第1章　総則　第3　教育課程の役割と編成等　5　小学校教育との接続に当たっての留意事項」の一部である。文中の[①]～[③]に当てはまる語句の組合せとして正しいものを，以下のア～エの中から一つ選んで記号で答えなさい。

幼稚園においては，幼稚園教育が，小学校以降の[①]の育成につながることに配慮し，[②]にふさわしい生活を通して，[③]な思考や主体的な生活態度などの基礎を培うようにするものとする。

	①	②	③
ア	学力	幼児期	論理的
イ	生活や学習の基盤	児童期	論理的
ウ	生活や学習の基盤	幼児期	創造的
エ	学力	児童期	創造的

3 ウ

解説 幼稚園教育要領(平成29年告示)「第1章　総則　第3　5　小学校教育との接続に当たっての留意事項」の(1)では，小学校以降の生活や学習の基盤の育成について示されている。幼稚園教育は，小学校以降の生活や学習の基盤ともなる。小学校以降の子供の発達を見通した上で，幼稚園教育において育みたい資質・能力を幼児期にふさわしい生活を通して育むことが大切である。また，幼児が小学校に就学するまでに，創造的な思考や主体的な生活態度などの基礎を培うことが重要である。

4 次の①〜④について，『幼稚園教育要領解説』（平成 30 年３月文部科学省）「第１章　総説　第４節　指導計画の作成と幼児理解に基づいた評価　１　指導計画の考え方」に示された内容として，正しいものを○，正しくないものを × としたとき，組合せとして正しいものを，以下のア〜エの中から一つ選んで記号で答えなさい。

① 幼児が主体的に環境と関わることを通して自らの発達に必要な経験を積み重ねるためには，計画性ある幼稚園生活よりも，幼児の自由な生活を優先させなければならない。
② 幼稚園生活を通して，個々の幼児が学校教育法における幼稚園教育の目標を達成していくためには，まず，教師が，あらかじめ幼児の発達に必要な経験を見通し，各時期の発達の特性を踏まえつつ，教育課程に沿った指導計画を立てて継続的な指導を行うことが必要である。
③ 指導計画は一つの仮説であって，実際に展開される生活に応じて常に改善されるものであるから，そのような実践の積み重ねの中で，教育課程も改善されていく必要がある。
④ 指導計画を作成する際には，一般に一人一人の発達の実情を踏まえながらも，その共通する部分や全体的な様相を手掛かりにして作成されることが多い。このことを踏まえ，具体的な指導においては，一人一人の実情より全体に合わせていくことが重要である。

	①	②	③	④
ア	×	○	×	○
イ	○	×	○	×
ウ	○	○	×	×
エ	×	○	○	×

4 エ

解説 ① 幼稚園教育要領解説(平成30年3月)では，幼児が自らの発達に必要な経験を積み重ねるためには，「幼稚園生活が計画性をもったものでなければならない」と記述されている。 ④ 具体的な指導においては，「一人一人の幼児が発達に必要な経験を得られるようにするために，個々の幼児の発達や内面の動きなどを的確に把握して，それぞれの幼児の興味や欲求を十分満足させるようにしなければならない」と記述されている。

5 次の文章は，「幼稚園教育要領」（平成29年文部科学省告示第62号）「第１章　総則　第６　幼稚園運営上の留意事項」の一部である。文章中の［①］～［③］に当てはまる語句の組合せとして正しいものを，以下のア～エの中から一つ選んで記号で答えなさい。

幼児の生活は，家庭を基盤として地域社会を通じて次第に広がりをもつものであることに留意し，家庭との連携を十分に図るなど，幼稚園における生活が家庭や地域社会と［①］を保ちつつ展開されるようにするものとする。その際，地域の自然，高齢者や異年齢の子供などを含む人材，行事や公共施設などの地域の資源を積極的に活用し，幼児が豊かな生活体験を得られるように工夫するものとする。また，家庭との連携に当たっては，［②］の機会を設けたり，保護者と幼児との活動の機会を設けたりなどすることを通じて，保護者の［③］に関する理解が深まるよう配慮するものとする。

	①	②	③
ア	個別性	保護者との情報交換	子育て
イ	連続性	保護者との情報交換	幼児期の教育
ウ	個別性	保護者への指導	幼児期の教育
エ	連続性	保護者への指導	子育て

5　イ

解説 ①　生活が無理なく継続して展開していくためには，日々の保育の連続性とともに，幼稚園生活と家庭や地域の生活との間が，連続性をもって展開されるようにすることが大切である。　②・③　家庭との連携に当たっては，保護者が幼児期の教育に関する理解が深まるようにすることも必要である。そのためには，幼児の様子や子育てに関する情報交換の機会や保育参加などを通じた保護者と幼児との活動の機会を設けたりなどすることが大切である。

6　次の①～④について，「幼稚園教育要領」（平成 29 年文部科学省告示第 62 号）「第２章　ねらい及び内容　環境　2　内容」に示された内容として，正しいものを○，正しくないものを × としたとき，組合せとして正しいものを，以下のア～エの中から一つ選んで記号で答えなさい。

①　日常生活の中で簡単な標識や文字などに関心をもつ。
②　生活に関係の深い情報や施設などに興味や関心をもつ。
③　日常生活の中で，文字などで伝える楽しさを味わう。
④　自分でできることは自分でする。

	①	②	③	④
ア	○	○	×	×
イ	×	○	×	○
ウ	○	×	○	×
エ	×	○	○	×

6 ア

解説 幼稚園教育要領(平成29年告示)において,「ねらい及び内容」は幼児の発達の側面からまとめて，心身の健康に関する領域「健康」，人との関わりに関する領域「人間関係」，身近な環境との関わりに関する領域「環境」，言葉の獲得に関する領域「言葉」，感性と表現に関する領域「表現」の5つの領域で編成されている。領域「環境」は，周囲の様々な環境に好奇心や探究心をもって関わり，それらを生活に取り入れていこうとする力を養う領域である。 ③は領域「言葉」の内容，④は領域「人間関係」の内容である。

7 次の文章は，「幼稚園教育要領」（平成29年文部科学省告示第62号）「第2章　ねらい及び内容健康　3　内容の取扱い」の一部である。文章中の［①］～［③］に当てはまる語句の組合せとして正しいものを，以下のア～エの中から一つ選んで記号で答えなさい。

様々な遊びの中で，幼児が興味や関心，能力に応じて［①］を使って活動することにより，体を動かす楽しさを味わい，自分の体を［②］にしようとする気持ちが育つようにすること。その際，［③］を経験する中で，体の動きを調整するようにすること。

	①	②	③
ア	道具	大切	身体を動かす遊び
イ	全身	大切	多様な動き
ウ	道具	丈夫	多様な動き
エ	全身	丈夫	身体を動かす遊び

7 イ

解説 領域「健康」は，健康な心と体を育て，自ら健康で安全な生活をつくり出す力を養う領域である。平成29年改訂の幼稚園教育要領において，「幼児期運動指針」(平成24年3月　文部科学省)などを踏まえ，多様な動きを経験する中で，体の動きを調整するようにすることが，領域「健康」の「内容の取扱い」に新たに示された。

8 次の文章は，『幼稚園教育要領解説』（平成 30 年３月文部科学省）「第３章　教育課程に係る教育時間の終了後等に行う教育活動などの留意事項　1　教育課程に係る教育時間の終了後等に行う教育活動」の一部である。文章中の［①］～［③］に当てはまる語句の組合せとして正しいものを，以下のア～エの中から一つ選んで記号で答えなさい。

教育課程に係る教育時間外の教育活動は，通常の教育時間の前後や長期休業期間中などに［①］に応じて，幼稚園が，当該幼稚園の園児のうち希望者を対象に行う教育活動である。この活動に当たって，まず配慮しなければならないのは，［②］についてであり，これらが確保されるような環境をつくることが必要である。また，家庭での過ごし方などにより幼児一人一人の［③］が異なることに十分配慮して，心身の負担が少なく，無理なく過ごせるように，1 日の流れや環境を工夫することが大切である。

	①	②	③
ア	地域の実態や保護者の要請	幼児と保護者の気持ち	発達や性格
イ	幼稚園の実態	幼児と保護者の気持ち	生活のリズムや生活の仕方
ウ	地域の実態や保護者の要請	幼児の健康と安全	生活のリズムや生活の仕方
エ	幼稚園の実態	幼児の健康と安全	発達や性格

8 ウ

解説 平成29年改訂の幼稚園教育要領においては，教育課程に係る教育時間の終了後等に行う教育活動や子育ての支援の充実が図られた。一方，教育課程に係る教育時間外の教育活動は，通常の教育時間の前後や長期休業期間中などに，地域の実態や保護者の要請に応じて，幼稚園が，当該幼稚園の園児のうち希望者を対象に行う教育活動であり，従来から幼稚園が行ってきた活動でもある。この活動にあたってまず配慮しなければならないのは，幼児の健康と安全である。また，幼児一人一人の生活のリズムや生活の仕方が異なることに配慮して，家庭生活との連続性を図りながら，無理なく過ごせるように工夫することが大切である。

9 『幼保連携型認定こども園教育・保育要領解説』（平成30年3月内閣府・文部科学省・厚生労働省）「第1章　総則　第3節　幼保連携型認定こども園として特に配慮すべき事項」に示された内容として適切でないものを，次のア～エの中から一つ選んで記号で答えなさい。

ア　保育教諭等は，入園した年齢により集団生活の経験が異なることに配慮して，0歳から小学校就学前までの園児の発達や学びの連続性を見通し，園児一人一人の発達の過程に応じ，一貫した教育及び保育を展開していくことが求められる。

イ　幼保連携型認定こども園においては，在園4時間で降園する園児もいれば，8時間在園する園児や，保護者の就労その他の家族の生活形態を反映した状況により在園時間が10時間を超える園児もいる。園児一人一人の在園時間が異なるが，一日の生活が安定するようにできるだけ園生活のリズムをどの園児も一律に揃(そろ)えることが大切である。

ウ　幼保連携型認定こども園においては，同一年齢の園児からなる学級等による集団活動とともに，異年齢の園児同士が関わる活動を適切に組み合わせることが必要である。

エ　保育教諭等は，長期的な休業期間にも登園する園児，家庭等で過ごす園児それぞれの状況を把握し，個々の実態を丁寧に捉え，家庭や保護者とも必要に応じて連絡を取り合い，園児を中心に据えた連携を図り，援助を行うようにすることが望ましい。

9 イ

解説 幼保連携型認定こども園教育・保育要領(平成29年告示)「第1章　総則　第3　幼保連携型認定こども園として特に配慮すべき事項」には，「在園時間が異なる多様な園児がいることを踏まえ，園児の生活が安定するよう，家庭や地域，幼保連携型認定こども園における生活の連続性を確保するとともに，一日の生活のリズムを整えるよう工夫をすること」と示されている。　イ　幼保連携型認定こども園教育・保育要領解説(平成30年3月)では，園児一人一人の在園時間が異なり，一日の生活リズムや園生活の過ごし方が多様であることから，「日々の園児の状態や欲求に即して選択できる活動内容や時間の幅を増やすなど，個々の実態に即した生活ができるようにするなどの柔軟な配慮をすることが望ましい」と記述されている。

10 次の①～④について，『幼児理解に基づいた評価』（平成31年3月文部科学省）「第1章　幼児理解に基づいた評価の意義　1．幼児理解と評価の考え方　(4)　小学校の評価の考え方について」の内容として，正しいものを○，正しくないものを × としたとき，組合せとして正しいものを，以下のア～エの中から一つ選んで記号で答えなさい。

① 小学校における学習評価は，指導と切り離して行うことが重視されている。
② 児童の学習状況を学習指導要領に示す目標に照らして総括的に評価する「評定」の欄は，小学校低学年については児童の発達段階の特性や学習の実態等を考慮して，全ての教科について設けていない。
③ 小学校における各教科の学習評価は，一定の集団における児童の相

対的な位置付けを評価する「相対評価」である。

④　幼稚園と小学校では，評価の方法等は異なるが，評価を行う目的は幼稚園も小学校も同様の考え方に立っている。

	①	②	③	④
ア	×	×	○	○
イ	×	○	○	×
ウ	○	×	○	×
エ	×	○	×	○

10　エ

解説 ①　小学校における学習評価は，「その結果を学習指導の改善に生かすこと(いわゆる指導と評価の一体化)を通じて学習指導の在り方を見直したり，個に応じた指導の充実を図ったり，学校における教育活動を組織として改善したりする上で，重要な役割を担っている」と記述されている。　③　小学校における各教科の学習評価については，「一定の集団における児童の相対的な位置付けを評価するいわゆる相対評価ではなく，学習指導要領に示す各教科の目標に照らして，その実現状況を評価する『目標に準拠した評価』により行われている」と記述されている。

11　『幼児の思いをつなぐ指導計画の作成と保育の展開』（令和３年２月文部科学省）「第１章　指導計画作成に当たっての基本的な考え方　5. 小学校の教育課程との接続と指導計画　(2)　円滑な接続に資する指導計画」に示された，幼児期の終わりまでに育ってほしい姿についての記述として適切でないものを，次のア～エの中から一つ選んで記号で答えなさい。

ア　幼児の活動する姿を「幼児期の終わりまでに育ってほしい姿」に照らして，どの程度到達しているのかといった視点から評価することが大切である。

イ　「幼児期の終わりまでに育ってほしい姿」を中心としながら，様々な視点から幼稚園と小学校の教師が協議を深めていくことにより，子供の発達を長期的な視点で捉え，互いの教育内容や指導方法の違いや共通点について理解を深めていくことが大切である。

ウ　「幼児期の終わりまでに育ってほしい姿」は，個別に取り出されて指導されるものではない。

エ　「幼児期の終わりまでに育ってほしい姿」は，幼児の自発的な活動としての遊びを通して，一人一人の発達の特性に応じて，資質・能力が育っていく具体的な姿である。

11　ア

解説　『幼児の思いをつなぐ指導計画の作成と保育の展開』(文部科学省)は，指導計画作成に当たっての基本的な考え方や方法などを解説したものである。平成29年改訂の幼稚園教育要領の趣旨を踏まえて見直され，令和3(2021)年2月に改訂版が刊行された。　ア　「幼児期の終わりまでに育ってほしい姿」が到達すべき目標ではないことや，個別に取り出されて指導されるものではないことに十分留意する必要があり，その例の一つとして，幼児の活動する姿を「幼児期の終わりまでに育ってほしい姿」に照らして，どの程度到達しているのかといった視点から評価することは，幼児期の特性に照らして適切ではないことが示されている。

12　次の文章は，『指導と評価に生かす記録』（令和３年10月文部科学省）「第１章　専門性を高めるための記録の在り方　1．教師の専門性と記録　(2)　保育の過程と記録」の一部である。文章中の［①］～［③］に当てはまる語句の組合せとして正しいものを，以下のア～エの中から一つ選んで記号で答えなさい。

幼児理解は，幼児との応答の中でもたらされ，記録を通して，更に理解が深まり，［①］につながります。そして，長期の指導計画を背景にして，より具体的な幼児の生活に即した短期の指導計画である週案や日案を作成し，ねらい，内容に沿った環境を構成します。これらを踏まえて，教師は当日の保育を幼児と共に展開し，幼児一人一人に応答しながら柔軟に指導を行い，その中で環境の再構成なども行います。また，保育終了後に幼児の育ちを振り返りながら，教師自身の援助や環境の構成について記録に基づき［②］を行います。［②］は個々に行われるだけでなく，園内研修などで記録を共有しながら［③］行われることもあります。

	①	②	③
ア	よりよい保育	評価	保護者と連携して
イ	よりよい保育	ケース会議	同僚と協働的に
ウ	次の保育の構想	評価	同僚と協働的に
エ	次の保育の構想	ケース会議	保護者と連携して

12 ウ

解説 『指導と評価に生かす記録』(文部科学省)は，教師の専門性を高めるための記録の在り方や，その記録を実際の指導や評価にどのように生かしていくのかなどについて実践事例を取り上げて解説したものである。平成29年改訂の幼稚園教育要領の趣旨を踏まえて記述が見直され，令和3(2021)年に改訂版が刊行された。記録は，保育の評価を行う際に，次の指導計画作成の際のねらいや内容の設定に生かしていくための根拠となる。幼稚園教育の基本は，幼児一人一人の発達の特性に応じることであり，この特性をもつ幼稚園教育においては，「記録」が幼児理解や指導の中で重要な役割を担い，記録を取り続けることによって初めて，日々の保育の質を高めることが可能になるとしている。

13 次の文章は，絵画制作の表現技法について説明したものである。文章中の［　　］に当てはまる語句として最も適切なものを，以下のア～エの中から一つ選んで記号で答えなさい。

表面にでこぼこのある素材の上に薄い紙をあて，クレヨンや鉛筆などの描画材で紙の上からこすることにより，その表面のでこぼこや形を写し取る技法を［　　　］という。見るだけでは分からなかった表面の模様の美しさや面白さを味わうことができる。

ア　ドリッピング　　　イ　コラージュ
ウ　フロッタージュ　　エ　ウォッシング

13　ウ

解説　偶然にできる形や色を利用した効果や表現を表す表現技法を，モダンテクニックという。幼稚園や保育園等においては，このモダンテクニックがよく活用されている。　ドリッピングは，直接絵筆で描かず，絵筆から紙に絵の具を垂らす技法。さらに，垂らした絵の具をストローなどで吹き流し，さまざまな軌跡を描いたりもできる。コラージュは，写真や絵，紐などのさまざまな素材をはり合わせ，それらを組み合わせてつくる技法。ウォッシングは，絵の具などで紙に絵図を描き，乾いたのちに墨汁などを塗って水で洗い流すことで，先に描いた絵図を浮き出させる技法である。

14　次の文章は，ある人物について述べたものである。その人物名として最も適切なものを，以下のア～エの中から一つ選んで記号で答えなさい。

1918（大正７）年，雑誌『赤い鳥』を創刊し，それまで主流であった教訓的なお伽噺（とぎばなし）や唱歌に代わって，芸術性の高い童話，童謡を広めた。また，『赤い鳥』の投稿欄を通して，ありのままをのびのびと表現する綴方（つづりかた），児童自由詩，児童自由画の普及に努めた。日本の児童文化，児童文学に大きな功績を残した人物である。

ア　鈴木三重吉　　イ　新美南吉　　ウ　宮沢賢治　　エ　西条八十

14 ア

解説 鈴木三重吉(1882〜1936年)は童話作家で，童話を文芸として高めた雑誌『赤い鳥』を創刊したことで有名である。新美南吉(1913〜1943年)は児童文学者で，『赤い鳥』に『ごんぎつね』などが掲載された。宮沢賢治(1896〜1933年)は童話作家で，詩集『春と修羅』や童話『風の又三郎』『銀河鉄道の夜』『注文の多い料理店』など，多くの著名な作品を残している。ただ，賢治の作品は三重吉に評価されず，宮沢賢治の作品は『赤い鳥』に掲載されることはなかった。西城八十(1892〜1970年)は詩人・フランス文学者で，童謡と歌謡曲の作詞を多く手掛けた。『赤い鳥』にも，「かなりあ」など多数の童謡を残している。

15 次の〔A群〕に示す音符と，〔B群〕に示す音の長さの組合せとして適切なものを，以下のア〜エの中から一つ選んで記号で答えなさい。なお，♩を1拍とする。

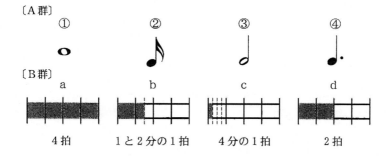

〔A群〕

①　②　③　④

〔B群〕

a　b　c　d

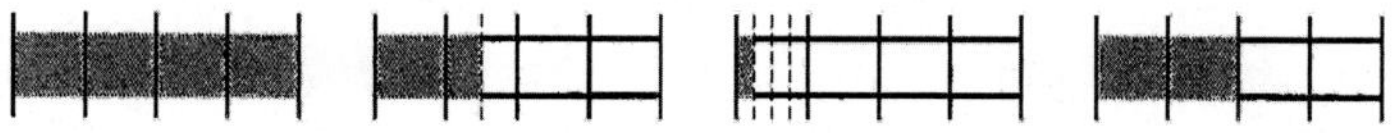

4拍　1と2分の1拍　4分の1拍　2拍

	①	②	③	④
ア	a	b	c	d
イ	b	c	d	a
ウ	d	b	c	a
エ	a	c	d	b

15　エ

解説 ①　4分音符4拍分の長さを持つ全音符である。　②　4分音符の$\frac{1}{4}$の長さを持つ16分音符である。4分音符の$\frac{1}{2}$の長さを持つ8分音符とは羽の数が異なるので，注意すること。　③　4分音符2拍分の長さを持つ2分音符である。　④　4分音符に付点が付いた付点4分音符である。付点が付くと1.5倍の長さとなるので，1.5拍分の長さとなる。

2023年度 ◆ 幼稚園教育の実践に関する科目

1 『幼児の思いをつなぐ指導計画の作成と保育の展開』(令和３年２月文部科学省)「第１章　指導計画作成に当たっての基本的な考え方　５．小学校の教育課程との接続と指導計画　(1) 幼児期の教育と小学校教育の円滑な接続の意義」では，「①教育の目的・目標」「②教育課程」「③教育活動」の三つの視点が示されている。幼児期の教育と小学校教育の円滑な接続を図るうえで，この三つの視点それぞれにおいて，基本的に押さえておきたいことを，具体的に説明しなさい。なお，記述に当たって次の語句を参考にしてよいが，使用は必須ではない。

【語句(使用する順番及び回数は問わない)】
「連続性」「一貫性」「生活や体験を通した学び」
「時間割に沿った教科等の学び」「学びの芽生え」「自覚的な学び」

1 解答略

解説 子どもの発達や学びは連続しており，幼児期の教育と小学校教育の円滑な接続を図ることの重要性は，『幼児の思いをつなぐ指導計画の作成と保育の展開』はもとより，幼稚園教育要領や小学校学習指導要領の各教育課程に関する事項において示されている。

「①教育の目的・目標」: 学校教育法においては，幼稚園の目的を定めた第22条には「義務教育及びその後の教育の基礎を培う」こととし，小学校の目的を定めた第29条には「義務教育として行われる普通教育のうち基礎的なものを施す」として，いずれも，「学びの基礎力の育成」という一つのつながりとして示されている。また，目的を実現するための目標についても，幼稚園教育の目標を定めた同法第23条に示された，「基本的な習慣」「身体機能の調和的発達」「集団生活への参画」「規範意識」「生命及び自然に対する興味」「言語能力の育成」「豊かな感性と表現力」等は，普通教育の目標を定めた同法第21条にどれも引き継がれ，連続性・一貫性をもって示されている。

「②教育課程」：幼稚園教育と小学校教育の教育課程の構成原理には顕著な違いがある。幼児期の教育には各教科等の区別がない。目標の位置付けも，幼児期ではその後の教育の方向付けを重視するのに対して，小学校教育では具体的な目標への到達を重視している。指導方法においては，幼児期の教育では「幼児の生活や体験を通した学び」「自発的な活動」を重視し，課題意識を高める指導を行うのに対して，小学校教育では「時間割に沿った教科等の学び」による効果的な指導が原則となる。そして，これらの違いを理解し，実践するにあたっては，子供の発達や学びは幼児期と児童期ではっきりと分かれるものではなくつながっていること，また両者の教育の目的・目標が連続性・一貫性をもって構成されているとの前提に立つことが重要である。

「③教育活動」：幼児期の学びは，楽しいことや好きなことに集中することを通じて様々なことを学んでいく「学びの芽生え」の段階にある。一方，小学校においては，学ぶということを意識し，与えられた課題を自分の課題として受け止め，計画的に学習を進めていく「自覚的な学び」の段階になる。幼児期から児童期にかけては，「学びの芽生え」と「自覚的な学び」の両者の調和のとれた教育を展開しながら，「学びの芽生え」から「自覚的な学び」への移行が図られることになる。その代表的な例が，小学校低学年における「幼児期の終わりまでに育ってほしい姿を踏まえた指導の工夫」や「スタートカリキュラム」である。

2 次は，ある幼稚園の3歳児クラス（男児12名，女児8名）における11月の指導計画（週案・日案）の一部を示したものである。週案を基に日案の【問①】【問②】【問③】について答えなさい。

＜週案＞

前週の幼児の姿	・積み木やコルク積み木を使って場を作ったり，固定遊具をおうちに見立てたりして，ままごと，病院ごっこ，電車ごっこをして遊んでいる。「注射しますよ，チク」「痛かったけど泣かなかったよ」などと，それぞれが自分なりの“つもり”の世界を楽しむようになってきた。 ・自分なりの思いをもって動くこと，友達と一緒に動くことが楽しく感じられるようになってきている。そのため，自分の“こうしたい”という思いや“こうしてほしい”“○○はしたらだめ”などの思いを，友達にも様々な表し方で出すようになってきて，もめることが増えてきた。 ・タンブリンやカスタネット，ドングリマラカスなど，音楽に合わせて鳴らしたり，友達と一緒に音を出したりして楽しんでいる。落ち葉を集めて“カサカサ”という音や，ドングリが転がる音なども面白がり，自分なりの関わり方で遊んでいる。
ねらい	・自分の思いを出し，したい遊びを楽しむ。 ・教師や友達と触れ合って遊ぶ心地よさを感じる。
内容	・積み木，固定遊具などで場をつくりながら，ままごと，病院ごっこ，電車ごっこなど，好きなものになって動いたり，話したりして遊ぶ。 ・自分なりの思いや“つもり”を教師や友達に表そうとする。 ・教師や友達と一緒にいる中で，自分の思ったことを言葉や行動で表しながら遊ぶ。 ・いざこざの際に教師の表情からその場の雰囲気を感じ，自分なりに考えようとする。 ・落ち葉や木の実などの自然物や身の回りの素材に触れ，感触や音などを楽しみながら思うままに遊ぶ。

＜日案＞

<table>
<tr><td>ねらい</td><td colspan="3">・大好きな友達と一緒に気に入った場を見つけ，自分の思いやイメージを言葉で表しながらごっこ遊びを楽しむ。
・教師や友達と一緒にいろいろな動きを楽しみながら，元気いっぱい体を動かす気持ちよさを味わう。</td></tr>
<tr><td>内　容</td><td colspan="3">・“こうしてほしい”“こうしたらだめ”などの思いを言葉や態度で表す。
・一緒の場にいる友達に尋ねたり，友達のしていることに納得したりしながら分かり合って遊ぶ。
・うんていや登り棒，アスレチックなどの固定遊具でいろいろな動き方にチャレンジし，やりたいことができた嬉しさを感じる。</td></tr>
<tr><td>時　間</td><td>生活の流れ</td><td>環境構成</td><td>教師の援助</td></tr>
<tr><td>9：00</td><td>①登園をする。
・挨拶をする。
・身の回りの持ち物を片付ける。
・着替え，うがい，手洗い
・出席シールを貼る。</td><td>（略）</td><td>・笑顔で挨拶を交わし，幼児の健康状態を確認する。</td></tr>
<tr><td>9：20</td><td>②好きな遊びをする。
・ごっこ遊びをする。
（ままごと，病院ごっこ，電車ごっこ等）
・制作遊びをする。
・積み木で遊ぶ。
・園庭で遊ぶ。
（固定遊具等）</td><td>【問①】ごっこ遊びが充実するための環境構成を二つ挙げ，それぞれについてその目的や理由を含めて記述しなさい。

（略）</td><td>【問②】遊びの中で生じたいざこざに対する教師の援助を二つ挙げ記述しなさい。

（略）</td></tr>
<tr><td>10：45</td><td>③片付け</td><td></td><td></td></tr>
<tr><td>11：00</td><td>④みんなで集まる。
・歌を歌う。
・絵本を見る。
・今日の出来事を話す。</td><td></td><td>【問③】みんなで集まる際の教師の援助を三つ挙げ記述しなさい。</td></tr>
<tr><td>11：30</td><td>⑤昼食準備</td><td></td><td></td></tr>
</table>

2 解答略

解説 問①　室内環境については，机や椅子の配置を見直して遊びの場を作る，遊びの場やおもちゃが置かれている棚などへの動線にも配慮することが必要である。もの作りに意欲を示す幼児のために，制作コーナーを設けることも望ましい。その際に，幼児が抱くイメージを具体化できるような材料，遊具の工夫も必要となる。また，同じものを取り合わなくて良いよう，十分な数を用意することも大切である。幼稚園教育要領解説(平成30年2月)には「発達を促すためには，活動の展開によって柔軟に変化し，幼児の興味や関心に応じて必要な刺激が得られるような応答性のある環境が必要である」と述べられており，教師の柔軟な対応も環境構成の一つとして挙げられる。

問②　幼児期は自我が芽生える時期である。幼児が協同して遊ぶようになるためには，いざこざなどの葛藤体験を乗り越えていく過程を大切に受け止めていくことも重要なことの一つである。遊びの中でいざこざが生じたような場合，教師は，相手の気持ちや自分のするべき行動について体験を通して考えさせたり，してはいけないことや言ってはならないことがあることに気付いたりするように，援助することが大切である。また，集団の生活にはきまりがあり，そのきまりをなぜ守らなければならないかを，体験を通して考える機会を与えていくことが重要である。幼児の気持ちを受け止めた上で，状況・原因を尋ねる，気持ちや要求を代弁する，不適切な行動についてはなぜそれが良くないかを教える，等の援助が考えられる。3歳児では，幼児だけでいざこざを解決することは時に難しく，教師が両者の納得する解決策を提示することも有効である。

問③　活動の区切りなどに，みんなで集まる場面では，みんなで歌を歌ったり，絵本や紙芝居を見たりして楽しく過ごす時間であり，担任の教師とのつながりを深め，担任の教師を通して学級の他の幼児とのつながりもできていく。同時に，幼児の実態に沿って，幼稚園生活の話題を取り上げることで，教師や他の幼児と共に遊びや生活の中で見通しをもったり振り返ったりする機会となる。今日の出来事の話し合いでは，教師はその中心にいて，幼児が言い尽くせないでいる，あるいは他の幼児に伝えきれていない言葉を補いながら，学級全体で楽しく話し合う雰囲気をつくり，幼児一人一人が次の日の活動への期待や意欲をもてるように援助することが大切である。

2022年度 ◆ 教科及び教職に関する科目（Ⅰ）

1 次の文章は，ある人物について述べたものである。その人物名として最も適切なものを，以下のア～エの中から一つ選んで記号で答えなさい。

スイスのジュネーブで生まれ，フランスで活躍した思想家である。代表的な著書として，教育小説の『エミール』がある。人間の自然，特に人間の内的自然を重視し，人間の初期の教育は消極教育であるべきとした。子供を大人の縮図として捉える見方を否定し，子供の発達の固有性を認めたことは，「子供の発見」として，後にペスタロッチ (Pestalozzi, J.H.) やフレーベル (Fröbel, F.W.A.) に継承され，近代教育学に大きな影響を与えた。

ア　ニール (Neil, A.S.)　　イ　ルソー (Rousseau, J.-J.)
ウ　コメニウス (Comenius, J.A.)　　エ　デューイ (Dewey, J.)

1 イ

解説 『エミール』はフランスの啓蒙思想家ルソー(1712～1778年)の著作で,「万物は創造主の手を離れるときは，すべてが善いものであるが，人間の手にかかると，それがみな例外なく悪いものとなっていく」と説き，消極的教育論を唱えている。　ア　ニール(1883～1973年)はイギリスの新教育運動の教育家で，世界でいちばん自由な学校と呼ばれるサマーヒル学園を設立した。　ウ　コメニウス(1592～1670年)はボヘミアの教育思想家で,実物観察に重点をおく直観教授法を開いた。主著に『大教授学』『世界図絵』がある。　エ　デューイ(1859～1952年)はアメリカの哲学者・教育思想家で，プラグマティズムを大成させ，実験主義(道具主義)の立場を確立した。主著に『民主主義と教育』『学校と社会』などがある。

2 次の文章は，倉橋惣三について述べたものである。文章中の［ ① ］～［ ③ ］に当てはまる語句の組合せとして適切なものを，以下のア～エの中から一つ選んで記号で答えなさい。

大正から昭和にかけて活躍した倉橋惣三は，児童中心の進歩的な保育を提唱した。子供の自由な遊びを基礎として，充実した生活へ導く教育方法は［ ① ］と呼ばれる。子供の自発性を尊重して，［ ② ］と導いていくことが大切であるとした。著書に［ ③ ］等がある。

	①	②	③
ア	自然保育	「自然から，自然に　自然へ」	『幼稚園真諦』
イ	誘導保育	「自然から，自然に　自然へ」	『幼児教育法』
ウ	自然保育	「生活を，生活で，生活へ」	『幼児教育法』
エ	誘導保育	「生活を，生活で，生活へ」	『幼稚園真諦』

2 エ

解説 倉橋惣三(1882～1955年)は教育学者で，日本の幼児教育の父と呼ばれている。フレーベルの教育思想を重視しながら，自らも「誘導保育」と呼ばれる保育方針を打ち立てた。誘導保育は，子供が自発的に自由に遊ぶ中で，自己充実を目指すという教育方針である。著書の『幼稚園真諦』には，保育方法の基本が述べられている。倉橋惣三が力説した保育の基本「生活を，生活で，生活へ」は，幼児の「さながらの生活」(生活の実態)をとらえ，それを出発点にして，より豊かな生活を高めていき，それが自分の成長を実感していくような生活へと導かれていくというものである。

3 次の文章は，ある教育方法について述べたものである。この教育方法の名称として最も適切なものを，以下のア～エの中から一つ選んで記号で答えなさい。

ドイツのペーターゼン (Petersen, P.) により実施された教育方法である。学校を共同体として捉え，教師と父母協議会との協力のもとに運営した。従来の年齢別学年学級を廃止し，基幹集団を編成するところにその特徴がある。年齢，性別，能力の異なる集団をつくり，協同活動を重視するものであった。

ア　プロジェクト・メソッド　　イ　ウィネトカ・プラン
ウ　イエナ・プラン　　エ　ドクロリー・メソッド

3 ウ

解説 ドイツの教育学者であるペーターゼン(1884～1952年)が提唱したオープンモデル型の学校教育はイエナ・プランで，オランダを中心に発展を遂げている。　ア　プロジェクト・メソッドは，アメリカの教育学者キルパトリックが提唱したもので，児童自身が自発的に計画し問題解決の活動を行うことによって，知識と経験を総合的に体得させようとする学習法。　イ　ウィネトカ・プランは，アメリカの教育改革家ウォッシュバーンがシカゴ市の北郊ウィネトカの公立小学校で行った学習指導法で，共通の必修教材を個別的に学習し，集団的，創造的教材を分団的協同作業で学習するもの。　エ　ドクロリー・メソッドは，ベルギーの精神科医・教育家のドクロリーが，自ら設立した生活学校において実践した，子供の欲求と興味を重視した生活総合カリキュラムである。

4 人物とその人物が提唱した理論の組合せとして適切でないものを，次のア～エの中から一つ選んで記号で答えなさい。

ア　ゲゼル (Gesell, A.L.) ―――― 発達の最近接領域
イ　ピアジェ (Piaget, J.) ―――― アニミズム
ウ　エリクソン (Erikson, E.H.) ―― 自我同一性
エ　ボウルビィ (Bowlby, J.M.) ―― 愛着理論

4 ア

解説 ゲゼル(1880～1961年)は，発達を決定する要因として遺伝的要因を重視した成熟優位説を提唱した。発達の最近接領域を提唱したのは，ロシアの心理学者であるヴィゴツキー(1896～1934年)である。発達の最近接領域とは，「完成した発達水準」と「不可能な水準」との間の「可能的水準」のことで，保育者等の他者の働きかけによって子供の発達を先に進めることができる領域のことである。

5 次の文は，教育心理学における心理的行動についての説明である。文中の[　　]に当てはまる語句として最も適切なものを，以下のア～エの中から一つ選んで記号で答えなさい。

教師が期待をもって子供に関わることで，その子供が教師の期待に沿って行動したり，成果を出したりする傾向を[　　]という。

ア　ラポール　　イ　ホスピタリズム
ウ　ハロー効果　エ　ピグマリオン効果

5 エ

解説 ア　ラポールは，来談者中心カウンセリングにおいて必要とされる，カウンセラーとクライエント間の信頼関係である。　イ　ホスピタリズムは，社会的に刺激の少ない病院や施設に長期滞在することにより生じやすい，心身の発達障害の一つ。乳幼児期に親から隔離され，施設で長期間生活する場合などに生じる発達上の問題である。　ウ　ハロー効果は，ある顕著な特性の印象に引きずられて，全体の評価をしてしまう効果のことである。

6 次の文は，知能に関する理論の整理を試みたある人物について述べたものである。その人物名として最も適切なものを，以下のア～エの中から一つ選んで記号で答えなさい。

一般知能因子の下位分類として，新奇な状況に適応する際に必要な能力である流動性知能と学習によって得られた知識，習慣，判断力などである結晶性知能の二つが存在すると考えた。

ア　スピアマン (Spearman, C.E.)　　イ　ガードナー (Gardner, H.)
ウ　キャッテル (Cattell, R.B.)　　エ　ギルフォード (Guilford, J.P.)

6 ウ

解説 ウ　知能の大きな分類として，キャッテル(1905～1998年)が提唱した流動性知能と結晶性知能がある。流動性知能は，加齢に伴う脳機能の変化と関連したものである一方，結晶性知能は高齢になってもある程度維持されているという特徴がある。特に，理解力，洞察力，創造力などの結晶性知能は経験することによって形成される知能であることから，高齢でも伸ばしていく可能性が示されたことから，高齢化社会が進む中で注目されている。　ア　スピアマン(1863～1945年)は，知能には一般因子と特殊因子があるとした，知能の二因子説を提唱した。　イ　ガードナー(1943年〜)は，言語的知能，論理数学的知能，音楽的知能など計8種類の多重知能理論を提唱した。　エ　ギルフォード(1897〜1987年)は，知能を情報処理機能で捉え，内容，操作，所産という3つの面をもつ知能構造モデルを提唱した。

7 次の文章の[　　]に当てはまる語句として最も適切なものを，以下のア〜エの中から一つ選んで記号で答えなさい。

ブルーナー (Bruner, J.S.) は，子供が他者からの援助を得て，独力では不可能なことを成し遂げるときに援助者が用いる方略のことを[　　]と呼んだ。これは，最初は子供を補助するが，子供の成長とともに次第に補助を外し，子供の自立した行為を形作っていくプロセスのことである。

ア　足場かけ　　イ　リハーサル
ウ　試行錯誤学習　　エ　先行オーガナイザー

7 ア

解説 ア　足場かけとは，学習者が自力で到達できない目標に対して，支援者がサポートすることによって到達させるという概念で，ブルーナー(1915〜2016年)が提唱した。ヴィゴツキーの最近接領域の概念から影響を受けている。　イ　リハーサルは，短期記憶の内容を繰り返し想起させることであり，リハーサルした情報は記憶が定着され，長期記憶として永続的に貯蔵されることが期待される。　ウ　試行錯誤学習は，試行の繰り返しによって刺激と反応の結びつきが徐々に強くなり，短い時間で問題解決に至るとするもので，ソーンダイクが提唱した。　エ　先行オーガナイザーは，教科書で勉強する前に目次を示すなど，学習者が学習材料に取り組みやすくするために，学習に先立って提示される情報である。オーズベルが提唱した有意味受容学習において用いられた概念である。

8 次の図は，スキャモン (Scammon, R.E.) の示した発達曲線である。図中の①～④の曲線と対応する型の組合せとして正しいものを，以下のア～エの中から一つ選んで記号で答えなさい。

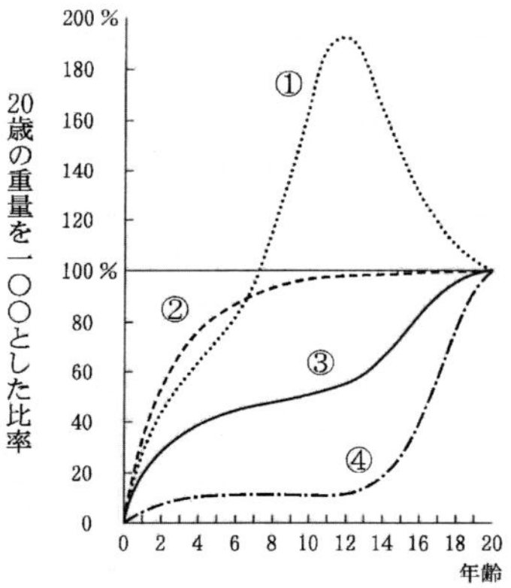

ア	①	リンパ型	②	生殖型	③	一般型	④	神経型
イ	①	リンパ型	②	神経型	③	一般型	④	生殖型
ウ	①	一般型	②	生殖型	③	リンパ型	④	神経型
エ	①	一般型	②	神経型	③	リンパ型	④	生殖型

8 イ

解説 ①　リンパ型は免疫系の発達曲線である。出生直後は免疫力は低いが，出生後様々なウイルスや細菌など有害な微生物や物質に触れることで，免疫は急激に獲得されていき，12歳位で頂点に達し，以降20歳位のレベルへと収束していく。　②　神経型は，脳神経系の発達曲線である。

脳神経系は出生後から，様々な神経回路網が形成されていき，12歳位には成人のレベルに達する。　③　一般型とは，身長・体重や筋肉・臓器の発達曲線である。これらは，出生後5歳くらいまでの時期と12歳位から18歳位までの思春期の頃に，急激に増加する。　④　生殖型は，生殖器官の発達曲線である。生殖器官の発達は，第二次性徴が始まる12歳位から急激に発達していく。

9 学習や発達に関する理論や概念と，関連が深い人物の組合せとして適切でないものを，次のア～エの中から一つ選んで記号で答えなさい。

ア　観察学習　　　　　―― スキナー (Skinner, B.F.)
イ　道徳性発達理論 ―― コールバーグ (Kohlberg, L.)
ウ　条件反射　　　　　―― パブロフ (Pavlov, I.P.)
エ　環境閾値説　　　　―― ジェンセン (Jensen, A.R.)

9 ア

解説 観察学習(モデリング)とは，他人の行動を観察・模倣するだけで学習が成立するといる学習理論で，バンデューラ(1925～2021年)が提唱した。スキナー(1904～1990年)は，スキナー箱を用いたオペラント条件付けの研究が有名で，それを人間の教育に応用したのがプログラム学習である。

10 次の文は「教育基本法」(平成18年法律第120号)の条文である。文中の［　①　］～［　③　］に当てはまる語句の組合せとして正しいものを，以下のア～エの中から一つ選んで記号で答えなさい。

第２条　教育は，その目的を実現するため，学問の自由を尊重しつつ，次に掲げる目標を達成するよう行われるものとする。

一　幅広い知識と教養を身に付け，真理を求める態度を養い，豊かな［　①　］と道徳心を培うとともに健やかな身体を養うこと。

二　個人の価値を尊重して，その能力を伸ばし，創造性を培い，自主及び自律の精神を養うとともに職業及び生活との関連を重視し，勤労を重んずる態度を養うこと。

三　正義と責任，男女の平等，自他の［　②　］と協力を重んずるとともに，公共の精神に基づき，主体的に社会の形成に参画し，その発展に寄与する態度を養うこと。

四　［　③　］を尊び，自然を大切にし，環境の保全に寄与する態度を養うこと。

五　伝統と文化を尊重し，それらをはぐくんできた我が国と郷土を愛するとともに，他国を尊重し，国際社会の平和と発展に寄与する態度を養うこと。

	①	②	③
ア	情操	敬愛	生命
イ	感性	敬愛	家族
ウ	感性	尊厳	生命
エ	情操	尊厳	家族

10 ア

解説　教育基本法第２条は，教育の目標を定めている。平成18(2006)年の教育基本法改正においては，教育の目的及び目標について，「人格の完成」等に加え，「公共の精神」や「伝統と文化の尊重」など，今日重要と考えられる事柄が新たに規定された。学習指導要領は，教育基本法に定める教育の目的や目標の達成のため，学校教育法に基づき国が定める教育課程の基準であり，今回改訂の学習指導要領において，学校教育の「不易」として，平成18(2006)年の教育基本法の改正により明確になった教育の目的及び目標が，その前文に明記された。教育の目的及び目標を示す教育基本法第１条及び第２条は，全文を確実に押さえておく必要がある。

11 次の各文は「学校教育法」（昭和22年法律第26号）の条文である。文中の［ ① ］～［ ③ ］に当てはまる語句の組合せとして正しいものを，以下のア～エの中から一つ選んで記号で答えなさい。

第22条　幼稚園は，義務教育及びその後の教育の基礎を培うものとして，幼児を保育し，幼児の健やかな成長のために適当な［ ① ］を与えて，その心身の発達を助長することを目的とする。

第24条　幼稚園においては，第22条に規定する目的を実現するための教育を行うほか，幼児期の教育に関する各般の問題につき，保護者及び地域住民その他の関係者からの相談に応じ，必要な情報の提供及び助言を行うなど，家庭及び地域における幼児期の教育の［ ② ］に努めるものとする。

第25条　幼稚園の教育課程その他の保育内容に関する事項は，第22条及び第23条の規定に従い，［ ③ ］が定める。

	①	②	③
ア	環境	発展	園長
イ	指導	発展	文部科学大臣
ウ	環境	支援	文部科学大臣
エ	指導	支援	園長

11 ウ

解説　学校教育法第22条は幼稚園教育の目的，同法第24条は幼稚園の家庭及び地域との関わりにおける努力事項，同法第25条は幼稚園の教育課程について定めている。この学校教育法第25条に基づき，幼稚園教育の大綱的基準として「幼稚園教育要領」が文部科学大臣により告示されている。

12 「学校教育法施行規則」(昭和 22 年文部省令第 11 号)に照らして正しいものを，次のア～エの中から一つ選んで記号で答えなさい。

ア　幼稚園の学年は，１月１日に始まり，翌年 12 月 31 日に終わる。
イ　幼稚園の毎学年の教育週数は，特別の事情のある場合を除き，39 週を下ってはならない。
ウ　幼稚園の教育課程その他の保育内容については，学校教育法施行規則に定めるもののほか，教育課程その他の保育内容の目標として文部科学省が別に通知する幼稚園教育要領による。
エ　幼稚園の設備，編制その他設置に関する事項は，教育基本法の定めるところによる。

12 イ

解説 ア　学校教育法施行規則第59条は「小学校の学年は，4月1日に始まり，翌年3月31日に終わる」と規定されており，この規定は同施行規則第39条により幼稚園にも準用される。　イ　同施行規則第37条の規定である。　ウ　同施行規則第38条の規定だが，文中の「保育内容の目標として」が誤りで，正しくは「保育内容の基準として」である。
エ　同施行規則第36条の規定だが，「教育基本法の定めるところによる」が誤りで，正しくは「この章(学校教育法施行規則第3章)に定めるもののほか，幼稚園設置基準の定めるところによる」である。

13 次の各文は「地方公務員法」(昭和 25 年法律第 261 号)の条文である。文中の［①］～［③］に当てはまる語句の組合せとして正しいものを，以下のア～エの中から一つ選んで記号で答えなさい。

第 32 条　職員は，その職務を遂行するに当つて，法令，条例，地方公共団体の規則及び地方公共団体の機関の定める規程に従い，且つ，上司の［①］の命令に忠実に従わなければならない。

第33条　職員は，その職の信用を傷つけ，又は職員の[　②　]の不名誉となるような行為をしてはならない。

第34条　職員は，職務上知り得た[　③　]を漏らしてはならない。その職を退いた後も，また，同様とする。

	①	②	③
ア	職務上	個人	情報
イ	身分上	職全体	情報
ウ	身分上	個人	秘密
エ	職務上	職全体	秘密

13 エ

解説 地方公務員法は，公立学校の幼稚園教員にも適用される。同法第32条は法令等及び上司の職務上の命令に従う義務を，同法第33条は信用失墜行為の禁止を，第34条は秘密を守る義務を，それぞれ規定している。同法には，勤務時間中に職務を遂行する上で守るべき「職務上の義務」と，職務時間の内外を問わず公務員がその身分を有することによって守るべき「身分上の義務」があり，同法第32条は「職務上の義務」，同法第33条及び第34条は「身分上の義務」にそれぞれ該当する。

14 特別支援教育について述べられたものとして適切でないものを，次のア～エの中から一つ選んで記号で答えなさい。

ア　盲学校，聾(ろう)学校，養護学校の三つの学校種は，特別支援学校制度の創設により一つの学校種(特別支援学校)となった。

イ　合理的配慮は，設置者・学校と本人・保護者により，発達の段階を考慮して決定することが望ましい。

ウ　LD，ADHD，高機能自閉症は，定義，判断基準が明らかでない等の理由から対象に含まれていない。

エ　国及び地方公共団体は，障害者である児童及び生徒と，障害者でない児童及び生徒との交流及び共同学習を積極的に進めることとされている。

14 ウ

解説 ウ　学校教育法施行規則第140条は「小学校，中学校，義務教育学校，高等学校又は中等教育学校において，次の各号のいずれかに該当する児童又は生徒のうち当該障害に応じた特別の指導を行う必要があるものを教育する場合には，文部科学大臣が別に定めるところにより，(中略)，特別の教育課程によることができる」と定め，その対象としてLD(学習障害者)，ADHD(注意欠陥多動性障害者)，その他障害のある者で，この条の規定により特別の教育課程による教育を行うことが適当なものを挙げている。　ア　平成18(2006)年の学校教育法の一部改正により，それまでの盲・聾・養護学校の制度から，複数の障害種別を対象とすることができる特別支援学校の制度に一本化された。　イ「共生社会の形成に向けたインクルーシブ教育システム構築のための特別支援教育の推進(報告)」(平成24年7月　中央教育審議会初等中等教育分科会)には，「合理的配慮」について「一人一人の障害の状態や教育的ニーズ等に応じて決定されるものであり，設置者・学校と本人・保護者により，発達の段階を考慮しつつ，『合理的配慮』の観点を踏まえ，『合理的配慮』について可能な限り合意形成を図った上で決定し，提供されることが望ましい」と示されている。　エ　幼稚園教育要領(平成29年告示)には，「障害のある幼児児童生徒との交流及び共同学習の機会を設け，共に尊重し合いながら協働して生活していく態度を育むよう努める」と示されている。

15 近年の日本の人口等に関する状況について述べたものとして最も適切なものを，次のア～エの中から一つ選んで記号で答えなさい。

ア　出生数は減少傾向が続いており，2019年には70万件を下回っている。

イ　2019年1月には，75歳以上の人口割合は総人口の10%を超えており，15歳未満の人口割合を上回っている。

ウ　2000年以降，離婚件数は増加傾向が続いており，2019年には30万件を超えている。

エ　第一子出生時の母親の年齢は上昇傾向が続いており，2019年には35歳を超えている。

出典：「令和元年(2019)人口動態統計(確定数)の概況」(令和2年9月17日厚生労働省)
「人口推計(2019年(令和元年)6月報)」(令和元年6月20日総務省)
「人口統計資料集(2021年版)」(国立社会保障・人口問題研究所)

15 イ

解説 ア　厚生労働省の「人口動態調査」によると，2019年の出生数は865,239人である。2022年の出生数は770,759人で，初めて80万人を割り込んだ。　ウ　離婚件数は，2019年が208,496組で，2002年の289,836組をピークに，年々減少している。　エ　第一子出生時の母の平均年齢は，2015年から2020年まで30.7歳で横ばいが続いていたが，2021年は30.9歳で，6年ぶりに上昇している。

2022年度 ◆ 教科及び教職に関する科目（Ⅱ）

1 次の文は,「幼稚園教育要領」（平成29年文部科学省告示第62号）「第1章　総則　第1　幼稚園教育の基本」の一部である。文中の［　①　］～［　③　］に当てはまる語句の組合せとして正しいものを，以下のア～エの中から一つ選んで記号で答えなさい。

幼児の発達は，心身の諸側面が相互に関連し合い，［　①　］経過をたどって成し遂げられていくものであること，また，幼児の［　②　］がそれぞれ異なることなどを考慮して，幼児一人一人の［　③　］に応じ，発達の課題に即した指導を行うようにすること。

	①	②	③
ア	多様な	発達過程	性格
イ	一定の	生活経験	性格
ウ	一定の	発達過程	特性
エ	多様な	生活経験	特性

1 エ

解説 平成29年改訂の幼稚園教育要領では，幼稚園教育は学校教育法に規定する目的及び目標を達成するため，幼児期の特性を踏まえ，環境を通して行うものであることを基本として，3つの重視すべき事項が示されている。その3つの事項のうちの1つが提示されている。幼児は，一人一人の家庭環境や生活経験が違うことから，多様な経過をたどり，一人一人が異なった発達の姿を示す。そのため教師は，幼児が自ら主体的に環境と関わり，自分の世界を広げていく過程そのものを発達と捉え，幼児一人一人の発達の特性を理解し，その特性やその幼児が抱えている発達の課題に応じた指導をすることが大切である。

2 次の①～④について，『幼稚園教育要領解説』(平成30年3月文部科学省)「第1章　総説　第3節　教育課程の役割と編成等　4　教育課程の編成上の留意事項　(3) 安全上の配慮」に示された内容として，正しいものを○，正しくないものを×としたとき，組合せとして正しいものを，以下のア～エの中から一つ選んで記号で答えなさい。

① 幼児が健康で安全な生活を送るためには，他の教師に頼ることなく，担任の教師が責任をもって安全管理を行うことが必要である。

② 幼児の事故は，原因は様々だが，そのときの心理的な状態と関係が深いといわれており，日々の生活の中で，教師は幼児との信頼関係を築き，個々の幼児が安定した情緒の下で行動できるようにすることが大切である。

③ 幼児期は，発達の特性として，友達の行動の危険性は指摘できても，自分の行動の危険性を予測できないので，教師が幼児を危険から守り，安全な生活ができるよう幼児の行動や遊びに制限をかけることが大切である。

④ 災害時の行動の仕方や不審者との遭遇など様々な犯罪から身を守る対処の仕方を身に付けさせるためには，幼児の発達の実情に応じて，基本的な対処の方法を確実に伝えるとともに，家庭，地域社会，関係機関などとも連携して幼児の安全を図る必要がある。

	①	②	③	④
ア	×	○	×	○
イ	○	○	×	×
ウ	○	×	×	○
エ	×	×	○	○

2 ア

解説 平成29年改訂の幼稚園教育要領において，総則の「教育課程の役割と編成等」に，「幼稚園生活が安全なものとなるよう，教職員による協力体制の下，園庭や園舎などの環境の配慮や指導の工夫を行うこと」が，新たに示された。その安全上の配慮に関する解説からの出題である。
①　幼稚園教育要領解説(平成30年3月)では，「幼稚園においては，幼児が健康で安全な生活を送ることができるよう，担任の教師ばかりでなく，幼稚園の教職員全てが協力しなければならないことはいうまでもない」と解説されている。　③「幼児期は，発達の特性として，友達の行動の危険性は指摘できても，自分の行動の危険性を予測できないということもあるので，友達や周囲の人々の安全にも関心を向けながら，次第に幼児が自ら安全な行動をとることができるように，発達の実情に応じて指導を行う必要がある」と解説されている。

3 「幼稚園教育要領」（平成 29 年文部科学省告示第 62 号）「第１章　総則　第４　指導計画の作成と幼児理解に基づいた評価　３　指導計画の作成上の留意事項」に示された内容として適切でないものを，次のア～エの中から一つ選んで記号で答えなさい。

ア　幼児の行う活動は，個人，グループ，学級全体などで多様に展開されるものであることを踏まえ，幼稚園全体の教師による協力体制を作りながら，一人一人の幼児が興味や欲求を十分に満足させるよう適切な援助を行うようにする。
イ　年，学期，月などの長期の指導計画については，幼児の生活リズムに配慮し，幼児の意識や興味の連続性のある活動が相互に関連して幼稚園生活の自然な流れの中に組み込まれるようにする。
ウ　幼児期は直接的な体験が重要であることを踏まえ，視聴覚教材やコンピュータなど情報機器を活用する際には，幼稚園生活では得難い体験を補完するなど，幼児の体験との関連を考慮する。

エ　言語に関する能力の発達と思考力等の発達が関連していることを踏まえ，幼稚園生活全体を通して，幼児の発達を踏まえた言語環境を整え，言語活動の充実を図る。

3 イ

解説 指導計画には，年，学期，月などにわたる長期の指導計画(年間指導計画等)と，週，日などの短期の指導計画(週案，日案等)とがある。「幼児の生活のリズムに配慮し，幼児の意識や興味の連続性のある活動が相互に関連して幼稚園生活の自然な流れの中に組み込まれるようにすること」については，「週，日などの短期の指導計画」を指す内容である。

4 次の文章は，「幼稚園教育要領」（平成29年文部科学省告示第62号）「第1章　総則　第5　特別な配慮を必要とする幼児への指導」の一部である。文章中の［　①　］～［　③　］に当てはまる語句の組合せとして正しいものを，以下のア～エの中から一つ選んで記号で答えなさい。

障害のある幼児などへの指導に当たっては，集団の中で生活することを通して［　①　］な発達を促していくことに配慮し，特別支援学校などの助言又は援助を活用しつつ，個々の幼児の［　②　］などに応じた指導内容や指導方法の工夫を組織的かつ計画的に行うものとする。また，家庭，地域及び医療や福祉，保健等の業務を行う関係機関との連携を図り，［　③　］な視点で幼児への教育的支援を行うために，個別の教育支援計画を作成し活用することに努めるとともに，個々の幼児の実態を的確に把握し，個別の指導計画を作成し活用することに努めるものとする。

	①	②	③
ア	個別的	障害の状態	短期的
イ	全体的	障害の状態	長期的
ウ	全体的	診断の内容	短期的

エ　個別的　　診断の内容　　長期的

4 イ

解説 ①　障害のある幼児などを指導する場合には，幼児の障害の状態や特性および発達の程度等に応じて，発達を全体的に促していくことが大切である。　②　一人一人の障害の状態等により，生活上などの困難が異なることに十分留意し，個々の幼児の障害の状態等に応じた指導内容や指導方法の工夫を検討し，適切な指導を行うことが大切である。
③　平成29年改訂の幼稚園教育要領において，総則の「第5節　特別な配慮を必要とする幼児への指導」に，個別の教育支援計画と個別の指導計画を作成し活用することに努めることが示された。個別の教育支援計画とは，「障害のある幼児児童生徒の一人一人のニーズを正確に把握し，長期的な視点で乳幼児期から学校卒業後までを通じて一貫して的確な教育的支援を行うことを目的とする」もののことで，「個別の指導計画」とは，幼児児童生徒一人一人のニーズに応じた指導目標や指導内容，指導方法等を明確に示したものである。

5 次の①～④について，「幼稚園教育要領」（平成29年文部科学省告示第62号）「第２章　ねらい及び内容　人間関係　２　内容」に示された記述として正しいものを○，正しくないものを × としたとき，組合せとして正しいものを，以下のア～エの中から一つ選んで記号で答えなさい。

①　日常生活の中で我が国や地域社会における様々な文化や伝統に親しむ。
②　自分で考え，自分で行動する。
③　先生や友達と触れ合い，安定感をもって行動する。
④　自分の思ったことを相手に伝え，相手の思っていることに気付く。

	①	②	③	④
ア	○	○	×	×
イ	×	×	○	○
ウ	○	×	×	○
エ	×	○	×	○

5 エ

解説 幼稚園教育要領(平成29年告示)において，「ねらい及び内容」は幼児の発達の側面からまとめて，心身の健康に関する領域「健康」，人との関わりに関する領域「人間関係」，身近な環境との関わりに関する領域「環境」，言葉の獲得に関する領域「言葉」，感性と表現に関する領域「表現」の5つの領域で編成されている。領域「人間関係」は，他の人々と親しみ，支え合って生活するために，自立心を育て，人と関わる力を養う領域である。　①は領域「環境」の内容である。平成29年改訂の幼稚園教育要領から，新たに加えられた内容である。③は領域「健康」の内容である。

6 次の文は，「幼稚園教育要領」（平成29年文部科学省告示第62号）「第2章　ねらい及び内容　環境　3　内容の取扱い」の一部である。文中の［　①　］～［　③　］に当てはまる語句の組合せとして正しいものを，以下のア～エの中から一つ選んで記号で答えなさい。

身近な事象や動植物に対する［　①　］を伝え合い，共感し合うことなどを通して自分から関わろうとする意欲を育てるとともに，［　②　］を通してそれらに対する親しみや畏敬の念，生命を大切にする気持ち，［　③　］，探究心などが養われるようにすること。

	①	②	③
ア	感動	様々な関わり方	公共心
イ	感動	自発的な遊び	好奇心

ウ　情報　　様々な関わり方　　好奇心
エ　情報　　自発的な遊び　　　公共心

6 ア

解説 領域「環境」は，周囲の様々な環境に好奇心や探究心をもって関わり，それらを生活に取り入れていこうとする力を養う領域である。問題文は，内容の「自然などの身近な事象に関心をもち，取り入れて遊ぶ」「身近な動植物に親しみをもって接し，生命の尊さに気付き，いたわったり，大切にしたりする」等に関わる取扱い事項である。「幼児期の終わりまでに育ってほしい姿」には「自然との関わり・生命尊重」の事項があり，幼児期の自然との関わり・生命尊重は，幼稚園生活において，身近な自然と触れ合う体験を重ねながら，自然への気付きや動植物に対する親しみを深める中で育まれていくことが示されている。

7 『幼稚園教育要領解説』（平成30年３月文部科学省）「第１章　総説　第３節　教育課程の役割と編成等　５　小学校教育との接続に当たっての留意事項」に示されている幼稚園教育と小学校教育の円滑な接続を図るための小学校の取組として，正しいものを○，正しくないものを×としたとき，組合せとして正しいものを，以下のア～エの中から一つ選んで記号で答えなさい。

①　アプローチカリキュラムの編成
②　幼稚園教育の５領域を取り入れた指導
③　合科的・関連的な指導
④　弾力的な時間割の設定

	①	②	③	④
ア	○	×	○	×
イ	○	○	×	×
ウ	×	×	○	○
エ	×	○	×	○

7 ウ

解説 ①「スタートカリキュラムの編成」である。幼児期の教育で育まれてきたことが，小学校における学習に円滑に接続されるよう，スタートカリキュラムを編成し，生活科を中心に合科的・関連的な指導や弾力的な時間割の設定など，指導の工夫や指導計画の作成を行うことが求められている。 ②「幼児期の終わりまでに育ってほしい姿を踏まえた指導」である。小学校においては，幼児期の終わりまでに育ってほしい姿を踏まえた指導を工夫することにより，児童が主体的に自己を発揮しながら学びに向かい，幼児期の教育を通して育まれた資質・能力を更に伸ばしていくことができるようにすることが重要である。

8 次の文章は，『幼稚園教育要領解説』（平成30年3月文部科学省）「第2章　ねらい及び内容　第3節　環境の構成と保育の展開　3　留意事項」の一部である。文章中の［①］～［③］に当てはまる語句の組合せとして正しいものを，以下のア～エの中から一つ選んで記号で答えなさい。

教師は，幼児の生活する姿の中から［①］を理解し，適切な環境を幼児の生活に沿って構成し，幼児の活動が充実するように援助することが大切である。そのためには，教師は，幼児理解とともに幼児の身の回りの環境がもつ特性や特質について日頃から研究し，その［②］について理解し，実際の指導場面で必要に応じて活用できるようにしておくことも大切である。その際には，それぞれの環境を大人の視点から捉えるのではなく，自由な発想をする幼児の視点に立って捉え，幼児がその対象との関わりを通して，どのような［　③　］を引き出していくのかを予想し，その可能性を幅広く捉えておくことが大切である。

	①	②	③
ア	発達の実情	園環境の実際	楽しい幼児の活動
イ	幼児の内面	園環境の実際	潜在的な学びの価値
ウ	発達の実情	教育的価値	潜在的な学びの価値
エ	幼児の内面	教育的価値	楽しい幼児の活動

8 ウ

解説 幼稚園教育要領解説(平成30年3月)「第2章 ねらい及び内容　第3節　環境の構成と保育の展開　3　留意事項　(2)　保育の展開における教師の役割」からの引用出題。幼稚園教育の基本は「環境を通して行う」ものであり，教師は常に環境を見る目を磨いておく必要がある。環境のもつ特性や特質について研究を重ねた教師が，計画的に，あるいはそのときの状況に応じて，幼児が発達に必要な体験ができるよう環境を構成していくことにより，幼児は発達に必要な経験をすることができる。教師は，幼児の発想や活動の展開の仕方を大切にしながら，あらかじめ設定したねらいや内容を修正したり，それに向けて環境を再構成したり，必要な援助をしたりするなどによって，適切に指導していく必要がある。

9 次の文章は，『幼稚園教育要領解説』（平成 30 年３月文部科学省）「第３章　教育課程に係る教育時間の終了後等に行う教育活動などの留意事項　1　教育課程に係る教育時間の終了後等に行う教育活動」の一部である。文章中の［　①　］～［　③　］に当てはまる語句の組合せとして正しいものを，以下のア～エの中から一つ選んで記号で答えなさい。

教育課程に係る教育時間の終了後等に行う教育活動は，［　①　］を損なうものであってはならない。そのため，保護者と幼児の様子等について情報交換などを行う中で，教育課程に係る教育時間の終了後等に行う教育活動の趣旨や［②］の重要性を保護者に十分に理解してもらい，保護者が，［③］幼児を育てるという意識が高まるようにすることが大切である。

	①	②	③
ア	家庭の教育力	幼稚園における教育	幼稚園の指導の下に
イ	家庭の教育力	家庭における教育	幼稚園と共に
ウ	幼児の発達	幼稚園における教育	幼稚園と共に
エ	幼児の発達	家庭における教育	幼稚園の指導の下に

9 イ

解説 幼稚園教育要領(平成29年告示)「第3章　教育課程に係る教育時間の終了後等に行う教育活動などの留意事項」の1の「(3)　家庭との緊密な連携を図るようにすること。その際，情報交換の機会を設けたりするなど，保護者が，幼稚園と共に幼児を育てるという意識が高まるようにすること」に関する解説からの出題である。教育課程に係る教育時間外の教育活動は，通常の教育時間の前後や長期休業期間中などに，保護者の要請などに応じて，幼稚園が希望者を対象に行う教育活動である。活動を行うに当たっては，幼児の家庭での過ごし方や幼稚園での幼児の状態などについて，保護者と情報交換するなど家庭と緊密な連携を図り，家庭の教育力を損なわないようにすることなどに配慮し，保護者が，幼稚園と共に幼児を育てるという意識が高まるようにすることが大切である。

10 「幼保連携型認定こども園教育・保育要領」（平成29年内閣府・文部科学省・厚生労働省告示第1号）「第4章　子育ての支援」に示された内容として適切でないものを，次のア～エの中から一つ選んで記号で答えなさい。

ア　幼保連携型認定こども園は，地域の子どもが健やかに育成される環境を提供し，保護者に対する総合的な子育ての支援を推進するため，地域における乳幼児期の教育及び保育の中心的な役割を果たすよう努めること。
イ　教育及び保育の活動に対する保護者の積極的な参加は，保護者の子育てを自ら実践する力の向上に寄与するだけでなく，地域社会における家庭や住民の子育てを自ら実践する力の向上及び子育ての経験の継承につながるきっかけとなる。これらのことから，保護者の参加を促すとともに参加しやすいよう工夫すること。
ウ　地域の実態や保護者の要請により，教育を行う標準的な時間の終了後等に希望する園児を対象に一時預かり事業などとして行う活動については，保育教諭間及び家庭との連携を密にし，園児の心身の負担に配慮すること。その際，地域の実態や保護者の事情とともに園児の生活のリズムを踏まえつつ，必要に応じて，弾力的な運用を行うこと。
エ　保護者の生活形態が異なることから，全ての保護者の相互理解を深めることは困難であるため，保護者同士の相互理解を図ることよりも，保育教諭が保護者一人一人の子育てに対する考えを受けとめ，対応するようにすること。

10　エ

解説　幼保連携型認定こども園教育・保育要領(平成29年告示)「第4章　子育ての支援」において，イ・ウ・エは「第2　幼保連携型認定こども園の園児の保護者に対する子育ての支援」，アは「第3　地域における子育て家庭の保護者等に対する支援」の事項である。エについては，「保護者の生活形態が異なることを踏まえ，全ての保護者の相互理解が深まるように配慮すること。その際，保護者同士が子育てに対する新たな考えに出会い気付き合えるよう工夫すること」と示されている。

11 『幼稚園教育指導資料第５集　指導と評価に生かす記録』（平成25年７月文部科学省）に示された保育記録の意義と生かし方に関する記述として適切でないものを，次のア～エの中から一つ選んで記号で答えなさい。

ア　記録を生かすためには，教師の幼児観や保育観を反映させずに記述することが重要である。
イ　日々の保育記録は幼児理解を深め，幼児に即した指導計画を作成するための根拠である。
ウ　園全体で保育の質の向上と改善に向けて取り組む上で，複数の教師で記録を見たり書いたりすることが重要である。
エ　園の生活や遊びの様子を伝えるための記録は，幼児，教師，保護者の間の学びをつなぐ手段として活用できるものである。

11 ア

解説 『指導と評価に生かす記録』(文部科学省)は，教師の専門性を高めるための記録の在り方や，その記録を実際の指導や評価にどのように生かしていくのかなどについて実践事例を取り上げて解説したものである。その中で，「第1章　専門性を高めるための記録の在り方　2　保育の記録の意義と生かし方」からの出題である。　ア　日々の保育記録については，「よく『幼児のありのままの姿を理解する』と言いますが，理解とは幼児の言動からその意味を解釈することですから，そこには教師のもつ幼児観や教育観が反映されます。その意味で記録は教師の幼児観や教育観を改めて自覚するためのものでもあるといえます」として，記録は教師のもつ幼児観や教育観が反映されたものであるべきであると記述されている。平成29年改訂の幼稚園教育要領の趣旨を踏まえて記述が見直され，令和3(2021)年に改訂版が刊行されている。

12 次の文は，『幼児の思いをつなぐ指導計画の作成と保育の展開』（令和３年２月文部科学省）「第１章　指導計画作成に当たっての基本的な考え方　3．幼稚園教育における指導性　(1)　幼稚園における「指導」の意義」に示されている記述である。文中の［①］～［③］に当てはまる語句の組合せとして正しいものを，以下のア～エの中から一つ選んで記号で答えなさい。

幼稚園教育における指導については，幼稚園生活の全体を通して幼児の発達の実情を把握して一人一人の幼児の特性や［①］を捉え，幼児の行動や発見，努力，工夫，感動などを温かく受け止めて認めたり，共感したり，励ましたりして心を通わせ，幼児の生活の流れや発達などに即した具体的な［②］にふさわしい環境をつくり出し，幼児の展開する活動に対して必要な助言・指示・［③］・共感・励ましなど，教師が行う援助の全てを総称して，指導と呼んでいます。

	①	②	③
ア	家庭環境	ねらいや内容	賞賛
イ	家庭環境	幼児の遊び	承認
ウ	発達の課題	ねらいや内容	承認
エ	発達の課題	幼児の遊び	賞賛

12 ウ

解説 『幼児の思いをつなぐ指導計画の作成と保育の展開』(文部科学省)は，指導計画作成にあたっての基本的な考え方や方法などを解説したものである。平成29年改訂の幼稚園教育要領の趣旨を踏まえて見直され，令和3(2021)年2月に改訂版が刊行された。出題の部分では，「指導」という言葉が一方的に知識や技能を与えるものという一般的な受けとめ方から，「指導する」ということが，教師主導の画一的な保育のイメージと混同され，幼児の興味や関心，発想を無視した，幼児期にふさわしくない保育を生み出す一因にもなっていることから，本来の幼稚園教育における「指導」について解説した部分である。幼保連携型認定こども園教育・保育要領解説(平成30年3月)における「幼保連携型認定こども園における指導の意義」にも，「指導」について同様の内容が記述されている。

13 『幼児理解に基づいた評価』（平成31年3月文部科学省）「第2章　幼児理解に基づいた評価の基本的な考え方　1．保育における幼児理解と評価」に示されている保育を多面的に理解するための方法として適切でないものを，次のア～エの中から一つ選んで記号で答えなさい。

ア　他者の意見に左右されず自身の見方を重視する
イ　日常の中で幼児の姿について語り合う
ウ　記録や資料を活用して見方を広げる
エ　保育を見合う

13 ア

解説　『幼児理解に基づいた評価』(文部科学省)は，幼稚園の教師が一人一人の幼児を理解し，適切な評価に基づいて保育を改善していくための基本的な考え方や方法などについて解説したものである。平成29年の幼稚園教育要領改訂を受け，記述内容が見直され，平成31(2019)年3月に改訂版が刊行された。「保育における幼児理解と評価」の「③保育の多面的な理解」の中で，アは，様々な学び合いの場を活用することや，日常的な会話でも幼児の姿について自由に語り合うことで，幼児理解の多様な可能性を開く手がかりになるなどから，幼児をより深く理解し，保育の質を高めていくためには，教師が共に学び合うことが重要であることが記述されている。

14 次の文章は，幼児の描画表現について説明したものである。文章中の［　　］に当てはまる語句として最も適切なものを，以下のア〜エの中から一つ選んで記号で答えなさい。

この時期の幼児の描画表現は，花や木，太陽などの記号化された表現が繰り返し見られることから，図式画と呼ばれる。また，この時期の大きな特徴として，画面の下方に［　　］と呼ばれる一本の線が描かれるようになる。［　　］の上には家や木，花などが並べられ，画面の上方には太陽が描かれるなど，画面の中に上下の構図が表現される。

ア　対称線　　イ　基準線　　ウ　水平線　　エ　基底線

14 エ

解説　子供の絵には発達段階がある。「錯画期」「象徴期」「カタログ期」などを経て図式画を描くようになる。図式画に特徴的なのが家，木，太陽，花などに見られる記号的な要素が繰り返し登場することに加え，多くの子供が同じような記号的要素を用いて描画することである。また，大小のバランスをとったり，もの同士を関係づけたり，固有色を使ったりすることができるようになる。この時期の子供が描くようになるのが「基底線(ベースライン)」で，これは多くの場合地面を表し，地上と地下との境界として引かれる線である。おおよそ5〜6歳の子供の絵に見られる特徴である。

15 次の楽譜について，演奏する小節の順番として最も適切なものを，以下のア～エの中から一つ選んで記号で答えなさい。

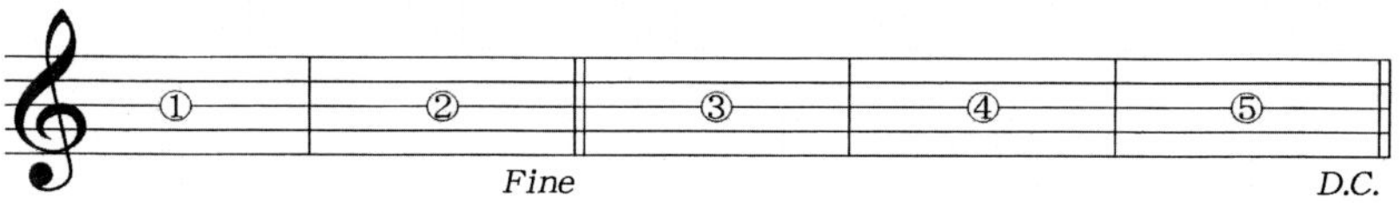

ア　① ② ① ② ③ ④ ⑤

イ　① ② ③ ④ ⑤ ③ ④ ⑤

ウ　① ② ③ ④ ⑤ ① ②

エ　① ② ① ② ③ ④ ⑤ ① ②

15 ウ

解説 「D.C.」は「ダカーポ」と読み，D.C.まできたら曲の最初に戻って演奏することを意味する。「Fine」は「フィーネ」と読み，演奏の終わりを意味する。①から⑤まで演奏したら，⑤の小節の最後にD.C.があるので，譜面の最初の①に戻り，小節の最後にFineがある②で終わる，という順となる。

2022年度 ◆ 幼稚園教育の実践に関する科目

1 『幼稚園教育要領解説』（平成30年３月文部科学省）「第１章　総説　第１節　幼稚園教育の基本」において，「３　幼稚園教育の基本に関連して重視する事項」の一つに「(3) 一人一人の発達の特性に応じた指導」と示されている。
そこでは，「①　一人一人の発達の特性」，「②　一人一人に応じることの意味」，「③　一人一人に応じるための教師の基本姿勢」とある。それぞれについて，具体的に説明しなさい。

1 解答略

解説「①　一人一人の発達の特性」：幼稚園教育要領解説(平成30年3月)では，発達を「幼児が自ら主体的に環境と関わり，自分の世界を広げていく過程」，一人一人の発達の特性を「その幼児らしい見方，考え方，感じ方，関わり方など」と表している。さらに，発達の課題は「幼児一人一人の発達の姿を見つめることにより見いだされるそれぞれの課題である」としている。幼児は，一人一人の家庭環境や生活経験が異なっているので，環境の受け止め方や見方，環境への関わり方も異なってくる。つまり，幼児は一人一人異なった発達の姿を示す。そのため，幼児一人一人の発達の特性を理解し，その特性やその幼児が抱えている発達の課題に応じた指導をすることが大切である。ただし，指導の際には，その幼児らしさを損なわないように留意することが大切である。
「②　一人一人に応じることの意味」：幼児は，一人一人が異なった発達の姿を示す。一人一人に応じた指導を行う際の応答は，幼稚園教育において育みたい資質・能力を育むために，幼児一人一人の何に応じればよいのか考えたものでなければならない。そうした応答のためには，幼児の内面の動きを察知し，その幼児の発達にとってどのような経験が必要かをそれぞれの場面で可能な範囲で把握することが大切である。まず，幼児の内面を理解し，幼児にとって必要な経験を得られるように援助していくということである。一人一人に応じることは，一人一人が過ごしてきた生活を受容し，それに応じるということであり，その幼児の独自性を大切にするということである。

「③　一人一人に応じるための教師の基本姿勢」: 幼稚園教育要領解説(平成30年3月)では，「幼児一人一人に応じた指導をするには，教師が幼児の行動に温かい関心を寄せる，心の動きに応答する，共に考えるなどの基本的な姿勢で保育に臨むことが重要である。また，一人一人の教師がこのような基本的姿勢を身に付けるためには，自分自身を見つめることが大切である」と示されている。この部分が，一人一人に応じるための教師の基本姿勢の核心であると言える。

2 次は，ある幼稚園の３歳児クラス (男児 10 名，女児９名) における２月の指導計画 (週案・日案) の一部を示したものである。週案を基に，日案の【問①】【問②】【問③】について答えなさい。

< 週案 >

金沢大学人間社会学域
学校教育学類附属幼稚園
『研究紀要第 64 集』P29

不掲載

＜日案＞

金沢大学人間社会学域
学校教育学類附属幼稚園
『研究紀要第 64 集』P29

不掲載

2 解答略

解説 問①　幼稚園教育要領(平成29年告示)の内容の「表現」領域には,「音楽に親しみ，歌を歌ったり，簡単なリズム楽器を使ったりなどする楽しさを味わう」という項目がある。大切なことは，正しい発声や音程で歌うことや楽器を正しく上手に演奏することではなく，幼児自らが音や音楽で十分遊び，表現する楽しさを味わうことである。音楽に親しみ楽しめるような環境の工夫として，必要に応じて様々な歌や曲が聴ける場，簡単な楽器が自由に使える場などを設けることが挙げられる。さらに，楽器遊びで使う曲は，楽器を鳴らすポイントが分かりやすい曲や，子どもの好きな曲，なじみのある曲を選ぶことなどが挙げられる。幼児同士で向かい合って遊ぶ際には，1回ごとに相手を替えたり，ピアノ伴奏の速度を変えたりして，変化を与えると刺激になり，より楽しめることが期待される。

問②　幼稚園教育要領解説(平成30年2月)に，「幼児は，園内外の身近な自然の美しさや不思議さに触れて感動する体験を通して，自然の変化などを感じ取り，関心を持つようになる」と述べられているとおり，雪や氷といった冬の自然現象に直接触れることによって，自然の美しさや不思議さを体験できるような環境構成が必要である。自然の中にある音や形，色などに気づき，好奇心や探究心をもって考え言葉などで表現できるようになるために，絵本や図鑑や写真などの情報を，遊びに取り入れやすいように保育室に設定するなどの工夫をすることも大切である。環境とは物や場所などの物的環境だけでなく，人的環境も含まれる。教師自身が冬の自然に興味を持ち，幼児の思いや考えを的確に言葉で表現することも必要である。

問③　劇の練習を行う際，教師にとって，一人一人の幼児が様々に表現する楽しさを大切にするとともに，多様な素材や用具に触れながらイメージやアイデアが生まれるように，環境を整えていくことが大切である。また，幼児同士で表現を工夫したり，新たな表現を考えたりすることを楽しむ姿を認め，更なる意欲につなげていくことも大切である。こうした幼児期の経験は，音楽や造形，身体等による表現の基礎となるだけでなく，自分の気持ちや考えを一番適切に表現する方法を選ぶなど，小学校以降の学習全般の素地になるとしている。

第３章

小学校教員
資格認定試験

2024年度 ◆ 教科及び教職に関する科目（Ⅰ）

1 次の文章は，我が国の近代教育の黎明期に，教育の意義と必要性に関する理解の啓発に貢献したある人物の教育思想について述べたものである。文章中の空欄［　①　］，［　②　］に当てはまる人物名の組合せとして正しいものを，以下のア～エの中から一つ選んで記号で答えなさい。

教育の意義と必要性に関して，「人間は教育されなければならない唯一の被造物である」(『教育学講義』) は，［　①　］の有名な言葉であるが，我が国では，［　②　］が「教育とは人を教え育つると云う義にして，人の子は生まれながら物事を知る者に非ず」(『小学教育の事』) や「凡そ人の子たる者は誰(だ)れ彼(か)れの差別なく，必ず教育の門に入らざるを得ず」(同上) と述べて，教育の意義と必要性に関する認識を凝縮した言葉を残している。教育を人間にとって必須の営為とするこの認識は，初期の著作『西洋事情』から最晩年の著作に至るまで，彼の著述を通して一貫するものであった。

	①	②
ア	ヘルバルト (Herbart, J. F.)	森有礼
イ	ヘルバルト (Herbart, J. F.)	福沢諭吉
ウ	カント (Kant, I.)	森有礼
エ	カント (Kant, I.)	福沢諭吉

1 エ

解説 カント(1724～1804年)はドイツの哲学者，福沢諭吉(1835～1901年)は豊前生まれの思想家・教育家で，慶應義塾の創立者である。①の誤肢であるヘルバルト(1776～1841年)はドイツの教育学者・哲学者で，教育の目的を倫理におき，4段階の教授法を提起して体系的教育を確立した。②の誤肢である森有礼(1847～1889年)は薩摩藩出身の政治家で，1885年に伊藤博文内閣の文部大臣となり，ドイツの教育思想を取り入れて日本の近代公教育制度の確立と整備に尽力した。

2 江戸時代に各地につくられた私塾についての説明として誤っているものを，次のア～エの中から一つ選んで記号で答えなさい。

ア　荻生徂徠は，儒教原理の追究とともに古代の言語研究，治政を中心とした歴史研究を重んじ，譲園塾における門弟の養成に当たっては，各自の自主的な学習を促すとともに，共同の研究を促進する輪講等を尊重し，教師中心の講義法を排した。

イ　吉田松陰は，「至誠にして動かざるもの未だ之れ有らざるなり」の信念を持ち，個人個人の個性を大切にした個性主義と平等主義を尊重したその私塾，松下村塾からは，明治政府の要職を担った伊藤博文，山県有朋らを輩出した。

ウ　中江藤樹は，孔子・孟子の古に復すとの意味合いから，自己の学問を「古義」と名付け，塾を古義堂と命名した。その教育は門弟各自が古典について研究したところを自由に発表し，互いに真実を探究するというもので，今日のゼミに近いものであった。

エ　緒方洪庵は，大坂・瓦町に蘭学塾を開き，それは適塾(適々斎塾)と呼ばれた。地域や身分に関係なく全国から数多くの青年たちが集まり，医学教育に中心が置かれたが，師匠の方針により，また弟子の希望次第で，幅広い学習内容が取り上げられた。

2 ウ

解説 中江藤樹(1608～1648年)は江戸時代初期の儒学者で日本における陽明学の開祖とされ，私塾として藤樹書院を開いた。古義堂は，儒学者である伊藤仁斎(1627～1705年)が開いた漢学の私塾である。伊藤仁斎は，最初朱子学を修めたが，のちにこれらを否定し，儒教の一派である古義学を創始した。

3 次の文章は，明治期の教授方法について述べたものである。文章中の空欄［ ① ］～［ ④ ］に当てはまる語句や人物名の組合せとして正しいものを，以下のア～エの中から一つ選んで記号で答えなさい。

明治５年以降の我が国の学制期の学校における教授方法については，お雇い外国人教師［ ① ］が明治５年５月に創立された師範学校においてアメリカの小学校の実践の様式を導入，紹介し，それがやがて各地方の師範学校や各地の講習所・講習会を通して全国に広められていった。それは［ ② ］を基本とし，年齢や段階に応じて学級を分け，一人の教師が数十人の生徒に，同一の教材を用いて教えるという形式であったが，その際，「問答」という教科も導入された。それは当時オスウィーゴー師範学校などを中心に進められていた革新的教授方法としてアメリカで普及していた［ ③ ］の実物教授法に基づくものであった。この教授法は，やがて明治11年に，オスウィーゴー師範学校で学んだ高嶺秀夫によって本格的に導入され，［ ④ ］教授法と呼ばれた。

	①	②	③	④
ア	スコット(Scott, M. M.)	一斉教授	ペスタロッチ主義	開発
イ	ハウスクネヒト(Hausknecht, E.)	一斉教授	ヘルバルト主義	段階的
ウ	スコット(Scott, M. M.)	集合教授	ペスタロッチ主義	開発
エ	ハウスクネヒト(Hausknecht, E.)	集合教授	ヘルバルト主義	段階的

3 ア

解説 ①の誤肢であるハウスクネヒト(1853～1927年)はドイツの教育学者で，1887年に日本に招聘され，ヘルバルト学派の教育学を教授した。また，③の正肢であるペスタロッチ主義とは，子どもの経験や自発性を重んじ，実物や絵画・模型・写真などを用い，感覚に訴え学習の促進を図る教授方法。一方ヘルバルト主義は教育の方法として「管理」，「教授」，「訓練」の３要素(教育的教授)を重視し，教育の目標は強固な道徳的品性と興味の多面性を育て上げる「陶冶」にあるとする教育思想である。

4 次の文章を読んで，最も関わりの深い人物名を，以下のア～エの中から一つ選んで記号で答えなさい。

20世紀半ばの科学技術の進歩とそれに伴う社会の急激な変化等から，未来の教育を学校のみに委ねることはできないとし，学校後の教育と学習こそが重要だという認識を示した。このことは，フランス語で「l'education permanente」，英語で「lifelong integrated education」と表記される。

1965年にユネスコの成人教育推進国際委員会で提唱されたこの教育の目標は，人間の一生を通じて，誰もが，どこでも，教育(学習)の機会を公平に提供されるということであり，従来の教育についての考え方を根本的に改めるものであった。

ア　ランジュバン (Langevin, P.)
イ　ラングラン (Lengrand, P.)
ウ　ケイ (Key, E. K. S.)
エ　イリイチ (Illich, I.)

4 イ

解説 説明文は，生涯学習を提唱し，ユネスコの成人教育長を務めたフランスの教育思想家ポール・ラングラン(1910～2003年)についてのもの。ア　ランジュバン(1872～1946年)はフランスの物理学者で，第二次世界大戦中反ナチスのレジスタンス運動に加わり，大戦後に学級定数の制限，高等教育における無償制の導入等の思い切った内容を含む「ランジュバン－ワロン教育改革案」を提案した。　ウ　ケイ(1849～1926年)はスウェーデンの社会思想家で，母性と児童の尊重を基軸に社会問題を論じ，「教育の最大の秘訣は，教育しないことにある」と断言した。　エ　イリイチ(1926～2002年)はオーストリア，ウィーン生まれの哲学者で脱学校論の提唱者である。

5 次の各文は，「学校教育法」(昭和 22 年法律第 26 号) からの抜粋である。文中の空欄 ① ～ ④ に当てはまる語句の組合せとして正しいものを，下のア～エの中から一つ選んで記号で答えなさい。

第１条　この法律で，学校とは，幼稚園，小学校，中学校，［ ① ］，高等学校，中等教育学校，特別支援学校，大学及び高等専門学校とする。
第 11 条　［ ② ］は，教育上必要があると認めるときは，文部科学大臣の定めるところにより，児童，生徒及び学生に懲戒を加えることができる。ただし，体罰を加えることはできない。
第 12 条　学校においては，別に法律で定めるところにより，幼児，児童，生徒及び学生並びに職員の健康の保持増進を図るため，［ ③ ］を行い，その他その保健に必要な措置を講じなければならない。
第 19 条　経済的理由によつて，就学困難と認められる学齢児童又は学齢生徒の保護者に対しては，［ ④ ］は，必要な援助を与えなければならない。

	①	②	③	④
ア	義務教育学校	校長及び教員	健康診断	市町村
イ	義務教育学校	校長	健康相談	国
ウ	小中一貫校	校長及び教員	健康診断	国
エ	小中一貫校	校長	健康相談	市町村

5 ア

解説 学校教育法は教育基本法に基づいて学校制度の基本を規定した法律で，第1条は学校の定義，第11条は校長及び教員の懲戒権，第12条は健康診断，第19条は就学支援について定めている。この第19条により就学支援制度が整備されており，生活保護法第6条第2項に規定する要保護者，市町村教育委員会が生活保護法第6条第2項に規定する要保護者に準ずる程度に困窮していると認める準要保護者を対象に，学用品費，体育実技用具費，新入学児童生徒学用品費等，通学用品費などが支給されている。

6 次の各文は，「教育公務員特例法」（昭和24年法律第1号）からの抜粋である。文中の下線部の内容に誤りのあるものを，次のア〜エの中から一つ選んで記号で答えなさい。

ア　教育公務員の研修実施者は，教育公務員(公立の小学校等の校長及び教員(臨時的に任用された者その他の政令で定める者を除く。以下この章において同じ。)を除く。)の研修について，それに要する施設，研修を奨励するための方途その他研修に関する計画を樹立し，その実施に努めなければならない。

イ　教員は，授業に支障のない限り，本属長の承認を受けて，勤務場所を離れて研修を行うことができる。

ウ　教育公務員は，任命権者(第20条第1項第一号に掲げる者については，同号に定める市町村の教育委員会。以下この章において同じ。)の定めるところにより，現職のままで，長期にわたる研修を受けることができる。

エ　公立の小学校等の教諭等の研修実施者は，当該教諭等(臨時的に任用された者その他の政令で定める者を除く。)に対して，その採用(現に教諭等の職以外の職に任命されている者を教諭等の職に任命する場合を含む。)の日から6ヵ月間の教諭又は保育教諭の職務の遂行に必要な事項に関する実践的な研修(次項において「初任者研修」という。)を実施しなければならない。

6 エ

解説 教育公務員特例法第23条第1項は「公立の小学校等の教諭等の研修実施者は，当該教諭等(臨時的に任用された者その他の政令で定める者を除く)に対して，その採用(現に教諭等の職以外の職に任命されている者を教諭等の職に任命する場合を含む)の日から1年間の教諭又は保育教諭の職務の遂行に必要な事項に関する実践的な研修(初任者研修)を実施しなければならない」としている。なお，アは教育公務員特例法第21条第2項，イは同法第22条第2項，ウは同法同条第3項に規定されている。

7 次の各文は，「いじめ防止対策推進法」(平成 25 年法律第 71 号) からの抜粋である。文中の下線部①〜④の正誤 (○ ×) の組合せとして正しいものを，以下の解答群ア〜エの中から一つ選んで記号で答えなさい。

第２条　この法律において「いじめ」とは，児童等に対して，当該児童等が在籍する学校に在籍している等当該児童等と①一定の人的関係にある他の児童等が行う心理的又は物理的な影響を与える行為 (②インターネットを通じて行われるものを含む。) であって，当該行為の対象となった児童等が心身の苦痛を感じているものをいう。

第３条　いじめの防止等のための対策は，いじめが全ての児童等に関係する問題であることに鑑み，児童等が安心して学習その他の活動に取り組むことができるよう，③学校内においていじめが行われなくなるようにすることを旨として行われなければならない。

第８条　学校及び学校の教職員は，基本理念にのっとり，当該学校に在籍する児童等の保護者，地域住民，児童相談所その他の関係者との連携を図りつつ，学校全体でいじめの防止及び早期発見に取り組むとともに，当該学校に在籍する児童等が④いじめを受けているときは，適切かつ迅速にこれに対処する責務を有する。

[解答群]

	①	②	③	④
ア	○	○	×	×
イ	×	○	○	×
ウ	×	×	○	○
エ	○	×	×	○

7 ア

解説 ③　いじめ防止対策推進法第3条は基本理念について定めており，第1項は「いじめの防止等のための対策は，いじめが全ての児童等に関係する問題であることに鑑み，児童等が安心して学習その他の活動に取り組むことができるよう，学校の内外を問わずいじめが行われなくなるようにすることを旨として行われなければならない」としている。　④　同法第8条は学校及び学校の教職員の責務について定めており，「学校及び学校の教職員は，基本理念にのっとり，当該学校に在籍する児童等の保護者，地域住民，児童相談所その他の関係者との連携を図りつつ，学校全体でいじめの防止及び早期発見に取り組むとともに，当該学校に在籍する児童等がいじめを受けていると思われるときは，適切かつ迅速にこれに対処する責務を有する」としている。

8 次の各文は，「小学校学習指導要領」(平成29年文部科学省告示第63号)の「第１章　総則　第２　教育課程の編成　３　教育課程の編成における共通的事項」からの抜粋である。文中の下線部の内容に誤りのあるものを，次のア～エの中から一つ選んで記号で答えなさい。

ア　各教科等の授業は，年間35週(第１学年については34週)以上にわたって行うよう計画し，週当たりの授業時数が児童の負担過重にならないようにするものとする。

イ　各教科等や学習活動の特質に応じ効果的な場合には，夏季，冬季，学年末等の休業日の期間に授業日を設定する場合を含め，これらの授業を特定の期間に行うことができる。

ウ　各教科等の特質に応じ，10分から15分程度の短い時間を活用して特定の教科等の指導を行う場合において，教師が，単元や題材など内容や時間のまとまりを見通した中で，その指導内容の決定や指導の成果の把握と活用等を責任をもって行う体制が整備されているときは，その時間を当該教科等の年間授業時数に含めることができる。

エ　総合的な学習の時間における学習活動により，特別活動の学級活動の実施と同様の成果が期待できる場合においては，総合的な学習の時間における学習活動をもって相当する特別活動の学級活動の実施に替えることができる。

8　エ

解説　小学校学習指導要領(平成29年3月告示)の「第1章　総則　第2　教育課程の編成　3　教育課程における共通的事項　(2)　授業時数の取扱い」を参照のこと。下線部分の「特別活動の学級活動の実施」は誤りで，「特別活動の学校行事に掲げる各行事の実施」が正しい記述である。なお，選択肢ウの記述は，平成29年の小学校学習指導要領改訂において加筆されたものであることを，併せて押さえておこう。

9　「小学校学習指導要領」(平成29年文部科学省告示第63号)の改訂の要点に関する記述として正しいものの組合せを，以下のア～エの中から一つ選んで記号で答えなさい。

①　外国語を通じて，児童が積極的にコミュニケーションを図ろうとする態度を育成し，言語・文化に対する理解を深めるために，小学校第5・6学年に「外国語活動」を新設することとした。

②　体育・健康に関する指導については，新たに学校における食育の推進及び安全に関する指導を加え，発達の段階を考慮して，食育の推進並びに体力の向上に関する指導，安全に関する指導及び心身の健康の保持増進に関する指導を，体育科の時間はもとより，家庭科，特別活動などにおいてもそれぞれの特質に応じて適切に行うよう努めることとした。

③　言語活動や体験活動，ICT等を活用した学習活動等を充実するよう改善するとともに，情報手段の基本的な操作の習得やプログラミング教育を新たに位置付けた。

④　児童一人一人の発達を支える視点から，学級経営や生徒指導，キャリア教育の充実について示した。

⑤　各学校においては，必要な学習内容をどのように学び，どのような資質・能力を身に付けられるようにするのかを教育課程において明確にしながら，社会との連携及び協働によりその実現を図っていく，「社会に開かれた教育課程」の実現が重要となることを示した。

ア　①②③　　イ　②③④　　ウ　③④⑤　　エ　①③⑤

9　ウ

解説　①　小学校学習指導要領において，小学校第5・6学年に「外国語活動」が新設されたのは，平成29年の改訂ではなく，前回(平成20年)の改訂においてである。　②　①と同様に，「学校における食育の推進」が初めて位置付けられたのは，前回(平成20年)の改訂においてである。背景として，平成17年には食育基本法，平成18年には食育推進基本計画が制定され，子どもたちが食に関する正しい知識と望ましい食習慣を身に付けられるように，学校においても積極的に食育に取り組んでいくこととされたことがある。

10　次の各文は，総合的な学習の時間の評価の在り方についての，『小学校学習指導要領（平成29年告示）解説　総合的な学習の時間編』（平成29年7月文部科学省）に基づく記述である。正しいものの組合せを，以下のア～エの中から一つ選んで記号で答えなさい。

①　児童の学習状況の評価に当たっては，個々の教師の恣意的な評価に陥ることのないよう，評価の妥当性，信頼性，客観性，公正性を担保するために「集団に準拠した評価」を重視して数値的に評価することも含め，学校や教師が創意工夫し，組織的かつ計画的な取組を推進することが重要である。

② 信頼される評価とするためには，教師の適切な判断に基づいた評価が必要であり，著しく異なったり偏ったりすることなく，およそどの教師も同じように判断できる評価が求められる。例えば，あらかじめ指導する教師間において，評価の観点や評価規準を確認しておき，これに基づいて児童の学習状況を評価することなどが考えられる。

③ 学習状況の結果だけではなく過程を評価するためには，評価を学習活動の終末だけではなく，事前や途中に適切に位置付けて実施することが大切である。

④ 児童に個人として育まれるよい点や進歩の状況など，一人一人の学びや成長の様子を積極的に評価することや，児童間の人間関係形成における成果にも着目し，グループとしての学習成果にも注目した評価を行うべきである。

ア ①②　　イ ②③　　ウ ③④　　エ ①④

10 イ

解説 ① 学習評価については，「学習指導要領に示された総合的な学習の時間の目標を踏まえ，各学校の目標，内容に基づいて定めた観点による観点別学習状況の評価を基本とすることが考えられる」とし，「集団に準拠した評価」ではなく「目標に準拠した評価」を行うとされている。
④ 「児童に個人として育まれるよい点や進歩の状況などを積極的に評価することや，それを通して児童自身も自分のよい点や進歩の状況に気付くようにすることも大切である。グループとしての学習成果に着目するのではなく，一人一人の学びや成長の様子を捉える必要がある」とされている。

11 次の文章は，「小学校学習指導要領」(平成29年文部科学省告示第63号)の「第１章　総則　第６　道徳教育に関する配慮事項」からの抜粋である。文章中の空欄［　①　］～［　④　］に当てはまる語句の組合せとして正しいものを，以下のア～エの中から一つ選んで記号で答えなさい。

学校や学級内の人間関係や［　①　］を整えるとともに，集団宿泊活動やボランティア活動，［　②　］，地域の行事への参加などの［　③　］を充実すること。また，道徳教育の指導内容が，児童の日常生活に生かされるようにすること。その際，［　④　］や安全の確保等にも資することとなるよう留意すること。

	①	②	③	④
ア	体制	自然体験活動	豊かな体験	いじめの防止
イ	体制	職場体験活動	学校外での活動	環境の保全
ウ	環境	自然体験活動	豊かな体験	いじめの防止
エ	環境	職場体験活動	学校外での活動	環境の保全

11 ウ

解説 平成29年の小学校学習指導要領改訂において，児童を取り巻く環境等を踏まえ，児童が生命の有限性や自然の大切さ，主体的に挑戦してみることや，多様な他者と協働することの重要性などを実感しながら理解することができるようにすることが重視された。そして，集団の中で体系的・継続的な活動を行うことのできる学校の場を生かして，地域・家庭と連携・協働して，体験活動の機会を確保していくことが示された。なお，学校教育法施行令第29条第1項で，大学を除く公立の学校の休業日として，家庭及び地域における体験的な学習活動その他の学習活動のための休業日(体験的学習活動等休業日)が定められている。

12 『小学校学習指導要領(平成29年告示)解説　特別活動編』(平成29年7月文部科学省)の改訂の要点に関する記述として正しいものの組合せを，以下のア～エの中から一つ選んで記号で答えなさい。

① 小学校の学級活動に「(3)　一人一人のキャリア形成と自己実現」を

設け，キャリア教育の視点からの小・中・高等学校のつながりが明確になるようにした。

② 学習の過程として，「(1) 学級や学校における生活づくりへの参画」については，一人一人の意思決定を，「(2) 日常の生活や学習への適応と自己の成長及び健康安全」及び「(3) 一人一人のキャリア形成と自己実現」については，集団としての合意形成を行うことを示した。

③ 特別活動が，望ましい人間関係を通してよりよい生活や人間関係を築こうとする自主的，実践的な態度を育てる教育活動であり実践活動であることをより一層明確にするため，目標に新たに「人間関係」を加えた。

④ いじめの未然防止等を含めた生徒指導との関連を図ること，学校生活への適応や人間関係の形成などについて，主に集団の場面で必要な指導や援助を行うガイダンスと，個々の児童生徒の多様な実態を踏まえ一人一人が抱える課題に個別に対応した指導を行うカウンセリングの双方の趣旨を踏まえて指導を行うことを示した。

ア ①② イ ②③ ウ ③④ エ ①④

12 エ

解説 ② 文中の「一人一人の意思決定」と「集団としての合意形成」の位置が逆になっている。「学級や学校における生活づくりへの参画」については，「集団としての合意形成」を，「日常の生活や学習への適応と自己の成長及び健康安全」及び「一人一人のキャリア形成と自己実現」については，「一人一人の意思決定」を行うのが正しい。 ③ 「人間関係」については，前回(平成20年)の小学校学習指導要領においても目標に含まれている。平成29年の小学校学習指導要領改訂においては，これまでの目標が整理され，指導する上で重要な視点として「人間関係形成」，「社会参画」，「自己実現」の3つが示されている。

13 「新しい時代の特別支援教育の在り方に関する有識者会議　報告」(令和３年１月新しい時代の特別支援教育の在り方に関する有識者会議)の「Ⅰ．特別支援教育を巡る状況と基本的な考え方」に示された内容として誤っているものを，次のア～エの中から一つ選んで記号で答えなさい。

ア　特別支援教育は，障害のある子供の自立や社会参加に向けた主体的な取組を支援するという視点に立ち，子供一人一人の教育的ニーズを把握し，その持てる力を高め，生活や学習上の困難を改善又は克服するため，適切な指導及び必要な支援を行うものである。

イ　特別支援教育は，発達障害のある子供も含めて，障害により特別な支援を必要とする子供が在籍する全ての学校において実施されるものである。

ウ　インクルーシブ教育システムにおいては，障害のある子供と障害のない子供が可能な限り同じ場で共に学ぶことを追求するとともに，障害のある子供の自立と社会参加を見据え，一人一人の教育的ニーズに最も的確に応える指導を提供できるよう，多様で柔軟な仕組みを整備することが重要である。

エ　少子化により学齢期の児童生徒の数が減少する中，特別支援教育に関する理解や認識の高まり，障害のある子供の就学先決定の仕組みに関する制度の改正等により，通常の学級に在籍しながら通級による指導を受ける児童生徒が大きく増加している。一方，特別支援学級や特別支援学校に在籍する児童生徒の数は減少している。

13 エ

解説 エの後半部分は，「…通常の学級に在籍しながら通級による指導を受ける児童生徒が大きく増加している。また，特別支援学級や特別支援学校に在籍する児童生徒の数も増加している」が正しい記述である。

14 次の文章は,「不登校児童生徒への支援の在り方について」(令和元年10月25日付け元文科初第698号文部科学省初等中等教育局長通知)からの抜粋である。文章中の下線部①～④の正誤(○×)の組合せとして正しいものを，以下の解答群ア～エの中から一つ選んで記号で答えなさい。

1　不登校児童生徒への支援に対する基本的な考え方

(1)　支援の視点

不登校児童生徒への支援は，①「学校に登校する」という結果のみを目標にするのではなく，児童生徒が自らの進路を主体的に捉えて，社会的に自立することを目指す必要があること。

また，児童生徒によっては，不登校の時期が休養や②趣味に熱中する等の積極的な意味を持つことがある一方で，学業の遅れや進路選択上の不利益や社会的自立へのリスクが存在することに留意すること。

(2)　学校教育の意義・役割

特に義務教育段階の学校は，各個人の有する能力を伸ばしつつ，社会において自立的に生きる基礎を養うとともに，国家・社会の形成者として必要とされる基本的な資質を培うことを目的としており，その役割は極めて大きいことから，学校教育の一層の充実を図るための取組が重要であること。また，不登校児童生徒への支援については児童生徒が不登校となった要因を的確に把握し，学校関係者や家庭，必要に応じて関係機関が情報共有し，③組織的・計画的な，個々の児童生徒に応じたきめ細やかな支援策を策定することや，社会的自立へ向けて進路の選択肢を広げる支援をすることが重要であること。さらに，既存の学校教育になじめない児童生徒については，学校としてどのように受け入れていくかを検討し，なじめない要因の解消に努める必要があること。

また，児童生徒の④学力や個性に応じて，それぞれの可能性を伸ばせるよう，本人の希望を尊重した上で，場合によっては，教育支援センターや不登校特例校，ICTを活用した学習支援，フリースクール，中学校夜間学級(以下,「夜間中学」という。)での受入れなど，様々な関係機関等を活用し社会的自立への支援を行うこと。

［解答群］

	①	②	③	④
ア	○	○	×	×
イ	○	×	○	×
ウ	×	○	×	○
エ	×	×	○	○

14 イ

解説 ②は，「趣味に熱中する」ではなく「自分を見つめ直す」が正しい記述である。④は，「学力や個性」ではなく「才能や能力」が正しい記述である。なお，出題の「不登校児童生徒への支援の在り方について(通知)」は，過去の不登校施策に関する通知における不登校児童生徒の指導要録上の出席扱いに係る記述について，「義務教育の段階における普通教育に相当する教育の機会の確保等に関する法律」やそれに基づく基本指針の趣旨との関係性について誤解を生じるおそれがあるとの指摘があったことから，文部科学省がこれまでの不登校施策に関する通知について改めて整理しまとめたものである。

15 「児童生徒の教育相談の充実について～学校の教育力を高める組織的な教育相談体制づくり～（報告）」（平成29年1月教育相談等に関する調査研究協力者会議）に示された内容として正しいものの組合せを，以下のア～エの中から一つ選んで記号で答えなさい。

① スクールカウンセラーには，不登校，いじめ等の未然防止，早期発見及び支援・対応等のため，不登校児童生徒数やいじめの認知件数，暴力行為発生件数，児童虐待などの件数等から自治体の特徴，ニーズを把握し，地方自治体アセスメントや教育委員会への働き掛けをすることが求められている。

② 養護教諭は，全児童生徒を対象として，入学時から経年的に児童生

徒の成長・発達に関わっており，また，いじめや虐待が疑われる児童生徒，不登校傾向である児童生徒等，様々な課題を抱えている児童生徒と関わる機会が多いため，健康相談等を通じ，課題の早期発見及び対応に努めることが求められている。

③　学級担任・ホームルーム担任には，日常的行動観察や児童生徒の学業成績，言動，態度，表現物等を通して，児童生徒の課題を少しでも早く発見し，課題が複雑化，深刻化する前に指導・対応できるように，児童生徒を観察する力が求められている。

④　スクールソーシャルワーカーには，学校・学級における課題の把握のため，必要に応じ授業観察や学校行事への参加，休憩時間や給食時間に児童生徒と一緒に過ごす（給食を一緒に食べる）といった活動及び集団の状況が把握できる種々の調査法の活用等を通じ，個々の児童生徒，児童生徒間の関係，集団の状態等のアセスメントを行うことが求められている。

ア　①②　　イ　②③　　ウ　③④　　エ　①④

15　イ

解説　①は，「スクールカウンセラー」ではなく，「スクールソーシャルワーカー」の職務の説明文である。④は，「スクールソーシャルワーカー」ではなく，「スクールカウンセラー」の職務の説明文である。なお，出題の資料は，文部科学省が設置した教育相談等に関する調査研究協力者会議が平成29年1月に取りまとめた報告である。近年全国で相次いで起こったいじめ自殺など，多発する事件・事故の対応や自然災害など緊急時の児童生徒に対する心のケアが大きな社会問題として捉えられ，子どもたちの悩みや不安を受け止めて相談に当たることの大切さが再確認されている中，スクールカウンセラーの在り方を含め，学校等における教育相談活動の充実について検討したもの。

16 発達の最近接領域に関する説明として正しいものはどれか，次のア～エの中から一つ選んで記号で答えなさい。

ア　発達の最近接領域は，ピアジェ(Piaget, J.)の提唱した概念である。
イ　発達の最近接領域は，ウィニコット(Winnicott, D. W.)の提唱した概念である。
ウ　発達の最近接領域は，子供が自力で解決できる水準と，大人の援助や指導によって解決可能になる水準の差の範囲を指す。
エ　発達の最近接領域は，発達に最も近い領域である学習と同義である。

16 ウ

解説 ア・イ　発達の最近接領域はヴィゴツキーによって提唱された。ピアジェは4段階からなる認知発達理論，ウィニコットは母子関係の視点からのパーソナリティの発達理論を提唱したことで知られる。 エ　発達の最近接領域とは，「発達に最も近い領域である学習」ではなく，ウの記述が示すように，子供が到達できる可能性を示す領域を指す。

17 子供へのしつけ行動としてオペラント条件付けが応用されているものはどれか，次のア～エの中から一つ選んで記号で答えなさい。

ア　子供が望ましい行動をとったとき，ご褒美を与えたり，褒め言葉をかけたりする。
イ　他の子供が望ましい行動をするのを見せる。
ウ　苦手なものを徐々に近づけ，触れさせるなどして，不安や恐怖を和らげる。
エ　納得できる理由を言葉で説明し，十分に理解させて，行動変容を促す。

17 ア

解説 イ 「他の子どもが望ましい行動するのを見せる」のは観察学習(モデリング)の応用である。 ウ 「苦手なものを徐々に近づけ，触れさせるなどして，不安や恐怖を和らげる」のは，古典的条件づけの応用(系統的脱感作)である。 エ 「納得できる理由を言葉で説明し，十分に理解させて，行動変容を促す」のは，論理療法(論理情動行動療法)である。

18 防衛機制に関する説明として正しいものはどれか，次のア～エの中から一つ選んで記号で答えなさい。

ア 「投影」とは，社会的に認められ，好ましい評価を受ける行為を通して衝動を発散することである。
イ 「抑圧」とは，ポジティブな感情を解放することである。
ウ 「退行」とは，自分の欲求や感情と全く反対の態度や行動をとることである。
エ 「合理化」とは，自分の力のなさなどを認めるのを避けるため，言い訳をして自我を守ることである。

18 エ

解説 ア 防衛機制の一つである「投影」とは，自分自身が持っている受け入れ難い感情や欲求を，他人が持っているものとして他人に押し付けてしまうこと。説明文の「社会的に認められ，好ましい評価を受ける行為を通して衝動を発散する」のは，「昇華」である。 イ 「抑圧」とは，自分自身が持っている受け入れ難い感情や欲求を無意識の中に閉じ込め，意識に上がってこないようにする防衛機制である。 ウ 「退行」とは，自分自身が持っている受け入れ難い感情や欲求により幼少期の精神状態等に戻ってしまう防衛機制であり，説明文の「自分の欲求や感情と全く正反対の態度や行動をとる」のは，「反動形成」である。

19 教師期待効果の説明として正しいものはどれか，次のア～エの中から一つ選んで記号で答えなさい。

ア　ローゼンタール (Rosenthal, R.) らにより，ハロー効果と名付けられた現象である。
イ　教師が児童生徒に対して期待する方向に，児童生徒の学業成績や行動が変化する現象である。
ウ　ローゼンタール (Rosenthal, R.) らの実証的研究で，小学校のどの学年の児童にも見られる現象であることが示された。
エ　児童生徒にプラスの方向にのみ働き，マイナスの方向には働かない。

19 イ

解説 ア　ハロー効果は，ある突出した特性への評価が他の特性の評価にまで影響してしまう現象である。 ウ　教師期待効果は，ローゼンタールらの実証研究で示唆されたが，その後の追試・検証研究で必ずしも再現されたわけではない。よって，「小学校のどの学年の児童にもみられる現象であることが示された」とはいいがたい。 エ　ローゼンタールは，教師が生徒に対して期待していなければ，その方向にも児童生徒の学業成績や行動が変化することも報告している。プラスの方向に働く効果をピグマリオン効果，マイナスの方向に働く効果をゴーレム効果と称した。

20 次の文章は，「新しい時代の教育や地方創生の実現に向けた学校と地域の連携・協働の在り方と今後の推進方策について（答申）」（平成27年12月中央教育審議会）からの抜粋である。文章中の空欄［　①　］～［　④　］に当てはまる語句の組合せとして正しいものを，以下のア～エの中から一つ選んで記号で答えなさい。

社会情勢の変化や教育改革の動向等を踏まえた［　①　］の在り方や，今後全ての学校が［　①　］化に取り組み，地域と相互に連携・協働した活動を展開するための総合的な方策，学校と地域をつなぐ［　②　］の配置のための方策，地域の人的ネットワークが地域課題解決や地域振興の主体となる仕組みづくり等について審議が要請された。
(中略)
本答申全体を流れている理念は，未来を創り出す子供たちの成長のために，学校のみならず，地域住民や保護者等も含め，［　③　］が教育の当事者となり，社会総掛かりでの教育の実現を図るということであり，そのことを通じ，新たな［　④　］を創り出し，生涯学習社会の実現を果たしていくということである。

この理念を実現すべく，本答申では，これからの教育改革や地方創生の動向を踏まえながら，学校と地域の連携・協働を一層推進していくための仕組みや方策を提言している。

	①	②	③	④
ア	コミュニティ・スクール	コーディネーター	国民一人一人	地域社会
イ	学校評議員制度	社会教育主事	学校関係者	地域社会
ウ	コミュニティ・スクール	コーディネーター	学校関係者	国と地方の関係
エ	学校評議員制度	社会教育主事	国民一人一人	国と地方の関係

20 ア

解説 出題の答申を踏まえ，「地方教育行政の組織及び運営に関する法律(地教行法)」の改正が行われ(平成29年4月1日施行)，学校運営協議会の設置の努力義務化やその役割の充実等が定められた。なお，①のコミュニティ・スクールとは，学校と保護者や地域の住民がともに知恵を出し合い，学校運営に意見を反映させることで，一緒に協働しながら子供たちの豊かな成長を支え「地域とともにある学校づくり」を進めるための仕組みである。その根拠法は，「学校運営協議会」について規定している地教行法第47条の5であることを押さえておこう。また，②の地域と学校をつなぐ役割を行うコーディネーターは，「地域学校協働活動推進員」として，社会教育法第9条の7で法的に位置づけられている。

2024年度◆教科及び教職に関する科目（Ⅱ）

※国語，社会，算数，理科，生活，音楽，図画工作，家庭，体育，外国語(英語)の10教科の中から6教科を選択して解答する。なお，6教科には「音楽」，「図画工作」，「体育」のうち2教科以上を含めること。

国語

1 「小学校学習指導要領」の各学年の「2　内容〔知識及び技能〕(1)言葉の特徴や使い方に関する次の事項を身に付けることができるよう指導する。」に示された「話し言葉と書き言葉に関する事項」に基づく当該学年の指導の在り方として最も適切なものを，次のア～エの中から一つ選んで記号で答えなさい。

ア　第２学年の児童に，文や文章を書く際，句読点を適切に打つことを理解させるため，原稿用紙に書いた感想文を読み返して，意味のまとまりを考えながら句読点を打つよう指導する。
イ　第３学年の児童に，ローマ字の読み書きについて理解させるため，日常使われている簡単なローマ字で表されたものを読み，ローマ字を書くことに慣れるよう指導する。
ウ　第５学年の児童に，平仮名と片仮名で書く語の種類を理解させるため，平仮名で書かれた外来語や和語について，片仮名での表記がふさわしいものを選ぶよう指導する。
エ　第６学年の児童に，話したいことが相手にうまく伝わるように，姿勢や口形，発声や発音に注意するとともに，言葉の抑揚や強弱，間の取り方にも注意するよう指導する。

1 イ

解説 ア　句読点に関しては第3～4学年に示されている。　ウ　第5～6学年は「話し言葉と書き言葉の違い」と「送り仮名や仮名遣い」についての内容が示されている。　エ　「姿勢」「口形」「発音」などは第1～2学年で示されている。

2 「小学校学習指導要領」の各学年の「２　内容〔知識及び技能〕（２）話や文章に含まれている情報の扱い方に関する次の事項を身に付けることができるよう指導する。」に示された「情報の整理に関する事項」に基づく当該学年の指導の在り方として最も適切なものを，次のア～エの中から一つ選んで記号で答えなさい。

ア　第２学年では，共通や相違などの情報と情報との関係について理解させるため，話合いの中で出た意見を仲間分けしたり，比較したりしながら，内容を整理するよう指導する。
イ　第３学年では，辞書や事典の使い方を理解させるため，漢字辞典を使って新出漢字の読み方や成り立ちなどを調べ，各索引を効果的に活用して辞書を引くよう指導する。
ウ　第４学年では，情報と情報との関係を捉えさせるため，新聞記事を使って，身の回りの出来事を話す活動の中で，原因と結果の関係に着目して話すよう指導する。
エ　第５学年では，図書館で情報を集める際は，網羅的に書き出すのではなく，必要となる語句を適切に判断して，書き留めるよう指導する。

2　イ

解説「情報の整理に関する事項」は，第3～4学年，第5～6学年で示されている。具体的には第3～4学年で「比較や分類の仕方」,「書き留め方」,「引用の仕方」,「出典の示し方」,「辞書や事典の使い方」，第5～6学年で「情報と情報との関係付けの仕方」,「図などによる語句と語句との関係の表し方を理解し使うこと」が示されている。

3 次に示すのは，「小学校学習指導要領」の「第２　各学年の目標及び内容〔第３学年及び第４学年〕２　内容〔思考力，判断力，表現力等〕Ａ　話すこと・聞くこと」の (1) に示された指導事項に基づく第３学年の学習活動である。この学習活動を行う際の指導として適切でないものを，以下のア～エの中から一つ選んで記号で答えなさい。

【学習活動】

「聞きたいことを考えて，しつ問しよう」という単元である。３年生になって初めて出会う友達もいる中で，友達からたくさんの話を引き出すために，どんな質問をすればよいかを考え，互いに質問し合う活動を行う。

ア　友達が話す内容を漏らさず聞き取るためには，どのような順序で質問を組み立てていけばよいかを考えるよう指導する。

イ　友達から聞いた内容のうち中心となる事柄を書き留め，更にどのような質問を加えるのがよいかを考えるよう指導する。

ウ　友達のよいところやがんばっている点などをうまく引き出すために，どのような質問の仕方をすればよいかを考えるよう指導する。

エ　友達から聞きたいことを聞いた後，聞いた内容と自分が知っている友達に対する印象とを比べてどのように考えたのかを書き留めるよう指導する。

3　ア

解説「友達が話す内容を漏らさず聞き取る」ために検討する事項は「質問の順序」ではなく，質問すること，または質問の内容が適切であろう。なお，第3～4学年の学習について，学習指導要領解説では「記録したり質問したりしながら聞くことや，話し手が伝えたいことや自分が聞きたいことの中心を捉え，自分の考えをもつこと」としている。

4　次に示すのは，「小学校学習指導要領」の「第２　各学年の目標及び内容〔第５学年及び第６学年〕２　内容〔思考力，判断力，表現力等〕Ｂ　書くこと」の (1) に示されている指導事項に基づく第５学年の学習活動である。この学習活動の後に指導する内容として最も適切なものを，以下のア～エの中から一つ選んで記号で答えなさい。

【学習活動】

「調べたことをまとめよう」という単元である。SDGsの視点から，「私たちの海を守ろう」という目標を設定して，海洋問題等に関わる統計資料を集め，調べたことを基に自分の考えをまとめて書くための指導を行っている。これまで，総合的な学習の時間において，SDGsの考え方を学習し，図書館の資料やインターネットの検索によって，自分の考えを裏付ける資料を収集させる指導を行ってきた。

ア　自分の考えとそれを支える理由や事例との関係が明確になるように書くことが大事なので，主に調べた資料から分かったことを中心に据えて書くよう指導する。

イ　集めた資料は全て紹介することが大事なので，資料に沿って文章の構成を考え，様々な情報を順序立てて分かりやすく書くよう指導する。

ウ　自分の考えが読み手にしっかり伝わるように書くことが大事なので，図表やグラフと文章とを対応させながら，説得力のある文章を書くよう指導する。

エ　自分の考えをはっきりさせて書くことが大事なので，集めた資料を比較したり分類したりしながら，伝えたいことが読み手に理解されやすいように書くよう指導する。

4　ウ

解説　ア　「書くこと」の指導事項の一つに「目的や意図に応じて，感じたことや考えたことなどから書くことを選び，集めた材料を分類したり関係付けたりして，伝えたいことを明確にすること」とある。したがって，中心になるのは「感じたことや考えたことなど」であり，資料からわかったことは「感じたことや考えたことなど」を補助する位置づけと考えることができる。　イ　集めた資料については「目的や意図，相手に応じて，主張の理由，事例として適切なものを選んだり，優先順位を考えて並べたりすること」としているので，全て紹介するのではなく，適切なものを取捨選択するのが適切である。　エ　集めた資料の比較や分類は第3～4学年の指導事項である。当然，比較・分類が不十分な児童に対しては指導を行うが，主な指導内容ではないので，ここでは誤答となる。

5 「小学校学習指導要領」の「第２　各学年の目標及び内容〔第３学年及び第４学年〕２　内容〔思考力，判断力，表現力等〕Ｃ　読むこと」の（1）には，次の内容が示されている。この内容をねらいとした当該学年の具体的な指導として最も適切なものを，以下のア～エの中から一つ選んで記号で答えなさい。

ア　段落相互の関係に着目しながら，考えとそれを支える理由や事例との関係などについて，叙述を基に捉えること。

ア　説明的な文章を読む際，他の文章と比較するなどして読み，分かったことや考えたことを文章にまとめながら，目的に応じた論の進め方について考えるよう指導する。
イ　説明的な文章を読む際，題名や見出し，図表や写真なども手掛かりにしながら，事実と感想，意見などとの関係を叙述に基づいて押さえ，文章全体の内容をつかむよう指導する。
ウ　説明的な文章を読む際，「まず」，「次に」，「やがて」など，形式段落をつなぐ言葉に着目しながら段落相互の関係を確かめ，結論とその理由や具体例などの内容を捉えるよう指導する。
エ　説明的な文章を読む際，各段落の中にある大事な言葉を見付けながら，それらの言葉を用いて段落ごとに要約し，理解した内容を精査・解釈しながら自分の考えをまとめるよう指導する。

5 ウ

解説 問題文のアの指導について，学習指導要領解説では「主語と述語との関係，修飾と被修飾との関係，指示する語句と接続する語句の役割，段落の役割について理解すること」としている。接続する語句については「接続する語句を適切に使うことで，文や文章などが，相互にどのように関わるのかを明確にし，文相互の関係，段落相互の関係などをつかんだり，端的に示したりすることができる」としている。

6 次の文章を読んで，以下の問いに答えなさい。

湯川秀樹　『湯川秀樹　詩と科学』

不掲載

上の文章中で，筆者が述べている内容として最も適切なものを，次のア～エの中から一つ選んで記号で答えなさい。

ア　自己規制をしながら創造性を発揮し，新しい発見につなげることは，多くの学者にとっての生きがいと言える。
イ　本当の学問とは，自分にとって知りたいことを追究することであり，そうした姿勢をもつためには他律的な規制が必要である。
ウ　本当の進歩とは，今後科学技術が発達しても社会自身の暴走や破滅を生んでしまわないか，人類がよく考えることである。
エ　創造性を発揮して科学技術を進歩させても，自己規制がなければ，社会自身の暴走と破滅につながる危険性をはらんでいる。

6 エ

解説　ア　第2段落と合致しない。「創造性」を「発揮」して「新しい真理を発見すること」を生きがいにしてきたのは筆者であり，「多くの学者にとっての生きがい」とはいえない。　イ　第3段落と合致しない。「学問とはまず自分の知りたいことがあって，それを探求することであり，自分が知ることがやがて，それを他人にもわけ与えることになる」とある。　ウ　第2段落と合致しない。「本当の進歩」とは「人類社会における科学技術の発達が，社会自身の暴走と破滅をもたらさないように，自己制御する」ことであって，「人類がよく考えること」ではない。

7 **6** の文章中の傍線部「行動しなければ」の文法的説明として正しいものを，次のア～エの中から一つ選んで記号で答えなさい。

ア 「行動し」(サ行変格動詞未然形)＋「なけれ」(助動詞仮定形)＋「ば」(助詞)
イ 「行動し」(サ行変格動詞連用形)＋「なけれ」(形容詞仮定形)＋「ば」(助詞)

ウ　「行動」(名詞)＋「しな」(五段動詞未然形)＋「けれ」(助動詞仮定形)＋「ば」(助詞)

エ　「行動」(名詞)＋「し」(サ行変格動詞未然形)＋「なけれ」(形容詞仮定形)＋「ば」(助詞)

7 ア

解説 「行動し／なけれ／ば」。「行動し」はサ行変格動詞「行動する」の未然形。「なけれ」は助動詞「ない」の仮定形。形容詞「ない」と識別するには，直前に「は」を入れるとよい。「痛くない」→「痛くはない」となる場合の「ない」は形容詞。「行動しない」→「行動しはない」は成立しないので，この場合は助動詞である。「ば」は助詞。

8 **6** の文章中の空欄［　A　］に入る漢文を書き下し文にしたものとして正しいものを，次のア～エの中から一つ選んで記号で答えなさい。

ア　古の学者は己に如かず，今の学者は人に如かず

イ　己を知りて真理となし，人を知りて学問となす

ウ　古の学者は己の為にし，今の学者は人の為にす

エ　学べば即ち己の知る所となし，願へば即ち人の知る所となる

8 ウ

解説 「古の学者は己の為（真理を知るため）にし，今の学者は人の為（立身出世や見栄のため）にす」と解釈する。第3段落の末尾とも重なり合うことに注意するようにしたい。

9 次の文を読んで，後の問いに答えなさい。

> おのれ古典をとくに、師の説とたがへること多く、師の説のわろき事あるをば、わきまへいふこともおほかるを、いとあるまじきことゝ思ふ人おほかめれど、これすなはちわが師の心にて、つねにをしへられしは、後によき考への出来たらんには、かならずしも師の説にたがふとて、なはゞかりそとなむ、教へられし
>
> （本居宣長『玉勝間』）

上の文中で，筆者が述べている内容に当てはまるものを，次のア～エの中から一つ選んで記号で答えなさい。

ア　師の説に悪いところがあってもわきまえて振る舞うのが，師の教えである。

イ　師の説であっても悪いと思ったら悪いと言うことこそが，師の教えである。

ウ　師の説と異なるよい考えを生み出すことが大事というのが，師の教えである。

エ　師の説をあるまじき考えだと言う人を正しく導くことこそが，師の教えである。

9 イ

解説 傍線部の「な……そ」は「(決して)……するな」,「はばかり」は「遠慮する」なので，全体で「遠慮するな」という意味になる。文章の後半では「後に，よい解釈が出てきたときは，必ずしも師の説と食い違うからといって，遠慮してはならない」と述べている。

10 次の一首は，**9** の文中の傍線部「なはゞかりそ」で用いられている「な～そ」を用いて詠んだ短歌である。この短歌の解釈として最も適切なものを，下のア～エの中から一つ選んで記号で答えなさい。

【短歌】

春の鳥な鳴きそ鳴きそあかあかと外の面の草に日の入る夕

ア　春の鳥よもっと鳴いておくれ。窓外の若草を真っ赤な色で夕陽(ひ)が染めている楽しい夕暮れであることよ。

イ　春の鳥よもっと鳴いておくれ。窓外の若草を真っ赤な色で夕陽が染めているもの哀(かな)しい夕暮れであることよ。

ウ　春の鳥よ鳴いてくれるな。窓外の若草を真っ赤な色で夕陽が染めている楽しい夕暮れであることよ。

エ　春の鳥よ鳴いてくれるな。窓外の若草を真っ赤な色で夕陽が染めているもの哀しい夕暮れであることよ。

10 エ

解説 問いの短歌は北原白秋の作で，「な鳴きそ鳴きそ」と反復法が使われているのが特徴である。「な鳴きそ鳴きそ」は「鳴いてくれるな」であり，一日の終わりである夕方という場面であることに注目すると，「楽しい」ではなく「哀しい」が適切と考えられる。

社会

1 小学校社会科においても，主体的・対話的で深い学びの視点からの授業改善を進めることが求められている。次の文章は，『小学校学習指導要領解説』の「第４章　指導計画の作成と内容の取扱い　1　指導計画作成上の配慮事項」の記述の一部である。文章中の空欄［①］～［④］に当てはまる語句の組合せとして正しいものを，以下のア～エの中から一つ選んで記号で答えなさい。

主体的・対話的で深い学びは，必ずしも1単位時間の授業の中で全てが実現されるものではない。単元など内容や時間のまとまりの中で，例えば，主体的に学習に取り組めるよう学習の［①］を立てたり学習したことを振り返ったりして自身の学びや［②］できる場面をどこに設定するか，［③］によって自分の考えなどを広げたり深めたりする場面をどこに設定するか，学びの［④］をつくりだすために，児童が考える場面と教師が教える場面をどのように組み立てるか，といった視点で授業改善を進めることが求められる。

	①	②	③	④
ア	見通し	変容を自覚	対話	深まり
イ	見通し	成果を可視化	思考	方法
ウ	仮説	変容を自覚	思考	方法
エ	仮説	成果を可視化	対話	深まり

1 ア

解説 問題文は，社会科の指導計画の作成に当たり，児童の主体的・対話的で深い学びの実現を目指した授業改善を進め，社会科の特質に応じて効果的な学習が展開できるように配慮すべき内容を示した事項に関する解説文の一部である。ここでの中心となるテーマは「主体的・対話的で深い学びの実現を目指した授業改善」である。このことをもとに空欄を考える。　①・②　まずは「主体的」な学習の取組である。「単元など内容や時間のまとまりを見通して」とあり，①は「見通し」とわかる。②は，「学習したことを振り返って」確認する場面であることから，「自身の学びや変容を自覚」につながる。　③　二つ目の「対話的」の「対話」である。④　三つ目の「深い学び」を表す「学びの深まり」である。

2 第３学年の内容「身近な地域や市区町村の様子」を扱う単元の学習で，身近な地域や市の様子について，観察・調査したり地図などの資料で調べたりして，白地図などにまとめることにした。次の文は，『小学校学習指導要領解説』の「第３章　各学年の目標及び内容　第１節　第３学年の目標及び内容」の記述の一部である。文中の空欄［①］，［②］に当てはまる語句の組合せとして正しいものを，以下のア～エの中から一つ選んで記号で答えなさい。

　観察・調査したり地図などの資料で調べたりして，白地図などにまとめることとは，身近な地域や市の様子について，地図や写真などの資料で市の［①］，土地利用，［②］などを観察したり調べたりして，白地図などにまとめることである。

	①	②
ア	位置や地形	主な産業
イ	位置や地形	交通の広がり
ウ	名称と位置	主な産業

エ　名称と位置　　交通の広がり

2 イ

解説 第3学年では，身近な地域や市町村の様子について学習する。「地図や写真などの資料」から，観察，調査できる身近な地域や市の様子には，「位置や地形」，「土地利用」，「交通の広がり」などが考えられる。

3 第４学年の内容「人々の健康や生活環境を支える事業」を扱う単元で，関連する施設や事業所を見学したり，地図や関係機関が作成した資料などで調べたりして，県の白地図や図表などにまとめる学習を行った。このような学習活動を通して理解する，「人々の健康や生活環境を支える事業」に関する事項として，『小学校学習指導要領解説』の内容を踏まえて適切でないものを，次のア～エの中から一つ選んで記号で答えなさい。

ア　飲料水，電気，ガスを供給する事業は，安全で安定的に供給できるよう進められている。
イ　飲料水，電気，ガスを供給する事業は，地域の人々の健康な生活の維持と向上に役立っている。
ウ　廃棄物を処理する事業は，衛生的な処理や資源の有効利用ができるよう進められている。
エ　廃棄物を処理する事業は，公害から国土の環境や国民の健康な生活を守るために役立ってきた。

3 エ

解説 廃棄物処理事業に関しては，選択肢ウの内容以外に「生活環境の維持と向上に役立っていること」が示されている。公害には触れられていない。

4 第５学年の内容「貿易や運輸」を扱う単元の学習で，日本は多くのエネルギー資源を海外から輸入していることが分かり，原油，石炭，液化天然ガスの主な輸入先を調べた。次の表は，日本における原油，石炭，液化天然ガスの輸入先（2020 年）上位５か国を示したものであり，表中のア～エは，アメリカ，オーストラリア，サウジアラビア，ロシアのいずれかである。オーストラリアに当てはまるものを，ア～エの中から一つ選んで記号で答えなさい。

	原油	石炭	液化天然ガス
1位	ア	ウ	ウ
2位	アラブ首長国	インドネシア	マレーシア
3位	クウェート	イ	カタール
4位	カタール	カナダ	イ
5位	イ	エ	エ

『日本国勢図会　2022/23 年版』より作成

4 ウ

解説 原油については，産出量はアメリカ，サウジアラビア，ロシアの順だが，日本の輸入先は，サウジアラビア，アラブ首長国連邦，クウェート，カタール，ロシアの順である。石炭については，産出量は中国，インド，インドネシアの順だが，日本の輸入先は，オーストラリア，インドネシア，ロシア，カナダ，アメリカの順である。液化天然ガスについては，天然ガス生産量はアメリカ，ロシア，イランの順だが，日本の液化天然ガス輸入先は，オーストラリア，マレーシア，カタール，ロシア，アメリカの順である。(日本国勢図会2022/23年版より)

5 第５学年の内容「我が国の産業と情報との関わり」を扱う単元で，「大量の情報を情報通信技術で収集し活用すること」について調べる学習を行った。この学習に関する記述として最も適切なものを，次のア～エの中から一つ選んで記号で答えなさい。

ア　ビッグデータは，大きな動向を把握し，新たな市場の開拓や災害時の避難対策など国民生活の向上のために利用されるため，収集した個人情報を匿名化することは必要とされていない。
イ　多くの企業のコンピュータ同士がつながり，個々の企業が蓄積している情報などが共有されている状態をIoT(Internet of Things)という。
ウ　電子商取引(eコマース)，電子マネーでの決済，POSシステムなどに必要となる機器の総称を，デジタル・ディバイドという。
エ　現在の個人情報保護法は，個人情報の保護に関する国際的動向や情報通信技術の進展等を勘案し，３年ごとに必要な見直しを行うこととされている。

5 エ

解説 社会の変化を受けて，平成27(2015)年に改正された個人情報保護法では，3年ごとの見直し規定が追加された。　ア　ビッグデータは，個人データの集積によるものである。利用にあたって，情報の匿名化対策は必須である。　イ　IoTとは，モノのインターネットとも呼ばれ，あらゆるものがインターネット接続され，相互にデータのやり取りや制御が可能な状態を指す。　ウ　デジタル・ディバイドとは，IT機器を使いこなす人と使いこなせない人との差，情報格差のことをいう。

6 次の各文は，「小学校学習指導要領」の「第２　各学年の目標及び内容〔第５学年〕３　内容の取扱い」に関する記述である。各文中の［　①　］～［　④　］に当てはまる語句の組合せとして正しいものを，以下のア～エの中から一つ選んで記号で答えなさい。

・金属工業，［　①　］工業，化学工業，食料品工業などの中から一つを取り上げること。

・情報や情報技術を活用して発展している［　②　］，運輸，観光，医療，福祉などに関わる産業の中から選択して取り上げること。

・地震災害，津波災害，風水害，火山災害，［　③　］害などを取り上げること。

・大気の汚染，水質の［　④　］などの中から具体的事例を選択して取り上げること。

	①	②	③	④
ア	繊維	生産	雷	汚濁
イ	繊維	販売	雪	悪化
ウ	機械	生産	雷	悪化
エ	機械	販売	雪	汚濁

6　エ

解説 ①「我が国の工業生産」の内容では，金属工業，機械工業，化学工業，食料品工業などの中から一つ取り上げ，製造の工程，工場相互の協力関係，優れた技術などに着目して，工業生産に関わり人々がいかに工夫や努力をして工業生産を支えているかを学習する。つまり，学習の目的に沿った活動であれば，取り上げる工業が例えば繊維工業であっても問題はないということも言える。　②「我が国の産業と情報との関わり」の内容では，情報や情報技術を活用して発展している分野として，「販売，運輸，観光，医療，福祉などに関わる産業の中から選択して取り上げること」とされている。例えば，小売業の日々の売り上げや販売した商品をデータ化して管理するPOSシステムは，小売り業界では販売管理をするために欠かせないシステムである。また，そこで集積されたPOSデータの分析は，販売競争する上での重要なカギとなっている。　③「我が国の国土の自然環境と国民生活との関連」の内容の中で，自然災害を取り上げる際には「地震災害，津波災害，風水害，火山災害，雪害などを取り上げること」とされている。自然災害と自然環境との関連を通しての理解においては，それぞれねらいがあることに留意する必要がある。
④「我が国の国土の自然環境と国民生活との関連」の内容の中で，公害の防止の関連では，「大気の汚染，水質の汚濁などの中から具体的事例を選択して取り上げること」として示されている。事例としては，四大公害病などの都市型公害，産業がもたらした公害などが考えられる。

7 第６学年の内容「グローバル化する世界と日本の役割」を扱う単元で，「小学校学習指導要領」に基づく学習指導の在り方に関する記述として適切でないものを，次のア～エの中から一つ選んで記号で答えなさい。

ア　我が国の国旗と国歌の意義を理解し，これを尊重する態度を養うとともに，諸外国の国旗と国歌も同様に尊重する態度を養うよう配慮する。
イ　我が国とつながりが深い国から数か国を取り上げ，児童が２か国以上を選択して調べるよう配慮する。
ウ　我が国や諸外国の伝統や文化を尊重しようとする態度を養うよう配慮する。
エ　世界の人々と共に生きていくために大切なことや，今後，我が国が国際社会において果たすべき役割などを多角的に考えたり選択・判断したりできるよう配慮する。

7 イ

解説 第6学年の「グローバル化する世界と日本の役割」に関わる内容の取扱いからの出題である。イは，「児童が1か国を選択して」が正しい。

8 第６学年の内容「我が国の歴史上の主な事象」を扱う単元で，京都の室町に幕府が置かれた頃の代表的な建築物や絵画を手掛かりに，今日の生活文化につながる室町文化が生まれたことを理解する学習を行った。この頃の建築物や絵画として取り上げることが適切でないものを，次のア～エの中から一つ選んで記号で答えなさい。

ア　東大寺南大門
イ　銀閣
ウ　龍安寺石庭
エ　水墨画

8　ア

解説　イ，ウ，エは，室町文化を代表する建造物，絵画である。アの東大寺南大門は，鎌倉文化を代表する建造物である。

9　第６学年の内容「我が国の歴史上の主な事象」を扱う単元で，殖産興業・富国強兵に関わる出来事を調べて年表にまとめる活動を行った。年代の古いものから順に配列して２番目に当たるものを，次のア～エの中から一つ選んで記号で答えなさい。

ア　地租が地価の2.5％に引き下げられる。
イ　貨幣制度が定められ，円が単位とされる。
ウ　富岡製糸場がつくられる。
エ　徴兵令が出される。

9　ウ

解説　年代の古い順に並べると，イ→ウ→エ→アとなる。　ア　1877年に地租の税率は，それまでの地価の３％から2.5％に引き下げられた。
イ　1871年に新貨条例が公布され，「円・銭・厘」という単位とされた。
ウ　富岡製糸場は，フランス人のポール・ブリューナの計画書をもとに，

1872年に造られた。　エ　徴兵令は，1873年に太政官布告によって発せられた。

10 次の文は，ある社会の姿について述べたものである。関係する用語として最も適切なものを，以下のア～エの中から一つ選んで記号で答えなさい。

国民一人ひとりがやりがいや充実感を感じながら働き，仕事上の責任を果たすとともに，家庭や地域生活などにおいても，子育て期，中高年期といった人生の各段階に応じて多様な生き方が選択・実現できる社会

ア　ディーセント・ワーク
イ　ワーク・ライフ・バランス
ウ　ワークシェアリング
エ　ワーカーズコレクティブ

10 イ

解説 問題文の内容は，仕事上の責任を果たしながらも家庭，地域生活を充実させる生き方なので，仕事と生活のバランスをとるという意味のワーク・ライフ・バランスについて述べたものである。　ア　ディーセント・ワークとは，働きがいのある人間らしい仕事という意味である。　ウ　ワークシェアリングとは，雇用の維持・創出のために，一人当たりの労働時間と賃金を減らし，仕事を分かち合うという働き方である。　エ　ワーカーズコレクティブとは，自分たちで出資金を出し合い，働く場をつくり事業を行う事業体のことである。

算数

1 次の文章は，『小学校学習指導要領解説』の「第２章　算数科の目標及び内容　第１節　算数科の目標　１　教科の目標　（２）目標について」の記述の一部である。文章中の空欄［①］～［③］に当てはまる語句の組合せとして正しいものを，以下のア～エの中から一つ選んで記号で答えなさい。

> 算数の学習において，「［①］」を働かせながら，知識及び技能を習得したり，習得した知識及び技能を活用して［②］したりすることにより，生きて働く知識の習得が図られ，技能の習熟にもつながるとともに，［③］の課題を解決するための思考力，判断力，表現力等が育成される。そして，数学的に考える資質・能力が育成されることで，「［①］」も更に成長していくと考えられる。

	①	②	③
ア	数学的な見方・考え方	課題を探究	日常の事象
イ	論理的思考力	問題を解決	日常の事象
ウ	数学的な見方・考え方	問題を解決	数学の事象
エ	論理的思考力	課題を探究	数学の事象

1 ア

解説 『小学校学習指導要領(平成29 年告示)解説　算数編』の「第2章　算数科の目標及び内容　1　教科の目標　(2)　目標について」では，小学校算数科の目標を，大きく六つに分けて説明している。これらのうち，本問は「①『数学的な見方・考え方を働かせ』について」からの出題である。なお，今回の改訂で目標に挿入された「数学的な見方・考え方」とは，中央教育審議会答申では「事象を数量や図形及びそれらの関係などに着目して捉え，論理的，統合的・発展的に考えること」として示されている。重要語句として押さえておきたい。

2 次の文章は，『小学校学習指導要領解説』の「第２章　算数科の目標及び内容　第１節　算数科の目標　１　教科の目標　(2)　目標について」の「統合的・発展的に考察する力」に関する記述の一部である。文章中の空欄［①］～［③］に当てはまる語句の組合せとして正しいものを，以下のア～エの中から一つ選んで記号で答えなさい。

> 算数の学習において数量や図形の性質を見いだし，数理的な処理をすることは，それらを統合的・発展的に考察して新しい算数を［①］を意味しているともいえる。算数を統合的・発展的に考察していくことで，算数の内容の本質的な性質や条件が明確になり，数理的な処理における［②］も図ることができる。また，物事を関係付けて考察したり，他でも適用したりしようとする態度や，新しいものを発見し物事を［③］に捉えようとする態度を養うことも期待できる。

	①	②	③
ア	創ること	思考の鍛錬	相補的
イ	創ること	労力の軽減	多面的
ウ	導くこと	労力の軽減	相補的
エ	導くこと	思考の鍛錬	多面的

2 イ

解説 小学校算数科の目標をなす資質･能力の三つの柱のうち，本問は「(2)思考力，判断力，表現力等」に関する目標について説明した記述からの出題である。「統合的に考察する」ことは，異なる複数の事柄をある観点から捉え，それらに共通点を見いだして一つのものとして捉え直すことであり，算数の学習で大切にすべきものである。また，算数の学習で「発展的に考察する」とは，物事を固定的なもの，確定的なものと考えず，絶えず考察の範囲を広げていくことで新しい知識や理解を得ようとすることである。数量や図形の性質を見いだして考察する際，既習の事項を適用すればすむ場合もあれば，新しい算数を創ることが必要な場合もある。

3 次の①〜④は，乗法・除法を用いて答えを求める文章題であり，A〜Cは，乗法・除法を用いる問題の構造を示したものである。文章題と乗法・除法を用いる問題の構造の組合せとして正しいものを，以下の解答群ア〜エの中から一つ選んで記号で答えなさい。

【文章題】

① 牛肉を 1.6kg 買うと代金は 2,400 円です。この牛肉 1kg の値段は幾らでしょう。

② 70 枚の折り紙を 1 人に 5 枚ずつ配るとき，何人に配ることができるでしょう。

③ 1m の重さが $\frac{3}{5}$kg の鉄の棒があります。この鉄の棒 $\frac{3}{4}$m の重さは何 kg でしょう。

④ 120km 先の目的地まで車で行くのに 2 時間かかります。この車は時速何 km で進んでいるでしょう。

【問題の構造】

A 「基準にする大きさ (基準量)」と「割合に当たる大きさ (比較量)」から「割合」を求める問題

B 「基準にする大きさ (基準量)」と「割合」から「割合に当たる大きさ (比較量)」を求める問題

C 「割合に当たる大きさ (比較量)」と「割合」から「基準にする大きさ (基準量)」を求める問題

［解答群］

	①	②	③	④
ア	C	A	C	B
イ	A	C	B	A
ウ	C	A	B	C
エ	B	C	A	B

3 ウ

解説 2つの数量の関係を比べるには，一方を基準にする大きさ(基準量)としたときに，もう一方の数量(比較量)がどれだけに相当するのかを，比較量を基準量で割った商で比べるが，この商が割合である。つまり，$\frac{\text{比較量}}{\text{基準量}}$＝割合の関係が成り立つ。基準量を1とし，割合が小数で表される場合が多い。　①　牛肉1kgの値段が「基準量」，牛肉1.6kgの代金2,400円より，「比較量」は2,400円，「割合」は1.6kgである。よって，「比較量」と「割合」が与えられ，「基準量」が問われているので，Cが該当する。　②　1人に5枚ずつ配るので「基準量」は5枚，70枚の折り紙を何人に配れるかが問われているので，「比較量」は70枚，「割合」が求める人数である。よって，「基準量」と「比較量」が与えられ，「割合」が問われているので，Aが該当する。　③　1mの重さが$\frac{3}{5}$kgなので「基準量」は$\frac{3}{5}$kg，$\frac{3}{4}$mの重さが問われているので，「比較量」は求める重さ，割合は$\frac{3}{4}$mである。よって，「基準量」と「割合」が与えられ，「比較量」が問われているので，Bが該当する。　④　時速何kmとは1時間で何km進むかを表すので「基準量」が問われており，「比較量」は120km，「割合」は2時間である。よって，Cが該当する。

4 『小学校学習指導要領解説』の「第２章　算数科の目標及び内容　第２節　算数科の内容　２　各領域の内容の概観　B　図形　（3）『B図形』で育成を目指す資質・能力」では，「図形を構成する要素に着目して，図形の構成の仕方について考察すること」について説明されている。このことと関連する指導内容と学年の組合せとして正しいものを，以下の解答群ア～エの中から一つ選んで記号で答えなさい。

【指導内容】

①　対称な図形の性質に着目して，対称な図形を構成する方法

②　平行，垂直といった２直線の位置関係に着目して，平行四辺形，台形，ひし形を作図する方法

③　辺の長さに着目して，二等辺三角形，正三角形を作図する方法

［解答群］

	第３学年	第４学年	第６学年
ア	①	②	③
イ	②	①	③
ウ	②	③	①
エ	③	②	①

4　エ

解説「B　図形」の領域では，学年が上がるごとに徐々に複雑な図形を扱っている。

5　「小学校学習指導要領」の「第２　各学年の目標及び内容　〔第６学年〕２　内容　C　変化と関係」に示された，身に付ける知識及び技能として正しくないものを，次のア～エの中から一つ選んで記号で答えなさい。

ア　百分率を用いた表し方を理解し，割合などを求めること。
イ　反比例の関係について知ること。
ウ　比例の関係の意味や性質を理解すること。
エ　比の意味や表し方を理解し，数量の関係を比で表したり，等しい比をつくったりすること。

5　ア

解説「百分率を用いた表し方を理解し，割合などを求めること」は，第5学年で身に付ける知識及び技能である。

6 「小学校学習指導要領」の「D　データの活用」領域では，目的に応じてデータを収集，分類整理し，結果を適切に表現するという統計的な問題解決活動が重視されるが，統計的な問題解決活動として「問題－計画－データ－分析－結論」という段階からなる統計的探究プロセスが知られている。次の表中の空欄［①］～［③］に当てはまる語句の組合せとして正しいものを，以下のア～エの中から一つ選んで記号で答えなさい。

問題	・問題の把握	・［①］
計画	・データの想定	・収集計画
データ	・［②］	・表への整理
分析	・グラフの作成	・特徴や傾向の把握
結論	・結論付け	・［③］

	①	②	③
ア	問題の発見	データの整理	振り返り
イ	問題の発見	データ収集	発表
ウ	問題設定	データの整理	発表
エ	問題設定	データ収集	振り返り

6 エ

解説 「第2章　算数科の目標及び内容　第2節　算数科の内容　2　各領域の内容の概観　D　データの活用　(3)『Dデータの活用』の領域で育成を目指す資質・能力」では，「統計的探究プロセスとは，元々の問題意識や解決すべき事柄に対して，統計的に解決可能な問題を設定し，設定した問題に対して集めるべきデータと集め方を考え，その計画に従って実際にデータを集め，表などに整理した上で，集めたデータに対して，目的やデータの種類に応じてグラフにまとめたり，統計量を求めるなどして特徴や傾向を把握し，見いだした特徴や傾向から問題に対する結論をまとめて表現したり，さらなる課題や活動全体の改善点を見いだしたりするという一連のプロセスである。」と示されている。 ①「問題の発見」に関しては示されておらず，表より「問題の把握」に続くのは「問題の設定」である。 ②「収集計画」と「表への整理」の間に入るのは「データ収集」である。 ③「発表」に関しては示されておらず，課題や活動全体の改善点を見いだすためには「振り返り」が必要である。

7 ある自然数 a の a 自身を除く全ての約数の和が a に等しいとき，a は完全数である。例えば，６の約数は１，２，３，６なので，６は完全数である。完全数であるものを，次のア～エの中から一つ選んで記号で答えなさい。

ア　1
イ　12
ウ　28
エ　120

7 ウ

解説 ア　1の約数は1自身だけなので，完全数ではない。　イ　12の約数のうち，12自身を除く全ての約数の和は $1+2+3+4+6=16$ より，12に等しくないので，12は完全数ではない。　ウ　28の約数のうち，28自身を除く全ての約数の和は $1+2+4+7+14=28$ より，28に等しいので，28は完全数である。　エ　120の約数のうち，120自身を除く全ての約数の和は $1+2+3+4+5+6+8+10+12+15+20+24+30+40+60=240$ より，120に等しくないので，120は完全数ではない。

8 次の図は，麻の葉模様と呼ばれるもので，正六角形が18個の合同な二等辺三角形で敷き詰められている。１回の回転移動で，△BCHを△OFLに重ねるためには，どの点を中心として何度回転移動すればよいか。正しいものを，以下のア～エの中から一つ選んで記号で答えなさい。

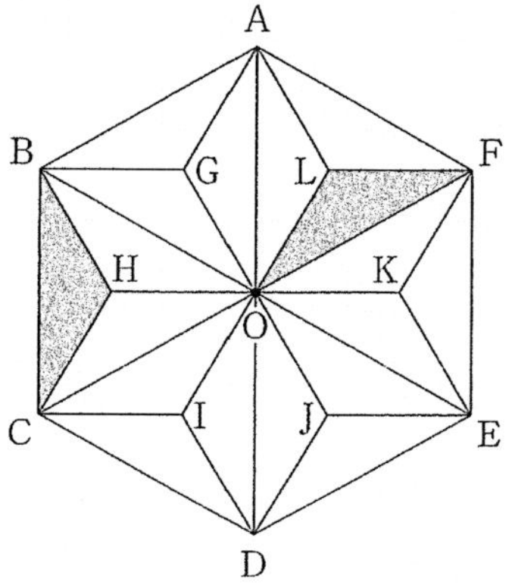

ア　点Ｉを中心として，時計回りに120°回転移動する。
イ　点Ｄを中心として，時計回りに60°回転移動する。
ウ　点Ｇを中心として，反時計回りに120°回転移動する。
エ　点Ａを中心として，反時計回りに60°回転移動する。

8　ウ

解説 ある図形を回転移動させたとき，①移動前後で対応する点は回転の中心から等しい距離にあり，②移動前後で対応する点と回転の中心を結んでできる角の大きさは回転移動させた角度と等しく，③回転の中心は移動前後で対応する点を結ぶ線分の垂直二等分線上にある。△BCHと△OFLは二等辺三角形なので，対応する点の1組は点Hと点Lである。したがって，③より線分HLの垂直二等分線を引くと，下図のように回転の中心は点G，点O，点Jのいずれかとなり，この時点で選択肢より，回転の中心が点Gであるウが正答とわかる。なお，点Gが回転の中心であれば，合同なひし形の対角線よりGH＝GLなので，①の条件を満たす。さらに，正六角形の内角は$\frac{180°\times(6-2)}{6}=120°$であり，これは18個の合同な二等辺三角形の底角の4倍なので，底角は$\frac{120°}{4}=30°$，頂角は$180°-2\times30°=120°$，対頂角は等しいので$\angle HGL=\angle AGB=120°$となり，②より回転移動させた角度は$120°$，向きは反時計回りとなる。

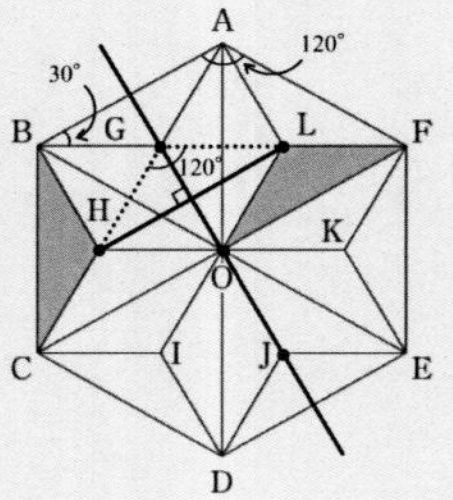

9　次の図は，四角形の包摂関係を示したものである。図中の①～⑤に当てはまる四角形の名称の組合せとして正しいものを，以下のア～エの中から一つ選んで記号で答えなさい。

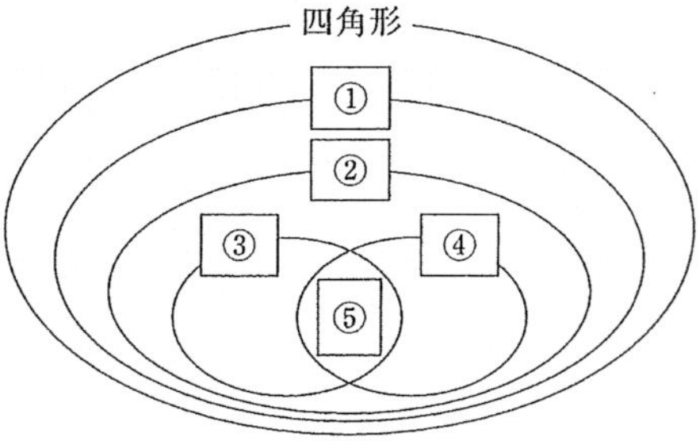

	①	②	③	④	⑤
ア	正方形	長方形	平行四辺形	ひし形	台形
イ	台形	平行四辺形	長方形	ひし形	正方形
ウ	台形	平行四辺形	正方形	長方形	ひし形
エ	正方形	長方形	平行四辺形	台形	ひし形

9 イ

解説 それぞれの四角形の特徴は，次表のようになる。台形の特徴はその他の4つの四角形ももっているので，例えば「平行四辺形であれば，台形である」といえる。つまり，「台形以外の4つの四角形であれば，台形である」ので，台形は①となる。同様に考えると，平行四辺形の特徴は台形と平行四辺形以外の3つの四角形ももっているので②，長方形とひし形は一部の特徴だけが共通なので③と④のいずれか，正方形は長方形とひし形の両方の特徴をもつので⑤である。

四角形	向かい合う辺	辺の長さ	内角
台形	1組が平行		
平行四辺形	2組が平行		
長方形	2組が平行		4つとも直角
ひし形	2組が平行	4つの長さがすべて等しい	
正方形	2組が平行	4つの長さがすべて等しい	4つとも直角

10 容積の単位換算について正しいものを，次のア～エの中から一つ選んで記号で答えなさい。

ア　$10cm^3 = 0.01dL$

イ　100cc = 100mL

ウ　$100L = 0.01m^3$

エ　0.01L = 1mL

10　イ

解説　d(デシ)は10^{-1}倍，c(センチ)は10^{-2}倍，m(ミリ)は10^{-3}倍を表している。長さの単位をm(メートル)で統一すると，1〔cm〕＝1×10^{-2}〔m〕である。体積の単位をm^3で統一すると，1〔cm^3〕＝1〔cc〕＝$(1\times10^{-2})^3$〔m^3〕＝1×10^{-6}〔m^3〕，1〔L〕＝1×10^{-3}〔m^3〕，1〔dL〕＝1×10^{-1}〔L〕＝1×10^{-4}〔m^3〕，1〔mL〕＝1×10^{-3}〔L〕＝1×10^{-6}〔m^3〕である。ア　10〔cm^3〕＝1×10^{-5}〔m^3〕，0.01〔dL〕＝1×10^{-6}〔m^3〕なので，これらは等しくない。　イ　100〔cc〕＝1×10^{-4}〔m^3〕，100〔mL〕＝1×10^{-4}〔m^3〕なので，これらは等しい。　ウ　100〔L〕＝1×10^{-1}〔m^3〕，0.01〔m^3〕＝1×10^{-2}〔m^3〕なので，これらは等しくない。　エ　0.01〔L〕＝1×10^{-2}〔L〕，1〔mL〕＝1×10^{-3}〔L〕なので，これらは等しくない。

理科

1 第３学年の内容「光と音の性質」を扱う単元では，「物から音が出たり伝わったりするとき，物は震えていること」などを学習する。音の伝わり方に関する基本的な性質として適切なものを，次のア～エの中から一つ選んで記号で答えなさい。

ア　空気中を伝わる音の速さは，温度に関係なく一定である。
イ　音の伝わる速さは，空気中よりも水中の方が遅い。
ウ　音の大きさと音の高さは，直接的には関係がない。
エ　空気中を伝わる音の速さは，気圧や湿度に関係なく一定である。

1 ウ

解説 ア　空気中を伝わる音の速さは，気温が高いほど速くなる。　イ　音の伝わる速さは，水中の方が空気中より速く，固体中ではさらに速い。　エ　空気中を伝わる音の速さは，気圧が小さいほど遅くなり，真空では音は伝わらない。また，音の速さは湿度の影響も受ける。

2 「小学校学習指導要領」の「第２　各学年の目標及び内容〔第６学年〕２　内容　A　物質・エネルギー　(4)　電気の利用」に示された指導すべき内容として適切でないものを，次のア～エの中から一つ選んで記号で答えなさい。

ア　電気は，つくりだしたり蓄えたりすることができること。
イ　電気は，光，音，熱，運動などに変換することができること。
ウ　電熱線の発熱量は，その太さによって変わること。
エ　身の回りには，電気の性質や働きを利用した道具があること。

2　ウ

解説 「電熱線の発熱量」という内容は，小学校学習指導要領には示されていない。

3 第６学年の内容「燃焼の仕組み」を扱う単元では，燃焼後の二酸化炭素の増加を，石灰水の白濁によって確認することがある。石灰水の原料として適切なものを，次のア～エの中から一つ選んで記号で答えなさい。

ア　酸化カルシウム
イ　炭酸カルシウム
ウ　水酸化カルシウム
エ　塩化カルシウム

3　ウ

解説 石灰水は水酸化カルシウムの飽和水溶液であり，これに二酸化炭素を通すと炭酸カルシウムの白色沈殿が生じるので，石灰水は白濁する。

4 第５学年で「物の溶け方」を学習する。「水溶液」として適切でないものを，次のア～エの中から一つ選んで記号で答えなさい。

ア　食塩水
イ　コーヒーシュガーを溶かした水
ウ　ミョウバンを溶かした水
エ　牛乳

4 エ

解説 水溶液は，水の中に物が均一に溶け，溶けた物が見えなくなり透き通った状態にある。牛乳は，水の中に脂肪などの小さな粒が混ざった状態にあり，白濁しているので透き通っていない。

5 「小学校学習指導要領」の「第２　各学年の目標及び内容　〔第６学年〕２　内容　A　物質・エネルギー　（2）　水溶液の性質」に示された指導すべき内容として適切でないものを，次のア～エの中から一つ選んで記号で答えなさい。

ア　水溶液には，酸性，アルカリ性及び中性のものがあること。
イ　水溶液には，酸性，アルカリ性のものがあり，混ぜると中和して塩ができること。
ウ　水溶液には，気体が溶けているものがあること。
エ　水溶液には，金属を変化させるものがあること。

5 イ

解説 「中和して塩ができる」という内容は，小学校学習指導要領には示されていない。

6 第４学年の内容「人の体のつくりと運動」を扱う単元では，筋肉について学習する。筋肉に関する内容として適切でないものを，次のア～エの中から一つ選んで記号で答えなさい。

ア　人体には，横紋筋，平滑筋，心筋の３種類の筋肉がある。
イ　横紋筋は，意志によって動かすことができ，骨につながっている。
ウ　平滑筋は，内臓や血管の壁にあり，意志に無関係に動いている筋で，自律神経によって支配されている。

エ　心筋は，主に心臓にある筋肉であり，他にも肺などのように周期的な動きを行う臓器に使われている。

6 アまたはエ

解説 設問では「適切でないものを，次のア～エの中から一つ選んで記号で答えなさい」とあるが，公開解答では適切でないものがアとエの二つあるので，どちらを選んでも正答となっている。　ア　筋肉をはたらきで分けると，骨格筋，内臓筋，心筋の3種類となる。　エ　心筋は心臓を構成する筋肉なので，肺などには存在しない。

7 「小学校学習指導要領」の「第２　各学年の目標及び内容　〔第５学年〕　２　内容　Ｂ　生命・地球　（１）　植物の発芽，成長，結実」に示された指導すべき内容として適切でないものを，次のア～エの中から一つ選んで記号で答えなさい。

ア　植物は，種子の中の養分を基にして発芽すること。
イ　植物の発芽には，水，空気，日光及び温度が関係していること。
ウ　植物の成長には，日光や肥料などが関係していること。
エ　花にはおしべやめしべなどがあり，花粉がめしべの先に付くとめしべのもとが実になり，実の中に種子ができること。

7 イ

解説 小学校学習指導要領には「植物の発芽には，水，空気及び温度が関係していること。」と示されており，「日光」は含まれていない。

8 第６学年の内容「植物の養分と水の通り道」を扱う単元では，「植物の葉に日光が当たるとでんぷんができること」を学習し，光合成について学ぶ。光合成に関する内容として適切なものを，次のア～エの中から一つ選んで記号で答えなさい。

ア　緑色ではない部分が入る葉をふ入りの葉と呼ぶが，葉緑素が抜け落ちたふ入り部分では，光合成は行われない。

イ　梅干しなどを漬けるときに使うアカジソには葉緑素はなく，光合成は行われない。

ウ　シダ類は，日陰でも育つ特別な機能をもつため，通常は光合成を行っていない。

エ　緑色の光を当てると，他の色の光を当てるよりも光合成が盛んになる。

8　ア

解説　イ　アカジソはアントシアニンという色素により葉が赤く見えるが，葉緑体の中に葉緑素が存在するので，光合成は行われている。　ウ　シダ類などはあまり日の当たらない日陰で生息しているが，光合成を行っている。　エ　光合成が盛んになるのは，赤色や青色の光を当てた場合である。

9　「小学校学習指導要領」の「第２　各学年の目標及び内容〔第５学年〕２　内容　B　生命・地球　(3)　流れる水の働きと土地の変化」に示された指導すべき内容として適切でないものを，次のア～エの中から一つ選んで記号で答えなさい。

ア　水は，高い場所から低い場所へと流れて集まること。

イ　流れる水には，土地を侵食したり，石や土などを運搬したり堆積させたりする働きがあること。

ウ　川の上流と下流によって，川原の石の大きさや形に違いがあること。

エ　雨の降り方によって，流れる水の速さや量は変わり，増水により土地の様子が大きく変化する場合があること。

9 ア

解説 「水は，高い場所から低い場所へと流れて集まること。」は，第4学年の「(3)　雨水の行方と地面の様子」に示された指導すべき内容である。

10 第４学年で「天気の様子」を学習する。気象用語として適切でないものを，次のア～エの中から一つ選んで記号で答えなさい。

ア　「快晴」とは，雲量０～１の状態をいう。
イ　「曇り」とは，雲量９～10の状態をいう。
ウ　「雨」とは，大気中の水蒸気が高所で凝結し，水滴となって地上に落ちるもののことである。
エ　「雲」とは，空気中の水蒸気が高く空に浮いているもののことである。

10 エ

解説 雲は，空気中の水蒸気が凝結して水滴となったものである。

生活

1 第１学年において「学校となかよしになろう」という単元の授業を行うことになった。授業を行う際の留意事項として適切でないものを，次のア～エの中から一つ選んで記号で答えなさい。

ア　みんなで気持ちよく生活するためのきまりやマナーなどについて，適応指導として児童に教え込んでいくのではなく，具体的な活動の中で学校生活に必要な習慣や技能等を学ばせていく。
イ　児童に学校の施設の様子や学校生活を支えている人々や友達，通学路の様子やその安全を守っている人々や，それらが社会とどのように関わっているかを考えさせるようにする。
ウ　学校の施設や利用している通学路にあるものを見付けたり，そこにいる人と触れ合ったりするなどして，学校に自分の居場所を見付け，安心して学校生活を送ることができるようにする。
エ　児童を取り巻く環境が変化する中，安全については，自然災害，交通災害，人的災害の三つの災害に対する安全確保に配慮する必要がある。

1　イ

解説「学習指導要領解説　第3章　第2節　生活科の内容(1)」からの問題である。内容(1)「学校と生活」には，留意事項として選択肢ア，ウ，エの内容が示されている。選択肢イは思考力，判断力，表現力等の基礎についての内容であるが，「社会とどのように関わっているかを考えさせる」ではなく「自分とどのように関わっているかを考える」が適切である。

2 第１学年において「こうえんにたんけんにいこう」という単元の授業を行うことになった。授業を行う祭の留意事項として適切でないものを，次のア～エの中から一つ選んで記号で答えなさい。

ア　自然と直接触れ合う中で，視覚，聴覚，触覚，味覚，嗅覚などを使って自然の素晴らしさを十分に味わう活動ができるようにする。
イ　本単元で取り上げるべき身近な自然は，児童が繰り返し関わることのできる自然であるとともに特定の季節を実感するのにふさわしい自然である。
ウ　児童が観察する身近な自然の対象として，生き物や草花，樹木などのほかに水，雨，風，光なども対象となる。
エ　活動を通して，身近な自然の共通点や相違点，季節の移り変わりに気付いたり，季節の変化と自分たちの生活との関わりに気付いたりすることができるようにする。

2 イ

解説「学習指導要領解説　第3章　第2節　生活科の内容(5)」からの問題である。内容(5)「季節の変化と生活」には，留意事項として選択肢ア，ウ，エの内容が示されている。選択肢イは単元で取り上げる身近な自然についての内容であるが，「特定の季節を実感するのにふさわしい自然」の部分が適切でない。「四季の変化を実感するのにふさわしい自然」が適切である。

3 第２学年において「野さいをそだてよう」という単元の授業を行うことになった。授業を行う際の留意事項として適切でないものを，次のア～エの中から一つ選んで記号で答えなさい。

ア　第２学年の児童でも栽培が容易で，成長の様子や特徴が捉えやすい野菜を選択する。

イ　種をまいたり苗を植えたりしてから収穫まで継続して観察したり世話をしたりすることができ，確かな実りを実感でき満足感や成就感を得られるものにする。

ウ　収穫した物を使って，友達と調理をしたり会食したりすることができる場を単元計画の中に必ず位置付ける。

エ　児童の生活場面での動きを考えて，野菜の鉢は，登校してきた児童や，休み時間に外に出た児童が，栽培している野菜を見ることができる場所に置く。

3　ウ

解説「学習指導要領解説　第3章　第2節　生活科の内容(7)」からの問題である。内容(7)「動植物の飼育・栽培」には，留意事項として選択肢ア，イ，エの内容が示されている。選択肢ウの内容は示されていないので適切でない。

4　第２学年において「町たんけんをしよう」という単元の授業を行うことになった。授業を行う際の留意事項として適切でないものを，次のア～エの中から一つ選んで記号で答えなさい。

ア　児童にとって身近な生活圏を踏まえながら，常に地域全体を視野に入れ，より広く地域を知る機会となるようにする。

イ　本単元で取り上げる人々は，自分の家や学校の周りの田や畑，商店などで働く人，公園や公民館などを利用している人，幼稚園や保育所などの幼児や先生，近隣の人などである。

ウ　実際に地域に出掛け，親しみや愛着をもつ人や場所を増やし，地域は安心して生活できる場であると感じられるようにする。

エ　地域の人々の協力を得て児童が主体的に活動できるよう，地域の人々に学習のねらいを丁寧に説明し，共通理解を図るようにする。

4 ア

解説「学習指導要領解説　第3章　第2節　生活科の内容(3)」からの問題である。内容(3)「地域と生活」には，留意事項として選択肢イ，ウ，エの内容が示されている。選択肢アは適切でない。「単に地域全体を扱うということではなく，活動を通して地域がより身近なものになるようにすることが大切」が適切である。

5 第２学年において「みんなでつかおう　町のしせつ」という単元の授業を行うことになった。授業を行う際の留意事項として適切でないものを，次のア～エの中から一つ選んで記号で答えなさい。

ア　児童に公共施設等を利用させることで，身の回りにはみんなで使うものやみんなのための場所があり，「自分」と「みんな」という意識をもてるようにする。

イ　本単元で取り上げる公共施設としては，公民館，児童館，図書館などの大きな施設が望ましい。

ウ　公共施設は，多くの人が利用していること，そうした人々が利用しやすいようにするための利用方法やきまり，それを支える人々の存在があることに気付かせる。

エ　見学したり利用したりした公共施設には，児童の側からの創造的な働きかけを大切にして，お礼の手紙を書いたり，育てた花を届けたりする。

5 イ

解説「学習指導要領解説　第3章　第2節　生活科の内容(4)」からの問題である。内容(4)「公共物や公共施設の利用」には，留意事項として選択肢ア，ウ，エの内容が示されている。選択肢イは単元で取り上げる公共施設についての内容であるが，「大きな施設が望ましい」の部分が適切でない。「みんなで使う施設が考えられる」が適切である。

6 第１学年において「はる　見つけた」という単元の授業を行った。児童が見付けた春先の道端に咲く花，花壇に咲く花，樹木の花の組合せとして正しいものを，次のア～エの中から一つ選んで記号で答えなさい。

	道端に咲く花	花壇に咲く花	樹木の花
ア	ホトケノザ	スイセン	コブシ
イ	ハコベ	クロッカス	キンモクセイ
ウ	オオイヌノフグリ	サルビア	ハナミズキ
エ	ヘクソカズラ	フリージア	サザンカ

6 ア

解説 春先に見られる花として，道端に咲くのはホトケノザやオオイヌノフグリ，花壇に咲くのはスイセンやクロッカス，フリージア，樹木ではコブシやハナミズキである。ハコベは6～9月，ヘクソカズラは7～9月に道端で見られる。クロッカスは冬から春，サルビアは夏から秋に花壇で見られる。樹木では，キンモクセイは秋に花をつけ，サザンカは秋から冬に花を咲かせる。春先に咲く花の組合せとして正しいものは，選択肢アである。

7 『小学校学習指導要領解説』の「第２章　生活科の目標　第１節　教科目標　2　教科目標の趣旨　（3）自立し生活を豊かにしていくこと」に示された内容として適切でないものを，次のア～エの中から一つ選んで記号で答えなさい。

ア　自立とは，一人一人の児童が幼児期の教育で育まれたことを基礎にしながら，将来の自立に向けてその度合を高めていくことを指す。

イ　学習上の自立とは，自分にとって興味・関心があり，価値があると感じられる学習活動を自ら進んで行うことができるということであり，自分の思いや考えなどを適切な方法で表現できるということである。
ウ　生活上の自立とは，生活上必要な習慣や技能を身に付けて，身近な人々，社会及び自然と適切に関わることができるようになり，自らよりよい生活を創り出していくことができるということである。
エ　精神的な自立とは，自分の短所に気付き，現在及び将来における自分自身の在り方を求めていくことができるということである。

7　エ

解説 生活科では，学習上の自立，生活上の自立，精神的な自立という三つの自立への基礎を養うことを目指している。「学習指導要領解説　第2章　第1節　2(3)」には，教科目標の趣旨のうちの「自立し生活を豊かにしていくこと」として，選択肢ア，イ，ウの内容が示されている。選択肢エは精神的な自立についての内容であるが，「自分の短所に気付き」の部分が適切でない。「自分のよさや可能性に気付き」が適切である。

8　『小学校学習指導要領解説』の「第５章　指導計画の作成と学習指導　第１節　生活科における指導計画と学習指導の基本的な考え方　２　学習指導の特質」に示された内容として適切でないものを，次のア～エの中から一つ選んで記号で答えなさい。

ア　学習対象との適切な出会いの場を用意し，児童の思いや願いを育み，意欲や主体性を高める学習活動にする。
イ　児童の身近な生活圏を活動や体験の場や対象にし，本来はそれぞれ別個の存在である人や社会，自然と身体を通して直接関わりながら活動や体験を行うことを重視する。
ウ　活動や体験の中で感じたり考えたりしている児童の姿を丁寧に見取り，働きかけ，活動の充実につなげる。

エ　表現したり行為したりすることを通して，働きかける対象についての気付きとともに，自分自身についての気付きをもつことができるようにする。

8 イ

解説 生活科では，学習活動を行うことによって児童の自発性が発揮され，能動的に活動することを大切にしている。「学習指導要領解説　第5章第1節　2」には，四つの学習指導の特質として，選択肢ア，ウ，エの内容が示されている。選択肢イは四つの特質のうち第2に挙げられている内容であるが，「本来はそれぞれ別個の存在である人や社会，自然…」の部分が適切でない。「本来一体となっている人や社会，自然…」が適切である。

9 『小学校学習指導要領解説』の「第５章　指導計画の作成と学習指導　第３節　単元計画の作成　２　単元の構想と単元計画の作成」に示された内容として適切でないものを，次のア～エの中から一つ選んで記号で答えなさい。

ア　発想する段階では，児童の興味・関心を把握し，児童の思いや願いが高まる可能性のある対象を選定し，学習材のよさが引き出されるようにする。

イ　地域は児童にとって生活の場であり学習の場であるから，地域の文化的・社会的な素材や活動の場などを見いだす観点から地域の環境を繰り返し調査し，それらを学習材として最大限に生かす。

ウ　構想する段階では，意図した学習を効果的に生み出すために，教師の願いに重きを置くのではなく，児童の興味・関心に比重を置く。

エ　計画する段階では，単に活動や体験を繰り返すのではなく，話合いや交流，伝え合いや発表などの表現活動を適切に位置付ける。

9 ウ

解説 生活科の単元を構想し，単元計画を作成するための「発想→構想→計画」の三つの段階として，「学習指導要領解説　第5章　第3節　2」に選択肢ア，イ，エの内容が示されている。選択肢ウは構想する段階についての内容であるが，「教師の願いに重きを置くのではなく，児童の興味・関心に比重を置く」の部分が適切でない。いかに両者のバランスや調和を図るかが大切であることから，「単元の特性に応じて，児童の興味・関心に比重が置かれることもあれば，教師の願いに重きが置かれることもある」が適切である。

10 『小学校学習指導要領解説』の「第１章　総説　２　生活科改訂の趣旨及び要点」に示された内容として適切でないものを，次のア～エの中から一つ選んで記号で答えなさい。

ア　生活科の学習活動では，「見付ける」，「比べる」，「たとえる」，「試す」，「見通す」，「工夫する」などの多様な学習活動が重視されている。
イ　幼児期の教育との連携や接続を意識したスタートカリキュラムについては，生活科固有の課題として取り組むことが求められている。
ウ　具体的な活動や体験を通じて，「身近な生活に関する見方・考え方」を生かし，自立し生活を豊かにしていくための資質・能力を育成することが明確化されている。
エ　生活科では，児童の生活圏を学習の対象や場とし，それらと直接関わる活動や体験を一層重視することが引き続き求められている。

10 イ

解説 生活科の学習指導要領等改訂の趣旨や要点として，「学習指導要領解説　第1章　2」に選択肢ア，ウ，エの内容が示されている。選択肢イはスタートカリキュラムについての内容であるが，「生活科固有の課題として取り組むことが求められている」の部分が適切でない。「生活科固有の課題としてではなく，教育課程全体を視野に入れた取組とすること」が適切である。

音楽

1 「小学校学習指導要領」の「第３　指導計画の作成と内容の取扱い」に示された内容の取扱いについて配慮すべき事項として誤っているものを，次のア～エの中から一つ選んで記号で答えなさい。

ア　和音の指導に当たっては，合唱や合奏などの活動を通して和音のもつ表情を感じ取ることができるようにする。また，長調及び短調の曲においては，Ⅰ，Ⅳ，Ⅴ及び$Ⅴ_7$に指導する。

イ　児童が主体的に学習に取り組めるよう，コンピュータや教育機器を効果的に活用する。

ウ　我が国や郷土の音楽の指導に当たっては，音源や楽譜等の示し方，伴奏の仕方，曲に合った歌い方や楽器の演奏の仕方などの指導方法を工夫する。

エ　拍子記号については，４分の２拍子・４分の３拍子・４分の４拍子・８分の３拍子を理解し，活用できるよう取り扱う。

1　エ

解説 小学校学習指導要領より，指導計画の作成と内容の取扱いから，内容の取扱いについての配慮事項から出題された。選択肢アは(2)，イは(1)ウ，ウは(3)，エは(9)の項目の内容である。誤りのあったエについて，8分の3拍子ではなく，正しくは8分の6拍子である。同項目では小学校の教育課程で指導すべきものを，拍子だけでなく，音符，休符，記号や用語について示しているので必ず覚えること。

2 「小学校学習指導要領」の「第２　各学年の目標及び内容　３　内容の取扱い」において，第５学年及び第６学年で取り扱う歌唱共通教材として示されていないものを，次のア～エの中から一つ選んで記号で答えなさい。

ア　もみじ

イ　ふるさと

ウ　子もり歌

エ　こいのぼり

2　ア

解説　歌唱共通教材は各学年4曲ずつ示されているので，作詞・作曲者名も含めてすべて覚えること。選択肢アは第4学年，イは第6学年，ウとエは第5学年の歌唱共通教材である。

3　次の楽譜は，ある歌唱教材曲の一部分である。※の部分のコードネームを，以下のア～エの中から一つ選んで記号で答えなさい。

ア　C9　　イ　D7　　ウ　F♯m　　エ　Am7

3　イ

解説　和音の構成音はレ・ファ♯・ラ・ドで，長三和音＋短3度の属七の和音である。指定された音をすべて書き出し，下から3度と3度の組み合わせができるように並べ替えて根音がどの音かを判断する。和音の種類とコードの構成音は理解しておくこと。

4 **3** の曲と異なる拍子の曲を，次のア～エの中から一つ選んで記号で答えなさい。

ア　文部省唱歌《ふじ山》
イ　梁田貞作曲《とんび》
ウ　船橋栄吉作曲《まきばの朝》
エ　岡野貞一作曲《おぼろ月夜》

4 エ

解説 問3の楽譜は第3学年の教材の「茶つみ」で，4分の4拍子である。選択肢アは第3学年，イは第4学年，ウは第5学年の教材，エは第6学年の教材で4分の3拍子である。

5 **3** の曲の調の属調を，次のア～エの中から一つ選んで記号で答えなさい。

ア　ニ長調　　イ　ロ短調　　ウ　ホ短調　　エ　ハ長調

5 ア

解説 「茶つみ」は調号が♯1つ，ソで終止している長調なので，ト長調である。属調は完全5度上から始まる調なので，ニ長調である。下属調は完全4度上の調である。他にも平行調など，近親調は学習しておくこと。

6 **3** の曲名を，次のア～エの中から一つ選んで記号で答えなさい。

ア　春がきた
イ　茶つみ

ウ　虫のこえ
エ　スキーの歌

6 イ

解説 楽譜の旋律から，曲名が判定できるようにしておくこと。歌唱共通教材は各学年4曲ずつあるので，すべての曲を歌えるようにしておけば，このような問題には対応できる。

7 ソプラノリコーダーにおいて，ジャーマン式とバロック式で指づかいが異なっている音を，次のア～エの中から一つ選んで記号で答えなさい。

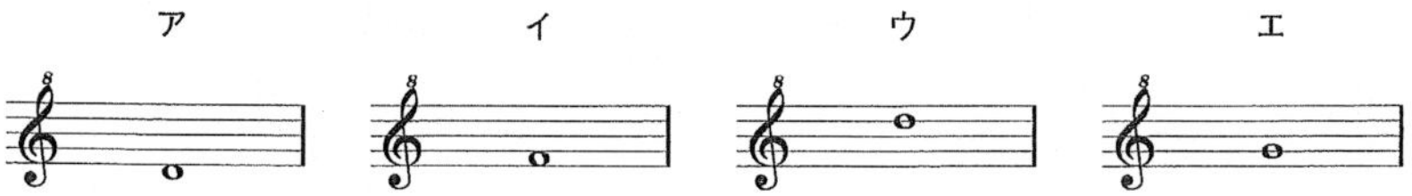

7 イ

解説 多くの小学校ではジャーマン式のソプラノリコーダーで指導する。ジャーマン式は，バロック式よりも「ファ」の指づかいが順番になっており，単純で演奏しやすいという特徴を持つ。ジャーマン式は01234をふさぐのに対して，バロック式では0123467をふさぐ。ソプラノリコーダーの運指は練習して覚えておくこと。

8 生年の早い作曲家から順に正しく配列されているものを，次のア～エの中から一つ選んで記号で答えなさい。

ア　モーツァルト　→　八橋検校　→　ガーシュウィン　→　滝廉太郎
イ　モーツァルト　→　滝廉太郎　→　ガーシュウィン　→　八橋検校

ウ　八橋検校　→　モーツァルト　→　滝廉太郎　→　ガーシュウィン
エ　八橋検校　→　モーツァルト　→　ガーシュウィン　→　滝廉太郎

8 ウ

解説 八橋検校は江戸時代前半の箏の基礎を作った作曲家で1614～1685年。モーツァルトは古典派を代表する作曲家で1756～1791年。滝廉太郎は「荒城の月」などを作曲した明治時代の作曲家で1879～1903年。ガーシュウィンはアメリカの作曲家で1898～1937年である。

9 弦楽四重奏の編成に含まれない楽器を，次のア～エの中から一つ選んで記号で答えなさい。

ア　ヴァイオリン
イ　ヴィオラ
ウ　チェロ
エ　コントラバス

9 エ

解説 弦楽四重奏は，ヴァイオリン2，ヴィオラ1，チェロ1で演奏する。コントラバスはチェロより低い音域をもつ楽器である。オーケストラに使用される楽器について，学習しておきたい。

10 世界の様々な音楽文化とその音楽文化が普及している国の組合せとして誤っているものを，次のア～エの中から一つ選んで記号で答えなさい。

ア　ケチャ ——— インドネシア
イ　フラメンコ —— スペイン

ウ　ゴスペル ——— アメリカ

エ　サンバ ———— ハワイ

10 エ

解説 サンバはブラジルのダンス音楽である。リオのカーニバルなど，カーニバルで踊られることで有名である。世界の民族音楽について，歌謡と楽器など映像などをあわせて学習しておきたい。

図画工作

1 次の各文は，「小学校学習指導要領」の「第２　各学年の目標及び内容〔第１学年及び第２学年〕　２　内容　Ａ　表現」の(２)の技能についての指導事項に関する記述である。空欄［①］～［⑤］に当てはまる語句を以下の語群から選択し，その組合せとして正しいものを，解答群ア～エの中から一つ選んで記号で答えなさい。

Ａ　表現 (2)　ア	造形遊びをする活動を通して，身近で［①］材料や用具に十分に［②］とともに，並べたり，つないだり，［③］するなど［④］の感覚などを働かせ，活動を工夫してつくること。
Ａ　表現 (2)　イ	絵や立体，工作に表す活動を通して，身近で［①］材料や用具に十分に［②］とともに，［④］の感覚などを働かせ，表したいことを基に［⑤］を工夫して表すこと。

［語群］
Ａ　扱いやすい　　Ｂ　積んだり　　Ｃ　手や体全体
Ｄ　親しみのある　　Ｅ　表し方　　Ｆ　慣れる
Ｇ　手や指先　　Ｈ　重ねたり　　Ｉ　アイデア
Ｊ　親しむ

［解答群］

	①	②	③	④	⑤
ア	D	J	B	G	I
イ	A	F	B	C	E
ウ	A	J	H	G	E
エ	D	F	H	C	I

1　イ

解説　図画工作科の内容は，「Ａ表現」「Ｂ鑑賞」及び〔共通事項〕で構成されている。「Ａ表現」は(1)「思考力，判断力，表現力等」として発想や構想に関する項目，(2)「技能」に関する事項から構成され，どちらの項目もアの造形遊びをする活動とイの絵や立体，工作に表す活動に関する項目として示されている。本問は，低学年の「技能」に関する指導事項からの出題である。低学年という段階では，まず身近な自然物や人工の材料などの扱いやすい材料を取り上げる。また，手や体全体の感覚などを働かせて，材料そのものに働きかける活動が重要となる。表現イのみにある「表し方を工夫して表すこと」については，アが主題や内容をあらかじめ決めるものではなく，活動の中で思い付いて活動するのに対して，イの活動は用途や目的があるものをつくるなどの造形活動であるということによるものである。

2 次の各文は，「小学校学習指導要領」の「第２　各学年の目標及び内容」における第１～６学年の「２　内容　Ａ　表現(１)　イ」の記述の一部である。空欄［①］～［⑤］に当てはまる語句を以下の語群から選択し，その組合せとして正しいものを，解答群ア～エの中から一つ選んで記号で答えなさい。

第１学年及び第２学年	絵や立体，工作に表す活動を通して，感じたこと，想像したことから，表したいことを見付けることや，好きな形や色を選んだり，いろいろな形や色を考えたりしながら，どのように表すかについて考えること。
第３学年及び第４学年	絵や立体，工作に表す活動を通して，感じたこと，想像したこと，見たことから，表したいことを見付けることや，表したいことや［①］などを考え，形や色，材料などを生かしながら，どのように表すかについて考えること。
第５学年及び第６学年	絵や立体，工作に表す活動を通して，感じたこと，想像したこと，見たこと，［②］から，表したいことを見付けることや，形や色，材料の［③］，［④］の美しさなどの感じ，［①］などを考えながら，どのように［⑤］を表すかについて考えること。

［語群］　Ａ　特徴　　Ｂ　用途　　Ｃ　質感　　Ｄ　伝え合いたいこと

Ｅ　イメージ　　Ｆ　目的　　Ｇ　構成　　Ｈ　主題
Ｉ　テーマ　　　Ｊ　考えたこと

[解答群]

	①	②	③	④	⑤
ア	B	D	A	G	H
イ	F	J	C	G	I
ウ	I	D	A	C	E
エ	B	J	C	E	I

2 ア

解説 (1)「思考力，判断力，表現力等」として発想や構想に関する項目について，イの絵や立体，工作に表す活動について，学年ごとに示されている。学年ごとに対比して見ると，表したいことの基になる自分のイメージについては，低学年が「感じたこと，想像したこと」，中学年が「感じたこと，想像したこと，見たこと」，高学年が「感じたこと，想像したこと，見たこと，伝え合いたいこと」として示されている。どのように表すかについて考えることについては，低学年が「好きな形や色を選んだり，いろいろな形や色を考えたりしながら」，中学年が「表したいことや用途などを考え，形や色，材料などを生かしながら」，高学年が「形や色，材料の特徴，構成の美しさなどの感じ，用途などを考えながら」として示されている。それぞれの学年ごとのキーワードと学年進行に伴うその変遷を表す表現を整理して，内容を理解しよう。

3 次の文は，「小学校学習指導要領」の「第２　各学年の目標及び内容〔第５学年及び第６学年〕　２　内容　Ｂ　鑑賞　（１）　ア」の記述の一部である。内容の趣旨として適切でないものを，以下のア～エの中から一つ選んで記号で答えなさい。

親しみのある作品などを鑑賞する活動を通して，自分たちの作品，我が国や諸外国の親しみのある美術作品，生活の中の造形などの造形的なよさや美しさ，表現の意図や特徴，表し方の変化などについて，感じ取ったり考えたりし，自分の見方や感じ方を深めること。

ア 「自分たちの作品」とは，自分たちが現在つくりつつある作品のほかに参考となる上級生・卒業生の過去の作品や教科書に掲載された作品などを指す。

イ 「我が国や諸外国の親しみのある美術作品」とは，国や地域，文化，時代，風土，作者の個性などが関わって創造され，固有のよさや美しさを醸し出している美術作品のことである。

ウ 「生活の中の造形」とは，作品と呼ぶようなものだけに留まらず，食器や家具，衣服，用具，パッケージ，ポスター，伝統的な工芸品，建物など，児童を取り巻く生活の中にある様々な造形のことを示している。

エ 「感じ取ったり考えたりし」とは，自分たちの作品や美術作品，生活の中の造形などの造形的なよさや美しさなどを，自分なりに味わったり，改めて検討したりしている姿のことである。

3 ア

解説 「自分たちの作品」とは，自分や友だちのつくった作品のことであり，参考となる上級生・卒業生の過去の作品ではない。一緒に活動し，製作している友だちの作品などから，自分の見方や感じ方を深めたり，新たな発想や構想の手がかりを得たりするといった鑑賞活動を指している。

4 低学年における「立体に表す」活動で，「ごちそうパーティーをはじめよう（油粘土を使ってごちそうをつくろう）」という授業を行う。その際に配慮する事項として誤っているものを，次のア～エの中から一つ選んで記号で答えなさい。

ア　導入で粘土を「くるくる」「ぎゅっと」などの言葉を使って，「丸める」「薄く伸ばす」「ひも状に伸ばす」「ねじる」「つまみ出す」「握る」などの粘土の形の変え方を楽しく学べるように工夫する。
イ　「ごちそう」という言葉から感じたこと，想像したことから，表したいことを見付け，好きな形を選んだり，いろいろな形を考えたりしながら，どのように表すかを考えるようにする。
ウ　グループで活動することにより，活動中に友達のつくった「ごちそう」を見ながら発想を広げたり，表し方を考えたりできるようにする。
エ　完成した作品は焼成することにより，長期間保存することができる。また，残った油粘土は乾燥しないように一つに丸めて袋に入れて保存することにより，再度利用することができるようにする。

4　エ

解説　問題文は「油粘土」ではなく，焼成に適した「土粘土」についての説明である。焼成に適しているのは「土粘土」や「テラコッタ」などの種類であり，それらの粘度は乾燥すると固くなってしまうので，袋に入れて保存する。油粘土は，乾燥しても固くなることはない。

5　中学年における「工作に表す」活動で，「ゴムゴムパワー（ゴムの力で動くおもちゃづくり）」という授業を行う。その際に配慮する事項として適切でないものを，次のア～エの中から一つ選んで記号で答えなさい。

ア　ゴムの力で動く仕組みは難しいため，最初に全員で基本となる同じ材料を使い，同じ仕組みをつくることにより，個人で試す時間を節約できるようにする。
イ　ゴムの力で動く仕組みを理解し，その動きからつくりたいものをイメージできるように支援する。
ウ　容器に切り込みを入れたり，細かな飾りをつくったりするときは，はさみやカッターナイフなどの用具を適切に選択し，安全に取り扱うように注意する。

エ　互いの作品で遊ぶ場を設け，作品のよさを認め合ったり，つくり出す喜びを分かち合ったりできるようにする。

5 ア

解説 図画工作科では，自分で材料や方法を考え，つくり・つくりかえることを繰り返しながら自分なりの表し方を見つけさせる。ゴムの力で動く仕組みを全員に理解させることは必要であるため，基本的な理解だけ導入で示すことは適切であるが，材料や仕組みを全員同じにするのは不適切である。個人で試す時間が学習活動そのものであるため，必要な学習活動の時間について，時間の節約という考え方は適切ではない。

6 混色について，次の文章中の空欄［①］～［⑤］に当てはまる語句を以下の語群から選択し，その組合せとして正しいものを，解答群ア～エの中から一つ選んで記号で答えなさい。

> 絵の具は，一般的に赤・青・黄の三つの色の混色によって様々な色彩をつくり出すことができる。例えば，赤と青を定量で混ぜ合わせることで［①］が得られ，青と黄を定量で混ぜ合わせると［②］を得ることができる。赤と黄を定量で混ぜ，そこへ青を少量ずつ加えることで［③］を得ることができる。また，テレビモニター等に表される色光の混色では，例えば，赤色光と緑色光を定量で混ぜ合わせると［④］色光が得られ，色光の三原色全てを定量で混ぜ合わせることで［⑤］色光を得ることができる。

［語群］　A　紫　　B　橙（だいだい）　　C　黄　　D　緑
　　　　　E　茶　　F　黒　　G　白

[解答群]

	①	②	③	④	⑤
ア	A	E	D	B	F
イ	A	D	E	C	G
ウ	E	B	D	C	G
エ	E	D	F	A	C

6 イ

解説 絵の具の三原色は「赤・青・黄」，一般的に紙等に用いられる色材の色の三原色は「シアン，マゼンタ，イエロー」で，どちらも混色によって明度が減少し，暗くなっていく減法混色である。三色を全て混ぜると，色が濃くなり「黒」に近づいていく。光の三原色は「赤・緑・青」で，混色によって明度を増す加法混色である。三色を全て混ぜると，白色(ホワイト)になる。

7 クレヨンやパスについて，次の文章中の下線部①〜⑤のうち誤っている記述が幾つあるかを，以下のア〜エの中から一つ選んで記号で答えなさい。

クレヨンやパスは①広い面を一気に描き出すことに適している。また，②絵の具等のように色材以外の画材や用具を必要としないため，身体感覚に近い直接的な描写を行うことが可能である。しかしながら，③市販されているものは８色程度と色数が少なく，工夫が必要となる場合が多い。特にパスを使った描写の工夫としては，線の重なりによって色を重ねることや，④塗り重ねた色を指で擦るといったこと等が挙げられる。⑤持ち方や使用方法に定まった方法はないため幼児から使用可能であり，多様な描写が可能な材料である。

ア　三つ　　イ　二つ　　ウ　一つ　　エ　なし

7 イ

解説 誤っている記述は①と③の二つである。 ① クレヨンは硬く，細い線を描くのに適しているが，パスはやわらかく，面を塗るのに適している。また，パスは重ね塗りができる。広い面を一気に描き出すのが得意なのは，絵の具などを筆や刷毛で塗る場合などである。 ③ 12色や24色などのセットが販売され，入手しやすい。

8 次の文章は，工作のもつ教育的意義について述べたものである。文章中の空欄［①］～［④］に当てはまる語句を以下の語群から選択し，その組合せとして正しいものを，解答群ア～エの中から一つ選んで記号で答えなさい。

> 小学校図画工作科の「工作」は，中学校では「デザイン・工芸」につながるものであることからも分かるように，そこには小学生なりの「［①］」「［②］」「用途」が内包されている。よく「［③］と［④］」の調和といわれるが，工作には「［③］」つまり「［②］」や「用途」とともに「［④］」つまり自分にとっての「よさ」や「美しさ」が求められるのである。このことを子供の側から素朴に言い換えるならば，工作の「楽しさ」とは，「自分が楽しい」ことと「他者が楽しい」ことが一体化している点にあり，これこそが工作のもつ教育的意義であるだろう。

［語群］

A 用	B 構想	C 機能	D 発想
E 手	F 目的	G 美	H 感覚

[解答群]

	①	②	③	④
ア	C	F	E	H
イ	B	D	A	C
ウ	F	C	A	G
エ	G	D	F	B

8 ウ

解説 「工作」の一般的な意味の一つには，ある目的達成のために，あらかじめ計画的な働きかけを行うことで，意図や用途が明確である。「用と美の調和」については，平成元年改訂の中学校学習指導要領「美術」の第２学年及び第３学年の目標に，「用と美の調和」を理解してデザインし制作する能力と態度を育てることが示されていた。「工作」には，目的を設定した上で，機能や用途の意味をもつ「用」と，よさや美しさの意味をもつ「美」が求められることが述べられている。

9 「立体に表す」活動における焼成する際の注意事項として適切でないものを，次のア～エの中から一つ選んで記号で答えなさい。

ア　粘土で成形した作品は，焼成する前に十分に乾燥させる。作品全体が均一に乾燥しないと形の歪（ゆが）みや割れの原因につながる。

イ　焼成は粘土の化学変化を促すことであるためゆっくり温度を上昇させ，また，ゆっくりと冷まさなければならない。

ウ　素焼の場合，特に100 ～ 400℃までは作品の水分を完全に抜くため1時間に200℃くらいを目安として温度を上昇させ，その後，1時間に100℃くらいを目安として800℃程度までゆっくりと昇温する。

エ　本焼の焼成温度は楽焼だと800 ～ 1,000℃，陶器や磁器の場合は1,230 ～ 1,300℃で焼かれるのが一般的である。

9 ウ

解説 素焼は700～800℃で焼成する。粘土に残る水分や空気が膨らんで膨張し破裂することを避けるため，400℃ぐらいまではゆっくりと温度を上げていく。粘土を焼成する際や製作の注意事項は，経験がないと理解が難しいこともある。焼成の過程と注意事項，注意することの理由を理解することが大切である。

10 「工作に表す」活動において，木材を加工する際に使用する用具の説明として適切でないものを，次のア～エの中から一つ選んで記号で答えなさい。

ア　サンドペーパーは番号が小さいほど目が粗く，番号が大きいほど目が細かい。

イ　きりは釘（くぎ）を打つ際や糸のこぎりでの作業の下穴を空ける際に使用する。いろいろな種類があり，先端の形が異なる。図画工作科では主に三つ目きり，四つ目きりを使用する。

ウ　のこぎりは縦びき刃と横びき刃があり，縦びき刃は主に木材の木目に対して直角方向に切断する場合に使い，横びき刃は主に木材の木目に沿った方向に切断する場合に使用する。

エ　彫刻刀には刃の形状によって丸刀，平刀，三角刀，切り出し刀などの種類があり，使用する際には彫刻刀を持っていない方の手も必ず柄に添えて彫るようにし，刃の前に手が出ないようにする。

10 ウ

解説 両刃のこぎりの刃は，縦びき刃と横びき刃がある。繊維(木目)に沿って平行に切るときは縦びき刃を，繊維(木目)に対して垂直に切るときは横びき刃を使う。ここに示された用具は，図画工作科の「工作に表す」活動においてよく使用されるものである。サンドペーパーに示された数字と目の細かさ，きりの種類，彫刻刀の種類と安全な使用方法は，基本的なことであるので理解しておこう。

家庭

1 次の文は，『小学校学習指導要領解説』の「第３章　指導計画の作成と内容の取扱い　３　実習の指導」に示された内容である。文中の空欄［①］～［④］に入る語句の組合せとして正しいものを，以下のア～エの中から一つ選んで記号で答えなさい。

生の魚や肉については調理の［①］を学習していない小学校の段階では，生の魚や肉の［②］が生じやすく，食品や調理器具等の［③］な取扱いが難しいことから，［④］ようにする。

	①	②	③	④
ア	技能	加熱不足	安全	注意する
イ	基礎	腐敗	衛生的	注意する
ウ	基礎	加熱不足	衛生的	用いない
エ	技能	腐敗	安全	用いない

1 ウ

解説 指導計画の作成と内容の取扱い　3実習の指導に当たっての配慮事項は全部で3項目示されており，ここでは(3)の解説部分から出題された。他の項目についても確認しておきたい。

2 近年の家庭を取り巻く環境の変化として<u>適切でないもの</u>を，次のア～エの中から一つ選んで記号で答えなさい。

ア　共働き世帯は増加傾向にある。

イ　2015(平成27)年以降の第一子出生時の母の平均年齢は，30歳を超えている。

ウ　2021(令和3)年度において，児童相談所での児童虐待相談の内容で一番多いのは身体的虐待である。

エ　1989(平成元)年以降，夫婦のみの世帯は増加傾向にあり，夫婦と未婚の子のみの世帯は減少傾向にある。

出典：「男女共同参画白書」(令和４年内閣府男女共同参画局)
「令和３年(2021)人口動態統計月報年計」(令和４年厚生労働省)
「2021年　国民生活基礎調査」(令和４年厚生労働省)
「令和３年度児童相談所での児童虐待相談対応件数」(令和４年厚生労働省)

2　ウ

解説　ウについて，2021年度は，心理的虐待の割合が最も多く，身体的虐待は2番目であった。家族の形態に関する調査について，学習しておきたい。

3　次の文は，『小学校学習指導要領解説』の「第２章　家庭科の目標及び内容　第１節　家庭科の目標」の記述の一部である。文中の空欄［①］～［③］に入る語句の組合せとして正しいものを，以下のア～エの中から一つ選んで記号で答えなさい。

日常生活に必要な基礎的な理解を図るとは，家庭科で習得する［①］が，［②］だけではなく，児童が学ぶ過程の中で，［③］や生活経験と結び付けられ，家庭科における学習内容の本質を深く理解するための概念として習得され，家庭や地域などにおける様々な場面で活用されることを意図している。

	①	②	③
ア	日常生活に必要な知識	個別の事実的な知識	既存の知識
イ	個別の事実的な知識	既存の知識	日常生活に必要な知識
ウ	既存の知識	日常生活に必要な知識	個別の事実的な知識

エ　日常生活に必要な知識　　既存の知識　　　　個別の事実的な知識

3 ア

解説 家庭科の目標の(1)の項目についての解説部分から語句の穴埋め選択式の問題である。目標については，文言を覚えるだけでなく，それぞれの語句の意味するところを，学習指導要領解説にて詳細に学習する必要がある。

4 「調理の基礎」に関する学習で，みそ汁の調理実習をすることになった。みそ汁の調理の仕方として誤っているものを，次のア〜エの中から一つ選んで記号で答えなさい。

ア 「だし」の材料は動物性，植物性ともにあり，調理に応じて使い分ける。
イ 「みそ」の塩分は汁全体で塩分濃度が2%になるように，「みそ」の量を調整する。
ウ 「だし」をとる際には沸騰するまで強火にした後で火を弱め，4〜5分程度加熱する。
エ 「みそ」を入れた後に沸騰させ続けるなど，加熱しすぎないようにする。

4 イ

解説 イについて，塩分濃度は2%ではなく，正しくは1%である。汁物の塩分は0.8〜1%を目安にする。B衣食住の生活の食生活の(2)調理の基礎に「ア(オ)伝統的な日常食である米飯及びみそ汁の調理の仕方を理解し，適切にできること。」とされているので，炊飯，だしの取り方，みそ汁の調理方法は指導できるようにしておくこと。

5 「１食分の献立を立てて調理しよう」という単元の授業を行うことになった。児童に提示する料理の組合せ例として適切でないものを，次のア～エの中から一つ選んで記号で答えなさい。

	主食	主菜	副菜	汁物
ア	ご飯	豆腐とウインナーのチャンプル	切り干し大根とにんじんのいため物	なめこ汁
イ	トースト	具だくさんオムレツ	ポテトサラダ	コーンスープ
ウ	ご飯	たらのムニエル	青菜のごまあえ	けんちん汁
エ	バターロール	具入りスクランブルエッグ	温野菜のオーロラソースがけ	野菜スープ

5 ウ

解説 ウについて，栄養面では優れているが，小学校では，安全面や衛生面の理由から使用できない，たらが使用されているため適さない。

6 あなたは「環境に配慮した物の使い方」を扱う単元の授業を計画している。このことに関する記述として適切でないものを，次のア～エの中から一つ選んで記号で答えなさい。

ア　「環境に配慮した物の使い方」の学習を通して，使い終わった物を他の用途に再利用することが必要であることを児童が理解できるようにする。

イ　実習材料の無駄のない使い方について児童が発表し合うことを通して，使い方を見直す実践的な学習活動が考えられる。

ウ　リサイクル活動等の環境に配慮した地域の取組を調べ，実際に地域の活動に対して協力する活動を取り入れることもできる。

エ　水・電気・ガス・実習材料等の使い方を振り返り，資源やエネルギーなどの適切な消費と生産について考えることができるようにする。

6 エ

解説 エは物の使い方ではなく，資源やエネルギーに関することなのでねらいに適していない。

7 日常着の洗濯に関連して，次の取扱い表示の意味として最も適切なものを，以下のア～エの中から一つ選んで記号で答えなさい。

ア　手洗いをする。
イ　洗濯機で洗ってよい。
ウ　つり干し乾燥がよい。
エ　日陰でのつり干し乾燥がよい。

7 エ

解説 四角で囲まれたものは乾燥に関する表示である。洗濯表示は，洗濯，漂白，アイロン，クリーニング，乾燥の5つの基本記号にそって整理して覚えること。

8 ミシンの「はずみ車」の説明として最も適切なものを，次のア～エの中から一つ選んで記号で答えなさい。

ア　布を手前に動かし，返し縫いをする。
イ　縫うときに下げて，布を押さえる。

ウ　モーターと連動して回り，針を上下させる。
エ　縫い目の長さを調節する。

8 ウ

解説 アは返し縫いレバー，イは押さえ，エは送り調節ダイヤルの説明である。

9 「季節の変化に合わせた住まい方」を扱う単元で，採光に関する授業を行うことになった。住宅の照度基準として，子供室での勉強・読書に最も適している照度を，次のア～エの中から一つ選んで記号で答えなさい。

ア　350(lx)
イ　750(lx)
ウ　1,500(lx)
エ　2,000(lx)

9 イ

解説 それぞれの部屋の用途にあわせて基準が決められているので，JISの照度基準を確認しておきたい。

10 「住まいの清掃の仕方」に関する授業の中で，畳の掃除・管理方法を扱うことになった。次の①～④の文の正誤（○×）の組合せとして正しいものを，以下の解答群ア～エの中から一つ選んで記号で答えなさい。

①　住居用洗剤を使って洗う。
②　湿った茶殻を撒(ま)いてから掃く。
③　掃除機は畳の目の垂直方向に動かす。

④　定期的に畳を干す。

[解答群]

	①	②	③	④
ア	×	○	×	○
イ	○	×	○	×
ウ	×	○	○	○
エ	○	○	○	×

10 ア

解説 畳に住居用洗剤は使用しない。また，掃除機は畳の目の方向にかける。畳の汚れが激しいときは，クエン酸水を使って，ぞうきんを濡らして固く絞って拭くと良い。クエン酸は，汚れを落とす力があり，畳が変色することがない。

体育

1　「小学校学習指導要領」の「第３　指導計画の作成と内容の取扱い」に示された内容の取扱いについて誤っているものを，次のア～エの中から一つ選んで記号で答えなさい。

ア　運動領域におけるスポーツとの多様な関わり方や保健領域の指導については，具体的な体験を伴う学習を取り入れるよう工夫すること。
イ　コンピュータや情報通信ネットワークなどの情報手段を積極的に活用し，各領域の特質に応じた学習活動を行うことができるように工夫すること。
ウ　筋道を立てて練習や作戦について話し合うことや，身近な健康の保持増進について話し合うことなど，コミュニケーション能力や論理的な思考力の育成を促すための言語活動を積極的に行うことに留意すること。
エ　オリンピック・パラリンピックに関する指導として，チャンピオンシップ・スポーツであることを大切にするなど，児童が夢中になれるように各種の運動において競争が生まれるように工夫すること。

1　エ

解説　内容の取扱いについては，(1)～(11)まで配慮事項が示されている。肢エは(7)の内容だが「フェアなプレイを大切にするなど，児童の発達の段階に応じて，各種の運動を通してスポーツの意義や価値等に触れることができるようにすること」が正しい。なお，アは(4)，イは(3)，ウは(2)の内容である。

2　体つくり運動に関する次の文章中の空欄［①］～［⑤］に当てはまる正しい語句の組合せを，以下のア～エの中から一つ選んで記号で答えなさい。

体つくり運動の「体ほぐしの運動遊び」，及び「体ほぐしの運動」の授業づくりの考え方として，低学年では［①］を目指すのではなく，手軽な運動や［②］を行い，体を動かす楽しさや心地よさを味わえるようにすることを心掛ける必要がある。中学年ではペアやグループ等，活動形態を工夫し，［③］が広がったり，仲間と豊かに交流できるようにしたりすることが大切である。高学年では［④］を整えたり，自分の［⑤］の変化に気付いたりすることを大切にする。

	①	②	③	④	⑤
ア	技能の向上	律動的な運動	動きの楽しみ方	体の調子	心と体
イ	巧緻性の向上	反復的な運動	友人関係	心の調子	体
ウ	柔軟性の向上	弾性的な運動	人間関係	心身の調子	気分
エ	技術の向上	静的な運動	体の可動域	体調	心

2 ア

解説 問題文の内容は，文部科学省「小学校体育(運動領域)まるわかりハンドブック」(低学年, 中学年, 高学年)に示されているので参照すること。体つくり運動の構成は学年ごとに若干異なっており，低学年は「体ほぐしの運動遊び」と「多様な動きをつくる運動遊び」，中学年は「体ほぐしの運動」と「多様な動きをつくる運動」，高学年は「体ほぐしの運動」と「体の動きを高める運動」となっている。それぞれについて，どのような運動が該当するか，上記資料などで学習するとよい。

3 『小学校学習指導要領解説』における中学年の「体つくり運動」領域の「多様な動きをつくる運動」の例として示されていないものを，次のア～エの中から一つ選んで記号で答えなさい。

ア　ゴムひもを張りめぐらせてつくった空間や，棒の下や輪の中をくぐり抜けること。

イ　短なわで跳びながら，歩いたり走ったりすること。

ウ　補助を受けながら竹馬や一輪車に乗ること。

エ　人数を変えて綱引きをすること。

3 ア

解説 アは高学年の体の柔らかさを高めるための運動の例である。体つくり運動でゴムひもを使用するのは高学年のみと知っていれば，正答できるだろう。なお，中学年の「多様な動きをつくる運動」は，体のバランスをとる運動，体を移動する運動，用具を操作する運動，力試しの運動，基本的な動きを組み合わせる運動の5つで構成されており，肢イは基本的な動きを組み合わせる運動の例，ウは用具を操作する運動の例，エは力試しの運動の例として示されている。

4 跳び箱が苦手な児童に対する指導方法の説明として誤っているものを，次のア～エの中から一つ選んで記号で答えなさい。

ア　開脚跳びが苦手な児童に対しては，同じ授業内で，台上前転→開脚跳びの順番で指導する。

イ　かかえ込み跳びが苦手な児童に対しては，踏み切り位置を高くして腰を上げやすくしたり，着地地点にマットを重ねて敷いて抵抗感を低減したりするなどの場の工夫をする。

ウ　台上前転が苦手な児童に対しては，跳び箱の両側にマットを敷いたり，着地地点に柔らかいマットを設置したりすることで安心して取り組めるようにする。

エ　日常的に馬跳びやタイヤ跳びなどの遊びに取り組めるようにし，動きや感覚を体験させる。

4 ア

解説 「学習指導要領解説」や「小学校体育(運動領域)まるわかりハンドブック」，「学校体育実技指導資料」などを参照すること。開脚跳びが苦手な児童に対しては「マットを数枚重ねた上に跳び箱1段を置いて，手を着きやすくしたり，跳び越しやすくしたりして，踏切り－着手－着地までの動きが身に付くようにするなどの配慮をする」(学習指導要領解説)等が考えられる。

5 「小学校学習指導要領」の「第２　各学年の目標及び内容」に示された第１学年及び第２学年の目標について，次の各文中の空欄［①］～［③］に当てはまる正しい語句の組合せを，以下のア～エの中から一つ選んで記号で答えなさい。

1　目標
(1)　［①］，その行い方を知るとともに，基本的な動きを身に付けるようにする。
(2)　［②］を工夫するとともに，考えたことを他者に伝える力を養う。
(3)　各種の運動遊びに進んで取り組み，きまりを守り誰とでも仲よく運動をしたり，健康・安全に留意したりし，［③］。

	①	②	③
ア	各種の運動遊びの楽しさに触れ	自己の運動や身近な生活	意欲的に運動をする態度を養う
イ	各種の運動の楽しさや喜びに触れ	各種の運動遊びの行い方	健康の保持増進に進んで取り組む態度を養う
ウ	各種の運動遊びの楽しさに触れ	各種の運動遊びの行い方	意欲的に運動をする態度を養う
エ	各種の運動の楽しさや喜びに触れ	自己の運動や身近な生活	健康の保持増進に進んで取り組む態度を養う

5 ウ

解説 学習指導要領関連の問題で教科目標・学年目標は最頻出であるため，全文暗記が望ましい。学年の目標の(1)は「知識及び技能」，(2)は「思考力，判断力，表現力等」，(3)は「学びに向かう力，人間性等」に関するものである。低学年では，特に「入学後の児童が就学前の運動遊びの経験を引き継ぎ，小学校での様々な運動遊びに親しむこと」「児童が易しい運動に出会い，伸び伸びと体を動かす楽しさや心地よさを味わうこと」をねらいとしていることから各領域において「遊び」となっていることに注意したい。

6 『小学校学習指導要領解説』に示された陸上運動系の指導内容として誤っているものを，次のア～エの中から一つ選んで記号で答えなさい。

ア　走ったり跳んだりする動き自体の面白さや心地よさを引き出す指導を基本にしながら，体力や技能の程度にかかわらず競走(争)に勝つことができたり，勝敗を受け入れたりするなどして，意欲的に運動(遊び)に取り組むことができるように，楽しい活動の仕方や場を工夫することが大切である。

イ　「内容の取扱い」に「投の運動(遊び)」を加えて指導することができるが，その際は遠くに力一杯投げることに指導の主眼を置き，投の粗形態の獲得とそれを用いた遠投能力の向上を図ることが主な指導内容となる。

ウ　陸上運動の学習指導では，合理的な運動の行い方を大切にしながら競走(争)や記録の達成を目指す学習活動が中心となるが，競走(争)では勝敗が伴うことから，できるだけ多くの児童に勝つ機会が与えられるように指導を工夫するとともに，その結果を受け入れることができるよう指導することが大切である。

エ　記録を達成する学習活動では，自己の能力に適した課題をもち，勝手な判断をせずに教師からのアドバイスを守り，記録を高めることができるようにすることが大切である。

6 エ

解説 肢エは，「勝手な判断をせずに教師からのアドバイスを守り」ではなく「適切な運動の行い方を知り」が正しい。なお，陸上運動の学習指導において，競走・競争では勝敗が伴うことから，できるだけ多くの児童に勝つ機会が与えられるよう指導を工夫すること，その結果を受け入れることができるよう指導することが大切としていることも知っておきたい。

7 低学年の「表現リズム遊び」の授業で「表現遊び」を扱う際に取り上げる題材について，『小学校学習指導要領解説』に基づく内容として正しいものを，次のア～エの中から一つ選んで記号で答えなさい。

ア　身近な生活の中から多様な感じの動きを含む題材　：例）「洗濯」
イ　特徴が捉えやすく速さに変化のある動きを多く含む題材　：例）「飛行機」
ウ　多様な変化に富んだ空想の世界からの題材　：例）「ジャングル探検」
エ　生活や自然などから群（集団）が生きる題材　：例）「スポーツの攻防」

7 イ

解説 学習指導要領解説によると，低学年における表現遊びの題材としては「鳥，昆虫，恐竜，動物園の動物など，特徴が捉えやすく多様な感じの動きを多く含む題材」「飛行機，遊園地の乗り物，おもちゃなど，特徴が捉えやすく速さに変化のある動きを多く含む題材」をあげている。なお，肢ア，ウは中学年の内容，エは高学年の内容である。

8 病気の発生要因や予防の方法に関する記述として誤っているものを，次のア～エの中から一つ選んで記号で答えなさい。

ア　生活習慣病など生活行動が主な要因となって起こる病気の予防には，適切な運動，栄養の偏りのない食事を取ること，口腔（くう）の衛生を保つことなど，望ましい生活習慣を身に付ける必要がある。
イ　喫煙，飲酒，薬物乱用などの行為は，健康を損なう原因となる。
ウ　地域では，保健に関わる様々な活動が行われている。
エ　病原体が主な要因となって起こる病気の予防には，病原体が体に入るのを防ぐことが重要であり，体の抵抗力を高めることとは無関係である。

8　エ

解説　肢エは，「体の抵抗力を高めることとは無関係である」ではなく「体の抵抗力を高めておくことが必要である」が正しい。学習指導要領解説では，病原体が原因となっている病気の予防について「病原体の発生源をなくしたり，移る道筋を断ち切ったりして病原体が体に入るのを防ぐこと，また，予防接種や適切な運動，食事，休養及び睡眠をとることなどによって，体の抵抗力を高めておくことが必要」としているが，これは感染症予防の三原則と同一である。

9 次の文中の空欄［①］～［④］に当てはまる正しい語句の組合せを，以下のア～エの中から一つ選んで記号で答えなさい。

低学年のボールゲームでは，簡単なボール操作と簡単な攻めや守りの動きなどの［①］によって，コート内で攻守入り交じって，的やゴールに向かってボールを投げたり蹴ったりする［②］で行われる［③］，攻めと守りが分かれたコートで，相手コートに［④］［②］で行われる［③］，攻めと守りを交代しながら，ボールを手などで打ったり，蹴ったりする［②］で行われる［③］などをする。

	①	②	③	④
ア	ボールを操作する動き	簡易な規則	楽しめるゲーム	ボールを投げ入れる
イ	ボールを操作する動き	簡単な規則	易しいゲーム	ボールを打ち込んだりする
ウ	ボールを持たないときの動き	簡単な規則	易しいゲーム	ボールを投げ入れる
エ	ボールを持たないときの動き	簡易な規則	楽しめるゲーム	ボールを打ち込んだりする

9 ウ

解説 低学年のボールゲームでは簡単なボール操作とボールを持たないときの動きによって，簡単な規則で行われる易しいゲームをするとされている。

10 次の文章中の空欄［①］～［④］に当てはまる正しい語句の組合せを，以下のア～エの中から一つ選んで記号で答えなさい。

中学年の水泳運動について，［①］では，け伸びや初歩的な泳ぎをすること，［②］では，息を止めたり吐いたりしながら，いろいろな［③］をすることが求められる。その際，自己の能力に適した課題を見付け，［④］を身に付けるための活動を工夫するとともに考えたことを友達に伝えることが求められる。

	①	②	③	④
ア	水中を進む運動	息継ぎ	水中運動	簡単な泳法
イ	浮いて進む運動	もぐる・浮く運動	もぐり方や浮き方	水の中での動き
ウ	水中を進む運動	もぐる・浮く運動	もぐり方や浮き方	簡単な泳法
エ	浮いて進む運動	息継ぎ	水中運動	水の中での動き

10 イ

解説 中学年の水泳運動は「浮いて進む運動」と「もぐる・浮く運動」で構成されている。「浮いて進む運動」ではけ伸びや初歩的な泳ぎをすること，「もぐる・浮く運動」では息を止めたり吐いたりしながらいろいろなもぐり方や浮き方をすることが求められる。なお，空欄①の誤肢「水中を進む運動」はなく，低学年の「水遊び」の中に「水の中を移動する運動遊び」が含まれている。

外国語（英語）

1 「小学校学習指導要領」の「第４章　外国語活動　第２　各言語の目標及び内容等　英語　２　内容　〔第３学年及び第４学年〕〔思考力，判断力，表現力等〕」に基づく指導内容として適切でないものを，次のア～エの中から一つ選んで記号で答えなさい。

ア　相手の反応を確かめたり，反応を感じたりするよう指導する。
イ　相手の考えと自分の考えを比較し，共通点や相違点に気づくよう指導する。
ウ　相手により理解してもらうためにゆっくり話すなどの工夫をするよう指導する。
エ　相手により理解してもらうために動作を交えるなどの工夫をするよう指導する。

1 イ

解説　本項で育成すべき資質・能力として学習指導要領「外国語活動」に示されているのは，「ア　自分のことや身近で簡単な事柄について，簡単な語句や基本的な表現を使って，相手に配慮しながら，伝え合うこと」および「イ　身近で簡単な事柄について，自分の考えや気持ちなどが伝わるよう，工夫して質問をしたり質問に答えたりすること」の2つである。同解説外国語活動・外国語編では，アについて，コミュニケーションは相手があって成り立つものであるから，相手の反応を確かめたり，反応を感じたりしながら，言葉による伝え合いを体験させることと解説している。また，イについて，コミュニケーションを円滑に行うために，どうすれば相手により伝わるかを考えながら，ゆっくり話したり，繰り返したり，動作を交えたりするような工夫が必要であると解説している。

2 外国語活動における文字の扱いについて適切なものを，次のア～エの中から一つ選んで記号で答えなさい。

ア　活字体で書かれた大文字及び小文字を識別し，その読み方を発音することができるようにする。
イ　文字の読み方が発音されるのを聞いて，どの文字であるかが分かるようにする。
ウ　大文字，小文字を活字体で書くことができるようにする。
エ　アルファベットの順番を正しく理解することができるようにする。

2 イ

解説「小学校学習指導要領」を参照。 ア 〔第3学年及び第4学年〕の「外国語活動」ではなく，〔第5学年及び第6学年〕の「外国語」における「読むこと」の目標のひとつとして示されている。なお，「大文字及び小文字」ではなく「文字」が正しい。 イ 〔第3学年及び第4学年〕の「外国語活動」における「聞くこと」の目標のひとつである。正しい。 ウ 〔第5学年及び第6学年〕の「外国語」における「書くこと」の目標のひとつである。
エ　文字の形を明示的に指導したり，アルファベット順に文字を暗記させたりするのではなく，楽しみながら文字に慣れ親しんでいくように文字を扱うことが重要であると示されているので誤り。

3 次の文は，「小学校学習指導要領」の「第２章　各教科　第10節　外国語　第２　各言語の目標及び内容等　英語　１　目標」に示されている内容である。文中の空欄□に当てはまる語句を，以下のア～エの中から一つ選んで記号で答えなさい。

(4) 話すこと [発表]

ウ　身近で簡単な事柄について，伝えようとする内容を＿＿＿上で，自分の考えや気持ちなどを，簡単な語句や基本的な表現を用いて話すことができるようにする。

ア　整理した
イ　精選した
ウ　考えた
エ　取捨選択した

3 ア

解説 出題の目標は，例えば，単に学校生活や地域に関する事実などを発表するだけではなく，簡単な語句や基本的な表現であっても自分の考えや気持ちなどを聞き手に分かりやすく整理して話すことができることを目指したものである。なお，「整理」とは，複数あるものから選んだり，順番を変えたりして，聞き手に分かりやすく伝わるように工夫することを意味する。

4 「小学校学習指導要領」の「第２章　各教科　第10節　外国語　第2　各言語の目標及び内容等　英語　2　内容　〔第５学年及び第６学年〕〔知識及び技能〕（1）英語の特徴やきまりに関する事項　ア　音声」に基づく指導内容として適切でないものを，次のア～エの中から一つ選んで記号で答えなさい。

ア　語と語を連続して発音することで音の変化が起こること。
イ　母音や子音の種類や数が英語と日本語では異なっていること。
ウ　文によって適切なイントネーションがあること。
エ　いくつかのまとまりに区切って話したり読んだりされることがあること。

4 イ

解説 ア　音の変化は，「音声」の指導内容のひとつである「語と語の連結による音の変化」に該当する。　イ　小学校ではなく中学校の外国語科における指導事項であるので誤り。　ウ　適切なイントネーションは,「音声」の指導内容のひとつである「語や句，文における基本的な強勢」に該当する。　エ　まとまりに区切ることは,同「文における基本的な区切り」に該当する。

5 『「指導と評価の一体化」のための学習評価に関する参考資料　小学校外国語・外国語活動』（令和２年３月国立教育政策研究所）に示された外国語・外国語活動における評価に関する記述として<u>適切でないもの</u>を，次のア～エの中から一つ選んで記号で答えなさい。

ア　一つの単元ですべての領域について評価しなくてもよい。
イ　一つの単元ですべての観点について評価しなくてもよい。
ウ　一時間の授業の中の，どこかの活動において児童の学習状況を記録に残す必要がある。
エ　たとえ記録に残さない活動であっても，教師は児童の学習状況を確認し，適切な補いをする必要がある。

5 ウ

解説 学習状況の記録とは，評価規準に照らして観点別学習状況の評価をするための記録のことである。毎時間児童全員について記録を取り蓄積することは現実的ではないため，記録に残す場面を精選することが重要である。児童の評価に関する記録を総括する時期は，単元(題材)末や，学期末，学年末等の節目が考えられる。なお，観点別学習状況とは「知識・技能」，「思考・判断・表現」，「主体的に学習に取り組む態度」の3つの観点に即して評価するもので，さらに評価に当たっては，教科ごとに「内容のまとまりごとの評価基準」を設けることとされている(小学校外国語科における「内容のまとまり」とは，「聞くこと」，「読むこと」，「話すこと[やり取り]」，「話すこと[発表]」，「書くこと」の5領域のこと)。

6 第一アクセント（第一強勢）の位置が正しくないものを，次のア～エの中から一つ選んで記号で答えなさい。

ア calendar
イ elevator
ウ guitar
エ helicopter

6 エ

解説 正しくないものを選ぶ点に注意。helicopterの強勢は，第1音節にある。選択肢はすべてカタカナ語として日本語でも常用されるが，アクセントには英語との違いがある点に注意が必要。

7 「皆さん，定規を持っていますか」という問いかけの英文として正しいものを，次のア～エの中から一つ選んで記号で答えなさい。

ア　Do everyone have a ruler?
イ　Are everyone have a ruler?
ウ　Is everyone have a ruler?
エ　Does everyone have a ruler?

7 エ

解説 教室における指示文である。疑問文における動詞の用い方に関する知識が問われている。主語のeveryoneは個々を指す単語であるため，三人称単数となる。さらに一般動詞haveの現在文を疑問文にしているので，エのDoesが適切。

8 次の英文において，誤りを含む表現例を，ア～エの中から一つ選んで記号で答えなさい。

ア　I have some information for you.
イ　We watched a soccer game. I was so exciting!
ウ　I wonder what really happened to him.
エ　We discussed the camping plan together.

8 イ

解説 excite「興奮させる」は他動詞であるから，人を主語とするならば，I was so excited.「～から興奮させられた＝興奮した」と受動態にする。物や物事を主語とするならば，形容詞excitingを使ってIt was so exciting! となる。他に，interest，surpriseなどが同様の用法である。

9 次の英文は，外国語学習について述べたものである。「年齢」に関する要因について書かれているものを，ア～エの中から一つ選んで記号で答えなさい。

Muriel Saville-Troike (2006).
Introducing Second Language Acquisition

許諾を得ておらず不掲載

9 エ

解説 アは学習者の能力に関する記述，イはモチベーションに関する記述，ウは指導の質についての記述であり，それぞれ年齢に関するものではない。エは学習者が子供か大人かという年齢に関するものである。

10 次の英文を読んで，文中の空欄［　①　］～［　④　］に当てはまる語句の正しい組合せを，以下のア～エの中から一つ選んで記号で答えなさい。

Bill VanPatten & Alessandro G. Benati (2015).
Key Terms in Second Language Acquisition

許諾を得ておらず不掲載

	①	②	③	④
ア	distinction	quantity	input	theory
イ	distinction	level	portfolio	theory
ウ	difference	quantity	portfolio	classrooms
エ	difference	level	input	classrooms

10 ア

解説 ①　make a distinction between A and B「AとBを区別する」。第2言語と外国語を「区別」している。　②　空所の後にquality「質」とあることから，「量」と対になっていると考えquantity。③は，外国語のインプットにあたるので，input。④は，空所の後のresearch「研究」と対になっていると考え，theory「理論」が入る。

2024年度◆教科及び教職に関する科目（Ⅲ）

※国語，社会，算数，理科，生活，音楽，図画工作，家庭，体育，外国語(英語)の10教科の中から1教科を選択して解答する。

国語

1 次の各問いについて，答えなさい。

(1) 「小学校学習指導要領」の「第２　各学年の目標及び内容〔第１学年及び第２学年〕２　内容〔知識及び技能〕」には，次の指導事項が示されている。

オ　身近なことを表す語句の量を増し，話や文章の中で使うとともに，言葉には意味による語句のまとまりがあることに気付き，語彙を豊かにすること。

この事項を指導するに当たり，「身近なことを表す語句の量を増し，話や文章の中で使う」ことができるようにするためには，どのような学習指導が考えられるか。具体的な学習場面を挙げて100字以上150字以内で記述しなさい。

(2) 「小学校学習指導要領」の「第２　各学年の目標及び内容〔第５学年及び第６学年〕　２　内容〔思考力，判断力，表現力等〕　C　読むこと」には，次の指導事項が示されている。

ウ　目的に応じて，文章と図表などを結び付けるなどして必要な情報を見付けたり，論の進め方について考えたりすること。

この事項について，「学校図書館などを利用し，複数の本や新聞などを活用して，調べたり考えたりしたことを報告する活動」を通して指導することにした。その際，児童が文章などを読む目的の例としてどのよう

なことが挙げられるか，各30字以内で二つ記述しなさい。

1 解答略

解説 (1)　ここでは，児童自らが語句を増やし，使用することが求められている。ただ教師が一方的に知識を与えるのではなく，言語活動を通して，その力を高めさせるような学習指導を示す必要がある。学習指導を考える際には，次のことがポイントとなる。一つ目は，効果的で分かりやすい学習活動を設定することである。二つ目は，下線部に示された，指導のねらいに基づく指導の手立てを明示することである。語彙の獲得に関しては，個人差が大きいことが予想される。そこで，語彙表を掲示したり，個別の声かけをしたりするなど，つまずきへの対応が必要となる。こうしたことを踏まえて，指導上の配慮事項等に明記しておく。

(2)　ある情報について探し求めたり，議論を進めたりする際，特定の目的に基づいて行われている。設問では，図書館で本や新聞などを調べるにあたって，想定される児童の目的について記述することが求められている。そうした目的の例としては，次のようなことが考えられる。一つ目は，書き手の述べたいことを知るために読む。例えば，著者が環境問題について訴えていたとする。その具体的事例である二酸化炭素排出などについて，知識を得るために調べるといったことが考えられる。二つ目は，読み手の知りたいことを調べるために読む。例えば，児童が地域の寺社について疑問を抱いたとする。そこで，図書館の地域資料でその由来を調査するといったことが考えられる。三つ目は，知的欲求を満たすために読む。例えば，動物が好きな児童が図鑑や事典を調べるといったことが考えられる。四つ目は，自分の表現に生かすために読む。例えば，児童がバリアフリーについて発表することになったとする。障害者に関する適切な表現を探すため，各種の資料にあたるといったことが考えられる。これらのうちから二つを選び，具体的に記述する。

2 「小学校学習指導要領」の「第２　各学年の目標及び内容〔第５学年及び第６学年〕２　内容〔思考力，判断力，表現力等〕Ａ　話すこと・聞くこと」には，次の指導事項が示されている。

オ　互いの立場や意図を明確にしながら計画的に話し合い，考えを広げたりまとめたりすること。

この指導事項に示された資質・能力の育成を目指して，〔思考力，判断力，表現力等〕の「Ａ　話すこと・聞くこと」の言語活動例「ウ　それぞれの立場から考えを伝えるなどして話し合う活動」を通して指導を行いたい。そこで，学校全体で取り組んでいる地域の自然を大切にする活動との関連を図り，第６学年の授業で，「地域の自然を大切にする活動を進めるために重要なことは何だろう」というテーマで話し合い，児童一人一人が自分の考えを広げたり，まとめたりすることができるようにしたいと考えた。その際，児童３～４名程度が意見を述べた後，学級の児童全員が協議に参加するという形式で話し合うことができるよう，全体で６時間の学習活動を進めることとした。

あなたならどのような授業を考え，どのように指導を行うか。学校全体で取り組んでいる地域の自然を大切にする活動との関連を図ることで期待される国語科の学習指導上の効果に触れながら，６時間の学習指導全体が分かるように，600字以上800字以内で記述しなさい。

2 解答略

解説 指導案を書く際には，次のことがポイントとなる。一つ目は，語句の表現や記述が適切であり，論理的で分かりやすい構成になっていることである。二つ目は，自分の考えを具体的に述べていて，教師としての資質(熱意，誠実さ，向上心，柔軟性，協調性，発想力など)が見て取れることである。三つ目は，目標を明確に示し，その目標に沿った評価の観点や方法を述べていることである。目標の明示と目標に沿った評価の観点や方法の述べ方については，「『指導と評価の一体化』のための学習評価に関する参考資料」(国立教育政策研究所)に，小学校学習指導要領(平成29年告示)に示された学力観を踏まえた書き方が示されており，それを踏まえることが必要である。四つ目は，目標達成のために適切な言語活動の設定を行い，その実例を示していることである。例えば，設問では，代表児童数名が意見を述べた後，全体での協議が行われると設定されているが，そのためには，一人一人が自分の考えをもつことがまず必要となる。そこで，地域の自然に関わる問題点とその保護に向けた方法などについて，取材をするなどして調べる必要がある。取材や素材の選択を経て，自分の考えをもつ活動を示した上で，話し合い活動を設定するといった，一連の学習活動を示していくことが求められる。五つ目は，課題意識が高まる導入の工夫について述べていることである。児童の話し合いたいという思いが生起されるよう，問題意識をもたせる時間を単元の導入に設定する必要がある。その際，他教科(例えば，総合的な活動の時間)で行っている学習との関連を図った学習計画について述べるようにしたい。他教科で行っている学習内容をもとに，国語科では話し合いの力を高める指導を重点的に行っていくことを説明することが大切である。六つ目は，効果的で分かりやすい学習活動を設定し，学習指導全体が概観できるように書くことである。

社会

1 「小学校学習指導要領」の「第1　目標」には，次の内容が示されている。

社会的な見方・考え方を働かせ，①課題を追究したり解決したりする活動を通して，グローバル化する国際社会に主体的に生きる平和で民主的な国家及び社会の形成者に必要な公民としての資質・能力の基礎を次のとおり育成することを目指す。

(1)　地域や我が国の国土の地理的環境，現代社会の仕組みや働き，地域や我が国の歴史や伝統と文化を通して社会生活について理解するとともに，様々な資料や調査活動を通して②情報を適切に調べまとめる技能を身に付けるようにする。

(2)　社会的事象の特色や相互の関連，意味を多角的に考えたり，社会に見られる課題を把握して，その解決に向けて社会への関わり方を選択・判断したりする力，考えたことや選択・判断したことを適切に表現する力を養う。

(3)　社会的事象について，よりよい社会を考え主体的に問題解決しようとする態度を養うとともに，多角的な思考や理解を通して，地域社会に対する誇りと愛情，③地域社会の一員としての自覚，我が国の国土と歴史に対する愛情，我が国の将来を担う国民としての自覚，世界の国々の人々と共に生きていくことの大切さについての自覚などを養う。

このことに関する次の各問いについて，答えなさい。

(1)　下線部①に関して，「課題を追究したり解決したりする活動」の充実を図るには，「問題解決的な学習過程を充実させることが大切になる」とされている。『小学校学習指導要領解説』の「第2章　社会科の目標及び内容　第1節　社会科の目標」に基づけば，問題解決的な学習とは，どのような学習か，また，その学習過程の充実を図るには，どのような工夫が必要となるか。社会科の教科目標や「主体的・対話的で深い学びの実現」という視点を加味しながら，220字程度で記述しなさい。

(2)　下線部②に関して，第５学年及び第６学年の目標においては，「各種の基礎的資料を通して，情報を適切に調べまとめる技能を身に付ける」とされている。ここでいう「適切に」とは，どのような点に留意して，調べまとめることなのか，120字程度で記述しなさい。

(3)　下線部③に関して，「地域社会の一員としての自覚」を養うことは，第４学年の目標にも掲げられている。第４学年において「地域社会の一員としての自覚」を養うためには，どのような意識を養うことが必要となるか。第４学年の学習内容を踏まえて，100字程度で具体的に記述しなさい。

1　解答略

解説 (1)　設問の「小学校学習指導要領」の「第1　目標」の解説には，次のように示されている。問題解決的な学習とは，「単元などにおける学習問題を設定し，その問題の解決に向けて諸資料や調査活動などで調べ，社会的事象の特色や相互の関連，意味を考えたり，社会への関わり方を選択・判断したりして表現し，社会生活について理解したり，社会への関心を高めたりする学習など」を指している。また，問題解決的な学習過程の充実を図るには，「主体的・対話的で深い学びを実現するよう，児童が社会的事象から学習問題を見いだし，問題解決の見通しをもって他者と協働的に追究し，追究結果を振り返ってまとめたり，新たな問いを見いだしたりする学習過程などを工夫すること」が考えられる。これらのことを踏まえて，220字程度で記述することが求められる。

(2)　設問の「各種の基礎的資料を通して，情報を適切に調べまとめる技能を身に付ける」は，第5学年及び第6学年の「知識及び技能」に関する目標である。ここでいう「適切に」とは，情報を集める際に，情報手段の特性や情報の正しさ，資料の特性に留意することなどを指している。例えば，第5学年では，地図帳や地球儀，統計などの各種の基礎的な資料で調べる際に，情報の出典や作成時期，作成者を確かめたり，聞き取り調査やコンピュータなど集める手段の特性に留意したりして情報を集めること，資料の特性に留意して情報を読み取ること，必要な情報を整理して白地図や年表，図表などに効果的にまとめることなどが考えられる。

(3)　設問の「地域社会の一員としての自覚を養う」は，第4学年における「学びに向かう力，人間性等」の育成に関する目標として示されている。ここでいう「地域社会の一員としての自覚」を養うためには，地域社会についての理解を踏まえて，自分も地域社会の一員であるという自覚や，地域の人々の健康やよりよい生活環境，自然災害への対策など安全な生活，伝統や文化の保護・継承を実現していくために共に努力し，協力しようとする意識を養うことが必要となる。なお，「小学校学習指導要領」「第2　各学年の目標及び内容〔第4学年〕　2　内容」には，都道府県の様子，人々の健康や生活環境を支える事業，自然災害から人々を守る活動，県内の伝統や文化，先人の働き，県内の特色ある地域の様子とあることから，これらの学習内容を踏まえて記述する必要がある。

2　「小学校学習指導要領」の「第2　各学年の目標及び内容〔第5学年〕　2　内容」には，「地形や気候などに着目して，国土の自然などの様子や自然条件から見て特色ある地域の人々の生活を捉え，国土の自然環境の特色やそれらと国民生活との関連を考え，表現すること」が示されている。このことを踏まえて，日本の気候に関する次の各問いについて，答えなさい。

(1)　日本の気候は，北海道の気候，日本海側の気候，内陸性（中央高地）の気候，太平洋側の気候，瀬戸内の気候，南西諸島の気候の六つに区分される。次の図ア～エは，それぞれ金沢，松本，名古屋，岡山のいずれかの地点における月別平均気温と降水量を示したグラフである。このことに関して，以下の①～④の気候に該当するグラフを図ア～エの中から選び，それぞれ記号で答えなさい。なお，①～④の解答で同じ記号を複数回使用しないこと。

ア

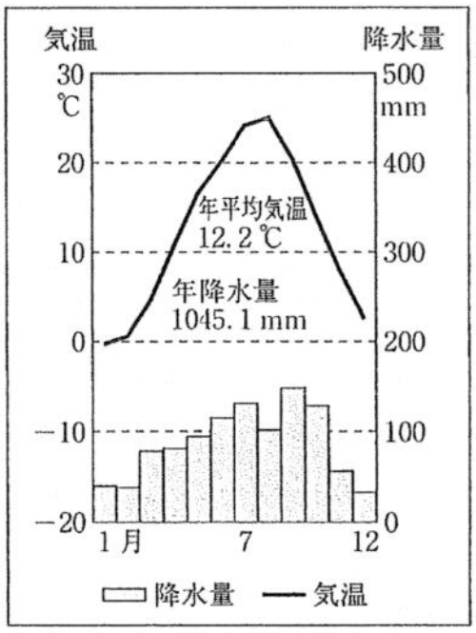

イ

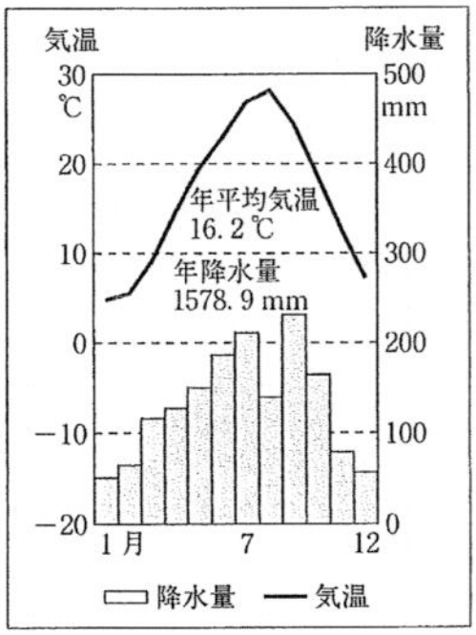

ウ

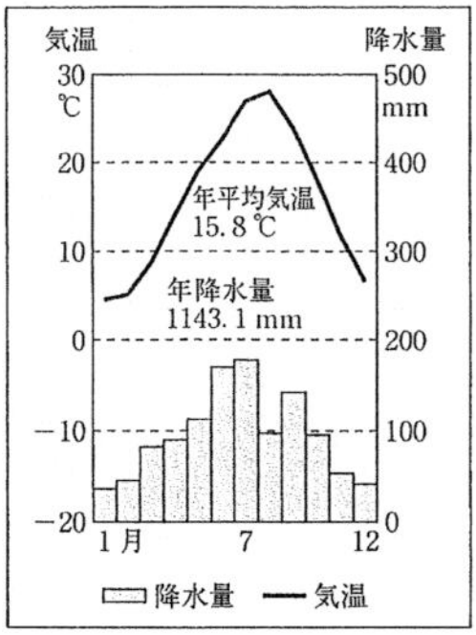

エ

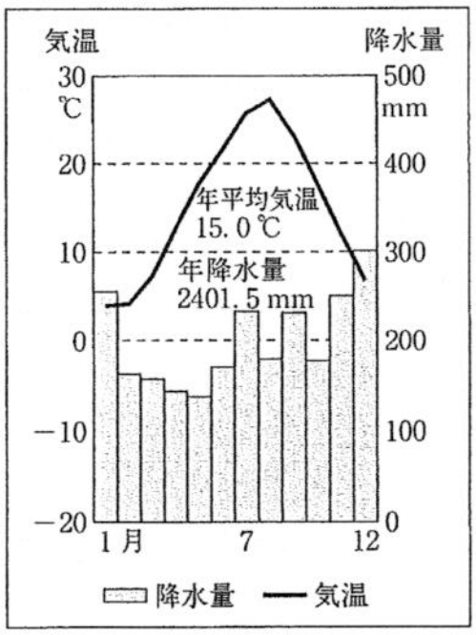

『理科年表　2023』より作成

① 日本海側の気候
② 内陸性 (中央高地) の気候
③ 太平洋側の気候
④ 瀬戸内の気候

(2) 日本海側の気候，内陸性 (中央高地) の気候，太平洋側の気候，瀬戸内の気候の特色について，各 30 ～ 40 字程度で記述しなさい。

① 日本海側の気候の特色
② 内陸性(中央高地)の気候の特色
③ 太平洋側の気候の特色
④ 瀬戸内の気候の特色

(3) 日本の気候は,夏は南東の季節風,冬は北西の季節風の影響を受ける。なぜ,日本では夏の季節風は南東から,冬の季節風は北西から吹くのか,150～160字程度で記述しなさい。

2 解答略

解説 (1) (2) 設問は，地域や時期による気候や降水量の違いに着目し，国土の気候の特色を捉えることをねらいとした学習内容である。設問にある6つの気候区分の特徴は次の通りである。北海道の気候は，他の地域と比べて気温が低い，冬が長く，寒さが厳しい，降水量は少なく，梅雨や台風の影響をほとんど受けない。

日本海側の気候は，夏の気温は太平洋側と同じくらいで，冬に雪が多く降る。内陸性(中央高地)の気候は，夏と冬の気温の差が大きい，また，昼と夜の気温の差も大きい。一年を通じて雨が少ないということも特徴である。太平洋側の気候は，夏は南東の季節風の影響でむし暑い。冬は北西の季節風が山を越えてくるため，乾燥した晴れの日が多い。夏から秋にかけて，台風の影響を受けやすい。瀬戸内の気候は，太平洋側の気候と似ているが,季節風の影響を受けにくいので,雨が少ない。南西諸島の気候は,高温多湿の亜熱帯の気候であり,気温が高く雨が多い。冬でもあたたかいことが特徴である。こうしたことを踏まえて解答するとよい。なお，授業を行う際には，気温と降水量に着目しながらグラフを読み取り，日本の様々な気候の特徴に，児童自身が気付いていけるように指導する。①はエ，②はア，③はイ，④はウである。
(3) 設問の「季節風」は,日本の気候に変化をもたらす要因の1つである。日本では,夏の季節風は南東から,冬の季節風は北西から吹く。季節によって日本の国土に吹く風の方向が変わる季節風と，国土の中央に連なる山地の影響によって，冬は日本海側で雪が多く降り，太平洋側では乾燥した晴天が続くなどの気候の違いがある。設問は，この季節風の向きの理由を問うものである。夏の季節風は，海から大陸に向けて吹く風である。海は一年を通して水温がそれほど大きく変化しないため，夏になると海より大陸の方が温度が高くなる。あたためられた地表では，その部分だけ空気が軽くなる，つまり低気圧となる。気圧が低い場所には空気が流れ込んでくるため，海から大陸に向けて風が吹くのである。一方，冬の季節風は，大陸から海へ向けて吹くのが特徴である。この季節風の影響により，海の温度は夏とそれほど変わらないため，夏のように太陽の熱で暖かくならない大陸と比べ，海の方が温度が高くなる。暖かい海上は，空気が軽くなった低気圧の状態となり，気圧の差によって大陸から海へ向かう空気の流れができる。その空気の流れが冬の季節風となる。こうしたことを踏まえて，解答するとよい。

算 数

1 第 2 学年の「乗法」の授業において，本時の目標と問題を次のとおりとする。

【本時の目標】

　ものの数を求める問題を解決するに当たって，九九が適用できるように工夫するとともに，図や式，言葉を結び付けて考え表現する力を養う。

【問題】

　かけ算を使って●の数を求めましょう。

```
● ● ●
● ● ●
● ● ● ● ● ●
● ● ● ● ● ●
● ● ● ● ● ●
```

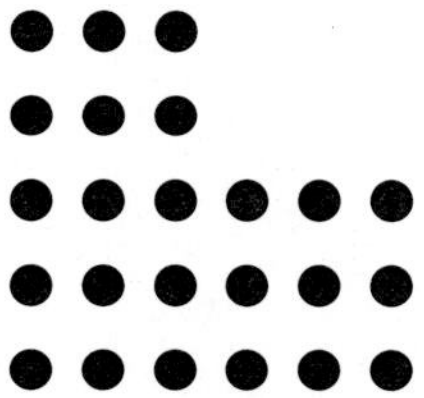

　次の問いについて，答えなさい。

(1)　児童はどのように考えて問題を解決するのか，解決方法を二通り考え，図と式を用いて記述しなさい。

(2)　算数科の目標「学習を振り返ってよりよく問題解決しようとする態度」を養うために，問題を解決した後，本時の終末において，最初に提示した図とは異なる図を提示することによって，考察を深めるようにしたい。どのような図を提示して，考察を深めることが考えられるか，図を用いて記述しなさい。ただし，用いる図は複数でもよいこととする。

1 解答略

解説 (1)　問題の図はアレイ図と呼ばれる。想定される生徒の考え方には次の図①のように，横3つの●をひとまとまりとしてみることで3×8＝24と乗法の立式を行う方法，図②のように3つの●のまとまりを移動させて縦2× 横3の6つをひとまとまりとしてみることで6×4＝24と乗法の立式を行う方法が考えられる。また，図③のように上部と下部を分けて考えることで，2のまとまりと3のまとまりをつくり，それぞれを足して求める方法も考えられる。

図①

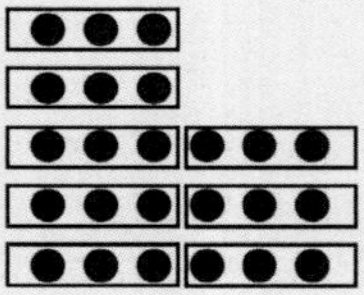

$3 \times 8 = 24$

図②

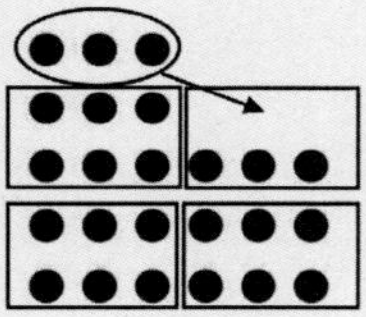

$6 \times 4 = 24$

図③

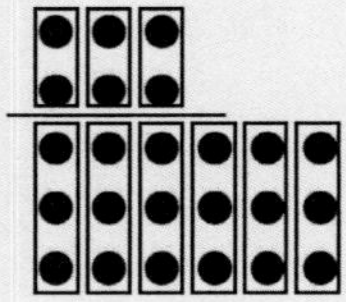

$2 \times 3 = 6$
$3 \times 6 = 18$
$6 + 18 = 24$

(2)　小学校学習指導要領　解説　算数編では「よりよく問題解決しようとする態度」について，「よりよく問題解決するということは，一つの方法で解決したとしても別な方法はないかと考えを進め，本質的に違う方法でも解決することであり，二通りの方法を見いだしたら，ほかの場面にそれらの方法を適用し，それぞれの方法の可能性を検討することでもある。」と示している。ここでは，前の問題の解法が適用でき，一つの図について複数の九九が考えられる図を提示して考察を深めることが考えられる。例えば，図④は，36個の●が並んでいるので，4つをひとまとまりとして見ることで4×9と立式したり，6つをひとまとまりとして6×6と立式したりすることができる。また，図を上部と下部に分け，2×3＋5×6と考えることもできる。

図④

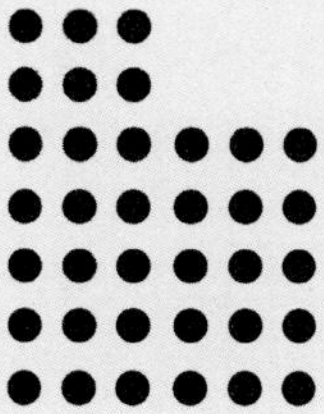

2 次の手順に従って行われる数当てゲームについて考える。

【手順】

① 2桁の自然数を一つ思い浮かべてください。
(例えば，13)

② その数を10倍して，そこから9の段の九九の中の好きな数を一つ引いてください。
(例えば，9の段の九九から18を選んだとすると，13×10−18＝112)

③ その結果を教えてください。

④ あなたが最初に思い浮かべた2桁の自然数は□ですね。

次の各問いについて，答えなさい。

(1) 手順①で思い浮かべた2桁の自然数は「56」で，手順②で9の段の九九の中から「27」を選んだ相手が，手順③に対して答える数を求めなさい。ただし，計算過程についても記述すること。

(2) 手順③に対して「236」と答えた相手が，手順①で思い浮かべた2桁の自然数を求めなさい。

(3) 手順③で相手が答えた結果から，手順①で思い浮かべた2桁の自然数を求めることができる理由を説明しなさい。

2 解答略

解説 (1)　条件から手順③の計算は以下のようになる。

手順③　$56 \times 10 - 27 = 533$

よって，手順③に対して答える数は533である。

(2)　手順③の数字236の一の位6との和が10の倍数となる9の九九の段は54であるため，$236 + 54 = 290$　よって，$\frac{290}{10} = 29$となる。

(3)　この問題では，手順①で思い浮かべた自然数を手順②で10倍する。そのため，手順②で9の段の九九から選んだ数字を引く前の自然数は，10の倍数である(一の位が0である)3桁の自然数である。この条件をもとに，手順③で相手が答えた自然数から，9の段の九九から選んだ数字を考えると，選ばれる9の段の九九の数字は1通りしかない。よって，手順③で相手が答えた結果から，手順①で思い浮かべた2桁の自然数を求めることができる。

理科

1 第４学年の内容「金属，水，空気と温度」を扱う単元では，「金属，水及び空気は，温めたり冷やしたりすると，それらの体積が変わるが，その程度には違いがあること」を学習する。このことに関する次の各問いについて，答えなさい。

(1)　次の法則はそれぞれ何というか。各50字以内で記述しなさい。

①　気体の体積の圧力変化に対する依存性を示した法則
②　気体の体積の温度変化に対する依存性を示した法則

(2)　空気を温めたり冷やしたりすると体積が変わることを，児童が実感できる簡単な実験で示したい。どのような実験を行えばよいか。変化を分かりやすく捉えさせる工夫や注意点を含め，実験方法を350字以内で記述しなさい。

(3)　水を温めたり冷やしたりすると体積が変わることを，児童が実感できる簡単な実験で示したい。どのような実験を行えばよいか。変化を分かりやすく捉えさせる工夫や注意点を含め，実験方法を350字以内で記述しなさい。

1 解答略

解説 (1)　①　一定温度下では，一定量の気体の体積Vは圧力pに反比例することをボイルの法則という。　②　一定圧力下では，一定量の気体の体積Vは絶対温度Tに比例することをシャルルの法則という。

(2)　空気の体積が温度で変化することを実感させる実験として，口に風船を付けた丸底フラスコを利用し氷水やお湯につけることで丸底フラスコ内の空気の温度を変化させ，風船の膨らむ様子やしぼむ様子を観察させる実験等が考えられる。この実験では，児童が「冷やされると空気は下に下がり，温められると空気は上に上がる」と解釈する場合があるため，丸底フラスコを逆さまに向けるなどして風船の様子が変化しないことを観察させるとより空気の体積の変化を捉えさせることができる。また，実験する際は，お湯や温めた丸底フラスコで火傷をするおそれがあることを指導するなど児童の安全面に配慮する必要がある。

(3)　水の体積が温度で変化することを実感させる実験として，水を丸底フラスコの口の近くまで入れ，丸底フラスコを氷水やお湯につけ，中の水を冷やしたり温めたりすることで水面の高さが変化する様子を観察する実験が考えられる。水は空気に比べて温度の変化による体積の変化が小さいため，水を口いっぱいまで入れた丸底フラスコにガラス管を通したゴム栓をし，氷水やお湯につけたときのガラス管の水の高さを観察するなど，変化をわかりやすくする工夫が必要となる。また，実験の際は，(2)の実験と同様に児童の安全面に配慮する必要がある。

2

第６学年の内容「月と太陽」を扱う単元では，「月の輝いている側に太陽があること。また，月の形の見え方は，太陽と月との位置関係によって変わること」を学習する。このことに関する次の各問いについて，答えなさい。

(1)　「月」とはどのようなものか，100 字以内で記述しなさい。

(2) 「月の輝いている側に太陽があること。また，月の形の見え方は，太陽と月との位置関係によって変わること」を児童に理解させたい。どのような観察をすると，このことが調べられるか。観察方法を350字以内で記述しなさい。

(3) (2)で記述した観察をするに当たり，配慮することを350字以内で記述しなさい。

2 解答略

解説 (1) 月は地球の周りを公転する衛星である。月は太陽光を反射することで輝いて見える。月の公転により，地球から見た太陽と月のなす角度が変わるため，月の形が満ち欠けして見える。

(2) 日中もしくは夜間(日没)に太陽の位置と月の形を２～３日おきの間隔で複数回，観察することで，太陽の位置と月の形の見え方の変化から月と太陽のなす角度によって月の見え方が変化することに気付かせることが考えられる。また，電灯を太陽に，ボールを月に見立てたモデル実験を行い，電灯とボールのなす角度が変わると，ボールの光っている部分の見え方が変わることを確認するなどから実際に観察できなかった月の形および，その月と太陽との位置関係を補足することができると考えられる。

(3) 天体の観察を複数回行う場合，同じ地点，同じ時刻で行うことが望ましい。また，小学校学習指導要領では，この指導において，あくまで地球から見た太陽と月の位置関係で扱うものとしていることにも注意しておきたい。夜間の観察や日中の観察では，望遠鏡や双眼鏡などの器具の正しい扱い方や野外活動での注意事項を事前に指導し，安全面に配慮しなければならない。

生活

1

第１学年において「あきとあそぼう」という単元の授業を行う。次の各問いについて，答えなさい。

(1) 『小学校学習指導要領解説』の「第３章　生活科の内容　第２節　生活科の内容」の (6) には，遊びの面白さが三つ挙げられている。それら三つを，箇条書きで一つにつき 25 字以内で記述しなさい。

(2) 本単元では，どのような秋の素材を使い，どのような遊びをする活動が想定できるか。次の例を参考に，具体的な遊びを三つ挙げ，箇条書きで一つにつき 50 字以内で記述しなさい。
例. ドングリでコマを作ってコマ回しをする。

(3) 遊びを通して気付きの質を高めるために，どのような活動を取り入れるとよいか。取り入れるとよい活動を四つ挙げ，箇条書きで一つにつき 50 字以内で記述しなさい。

1 解答略

解説 (1)　設問の「第3章　生活科の内容　第2節　生活科の内容」(6) は，「身近な自然を利用したり，身近にある物を使ったりするなどして遊ぶ活動を通して，遊びや遊びに使う物を工夫してつくることができ，その面白さや自然の不思議さに気付くとともに，みんなと楽しみながら遊びを創り出そうとする。」ことが示されている。ここでいう「遊びの面白さ」については，「例えば落ち葉を踏みしめたり投げあげたりしてその感触を楽しむことなど，遊びに浸り没頭する遊び自体の面白さである。また，「鬼の数を増やしたら楽しくなるかな」と遊びの約束やルールを変えていくなど，遊びを工夫し遊びを創り出す面白さもある。さらに，「みんなでやると楽しいね」と友達と一緒に遊ぶことの面白さもある。」と示されている。25字以内で記述するという条件を踏まえて，次のように記述するとよい。

(解答例)
・遊びに浸り没頭する遊び自体の面白さ
・遊びを工夫し遊びを創り出す面白さ
・友達と一緒に遊ぶことの面白さ

(2)　各教科書には,「あきのはやみのずかん」として, 様々な種類のドングリ(スダジイ, アラカシ, コナラ, クヌギ, マテバシイなど), 葉(カシワ, イチョウ, カエデ, マツ, サクラなど)が示されている。こうした秋の素材を使った遊びとしては, 次のようなことが考えられる。
・ドングリを指ではじいて, 他のドングリに当てる(ドングリはじき)
・箱に道をつくっておき, 箱の上からドングリをころがす(ドングリパチンコ)
・松ぼっくりに糸をつけておいて, けん玉のように引き上げてコップに入れる(松ぼっくりけん玉)
・ドングリと竹串でつくるやじろべえをつくり, バランスをとる(ドングリやじろべえ)
・的をつくって, 松ぼっくりをあて点数を競う(松ぼっくり的あて)

(3)　児童が気付いたことを基に考え, そこからさらに気付きの質を高めるためには, 見付ける, 比べる, たとえる, 試す, 見通し, 工夫するなどの多様な学習活動が求められる。児童は, 表現することで自らの活動や対象を見つめ直したり, 過去のことや周りのことと比べたりして気付きの質を高めていくのである。とりわけ, 言葉による振り返りは, 無自覚だった気付きが自分の中で明確になったり, それぞれの気付きを共有し関連付けたりすることが可能になるので効果的である。具体的な活動としては次のようなことが考えられる。
・友達の作った遊びで遊んでみて楽しかったことやよかったことを書いて伝える活動
・遊びながら気付いたことをカードに書いて, メッセージボードに貼り, お互いに見合う活動
・思考の焦点化を図るために, 花丸カード, はてなカード, びっくりカード, ひらめきカードを用意し, 自分の気付きに近いカードを提示する

活動
・遊びを一旦停止して，それまでの遊びを振り返って話し合い，気付きを共有して，次に生かす活動

2 生活科の学習評価に関する次の各問いについて，答えなさい。

(1) 『小学校学習指導要領解説』の「第５章　指導計画の作成と学習指導　第３節　単元計画の作成　５　学習評価の在り方」には，「評価に当たっては，『量的な面』だけでなく，『質的な面』から捉えるように注意する必要がある」と示されている。このことについて，具体的な評価方法の例を挙げながら説明しなさい。なお，「量的な面」についての例は一つ，「質的な面」についての例は二つ挙げ，全て合わせて200字以内で記述すること。

(2) 『「指導と評価の一体化」のための学習評価に関する参考資料　小学校　生活』(令和２年３月　国立教育政策研究所)には，「内容のまとまりごとの評価規準」の作成について「生活科における『内容のまとまり』の記述には(中略)4つの要素が構造的に組み込まれている」と示されている。次に示す「小学校学習指導要領」の「第２　各学年の目標及び内容〔第１学年及び第２学年〕２　内容」の記述を基に「4つの要素」とは何かを説明し，それぞれの要素に該当する部分を次の記述から抜き出し，全て合わせて400字以内で記述しなさい。

(1)　学校生活に関わる活動を通して，学校の施設の様子や学校生活を支えている人々や友達，通学路の様子やその安全を守っている人々などについて考えることができ，学校での生活は様々な人や施設と関わっていることが分かり，楽しく安心して遊びや生活をしたり，安全な登下校をしたりしようとする。

2 解答略

解説 (1) 設問に関連して，「小学校学習指導要領解説」には，次のように示されている。「例えば，「多くの秋を見付けている」「絵や文でたくさんかいている」など「量的な面」の評価に偏らないようにしなければならない。そのためには，自分や対象の過去と現在，自分と他者の気付きが関連付けられ新たな気付きが生まれているなど，単元に即して質的に高まった姿を想定する必要がある。また，教師による行動観察や作品・発言分析等のほかに，児童自身による自己評価や児童相互の評価，さらにはゲストティーチャーや学習をサポートする人，家庭や地域の人々からの情報など，様々な立場からの評価資料を収集することで，児童の姿を多面的に評価することが可能となる。このような評価資料によって個々の児童の学習の状況に即した指導が可能となる。」こうした記述を参考に，「量的な面」「質的な面」のそれぞれの評価方法の例を記述するとよい。

(2) まず，4つの要素であるが，①「知識及び技能の基礎」に関すること，②「思考力，判断力，表現力等の基礎」に関すること，③「学びに向かう力，人間性等」に関すること，④児童が直接関わる学習対象や実際に行われる学習活動等である。生活科における各内容は，「～を通して(具体的な活動や体験④)，～ができ(思考力，判断力，表現力等の基礎②)，～が分かり・～に気付き(知識及び技能の基礎①)，～したりしようとする(学びに向かう力，人間性等③)」のように構成されている。設問の内容(1)について，その構造を検討していくと，①「知識及び技能の基礎」として，学校での生活は様々な人や施設と関わっていることが分かること，②「思考力，判断力，表現力等の基礎」に関することとして，学校の施設の様子や学校生活を支えている人々や友達，通学路の様子やその安全を守っている人々などについて考えることができること，③「学びに向かう力，人間性等」に関することとして，楽しく安心して遊びや生活をしたり，安全な登下校をしたりしようとすること，④児童が直接関わる学習対象や実際に行われる学習活動等として，学校生活に関わる活動が取り上げられていることが分かる。

音楽

1 次の (1) ～ (5) の中から２つ選んで，時代，国や地域，曲の特徴や様式や内容，演奏の形態について，各 100 字以上 150 字以内で記述しなさい。

(1)　山田耕筰作曲《赤とんぼ》
(2)　バッハ作曲《マタイ受難曲　BWV244》
(3)　外山雄三作曲《管弦楽のためのラプソディ》
(4)　日本古謡《越天楽今様》
(5)　ロドリゲス作曲《ラ・クンパルシータ》

1 解答略

解説 時代，国や地域，曲の特徴や様式や内容，演奏の形態

(1)　山田耕筰作曲《赤とんぼ》

三木露風作詞，山田耕筰作曲による歌曲で，中学校の歌唱共通教材である。日本情緒豊かな曲として，人々に愛されて親しまれてきた曲である。歌詞のもっている味わい深い詩情と，日本語の美しさがそれにあった旋律により表現されている。

(2)　バッハ作曲《マタイ受難曲　BWV244》

新約聖書「マタイによる福音書」の26，27章のキリストの受難を題材にし，聖句，伴奏付きレチタティーヴォ，アリア，コラールによって構成された音楽作品である。

(3)　外山雄三作曲《管弦楽のためのラプソディ》

NHK交響楽団の海外演奏旅行のために1960年に作曲された。「ソーラン節」「八木節」「あんたがたどこさ」などの日本の民謡が素材となっており，和太鼓，チャンチキ，拍子木といった打楽器も使用される。

(4)　日本古謡《越天楽今様》

雅楽の越天楽の旋律に歌詞をつけたもので，現存のものでは最も古い日本の歌とされている。小学校の共通教材となっている。歌詞は，平安

時代末期から鎌倉時代初期の天台宗の僧，慈円による和歌である。

(5)　ロドリゲス作曲《ラ・クンパルシータ》

ウルグアイの作曲家ロドリゲスが1900年の始め頃に作曲した，タンゴを代表する楽曲である。短調で，ロンド形式で構成されている。冒頭の，スタッカートで大きな跳躍のある主旋律が特徴である。

2 「小学校学習指導要領」の「第２　各学年の目標及び内容」に示された「Ａ　表現」の「歌唱の活動」を通して身に付ける技能は，低学年と高学年ではどのように異なるか。具体的な指導例を挙げながら400字以上600字以内で記述しなさい。

2 解答略

解説 低学年では，児童が「歌うことが好き」と思えるようにすることを大事にしながら，興味・関心をもって取り組むことができる歌唱の活動を進めることが重要となる。そのような歌唱の活動の中で，歌う喜びを味わい，歌うことを通して音楽の楽しさに触れるとともに，手遊びや運動をあわせて歌う活動を行うなどして，歌うことが楽しいと感じられるように指導することが大切である。高学年では，これまでに身に付けてきた歌い方を生かして，友達と協力して合唱などの歌声を重ねた活動に積極的に取り組む傾向が見られる。また，自らの歌声のよさを客観的に判断することができるようになってくる。歌声が重なって生み出される様々な響きを聴き取ったり，和音の美しい響きを味わったりして，豊かな歌唱表現になるように指導を工夫することが重要である。児童が表現のよさを判断できるように，互いの歌声をじっくりと聴くようにし，重唱や合唱では，自分が担当している声部だけでなく，他の声部との関わりを意識して歌うことで，歌声を合わせる喜びを味わうようにする。

図画工作

1 中学年における「立体に表す」活動で，粘土を材料に自分が将来住んでみたいと思う町をつくる「粘土マイタウン」の授業を行うことにする。このことに関する次の各問いについて，答えなさい。

(1)　この授業の指導案を作成することを前提に，次の①～③の観点で授業の目標を各100字以内で記述しなさい。

①　知識及び技能
②　思考力，判断力，表現力等
③　学びに向かう力，人間性等

(2)　この授業を次のような展開計画で実施する。表中の空欄［①］～［④］に当てはまる内容について，［①］，［②］は各50字以上100字以内で，［③］，［④］は各25字以内で記述しなさい。

場面	教師の言葉	児童の活動や言葉について
導入	「みんなは将来どんな町に住んでみたいですか？どんな建物があったり，何があったりすると面白いかな？その町で何をしてみたいですか？」	将来住んでみたい町について想像し，そこにあってほしいものを発表する活動
展開	「［①］」(活動を始める際の言葉)	「自分が住んでみたい家をつくろう」
	「［②］」(児童の活動を促す支援の言葉)	(［③］：予想される活動)
	「友達の町とつなげて，大きな町をつくってみましょう」	「道路や川をつくって友達の作品とつなげてみたいな」
振り返り(鑑賞)	「さあ，みんなの町をお散歩してみよう」	「自分たちの大きな町ができたよ」 「［④］」(予想される言葉)

1 解答略

解説 (1) 「粘土マイタウン」の授業は，小学校学習指導要領　第3学年及び第4学年A表現(1)ア「造形遊びをする活動を通して，身近な材料や場所などを基に造形的な活動を思い付くことや，新しい形や色などを思い付きながら，どのように活動するかについて考えること」，A表現(2)ア「造形遊びをする活動を通して，材料や用具を適切に扱うとともに，前学年までの材料や用具についての経験を生かし，組み合わせたり，切ってつないだり，形を変えたりするなどして，手や体全体を十分に働かせ，活動を工夫してつくること」，B鑑賞(1)ア「身近にある作品などを鑑賞する活動を通して，自分たちの作品や身近な美術品，制作の過程などの造形的なよさや面白さ，表したいこと，いろいろな表し方などについて，感じ取ったり考えたりし，自分の見方や感じ方を広げること」，〔共通事項〕(1)ア「自分の感覚や行為を通して，形や色などの感じが分かること」，(1)イ「形や色などの感じを基に，自分のイメージをもつこと」を踏まえて，指導法を考察したい。本授業の目標を本題材に合わせて設定すると，次のように考えることができる。

① 「知識及び技能」の「知識」については，住んでみたい町を楽しく想像し，油粘土でつくるときの感覚や行為を通して，形の感じ，形の組合せによる感じなどが分かる。「技能」については，油粘土を適切に扱うとともに，粘土べらなどについての経験を生かし，手や体全体を十分に働かせ，表したいことに合わせて表し方を工夫する。

② 「思考力，判断力，表現力等」の「発想や構想」については，住んでみたい町を想像したことから，表したいことを見つけ，形や色，材料などを生かしながら，どのように表すかについて考える。「鑑賞」については，自分たちの作品の造形的なよさや面白さ，表したいこと，いろいろな表し方などについて，感じ取ったり考えたりして，自分の見方や感じ方を広げる。「自分のイメージをもつこと」は，形の感じ，形の組合せによる感じなどを基に，自分のイメージをもつ。

③　「学びに向かう力，人間性等」は，楽しく細い紙をつないだりつるしたりする活動に取り組み，つくりだす喜びを味わうとともに，形や色などに関わり楽しい生活を想像しようとする。

(2)　解答例として，以下の①～④が考えられる。①建物や，あったらいいなと思うものを考えることはできましたか。では，それを粘土の形を変えたり，組み合わせたりしながら，町をつくってみましょう。②粘土は，伸ばしたり，積んだり，穴を開けたり，立てたり，粘土べらで模様をつけたりすることができますね。粘土の形や表し方を工夫してつくってみましょう。③いろいろな形のドアを，粘土べらや竹ぐしでつくる。④隣の町まで続くこのくねくねした道がおもしろいな。

指導計画を考える際には，次のことがポイントとなる。

・語句の表現や記述が適切であり，論理的でわかりやすい構成になっている。

・自分の考えを具体的に述べ，教師としての資質(熱意，誠実さ，向上心，柔軟性，協調性，発想力など)が窺える。

・図画工作科の教材や指導方法等についての正しい知識をもっている。

・図画工作科に関する正しい知識を基に，児童の確かな学力を育もうとする意欲が窺える。

・提示された課題の意図を正確にとらえて論述している。

・図画工作科の基本的知識を基盤として，独自性や創意工夫がある。

この問題は活動における教師の言葉に対する児童の活動や言葉を想定しながら作成するものである。以上の視点を踏まえながら，具体的に児童の姿をイメージして考えていくことが重要である。

2 「小学校学習指導要領」の「第３　指導計画の作成と内容の取扱い」において「各学年の内容の『A　表現』及び『B　鑑賞』の指導については相互の関連を図るようにすること」とある。このことに関する次の各問いについて，答えなさい。

(1) 『小学校学習指導要領解説』の内容を踏まえ，「相互の関連を図る」理由について，次の文章中の空欄［　①　］～［　③　］に当てはまる内容を各 50 字以上 100 字以内で記述しなさい。

> 表現と鑑賞の指導において相互の関連を図る理由は，［　①　］からである。例えば一つの題材において，表現 (造形活動) においては［　②　］，鑑賞においては［　③　］ような配慮が大切である。

(2) 低学年における「たのしくうつして (紙版画)」という「絵に表す」活動の授業の中で，表現と鑑賞の活動の相互の関連を図った指導はどのように行われるか，各 50 字以上 100 字以内で三つ記述しなさい。解答は，一つごとに改行し，「授業のどのような場面か」「鑑賞する対象は何か」「鑑賞することによりどのような学びができるか」を明確に読み取れるように記述すること。

2 解答略

解説 (1) 「表現及び鑑賞の活動」について，学習指導要領には，次のように示されている。図画工作科の学習は，児童が感じたことや想像したことなどを造形的に表す表現と，作品などからそのよさや美しさなどを感じ取ったり考えたりし，自分の見方や感じ方を深める鑑賞の二つの活動によって行われる。表現と鑑賞はそれぞれに独立して働くものではなく，互いに働きかけたり働きかけられたりしながら，一体的に補い合って高まっていく活動である。児童は，視覚や触覚などの感覚，自分の行為などを通して身の回りの世界を把握している。そこに，児童の経験や発達の状況，伝統や文化などが加わって，よさや美しさなどを捉えている。さらに，感じたことを，自分で確かめたり友人と話し合ったりするなどして，その見方や感じ方を深めている。表現や鑑賞の活動においても，児童は対象から感じた形や色，イメージなどを基に，主体的によさや美しさなどを感じ取ったり，自分なりの意味や価値をつくりだしたりする活動を行っているのである。だからこそ，表現と鑑賞の活動は，切り離して考えられる性格のものではなく，相互に関連して働き合うものとして捉える必要があるのである。

そこで，「表現」の場面では，対象から捉えた形の感じや質感，色の変化などの造形的な特徴，自分なりのイメージなどを基に，自分の作品をつくりだせるようにすること，「鑑賞」の場面では，自分なりに捉えた面白さ，周りの人と共有できたよさ，伝統的な美しさなどを語り合い，文化の発展や創造について考えさせるようにすることが大事である。このように，鑑賞の対象を幅広く考えるとともに，児童が自ら判断し，考えを組み立て，自分なりに見方や感じ方を深めていく姿を尊重する必要がある。こうしたことを踏まえて記述する必要がある。

(2)「たのしくうつして(紙版画)」は，紙を切ったり貼り重ねたりして簡単な版をつくり，表したいことを版に表すことを目標にした活動である。表現と鑑賞の活動の相互の関連を図った指導は，作品がある程度できてきたところで，友人同士で活動や作品を見合う場面で行う

家庭

1 小学校3校において，児童と保護者宛てに生活時間調査票を配布し，3日間(平日2日と土曜日1日)の24時間の時間の使い方を記入してもらい，回収・集計・分析した。次の図は，調査に協力した小学生の平日1日の生活時間を示したものである。縦軸は行為率を示し，横軸は時刻を示している。このことに関する以下の各問いについて，答えなさい。

図　1日の生活時間(平日　3校全体)

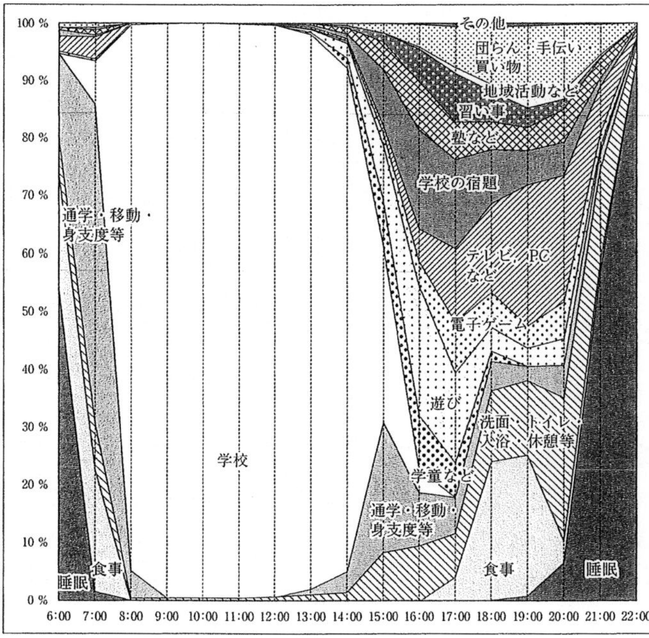

(注)　その時間帯に活動している生活時間の割合，総数：水曜日＋木曜日　延べ914人

出典：「子どもの生活時間に関する調査研究」(平成26年一般財団法人こども未来財団)

(1)　小学生の放課後の生活時間の特徴について，300 字以内で記述しなさい。

(2)　(1) を踏まえて，生活時間の有効な使い方に関する学習活動について，何を目的とするのか，その目的を達成するために，どのような学習活動上の工夫をするのか，具体的に 500 字以内で記述しなさい。

1 解答略

解説 (1)　まず，本調査における「放課後の時間」とは，下校後から家庭での夕食開始時刻のおよその平均時刻である18時30分までとする。放課後の前半を16時30分，後半を18時が目安であるとして比較することで，その変化を読み取ることができる。また，小学生の放課後の生活時間の項目として，遊び，塾・習い事，電子ゲーム・テレビ・PC，団らん・手伝い・買い物などに注目して，その特徴を分析することが考えられる。具体的には，遊びが下校後から増えるが，17時頃からは大きく減少すること。塾･習い事も下校後に増加するが，18時以降も続くこと。電子ゲーム・テレビ・PCは，下校後から徐々に増加するが，17時以降大きく増加すること。団らん・手伝い・買い物は，下校後から19時頃にかけて，緩やかに増加しているが，全体としては少数であること等に触れ，特徴をまとめることができる。

(2)　生活時間の有効な使い方について，小学校家庭科の学習では，生活時間は生活の中で行われている様々な活動に使われている時間であり，個人が自由に使う時間，食事や団らんなど家族と共に過ごす時間，家庭の仕事など家族と協力する時間などがあることを理解できるようにすることを目指している。また，生活時間の有効な使い方とは，時間に区切りを付けたり，計画的に使ったりするなど，時間を工夫して使うことであることを理解できるようにする。さらに，家族の生活時間を考えながら，自分の生活時間の使い方を工夫することによって，家庭生活が円滑に営まれることに気付くことができるようにすると示されている。設問では

「(1)を踏まえて」とされていることから，(1)で小学生の放課後の生活時間の特徴をどのようにまとめたかによって(2)の目的が変わる。例えば，「団らん・手伝い・買い物」の時間が少ないことを特徴として挙げ，その改善を目的とするのであれば，児童には，自分だけでなく，家族の生活時間や仕事について，観察やインタビューをする活動を取り入れ，自分と家族の生活時間の使い方を比較するなどして，家族の生活や家庭の仕事と関連付けて，自分の生活時間の使い方を見直す活動が考えられる。どんな目的であっても，自分や家族の生活を見つめ，課題を見い出し，その解決を目指す学習活動が展開されるよう配慮する必要がある。

2 「朝食から健康な１日の生活を」という単元の授業を行うことになった。あなたは次の図１～３の調査結果を活用した学習活動を行おうと考えている。このことに関する以下の各問いについて，答えなさい。

図１　若い世代における１日三食いずれも決まった時間に食事をとっていた人の割合(性別)

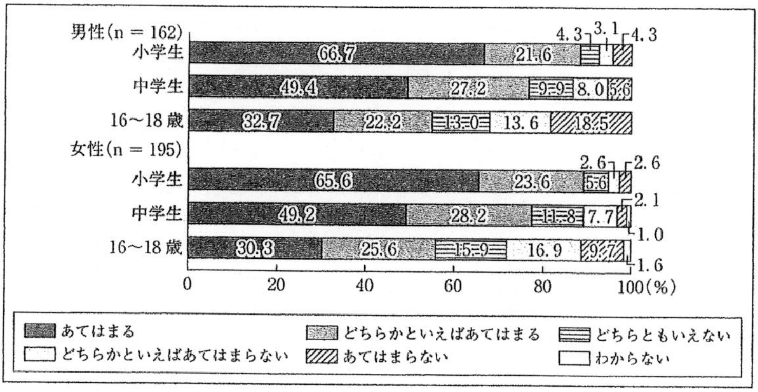

（注）　20～30歳代を対象に小学生，中学生，16～18歳の頃の食生活を振り返り，「1日三食いずれも決まった時間に食事をとっていた」かどうかを調査した結果である。

出典：「食育に関する意識調査」(令和元 (2019) 年 10 月農林水産省) より作成

図 2　若い世代における子供の頃の食生活 (1 日三食いずれも決まった時間に食事をとっていた) と現在の朝食摂取との関連 (性別)

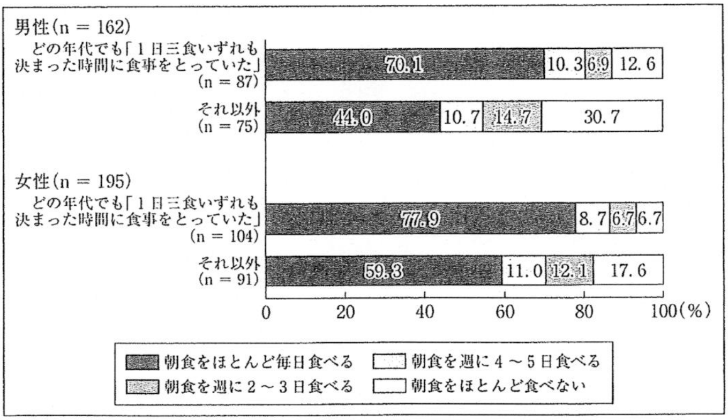

(注)　20 ～ 30 歳代を対象に小学生，中学生，16 ～ 18 歳の頃の食生活を振り返り，どの年代においても「1 日三食いずれも決まった時間に食事をとっていた」かどうかを調査した結果である。

出典：「食育に関する意識調査」(令和元 (2019) 年 10 月農林水産省) より作成

図 3　朝食を毎日食べている小・中学生の割合

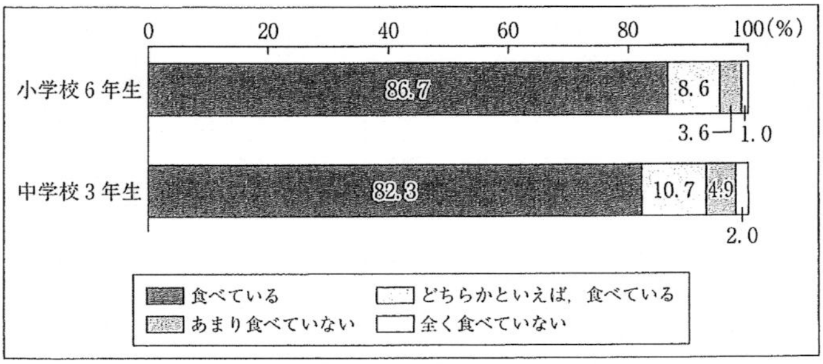

出典：「全国学力・学習状況調査」(令和元(2019)年度文部科学省)より作成

(1) 小学生の「食習慣」について，図1～3から分かることを300字以内で記述しなさい。

(2) なぜ小学生に「朝食をとること」を推奨しているのか，その理由を示した上で，図1～3の調査結果を活用した学習活動の例を500字以内で記述しなさい。

2 解答略

解説 (1) 図1から，1日三食いずれも決まった時間に食事をとっていた人の割合は，男女ともに，「小学生」が「中学生」，「16～18歳」の各世代よりも高い数値を示していて，「あてはまる」と「どちらかといえばあてはまる」を合わせると，8割を超えている。図2からは，どの年代でも「1日三食いずれも決まった時間に食事をとっていた」人は，それ以外の人に比べて，現在も朝食をほとんど毎日食べる割合が非常に高い。そして，図3から，朝食を毎日食べている小・中学生の割合は，小学校6年生で86.7%，中学校3年生で82.3%であり，「どちらかといえば，食べている」割合を合わせると，いずれも9割を超えている。以上のことを踏まえて，小学生の「食習慣」として，他の世代よりも1日三食決まった時間に食事をとっていた割合が高く，その習慣がある人は，20歳以降も継続傾向にあり，特に朝食においても，毎日食べている割合が高いことを読み取ることができる。

(2) (1)で読み取った，小学生の時のよりよい食習慣が，それ以降も継続傾向にあることから，食事の指導は習慣的に生活に結び付けることに効果的であることが述べられる。その上で，例えば実際に児童が在籍する学級や学年の食習慣を調査したり，朝食を食べた場合と，食べていなかった場合の実体験を振り返ってみたりして，朝食を食べることや，決まった時間に食事をすることのよさについて，改めて考え話し合ったりする活動などが考えられる。ただし，この時，各家庭の事情やプライバシーには配慮するようにする。図１～3の調査結果を読み取るだけでなく，自分の生活も振り返って考えることで，自分の食生活についての課題に気付き，解決できるよう指導することが大切である。

体育

1 『小学校学習指導要領解説』を踏まえ，中学年のゲームにおける運動に意欲的でない児童への配慮について，次の六つの語句を全て用いて400～600字程度で記述しなさい。なお，用いた六つの語句には，下線を引くこと(複数回用いた場合にも，その全てに下線を引くこと)。

【語句(使用する順番は問わない)】
「規則」　「勝敗」　「友達の考え」
「恐怖心」　「学習の仕方」　「友達やチームを観察」

1 解答略

解説 小学校学習指導要領解説体育編では，中学年における「ゲーム」の領域に,「ゴール型ゲーム」,「ネット型ゲーム」及び「ベースボール型ゲーム」が位置づけられている。

「ゴール型ゲーム」には，例えばハンドボールやラインサッカーといった，味方チームと相手チームが入り交じって得点を取り合うゲームがある。また,タグラグビーやフラッグフットボールなど,陣地を取り合うゲームもある。「ネット型ゲーム」には，例えばソフトバレーボールやバドミントン，テニスなどのように，いろいろな高さのボールを片手，両手もしくは用具を使ってはじいたり，打ちつけたりする運動，相手コートから飛んできたボールを相手コートに返球する運動が挙げられる。「ベースボール型ゲーム」には，攻める側がボールを蹴って行うゲームや，手や用具などを使って打ったり，静止したボールを打ったりして行うゲームが挙げられる。

上記のような「ゲーム」の領域において,「学びに向かう力，人間性等」を育む際，運動に意欲的でない児童への配慮の例として以下のことが示されている。

・ボールが固くて恐怖心を抱いたり，小さくて操作しにくかったりするために，ゲームに意欲的に取り組めない児童には，柔らかいボールを用意したり，大きなボールやゆっくりとした速さになる軽めのボールを用意したりするなどの配慮をする。

・学習の仕方が分からないために，ゲームに意欲的に取り組めない児童には，学習への取組の手順を掲示物で確認できるようにするなどの配慮をする。

・場や規則が難しいと感じ，ゲームに意欲的に取り組めない児童には，文字やイラスト等を用いて掲示しながら説明したり，より易しい規則に変更したりするなどの配慮をする。

・新しく提示した動きが分からないために，ゲームや練習に意欲的に取り組めない児童には，よい動きの友達やチームを観察したり，掲示物などの具体物を用いて説明したりするなどの配慮をする。

・審判の判定に納得しなかったり，ゲームに勝てなかったりすることで，ゲームに意欲的に取り組めない児童には，判定に従うことやフェアなプレイの大切さについて，継続して伝えていくようにするなどの配慮をする。

・ゲームに参加している実感がなく，楽しさを味わえない児童には，チームの人数を少なくして，役割を明確にしたり触球回数を増やせるようにしたりするなどの配慮をする。

・友達と仲よくゲームに取り組めない児童には，試合の前後に相手や味方同士で挨拶や握手を交わしたり，相手や味方同士でよいプレイや取組を称賛したりするなどの配慮をする。

この問題では，上記の配慮の例を踏まえ，児童が仲よく運動し，勝敗を素直に受け入れて，友達の考えを取り入れながら活動できるような配慮を記述することが大切である。

2 器械運動の授業において，安全確保や技能向上のために行う補助の方法や考え方について，次の六つの語句を全て用いて400～600字程度で記述しなさい。なお，用いた六つの語句には，下線を引くこと(複数回用いた場合にも，その全てに下線を引くこと)。

【語句(使用する順番は問わない)】

「直接補助」　　　　　　　　「間接補助」

「正しい運動経過へ導く」　　「場づくり」

「そばにいるという安心感」　「運動課題を正確に把握する」

2 解答略

解説 文部科学省の「器械運動指導の手引」には，器械運動の授業における安全確保や技能向上のために行う補助の方法や考え方について詳しく記述されており，以下はその一部を参照したものである。

補助は「直接補助」と「間接補助」の二つに分類することができる。「直接補助」は，直接的に体に触れて，正しい運動経過へと導くために体を支えたり，運動の方向等を修正したりすることを指す。この「直接補助」には，いつ，どのようにして，体のどこを支えるのかなど補助の技術を身に付けたり，補助具の特性を理解したりしておくことが必要である。補助の仕方を知らず無理に補助をすると，かえって動きの妨げになったり，危険な状態をつくったりすることがある。「直接補助」を行うときは，運動経過をよく理解し，実施者の運動課題を正確に把握していることが条件となる。また,「直接補助」はすべての運動に適しているわけではない。運動のスピードが速すぎたり，空間的な移動が大きかったりする場合には，人による「直接補助」はできない。そのため，児童生徒が補助をする場合は十分に注意が必要である。

「間接補助」には，次の2種類の補助が挙げられる。一つは，人による「間接補助」で，そばにいるということで安心感を与えることができる。例えば，跳び箱のかかえ込み跳びが跳べるようになったが，「もし引っかかったらどうしよう」という場合などは，跳び箱のそばに補助者がいることによって安心して跳ぶことができる。もう一つは，着地場所などにセーフティマット等を置くことによって，落下時や着地時の安全を確保しようというものである。しかし，決してすべてに安全が確保されているわけではなく，落ち方によっては大きな事故につながるので注意が必要である。セーフティマット等があると，児童生徒は思い切ってできる反面，無謀な動きをして首や肩などを痛めることがあるので，使い方には十分な指導が必要である。また，器械運動の場合は，「場づくり」や「場の工夫」が大切だと言われる。これも「間接補助」の一つと考えられる。易しく運動ができるような場や，新しい運動に挑戦したくなるような場等をつくることによって，児童生徒の可能性を引き出すことができる。

以上の内容を踏まえながら，安全確保や技能向上のために行う補助の方法や考え方について適切に記述するとよい。

外国語（英語）

1 外国語科における，将来就きたい職業を題材にした学習を想定して，次の各問いに答えなさい。

(1) 学習単語としてどのような職業を選択するか。あなたの考えを理由とともに200字程度で記述しなさい。

(2) 学級全体で学習していない職業について発表したいと希望する児童がいた場合，どのように対応するか。あなたの考えを理由とともに200字以内で記述しなさい。

(3) 自分の将来就きたい職業をみんなに知られることに抵抗がある児童がいた場合，どのように対応するか。あなたの考えを理由とともに200字以内で記述しなさい。

1 解答略

解説 (1) 本設問の学習場面は，将来就きたい職業についてクラスの前で「話すこと[発表]」である。学習指導要領には，小学校の外国語科における「話すこと[発表]」の目標の一つとして「日常生活に関する身近で簡単な事柄について，簡単な語句や基本的な表現を用いて話すことができるようにする」と示されている。したがって，ここで導入する職業に関する単語も，実際に児童にとって身近であったり，馴染み深いものだったりするものを示すことが望ましい。学習指導要領により小学校の授業で取り扱う語彙数は600～700語程度とされているが，その中で職業を表す単語としてはdoctor, teacher, flight attendant, pilot, baseball player, florist, comedianなどが挙げられる。いくつか例を挙げ，児童に選ばせて，どんな仕事なのか説明したり，なぜなりたいと思うのか理由を述べたりさせる。なお，「発表」の前には，話すための準備や練習が想定されることから，発表前の準備段階として「書くこと」の領域に関連する活動も必要となる。教師が提示した語句や例文を使用して自分が発表したいことをまとめ，事前に発音やイントネーションの練習をし，児童が自信をもって話す活動に取り組めるようにする。

(2)　小学校学習指導要領解説外国語活動・外国語編では，「話すこと[発表]」の説明として「全ての児童が自分の考えをもったり，それを伝えるための英語表現を言うことができるようになったりするための指導を，単元や単位時間の授業の中で行うことも必要である」としている。したがって，発表前の準備段階において，既習の語句や例示された語の中に児童の表現したい語句，または文がない場合は，指導者が個別に児童の使いたい語句を英語で提示するなど，児童の積極的に発表しようとする気持ちに柔軟に対応できるよう配慮する。　(3)　学級の状況，児童の実態によっては，自分のことをみんなに知られることに抵抗がある児童がいることは十分に考えられる。まず，外国語科の目標の一つに「外国語の背景にある文化に対する理解を深め，他者に配慮しながら，主体的に外国語を用いてコミュニケーションを図ろうとする態度を養う」と示されていることに留意したい。「他者に配慮する」ことは，外国語の学習を通して，他者に配慮し受け入れる寛容の精神や平和・国際貢献などの精神を獲得し，多面的思考ができるような人材を育てることにつながる。ここでいう「他者」とは自分以外のすべての人間を指し，外国人のみならず日本人も対象となると捉えられる。さらに，平成29年3月告示の小学校及び中学校学習指導要領から，「道徳」が「特別の教科　道徳」として教科化されたことも押さえておきたい。本教科の「主として人との関わりに関すること[相互理解，寛容]」の項では，〔小学校第5学年及び第6学年〕の学習内容として，「自分の考えや意見を相手に伝えるとともに，謙虚な心をもち，広い心で自分と異なる意見や立場を尊重すること」が挙げられている。以上のようなことを考慮し，学習場面を通して，相手に配慮する能力やコミュニケーションの基礎を育成できるよう，効果的な教材選定や児童への声かけをすることが求められる。

2 次の英文は，スピーキングの指導におけるコミュニケーション活動について書かれたものである。英文を読んで，以下の各問いに答えなさい。

Claudine Kirsch (2008).
Teaching Foreign Languages in the Primary School

許諾を得ておらず不掲載

(1) Horwitzによれば，下線部①の活動が果たす役割は何であるか，50字以内で記述しなさい。

(2) 下線部②と下線部③の違いとは何か，80字以内で記述しなさい。

(3) 下線部④を実現するために考えられる教師の方策を100語以内の英語で記述しなさい。

2 **解答略**

解説 問題文は非公開である。出典のTeaching Foreign Languages in the Primary Schoolは，初等教育段階における外国語教育に関する参考書で，主にヨーロッパにおける外国語教育の現状，第2言語習得に関する研究や言語習得に対する様々な教授法のほか，4技能を伸ばす方法や，学習評価の方法，中等教育への学びの継続やスムーズな移行，さらに教室活動としてゲームや歌や物語等の具体的な使用例などが網羅されている。

2024 年度 ◆ 教科及び教職に関する科目（Ⅳ）

1 「小学校学習指導要領」（平成 29 年文部科学省告示第 63 号）には，授業改善の視点として「主体的・対話的で深い学び」が掲げられている。この「主体的・対話的で深い学び」を実現するために，あなたは「総合的な学習の時間」において，どのような授業を展開するか。「総合的な学習の時間」の特性を踏まえた上で，具体的な学習内容や場面，手法について，300 字以上 400 字以内で記述しなさい。

1 解答略

解説

●方針と分析

(方針)

まず，授業改善の視点「主体的・対話的で深い学び」について簡潔に説明をする。次に，「総合的な学習の時間」の特性を述べ，「主体的・対話的で深い学び」の視点を生かした授業の展開を具体的に述べる。

(分析)

学習指導要領において，授業改善の視点「主体的・対話的で深い学び」は，学習指導要領総則に示されている。「主体的な学び」とは，学ぶことに興味や関心を持ち，見通しをもって粘り強く取り組み，自己の学習活動を振り返り次につなげる学びであり，「対話的な学び」とは，子供同士の協働，教職員や地域の人との対話，先哲の考え方を手掛かりに考えること等を通じ，自己の考えを深める学びであり，「深い学び」とは，習得・活用・探究という学びの過程の中で各教科等の特質に応じた「見方・考え方」を働かせながら知識を相互に関連付けて理解し，情報を精査して問題を見出し，解決策を考え創造する学びであると示している(一部文言修正)。

「総合的な学習の時間」の目標は，横断的・総合的な学習や探究的な学習を通して，自ら課題を見付け，自ら学び，自ら考え，主体的に判断し，よりよく課題を解決する資質や能力を育成するとともに，学び方やものの考え方を身に付け，課題の解決や探究活動に主体的，創造的，協同的に取り組む態度を育て，自己の生き方を考えることができるようにするとなっている。

また，指導計画の作成では，(1)探究的な見方・考え方を働かせ…横断的・総合的な学習や児童の興味・関心等に基づく学習を行うなど創意工夫を生かした教育活動の充実を図ること，内容の取扱いでは，(2)問題の解決や探究的な学習の過程においては，他者と協同して問題を解決しようとする学習活動や，言語により分析し，まとめたりするなどの学習活動が行われるようにすること，(4)自然体験やボランティア活動などの社会体験，ものづくり，生産活動などの体験活動，観察・実験，見学や調査，発表や討論などの学習活動を積極的に取り入れること，となっている。

「主体的な学び」とは，学習に積極的に取り組ませるだけでなく，学習後に自らの学びの成果や過程を振り返ることを通して，次の学びに主体的に取り組む態度を育む学びであり，キーワードは「課題設定」と「振り返り」である。「対話的な学び」とは，他者との協働や外界との相互作用を通じて，自らの考えを広げ深めるような学びであり，「考えるための技法」を意識的に使っていくことが「対話的な学び」を確かに実現していくものと期待できる。「考えるための技法」は，考える際に必要になる情報の処理方法を，「比較する」「分類する」「関連付ける」のように具体化し，技法として整理できる。

ここで，「主体的・対話的で深い学び」の視点を生かした「総合的な学習の時間」の授業の展開例(小学校5・6年」)について，3段階で考えてみる。

第1段階は，児童一人一人が課題を主体的に捉えて，疑問を持ち，解決への方法を考え，解決に向けて調査してまとめる。疑問ごとにこの過程を繰り返す(4時間程度)。第2段階は，解決法か課題ごとにグループになり，自ら課題を見付け，協働調査や聞き取り・分析をし，まとめて報告会を持つ(4時間程度)。第3段階は，これまでの学習をまとめ，伝える学習を中心にし，発表会の準備と発表会の実施及び今までの学習の振り返りをする(3時間程度)。以上のような例が考えられる。

上記の段階や学習内容・方法等については，児童の発達段階に即したものでなければならないことは自明のことである。また，情報機器も積極的に活用するようにしたい。

●作成のポイント

論文の構成は，序論・本論・結論とする。記述前に構想する時間を十分に取り，その内容を簡潔に整理することが重要である。300字以上400字以内であることから，序論(約15～20％程度)・本論(約65～75％程度)・結論(約10～15％程度)の目安で，端的に記述することが大切である。

序論では，授業改善の視点「主体的・対話的で深い学び」と「総合的な学習の時間」の特性について簡潔に説明をする。

本論では，「主体的・対話的で深い学び」の視点を生かした授業の展開を具体的に述べる。ここでは，受験者の経験や知識から，「総合的な学習の時間」の学年の課題(テーマ)解決の授業展開を具体的に述べる。
※課題例(○私たちの自然環境を守る　○食をめぐる問題　○安全な町をつくる　○災害に強いまちづくり　○高齢社会と私　○この町の文化財　○食をめぐる問題　○町を元気にする等)

結論では，「総合的な学習の時間」であるからこそ達成できることの重要性とともに，「主体的・対話的で深い学び」による創意工夫した授業改善に取り組む決意を述べて論文をまとめる。

2 「小学校学習指導要領」（平成29年文部科学省告示第63号）の「第6章　特別活動　第2　各活動・学校行事の目標及び内容（学級活動）」に示された「学級活動」の目標や内容を踏まえ，あなたは学級担任として学級活動をどのように展開していくか。具体的な取組について，300字以上400字以内で記述しなさい。

2 解答略

解説

●方針と分析

(方針)

特別活動における「学級活動」の目標や内容を簡潔に述べる。次に，学級担任としてどのように取り組むか具体的に述べる。

(分析)

学習指導要領「学級活動」の目標は，「学級や学校での生活をよりよくするための課題を見いだし，解決するために話し合い，合意形成し，役割を分担して協力して実践したり，学級での話し合いを生かして自己の課題の解決及び将来の生き方を描くために意思決定して実践したりすることに，自主的，実践的に取り組むことを通して，第1の目標に掲げる資質・能力を育成することを目指す。」となっている。

内容は，学年(発達段階)に即し，学級を単位として，日常の生活や学習に取り組む態度を育成する活動としている。

学級活動には，(1)学級や学校における生活づくりへの参画(諸課題を見いだし，自主的に取り上げ，協力して解決していく自発的，自治的な活動)により，望ましい人間関係の形成やよりよい生活づくりに参画する態度などに関わる道徳性を身に付け，(2)日常の生活や学習への適応と自己の成長及び健康安全では，基本的な生活習慣の形成やよりよい人間関係の形成，心身ともに健康で安全な生活態度の形成，食育の観点を踏まえた学校給食と望ましい食習慣の形成を示し，(3)一人一人のキャリア形成と自己実現として，現在や将来に希望や目標をもって生きる意欲や態度の形成，社会参画意識の醸成や働くことの意義の理解，主体的な学習態度の形成と学校図書館等の活用，という三つの内容がある。

具体的には，学級活動(1)では，全ての子供がやりがいを持ち合いながら安心して学級生活を過ごすことができるように，子供自身が議題(テーマ)を選定し，学級会で話し合い，決まったことを協力して実践する。話合いの議題(テーマ)例(5年)として，○学級目標を達成する集会をしよう，○学級カルタを作ろう，○係り活動発表会をしよう，○当番活動の見直しをしよう等が考えられる。

学級活動(2)では，日常の生活や学習への適応と自己の成長及び健康安全について，教師が事前のアンケート調査等を基に，意図的・計画的に指導し，一人一人の子どもがこれまでの自身の行動などを見つめ直し，自分事として捉える。指導内容例(3年)として，○3年生になって，○友だちづくり，○夏休みの過ごし方，○インフルエンザにかからない，○もうすぐ4年生等が考えられる。

学級活動(3)では，一人一人のキャリア形成と自己実現として，これからの「なりたい自分(自己実現)」をイメージできるようにし，自分がレベルアップし，よりよくなるためにどうするか考える。指導内容例(4年)として，○学級での仕事(当番活動と係り活動)，○進んでやる自主学習，○掃除大作戦等が考えられる。

●作成のポイント

論文の構成は，序論・本論・結論とする。記述前に構想する時間を十分に取り，その内容を簡潔に整理することが重要である。300字以上400字以内であることから，序論(約15～20％程度)・本論(約65～75％程度)・結論(約10～15％程度)の目安で，端的に記述することが大切である。

序論では，「学級活動」の目標や内容を簡潔に述べる。内容については，学年の発達段階，児童(学級・学校)の実態，地域性等をもとに考えることが必要である。

本論では，どの学年かを決めて，学級担任としての具体的な取組を論じることが望まれる。300字以上400字以内であることから，学級活動(1)児童の自発的・自治的な活動か，教師の指導による(2)か(3)かの中で，一つに絞って論じるのが適切であろう。

結論では，学校教育の中で，特別活動，特に「学級活動」の重要性を述べ，教師になったら学級担任として「学級活動」に積極的に取り組むという決意を述べて，論文をまとめる。

2023年度 ◆ 教科及び教職に関する科目（Ⅰ）

1 次の各文は，日本の教育史上著名な人物についての説明である。誤っているものを，次のア〜エの中から一つ選んで記号で答えなさい。

ア　貝原益軒の『和俗童子訓』の「予めする」という考え方は，子供は白紙のような心の状態であり，人の善悪は生得的なものではなく，生後の環境や教え方によって決まるため，早い段階から「予め」善く教えよという意味である。

イ　明治６年にアメリカから帰国した森有礼は，西洋の学術団体・学会に似た組織を日本でも作ろうと志し，福沢諭吉らと相談して，同年９月に明六社を設立した。その名称は明治６年に設立されたことによる。

ウ　密航に失敗して野山獄に投獄された吉田松陰は，勉学と著述に専念すると同時に獄中の教育活動に取り組んだ。その教育は，すべての人間の性は善であるとし，教えるという行為によってのみ教育を行うのではなく，共に学ぶという態度に貫かれ，学習サークルとして出発した。

エ　昌平坂学問所教授だった井上毅は，朱子学者であったが，幕末に英国に留学し，西洋の思想や学問を摂取し，英国の発展の基礎にキリスト教信仰と自由の精神を認め自らキリスト教に入信し，のちに教育勅語の草案作りに取り組んだ。

1　エ

解説　日本の教育の基本方針を示した明治天皇の勅語である教育勅語の起草に参与したのは，江戸末期から明治の儒学者・啓蒙思想家であった中村正直(1832～1891年)である。井上毅(1843～1895年)は明治期の政治家で，伊藤博文の下で大日本帝国憲法や皇室典範の草案作成にあたった。

2 次の各文は，欧米及び日本の教育の歴史上重要な出来事について述べたものである。これらの出来事を年代順に並べたものとして正しいものを，以下のア～エの中から一つ選んで記号で答えなさい。

① ヨーロッパの大学の起源の一つであるボローニャ大学が創設された。
② フランス革命以後，フランス公教育の基礎的理念をコンドルセ(Condorcet, M.J.A.N.)が構築し，その後の近代公教育制度に思想的な影響を与えた。
③ 閑谷学校は江戸時代に岡山藩主池田光政によって創建され，庶民にも門戸が開かれた学校である。
④ ニューヨーク州オスウィーゴー市のオスウィーゴー州立師範学校は，アメリカにおける新教育運動の拠点として学校の改革及び教員養成の改革に取り組んだ。

ア ①→②→③→④　　イ ②→③→①→④
ウ ①→③→②→④　　エ ④→①→③→②

2 ウ

解説 ① イタリアのボローニャ大学の創設は1088年である。 ② コンドルセはフランス革命(1789～1799年)において立法議会の議員，公教育委員会議長となり，国民教育制度の構想を構築した。 ③ 閑谷学校の創設は1670年である。 ④ オスヴィーゴー州立師範学校が学校の改革及び教員養成の改革に取り組んだのは19世紀後半である。

3 次の各文は，我が国の学校教育に大きな影響を与えた人物について述べたものである。誤っているものを，次のア～エの中から一つ選んで記号で答えなさい。

ア　及川平治は，教育の主体である児童固有の能力(能力不同)に注目し，知識を与えるよりもその探究法(動機)を工夫させるために動的教育(機能的教育)を重視した。

イ　樋口勘次郎の学習理論は，「生活から出発して生活によって生活の向上を図る」というように，生活主義に立って自己の社会的創造を進め，「独自学習→相互学習→独自学習」の図式をたどる合科学習を基調とするものであった。

ウ　手塚岸衛は，児童の自学・自治・自育のために画一的一斉主義を排して学級自治会を組織し，試験や通知簿も廃し，高等科男子には自由学習時間を特設した。また，大正13年には雑誌『自由教育』を創刊した。

エ　山本鼎は，留学したフランスやロシアでの経験から，手本に忠実であることを求めた我が国の図画教育を刷新して，児童の自由な創造的表現力を育てる自由画運動を展開した。

3 イ

解説 生活主義に立って自己の社会的創造を進め，合科学習を基調としたのは木下竹次(1872～1946年)である。樋口勘次郎(1871～1917年)は，東京高等師範学校付属小学校訓導としての経験を題材に『統合主義新教授法』を著し，子どもの自発活動とカリキュラムの統合を唱えた。

4 学校運営協議会制度に関する説明として誤っているものを，次のア～エの中から一つ選んで記号で答えなさい。

ア　コミュニテイ・スクールとは，「地方教育行政の組織及び運営に関する法律」(昭和31年法律第162号)第47条の5に規定する保護者や地域住民等が一定の権限と責任を持って学校運営に参画する仕組みである「学校運営協議会」を置く学校のことである。

イ　平成29年の「地方教育行政の組織及び運営に関する法律」の改正により，教育委員会は所管の学校ごとに学校運営協議会を置かなければならないとされ，現在，教育委員会には学校運営協議会の設置義務が課されている。

ウ　学校運営協議会の委員は，保護者や地域住民等から教育委員会が任命する。

エ　学校運営協議会は，教職員の任用に関して教育委員会に対して意見を述べることができる。

4　イ

解説「地方教育行政の組織及び運営に関する法律」第47条の5第1項は「教育委員会は，教育委員会規則で定めるところにより，その所管に属する学校ごとに，当該学校の運営及び当該運営への必要な支援に関して協議する機関として，学校運営協議会を置くように努めなければならない。ただし，二以上の学校の運営に関し相互に密接な連携を図る必要がある場合として文部科学省令で定める場合には，二以上の学校について一の学校運営協議会を置くことができる」としており，学校運営協議会の設置は努力義務である。なお，「学校運営協議会」とは，保護者や地域住民などから構成されるものであり，学校運営の基本方針を承認したり，教育活動などについて意見を述べたりする取組を行う組織である。学校運営協議会を設置している学校をコミュニティ・スクールと呼ぶ。

5 次の各文は，「教育基本法」（平成18年法律第120号）の一部を抜粋したものである。下線部の内容に誤りのあるものを，次のア～エの中から一つ選んで記号で答えなさい。

ア　すべて国民は，ひとしく，その能力に応じた教育を受ける機会を与えられなければならず，人種，信条，性別，社会的身分，経済的地位又は門地によって，教育上差別されない。

イ　国及び地方公共団体は，能力があるにもかかわらず，経済的理由によって修学が困難な者に対して，奨学の措置を講じなければならない。

ウ　父母その他の保護者は，その保護する子に，別に法律で定めるところにより，普通教育を受けさせる義務を負う。

エ　幼児期の教育は，生涯にわたる人格形成の基礎を培う重要なものであることにかんがみ，国及び地方公共団体は，幼児の健やかな成長に資する良好な環境の整備その他適当な方法によって，その振興に努めなければならない。

5 ウ

解説 教育基本法は，教育を受ける権利を国民に保障した日本国憲法に基づき，日本の公教育の在り方を全般的に規定する法律で，前文と18の条文からなっている。「教育基本法」第5条第1項は「国民は，その保護する子に，別に法律で定めるところにより，普通教育を受けさせる義務を負う」とされている。なお，アは教育の機会均等を定めた同法第4条第1項，イは同法同条第3項，エは幼児期の教育について定めた同法第11条である。

6 次の各文は，「地方公務員法」（昭和25年法律第261号）の一部を抜粋したものである。下線部の内容に誤りのあるものを，次のア～エの中から一つ選んで記号で答えなさい。

ア　すべて職員は，全体の奉仕者として国民の利益のために勤務し，且つ，職務の遂行に当つては，全力を挙げてこれに専念しなければならない。

イ　職員は，条例の定めるところにより，服務の宣誓をしなければならない。

ウ　職員は，その職務を遂行するに当つて，法令，条例，地方公共団体の規則及び地方公共団体の機関の定める規程に従い，且つ，上司の職務上の命令に忠実に従わなければならない。

エ　職員は，その職の信用を傷つけ，又は職員の職全体の不名誉となるような行為をしてはならない。

6 ア

解説 地方公務員法は地方公共団体の人事機関や，地方公務員の一般職の任用・職階制・給与・勤務時間・勤務成績の評定・服務・懲戒処分等について定めた法律で，公立学校教員に適用される。地方公務員法第30条は「すべて職員は，全体の奉仕者として公共の利益のために勤務し，且つ，職務の遂行に当つては，全力を挙げてこれに専念しなければならない」とされている。なお，イは服務の宣誓を定めた同法第31条，ウは法令等及び上司の職務上の命令に従う義務を定めた同法第32条，エは信用失墜行為の禁止を定めた同法第33条である。

7 次の各文は，「学校教育の情報化の推進に関する法律」(令和元年法律第47号)の一部を抜粋したものである。文中の[　①　]～[　④　]に当てはまる語句の組合せとして正しいものを，以下のア～エの中から一つ選んで記号で答えなさい。

第1条　この法律は，[　①　]の発展に伴い，学校における情報通信技術の活用により学校教育が直面する課題の解決及び学校教育の一層の充実を図ることが重要となっていることに鑑み，全ての児童生徒がその状況に応じて効果的に教育を受けることができる環境の整備を図るため，学校教育の情報化の推進に関し，基本理念を定め，国，地方公共団体等の責務を明らかにし，及び学校教育の情報化の推進に関する計画の策定その他の必要な事項を定めることにより，学校教育の情報化の推進に関する施策を総合的かつ計画的に推進し，もって次代の社会を担う児童生徒の育成に資することを目的とする。

第3条　学校教育の情報化の推進は，情報通信技術の特性を生かして，個々の児童生徒の[　②　]等に応じた教育，[　③　]のある教育(児童生徒の[　④　]な学習を促す教育をいう。)等が学校の教員による適切な指導を通じて行われることにより，各教科等の指導等において，情報及び情報手段を[　④　]に選択し，及びこれを活用する能力の体系的な育成その他の知識及び技能の習得等(心身の発達に応じて，基礎的な知識及び技能を習得させるとともに，これらを活用して課題を解決するために必要な思考力，判断力，表現力その他の能力を育み，[　④　]に学習に取り組む態度を養うことをいう。)が効果的に図られるよう行われなければならない。

	①	②	③	④
ア	デジタル社会	個別最適な学び	多様性	主体的
イ	Society 5.0 時代	個別最適な学び	多様性	自主的
ウ	デジタル社会	能力，特性	双方向性	主体的
エ	Society 5.0 時代	能力，特性	双方向性	自主的

7 ウ

解説 学校教育の情報化の推進に関する法律は，全ての児童生徒がその状況に応じて効果的に教育を受けることができる環境の整備を図るため令和元年6月施行された法律で，同法第1条は目的，同法第3条はその基本理念を定めている。なお，選択肢にある「Soeiety 5.0時代」はサイバー空間(仮想空間)とフィジカル空間(現実空間)を高度に融合させたシステムにより経済発展と社会的課題の解決を両立する人間中心の社会(Society)のことで，狩猟社会(Society 1.0)，農耕社会(Society 2.0)，工業社会(Society 3.0)，情報社会(Society 4.0)に続く新たな社会を指す。第5期科学技術基本計画(計画年度：平成28～平成32年度)において日本が目指すべき未来社会の姿として初めて提唱された。

8 次の文は，「小学校学習指導要領」(平成29年文部科学省告示第63号)の「第1章　総則　第2　教育課程の編成」の「2　教科等横断的な視点に立った資質・能力の育成」の一部である。文中の［①］～［④］に当てはまる語句の組合せとして正しいものを，以下のア～エの中から一つ選んで記号で答えなさい。

(1)　各学校においては，児童の［①］を考慮し，言語能力，情報活用能力(情報モラルを含む。)，問題発見・解決能力等の［②］となる資質・能力を育成していくことができるよう，［③］を生かし，［④］から教育課程の編成を図るものとする。

	①	②	③	④
ア	学習の基盤	発達の段階	教科等横断的な視点	各教科等の特質
イ	学習の基盤	発達の段階	各教科等の特質	教科等横断的な視点
ウ	発達の段階	学習の基盤	教科等横断的な視点	各教科等の特質
エ	発達の段階	学習の基盤	各教科等の特質	教科等横断的な視点

8 エ

解説 出題は平成29年の小学校学習指導要領改訂において加筆された部分で，学習の基盤となる資質・能力として，言語能力，情報活用能力，問題発見・解決能力等を挙げている。小学校学習指導要領解説総則編は，この部分について「情報活用能力をより具体的に捉えれば，学習活動において必要に応じてコンピュータ等の情報手段を適切に用いて情報を得たり，情報を整理・比較したり，得られた情報を分かりやすく発信・伝達したり，必要に応じて保存・共有したりといったことができる力」のことであると解説している。

9 次の年表は，学習指導要領の改訂についてまとめたものである。表中の［①］～［⑤］に当てはまる語句の組合せとして正しいものを，以下のア～エの中から一つ選んで記号で答えなさい。

昭和33～35年 改訂	教育課程の基準としての性格の明確化 (［①］の新設，基礎学力の充実，科学技術教育の向上等) (系統的な学習を重視)
昭和43～45年 改訂	教育内容の一層の向上(「教育内容の現代化」) (時代の進展に対応した教育内容の導入) (算数における集合の導入等)
昭和52～53年 改訂	ゆとりある充実した学校生活の実現＝学習負担の適正化 (各教科等の目標・内容を中核的事項に絞る)
平成元年 改訂	社会の変化に自ら対応できる心豊かな人間の育成 (［②］の新設，道徳教育の充実)
平成10～11年 改訂	基礎・基本を確実に身に付けさせ，自ら学び自ら考える力などの[生きる力]の育成 (教育内容の厳選，「［③］」の新設)
平成20～21年 改訂	「生きる力」の育成，基礎的・基本的な知識・技能の習得，思考力・判断力・表現力等の育成のバランス (授業時数の増，指導内容の充実，小学校［④］の導入)

平成29～30年改訂	「生きる力」の育成を目指し資質・能力を三つの柱（※）で整理，社会に開かれた教育課程の実現 （※）「知識及び技能」，「思考力，判断力，表現力等」，「学びに向かう力，人間性等」 （「主体的・対話的で深い学び」（アクティブ・ラーニング）の視点からの授業改善，カリキュラム・マネジメントの推進，小学校 ⑤ の新設等）

	①	②	③	④	⑤
ア	道徳の時間	生活科	総合的な学習の時間	外国語活動	外国語科
イ	社会科	クラブ活動	特別の教科・道徳	生活科	探求の時間
ウ	道徳の時間	クラブ活動	生活科	特別の教科・道徳	探求の時間
エ	社会科	生活科	総合的な学習の時間	外国語活動	外国語科

9 ア

解説 学習指導要領は，全国のどの地域で教育を受けても，一定の水準の教育を受けられるようにするため，文部科学省が学校教育法等に基づき，各学校で教育課程(カリキュラム)を編成する際の基準を定めたものである。戦後すぐに試案として作られたが，現在のような大臣告示の形で定められたのは昭和33(1958)年のことであり，それ以来ほぼ10年毎に改訂されてきている。

10 次の図は，総合的な学習の時間の目標と内容と学習活動の関係を示したものである。空欄の（　①　）～（　④　）に当てはまる語句の組合せとして正しいものを，以下のア～エの中から一つ選んで記号で答えなさい。

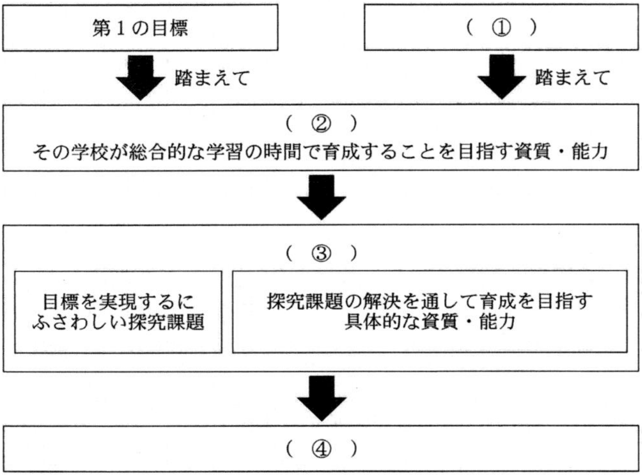

	①	②	③	④
ア	各学校における教育目標	各学校において定める目標	各学校において定める内容	学習活動（単元）
イ	各学校において定める目標	各学校において定める内容	学習活動（単元）	各学校における教育目標
ウ	各学校において定める内容	学習活動（単元）	各学校における教育目標	各学校において定める目標
エ	学習活動（単元）	各学校における教育目標	各学校において定める目標	各学校において定める内容

10 ア

解説 小学校学習指導要領解説総合的な学習の時間編の「第3章　各学校において定める目標及び内容」の項に掲げられた図「総合的な学習の時間の構造イメージ(小学校)」からの引用出題である。このイメージ図のように，総合的な学習の時間について各学校は小学校学習指導要領に示された総合的な学習の時間の「第1　目標」を踏まえ，各学校の総合的な学習の時間の目標や内容を適切に定めて，創意工夫を生かした特色ある教育活動を展開する必要がある。これが総合的な学習の時間の大きな特質である。

11 次の文は，『小学校学習指導要領(平成29年告示)解説　特別の教科道徳編』(平成29年7月文部科学省)の「第2章　道徳教育の目標　第2節　道徳科の目標」の一部である。文中の［①］～［④］に当てはまる語句の組合せとして正しいものを，以下のア～エの中から一つ選んで記号で答えなさい。

道徳性とは，人間としてよりよく生きようとする［①］であり，道徳教育は道徳性を構成する諸様相である［②］，［③］，［④］を養うことを求めている。

	①	②	③	④
ア	資質・能力	道徳的心情	道徳的判断力	道徳的実践力と態度
イ	人格的特性	道徳的判断力	道徳的心情	道徳的実践意欲と態度
ウ	資質・能力	道徳的判断力	道徳的心情	道徳的実践力
エ	人格的特性	道徳的心情	道徳的判断力	道徳的実践意欲と態度

11 イ

解説 小学校学習指導要領解説特別の教科道徳編は，②の道徳的判断力とは，「それぞれの場面において善悪を判断する能力」，③の道徳的心情とは，「道徳的価値の大切さを感じ取り，善を行うことを喜び，悪を憎む感情」，④の道徳的実践意欲とは，「道徳的判断力や道徳的心情を基盤とし道徳的価値を実現しようとする意志の働き」，同じく④の道徳的態度とは，「それらに裏付けられた具体的な道徳的行為への身構え」のことである等と解説している。

12 次の各文章は，『小学校学習指導要領（平成29年告示）解説　特別活動編』（平成29年７月文部科学省）に基づいて述べたものである。特別活動の内容を構成する「学級活動」のうち，「ウ　学校における多様な集団の生活の向上」の内容を解説した文章として正しいものを，次のア～エの中から一つ選んで記号で答えなさい。

ア　この内容は，児童会やクラブの集団，学校行事に取り組む各種の集団，日常的に異年齢交流を行う集団，通学を共にする集団など学級や学年の枠を超えた多様な集団における活動及び学校行事を通して学校生活の向上を図るために，学級としての提案や取組を話し合って決める活動であり，学級活動と児童会活動や学校行事をつなぐ活動であるとも言える。
イ　この内容は，学級の生活の充実や向上を図るために必要とされる学級内の組織づくりや仕事の分担などを，教師の適切な指導の下で児童自身が見いだし，協力しながら責任をもって行う活動である。
ウ　この内容は，児童が学級や学校における生活の充実と向上を図るために，そこで生じる人間関係や生活上の様々な問題について，協力して自主的，実践的に解決していこうとする活動である。学級や学校での生活をよりよくするための課題を児童が見いだし，「学級会」等で話し合い，合意形成を図り実践し，振り返ることまでが主な内容となる。

エ　この内容は，児童が，児童会において主体的に組織をつくり，役割を分担し，活動の計画を立てたり，学校全体の生活の課題を見いだし，それを解決するために話し合い，合意形成を図り実践したりするものである。

12 ア

解説 イ 「学級内の組織づくりや役割の自覚」の内容の解説である。 ウ 「学級や学校における生活上の諸問題の解決」の内容の解説である。 エ 児童会活動のうち「児童会の組織づくりと児童会活動の計画や運営」の内容の解説である。なお，小学校の特別活動は，学級活動，児童会活動，クラブ活動，学校行事で構成される。

13 次の文章は，「障害のある子供の教育支援の手引～子供たち一人一人の教育的ニーズを踏まえた学びの充実に向けて～」（令和３年６月文部科学省）からの抜粋である。文章中の［　①　］～［　④　］に当てはまる語句の組合せとして正しいものを，以下のア～エの中から一つ選んで記号で答えなさい。

　学校教育は，障害のある子供の［　①　］を目指した取組を含め，「共生社会」の形成に向けて，重要な役割を果たすことが求められている。そのためにも「共生社会」の形成に向けた［　②　］教育システム構築のための特別支援教育の推進が必要とされている。

［　②　］教育システムの構築のためには，障害のある子供と障害のない子供が，可能な限り同じ場で共に学ぶことを目指すべきであり，その際には，それぞれの子供が，授業内容を理解し，学習活動に参加している実感・達成感をもちながら，充実した時間を過ごしつつ，生きる力を身に付けていけるかどうかという最も本質的な視点に立つことが重要である。

　そのための環境整備として，子供一人一人の［　①　］を見据えて，その時点での教育的ニーズに最も的確に応える指導を提供できる，多様で柔軟な仕組みを整備することが重要である。このため，小中学校等における通常の学級，通級による指導，特別支援学級や，特別支援学校といった，連続性のある「［③］」を用意していくことが必要である。

教育的ニーズとは，子供一人一人の障害の状態や特性及び心身の発達の段階等（以下「障害の状態等」という。）を把握して，具体的にどのような特別な指導内容や教育上の［④］を含む支援の内容が必要とされるかということを検討することで整理されるものである。そして，こうして把握・整理した，子供一人一人の障害の状態等や教育的ニーズ，本人及び保護者の意見，教育学，医学，心理学等専門的見地からの意見，学校や地域の状況等を踏まえた総合的な観点から，就学先の学校や学びの場を判断することが必要である。

	①	②	③	④
ア	援助と特別な指導	インテグレーション	教育支援の場	配慮事項
イ	自立と社会参加	インクルーシブ	多様な学びの場	合理的配慮
ウ	援助と特別な指導	インクルーシブ	教育支援の場	合理的配慮
エ	自立と社会参加	インテグレーション	多様な学びの場	配慮事項

13 イ

解説 「障害のある子供の教育支援の手引～子供たち一人一人の教育的ニーズを踏まえた学びの充実に向けて～」は，令和3年1月に取りまとめられた「新しい時代の特別支援教育の在り方に関する有識者会議報告」を受けて令和3年6月に文部科学省が作成したもの。「合理的配慮」とは障害者の権利条約「第2条　定義」において「障害者が他の者と平等にすべての人権及び基本的自由を享有し，又は行使することを確保するための必要かつ適当な変更及び調整であって，特定の場合において必要とされるものであり，かつ，均衡を失した又は過度の負担を課さないものをいう」と定義されている。教育上の合理的配慮としては，教員，支援員等の確保，施設・設備の整備，個別の教育支援計画や個別の指導計画に対応した柔軟な教育課程の編成や教材等の配慮が考えられる。

14 「いじめの重大事態の調査に関するガイドライン」（平成29年3月文部科学省）に示されている内容として誤りのあるものを，次のア～エの中から一つ選んで記号で答えなさい。

ア　学校の設置者及び学校は，いじめを受けた児童生徒やその保護者のいじめの事実関係を明らかにしたい，何があったのかを知りたいという切実な思いを理解し，対応に当たること。

イ　いじめの重大事態の定義は「いじめにより当該学校に在籍する児童等の生命，心身又は財産に重大な被害が生じた疑いがあると認めるとき」，「いじめにより当該学校に在籍する児童等が相当の期間学校を欠席することを余儀なくされている疑いがあると認めるとき」とされている。

ウ　学校は，重大事態が発生した場合（いじめにより重大な被害が生じた疑いがあると認めるとき。），速やかに学校の設置者を通じて，地方公共団体の長等まで重大事態が発生した旨を報告する義務が法律上定められている。

エ　重大事態の調査は，いじめの事実の全容解明，当該いじめの事案への対処及び同種の事案の再発防止が目的であるとともに，民事・刑事上の責任追及やその他の争訟等への対応を直接の目的とするものであること。

14　エ

解説「いじめの重大事態の調査に関するガイドライン」は，文部科学省がいじめ防止対策推進法第28条第1項で定められたいじめの重大事態への対応について，学校の設置者及び学校における法，基本方針等に則った適切な調査の実施に資するため平成29年3月に策定したものである。本ガイドライン中の「基本的姿勢」の項で，エは「重大事態の調査は，民事・刑事上の責任追及やその他の争訟等への対応を直接の目的とするものではなく，いじめの事実の全容解明，当該いじめの事案への対処及び同種の事案の再発防止が目的であることを認識すること」とされている。

15　次の各文は，学校における教育相談について述べたものである。正しいものの組合せを，以下のア～エの中から一つ選んで記号で答えなさい。

①　教育相談はすべての児童生徒を対象にするものである。
②　教育相談は，教育相談担当教員や養護教諭，スクールカウンセラー，スクールソーシャルワーカーといった特別な知識と技法を身に付けた専門家のみが行うものである。
③　教育相談は，あらゆる教育活動を通して行われるものであるが，定期面談や呼出し面談等は教育相談の大事な場面である。
④　課題のある事例を個別に深く検討するケース会議では，対象となる児童生徒のアセスメント(見立て)やプランニング(手立て)が行われる。
⑤　保護者の持つ価値観は教員や学校が重要視するものと大きく異なる

場合があるため，教育相談においては保護者との面接は避けた方がよい。

ア ①②③　イ ①③④　ウ ②③⑤　エ ③④⑤

15 イ

解説 ②に関して，平成19年に教育相談等に関する調査研究協力者会議が取りまとめた「児童生徒の教育相談の充実について―生き生きとした子どもを育てる相談体制づくり―(報告)」では，「教育相談は，学校の教育活動全体を通じて，また全ての教員が様々な時と場所において，適切に行うことが必要である」としている。⑤に関して，平成29年1月に同調査研究協力者会議が取りまとめた「児童生徒の教育相談の充実について～学校の教育力を高める組織的な教育相談体制づくり～」では，「不登校，いじめ等の事案への支援・対応については，保護者の協力が欠かせないことから，SC(スクールカウンセラー)が保護者と面談し，児童生徒の状況や保護者の希望等を聞き取りながら，本人の状況も踏まえ課題解決に向けた助言・援助を行うことが必要である」とされている。

16 コールバーグ (Kohlberg, L.) の示した道徳性の発達に関する理論と研究方法の説明について，正しいものはどれか。次のア～エの中から一つ選んで記号で答えなさい。

ア　コールバーグは，道徳性の発達に関して三つの水準と六つの段階を示したが，それらの間に順序性は見られないとした。

イ　コールバーグは，道徳性の発達を条件付けによる行動変容であると考えた。

ウ　ギリガン (Gilligan, C.) は，コールバーグの示した道徳性の発達を検討し，男性と女性のどちらも同様の発達の過程を示すことを明らかにした。

エ　コールバーグは，道徳的価値の対立するストーリーを聞かせ，主人公はどうするべきかと，その判断理由を問う方法で研究を行った。

16 エ

解説 ア　コールバーグは，道徳性は，3つの水準と6つの段階の順で発達すると考えた。つまり，水準については，前慣習的水準，慣習的水準，後慣習的水準の順に，また段階については，罰と服従への志向性，報酬と取引への志向性，対人的同調への志向性，法と秩序への志向性，社会的契約への志向性，普遍的倫理への志向性の順番に発達していくと考えた。　イ　コールバーグは道徳性の発達は，道徳についての認知構造が順序性を以て段階的に変化していくと考えた。道徳性の発達を条件づけによる行動変容と考えたのは，ワトソンに代表される行動主義の心理学者である。　ウ　ギリガンは，「ヤマアラシのジレンマ」等の課題を用いて道徳性の発達を検討し，男性には正義や公平性を志向する道徳性，女性には配慮と責任を志向する道徳性があると主張した。

17 三隅二不二の提唱したリーダーシップ理論の説明として，正しいものはどれか。次のア～エの中から一つ選んで記号で答えなさい。

ア　P機能はPersonal機能の略であり，個々の集団成員の人格の向上を指向する機能である。
イ　M機能はMaintenance機能の略であり，リーダーの集団維持能力に関する機能である。
ウ　リーダーのタイプは，その機能の高低により，Pm型，Mp型の２つに分けられる。
エ　教師のリーダーシップは，P機能の方がM機能よりも学級集団のよい雰囲気づくりに大きく影響する。

17 イ

解説 ア　P機能はPerformance機能の略であり，集団の課題や目標を達成させる機能である。　ウ　リーダーのタイプは，その機能の高低により，PM型，Pm型，pM型，及びpm型の4つに分けられる。　エ　教師のリーダーシップは，集団維持を志向する機能であるM機能の方が，課題・目標達成を志向するP機能よりも，学級集団のよい雰囲気づくりに大きく影響する。

18 エリクソン (Erikson, E. H.) の提唱した発達段階とその時期に優勢となる心理・社会的危機について，正しい組合せはどれか。次のア～エの中から一つ選んで記号で答えなさい。

ア　乳児期 ———— 基本的信頼　対　基本的不信
イ　幼児期初期 —— 勤勉性　対　劣等感
ウ　学童期 ———— 同一性　対　同一性混乱
エ　青年期 ———— 自律性　対　恥・疑惑

18 ア

解説 イ　エリクソンが提唱した「幼児期初期」の心理・社会的危機は，「自律性　対　恥・疑惑」であり，「勤勉性　対　劣等感」は，「学童期」の心理・社会的危機である。　ウ「同一性(アイデンティティ)　対　同一性混乱」は，「青年期」の心理・社会的危機である。

19 教育実践の過程において，それぞれの段階とその時期に関係の深い評価について，正しい組合せはどれか。次のア～エの中から一つ選んで記号で答えなさい。

ア　計画 (Plan) 段階 ――― 総括的評価
イ　実行 (Do) 段階 ――― 形成的評価
ウ　評価 (Check) 段階 ―― 診断的評価
エ　改善 (Action) 段階 ―― 相対評価

19 イ

解説 ア　総括的評価は学習の成果を総合的・全体的に把握するために行う評価であり改善(Action)段階で行う。総括的評価の結果に基づき，後の指導を改善する「指導と評価の一体化」を進めていくことが授業改善には不可欠である。　ウ　診断的評価は教える側が学習者の状況を把握するために行う評価のことで，計画(Plan)段階で行う。　エ　相対評価は一定の集団内における個人の学力の相対的地位を表す評価で，評価(Check)段階で行う。

20 次の文章中の下線部の略称として正しいものを，以下のア～エの中から一つ選んで記号で答えなさい。

近年，教員の働き方改革が重要な政策課題として取り上げられている。中央教育審議会は，「新しい時代の教育に向けた持続可能な学校指導・運営体制の構築のための学校における働き方改革に関する総合的な方策について」(平成31年１月)を答申しており，新たな学校教育の課題達成に向けて，そこで働く教員の勤務環境，指導環境の改善が喫緊の課題であるとの認識を示している。

こうした課題認識に至った内外の要因の中で，とりわけ大きなインパクトを与えた調査結果がある。2013年に行われた加盟国等34か国の<u>教</u>

員を対象としたOECDによる国際調査である。

我が国の教員は，課外活動の指導や事務作業に多くの時間を費やし，調査参加国中で勤務時間が最も長いという結果が出るなど，教員の勤務負担の軽減が課題として浮き彫りになった。

ア　PISA　　イ　STEAM　　ウ　TALIS　　エ　TIMSS

20　ウ

解説　正答のTALISはTeaching and Learning International Surveyの略で，「OECD国際教員指導環境調査」のこと。　ア　PISA(Programme for International Student Assessment)は「OECD生徒の学習到達度調査」の略で，義務教育終了段階の15歳の生徒が，それまでに身に付けてきた知識や技能を，実生活の様々な場面で直面する課題にどの程度活用できるかを測ることで，3年ごとに実施される。　イ　STEAMは「理数教育に創造性教育をプラスした教育理念」のことで，文部科学省は「STEM(Science, Technology, Engineering, Mathematics)に加え，芸術，文化，生活，経済，法律，政治，倫理等を含めた広い範囲でA(Art)を定義し，各教科等での学習を実社会での問題発見・解決に生かしていくための教科等横断的な学習を推進している」としている。　エ　TIMSS(Trends in International Mathematics and Science Study)は「国際数学・理科教育動向調査」で，IEA(国際教育到達度評価学会)が4年ごとに実施するもの。初等中等教育段階における児童・生徒の算数・数学及び理科の教育到達度を国際的な尺度によって測定し，児童・生徒の学習環境条件等の諸要因との関係を分析することを目的としている。

2023年度 ◆ 教科及び教職に関する科目（Ⅱ）

※国語，社会，算数，理科，生活，音楽，図画工作，家庭，体育，外国語(英語)の10教科の中から6教科を選択して解答する。なお，6教科には「音楽」，「図画工作」，「体育」のうち2教科以上を含めること。

国語

1 「小学校学習指導要領」の各学年の「２　内容〔知識及び技能〕 (1) 言葉の特徴や使い方に関する次の事項を身に付けることができるよう指導する。」に示されている「音読，朗読に関する事項」に基づいた指導の在り方として最も適切なものを，次のア～エの中から一つ選んで記号で答えなさい。

ア　第１学年では，語のまとまりや言葉の響きなどに気を付けて音読する必要があるため，物語のそれぞれの場面で，場面の様子が分かるように言葉に気を付けて明瞭な発音で音読するよう指導した。

イ　第２学年では，文章全体の構成や内容の大体を意識しながら音読する必要があるため，物語の場面ごとの間の取り方に注意しながら，まとまりによって抑揚や強弱をつけて音読するよう指導した。

ウ　第４学年では，文章の大体の内容を理解した上で，読み取ったことを聞き手にうまく伝える必要があるため，言葉の抑揚や強弱，間の取り方に注意しながら情景が相手に届くように朗読するよう指導した。

エ　第５学年では，文章全体として何が書かれているのかを大づかみに捉えたり，登場人物の行動や気持ちの変化を大筋で捉えたりしながら，抑揚を付けて音読するよう指導した。

1 ア

解説 小学校学習指導要領における「音読，朗読に関する事項」は，各学年で次のようになっている。第1学年及び第2学年では，「語のまとまりや言葉の響きなどに気を付けて音読すること」とある。第3学年及び第4学年では，「文章全体の構成や内容の大体を意識しながら音読すること」

とある。第5学年及び第6学年では，「文章を音読したり朗読したりすること」とある。アについては，第1学年及び第2学年で示されている事項に該当する。イについて，書かれている内容が第3学年及び第4学年の事項に対応し，第2学年としては適切ではない。ウには，「言葉の抑揚や強弱，間の取り方」と書かれているが，これは第3学年及び第4学年で音読や朗読に関連付けられずに示されている事項である。エには，「登場人物の行動や気持ちの変化」と書かれているが，第3学年及び第4学年の「C　読むこと」に「登場人物の行動や気持ちなどについて，叙述を基に捉えること」とあり，第5学年の音読や朗読について述べたものとしては適切ではない。

2　「小学校学習指導要領」の各学年の「2　内容〔知識及び技能〕(3)　我が国の言語文化に関する次の事項を身に付けることができるよう指導する。」に示されている「読書に関する指導事項」に基づいた指導の在り方として最も適切なものを，次のア～エの中から一つ選んで記号で答えなさい。

ア　第2学年の児童に，幅広く読書に親しむ習慣を付けさせるため，地域の図書館に出かけ，事典や新聞などから必要な情報を得て，分かったことをノートにまとめるよう指導した。
イ　第3学年の児童に，いろいろな本があることを理解させるため，友達が紹介する多様な本を知り，その内容を聞いて次に読みたい本を見つけるよう指導した。
ウ　第4学年の児童に，読書の楽しさや有効性を実感させるため，学級でブックトークをして多様なものの見方や考え方に触れるよう指導した。
エ　第5学年の児童に，日常的に読書に親しみ，読書が自分の考えを広げることを理解させるため，読んだ本の中で見付けた自分を支える言葉や新たに抱いた考えについてまとめるよう指導した。

2　エ

解説　小学校学習指導要領における「読書に関する事項」は，各学年で次のようになっている。第1学年及び第2学年では，「読書に親しみ，いろいろな本があることを知ること」とある。第3学年及び第4学年では，「幅広く読書に親しみ，読書が，必要な知識や情報を得ることに役立つことに気付くこと」とある。第5学年及び第6学年では，「日常的に読書に親しみ，読書が，自分の考えを広げることに役立つことに気付くこと」とある。アには，「幅広く」と書かれているが，これは第3学年及び第4学年に関連する内容であり，また，図書館や新聞については第1学年及び第2学年では触れられていない。イには，「いろいろな本」と書かれているが，これは第1学年及び第2学年に関する内容である。ウについて，第3学年及び第4学年では，学級でのブックトークについては述べられていない。エについては，第5学年及び第6学年で示されている事項に該当する。

3　次に示すのは，「小学校学習指導要領」の「第２　各学年の目標及び内容〔第１学年及び第２学年〕２　内容〔思考力，判断力，表現力等〕Ａ　話すこと・聞くこと」の(1)に示された指導事項に基づく第２学年の学習活動である。この学習活動を行う際の指導として適切でないものを，以下のア～エの中から一つ選んで記号で答えなさい。

【学習活動】

「学校の中で，すきな場しょを教えよう」という単元である。２年間生活してきた学校の中で，一番お気に入りの場所を選び，そこを選んだ理由とともに，その場所の魅力が聞き手に伝わるように話す。どんなことを話せばその魅力が伝わるのか，また，みんなに伝わるように話すにはどうすればよいか。話の内容や組立てを考え，話す際の声の大きさや速さに注意しながら伝える活動をしたい。

ア　伝えたいことが聞き手にうまく伝わるように，声の大きさや話す速

さを考えて工夫しながら話すよう指導した。

イ　伝えたいことが聞き手にうまく伝わるように，好きな場所の良いところを書き出し，その中から話すことを選んで，話の順序を考えるよう指導した。

ウ　伝えたいことが聞き手にうまく伝わるように，その場所の写真や動画を編集して資料として見せるなど，自分の考えが伝わる表現を工夫するよう指導した。

エ　伝えたいことが聞き手にうまく伝わるように，今までの学校生活を思い浮かべてノートに書き出し，一番伝えたい場所はどこなのかを絞っていくよう指導した。

3　ウ

解説　小学校学習指導要領における第1学年及び第2学年の「A　話すこと・聞くこと」としては，5つの指導事項が挙げられている。選択肢の内容がそれらの指導事項に対応するかを調べる。アについて，指導事項として「声の大きさや速さなどを工夫すること」とあるのに該当する。イについて，指導事項として「行動したことや経験したことに基づいて，話す事柄の順序を考えること」とあるのに該当する。ウには，「写真や動画を編集して資料として見せる」と書かれているが，発表に関する指導事項としては「伝えたい事柄や相手に応じて，声の大きさや速さなどを工夫すること」と書かれているので，不適切と考えられる。エについて，指導事項として「伝え合うために必要な事柄を選ぶこと」とあるのに該当する。

4　次に示すのは，「小学校学習指導要領」の「第２　各学年の目標及び内容〔第３学年及び第４学年〕　２　内容〔思考力，判断力，表現力等〕Ｂ　書くこと」の(1)に示されている指導事項に基づいた第４学年の学習活動である。この学習活動で指導する内容として適切でないものを，以下のア～エの中から一つ選んで記号で答えなさい。

【学習活動】

> 「お礼の気持ちを伝えよう」という単元である。地域学習でお世話になった公民館の皆さんに，日頃の感謝と，地域学習で地域のお祭りの歴史や地域の皆さんの活動を学習させてもらったことへのお礼の気持ちを伝える手紙を書く。

ア　相手や目的を意識した表現で書くことが大事なので，書き表し方が適切なものとなっているかを推敲（こう）する指導を行う。

イ　敬体と常体とを意識的に使い分けることが大事なので，書いた手紙を互いに読み合い，文末表現を確かめる指導を行う。

ウ　丁寧な言葉を使って書くことが大事なので，書き出しの挨拶には「拝啓」と書くなど，書き方の決まりを守って改まった気持ちで書く指導を行う。

エ　お礼の気持ちが伝わる手紙を書くことが大事なので，相手がしてくれたことやそのときに感じたことなどをノートに書き出した上で，手紙の基本的な形式を押さえて書く指導を行う。

4　ウ

解説　小学校学習指導要領における第3学年及び第4学年の「B　書くこと」に関しては，5つの指導事項が挙げられている。選択肢の内容がそれらの指導事項に対応するかを調べる。アについて，指導事項として「相手や目的を意識した表現になっているかを確かめたりして，文や文章を整えること」とあるのに該当する。イには，「書いた手紙を互いに読みあい，文末表現を確かめる」と書かれているが，指導事項の「文章に対する感想や意見を伝え合い」という箇所に対応する。ウについて，書き出しの挨拶については指導事項の中では言及されておらず，「丁寧な言葉」については，〔知識及び技能〕の指導事項として扱われている。エについて，指導事項に関連付けられた言語活動として「行事の案内やお礼の文章を書くなど，伝えたいことを手紙に書く」とあるのに該当する。

5 「小学校学習指導要領」の「第２　各学年の目標及び内容〔第１学年及び第２学年〕２　内容〔思考力，判断力，表現力等〕Ｃ　読むこと」の(1)のイ及びエでは，次のように示されている。これらの内容をねらいとした具体的な指導として最も適切なものを，以下のア～エの中から一つ選んで記号で答えなさい。

> イ　場面の様子や登場人物の行動など，内容の大体を捉えること。
> エ　場面の様子に着目して，登場人物の行動を具体的に想像すること。

ア　文学的な文章を読む際，登場人物の行動の背景にある気持ちを，行動や会話，地の文などの複数の叙述を基に捉えさせる指導をした。
イ　文学的な文章を読む際，登場人物の気持ちの変化や性格，情景について，場面の移り変わりと結び付けながら，具体的に想像して内容をつかませる指導をした。
ウ　文学的な文章を読む際，内容を読み取り，それらを基に考えたことや具体的に想像したことなどを文章にまとめて発表させ，友達の感じ方のよさに気付かせる指導をした。
エ　文学的な文章を読む際，場面の様子を描いた挿絵なども手掛かりにしながら，誰が，どうして，どうなったかなどを繰り返し把握して，物語全体の内容を理解させる指導をした。

5　エ

解説　小学校学習指導要領及びその解説における第1学年及び第2学年の「C　読むこと」の記載と照らし合わせて，選択肢の内容を検討する。アについて，第3学年及び第4学年の指導事項に対する解説で「登場人物の気持ちを，行動や会話，地の文などの叙述を基に捉えていく」とあるので，第1学年及び第2学年としては適切ではない。イについて，第3学年及び第4学年の指導事項として「登場人物の気持ちの変化や性格，情景について，場面の移り変わりと結び付けて具体的に想像すること」とあるので，同じく適切ではない。ウについて，第３学年及び第４学年の指導事項の解説で「文学的な文章を読んで，その内容を説明したり，読んで考えたことなどを伝え合ったりする」，「それらを基に考えたことや具体的に想像したことなどを文章にまとめたり発表したりする」，「互いの感じたことや考えたことを理解し，他者の感じ方などのよさに気付く」とあるので，同じく適切ではない。エについて，第１学年及び第２学年の指導事項に対する解説で「場面の様子を描いた挿絵なども手掛かりにしながら，誰が，どうして，どうなったかなどを把握することを繰り返して，物語全体の内容を正確に理解する」とあるのに該当する。

6　次の文章を読んで，以下の問いに答えなさい。

野矢茂樹『新版　論理トレーニング』

不掲載

上の文章中の傍線部A「論理は，むしろ閃きを得たあとに必要となる」とあるが，そのように言えるのはなぜか。最も適切なものを，次のア～エの中から一つ選んで記号で答えなさい。

ア　思考と論理は同時に行われることはなく常に思考の後に論理があるから
イ　閃（ひらめ）いた考えが正しいことを根拠をもって組み立てるのが論理であるから
ウ　最終的な結論に達したその筋道を順序よく説明するのが論理であるから
エ　優れた仮説が必要となる思考に飛躍と自由を与えるのが論理であるから

6 イ

解説　傍線部の直後に，「誰にでも納得できるよう」，「できるかぎり飛躍のない形」，「再構成しなければならない」と書いてある。そして，「筋道」についての説明の後に，最後に「論理的に再構成して説明するのである」とまとめている。アは，「思考と論理は同時に行われることはなく」という部分が適切ではない。ウは，結論に達した筋道を説明しても意味はないと述べている。エは，飛躍と自由は論理の役目ではないと述べられている。

7 **6** の文章中の傍線部B「紆□曲折」とあるが，「□」に入る漢字と同じ漢字を用いた熟語を，次のア～エの中から一つ選んで記号で答えなさい。

ア　すばらしいコンサートを聴き，その□韻にひたる。
イ　空一面を黒い雲が覆い，何か不吉な□感がする。
ウ　1年で20日間の有給休暇が付□されている。

エ　将来の生活のためにある程度の□金をしている。

7 ア

解説 この四字熟語は「紆余曲折」である。「すんなりといかず，いろいろ変化すること」という意味である。アは「余韻」，イは「予感」，ウは「付与」，エは「預金」である。

8 次の文章を読んで，以下の問いに答えなさい。

> 此木戸や錠のさゝれて冬の月　其角
> 『猿みの』撰の時、此句を書きおくり、下を冬の月・霜の月、置き煩ひ侍るよし、きこゆ。然るに、初めは文字つまりて、柴戸と読めたり。先師曰く、「角が、冬・霜に煩ふべき句にもあらず」とて、冬の月と入集せり。其後、大津より先師の文に、「柴戸にあらず、此木戸也。かゝる秀逸は一句も大切なれば、たとへ出板に及ぶとも、いそぎ改むべし」と也。
> （日本古典文学大系　連歌論集俳論集『去来抄』）

上の文章の内容を端的に説明したものとして最も適切なものを，次のア～エの中から一つ選んで記号で答えなさい。

ア　先師は其角の句を冬の句としたが，後に秋の句として入れるべきであると考えを改めた。
イ　先師は其角の句を最初読み間違って評価しなかったが，後に間違いに気付き訂正を命じた。

ウ　其角は最後の表現を冬か霜かで迷ったが，先師は初句を柴(しば)の戸ではなく此(こ)の木戸にすべきだと伝えた。

エ　其角が大津にいる先師にこの句を書き送ったのに対し，先師は初句の表現がいかに大切であるかを教えた。

8　イ

解説　傍線部の直前の「柴戸と読めたり」，後文の「柴戸にあらず，此木戸也」「いそぎ改むべし」という部分に着目する。最初は「此木」の2文字が上下に詰まっていて，「柴」と読み間違っていた。その後，間違いに気付いて，訂正を命じたのである。

9　**8** の文章中の傍線部「先師」とは，松尾芭蕉のことである。松尾芭蕉が『奥の細道』でつくった次の句を，『奥の細道』の行程順に並べるとどのような順序になるか。最も適切なものを以下のア～エの中から一つ選んで記号で答えなさい。

①　象潟や雨に西施がねぶの花
②　行春や鳥啼き魚の目は泪
③　閑かさや岩にしみ入る蝉の声
④　五月雨の降りのこしてや光堂

（日本古典文学全集『松尾芭蕉集』より引用し一部改変）

ア　④→③→①→②
イ　④→①→③→②
ウ　②→④→③→①
エ　②→③→④→①

9 ウ

解説 ②の句は，千住（東京都）で詠まれた。旅が始まるときに詠んだ句である。④の句は，芭蕉が平泉(岩手県)の中尊寺金色堂を訪ねたときの句である。③の句は，立石寺(山形県)に参詣したときに詠んだ句である。①の句が詠まれた象潟(山形県)は，『奥の細道』で芭蕉が訪れた最北の地である。

10 次の詩は，**8** の文章中にある「先師」（松尾芭蕉）が影響を受けた中国の詩人李白のものである。この詩の説明として<u>当てはまらないもの</u>を，以下のア～エの中から一つ選んで記号で答えなさい。

静夜思　李白

牀前看月光
疑是地上霜
挙頭望山月
低頭思故郷

ア　寝床に差し込む月の光は地上に降りた霜のようだと言っている。

イ　「低頭思故郷」とは，眼下に広がる故郷を見ているさまである。

ウ　転句と結句は対句となっており，この詩の主題がここに込められている。

エ　この詩は五言絶句であり，起句と承句，さらには結句末で韻を踏んでいる。

10 イ

解説 解釈は次の通り。「寝台の前で月の光を見る。白い輝きは，まるで地上におりた霜のようだと思ったほどであった。顔を挙げて山の上にある月を眺める。はるかかなたにある故郷のことを思い，頭をうなだれ，しみじみと感慨にふける。」イは「眼下に広がる」が誤り。「はるかかなたにある故郷のこと」を思っているのである。

社会

1 次の文は『小学校学習指導要領解説』の「第２章　社会科の目標及び内容　第１節　社会科の目標　1　教科の目標」に関する記述である。「思考力，判断力，表現力等」に関する目標についての説明として適切でないものを，以下のア～エの中から一つ選んで記号で答えなさい。

> (2)　社会的事象の特色や相互の関連，意味を多角的に考えたり，社会に見られる課題を把握して，その解決に向けて社会への関わり方を選択・判断したりする力，考えたことや選択・判断したことを適切に表現する力を養う。

ア　「社会的事象の特色」とは，他の事象等と比較・分類したり総合したりすることで捉えることのできる社会的事象の特徴や傾向，そこから見いだすことのできるよさなどである。例えば，仕事や活動の特色，生産の特色，地理的環境の特色などに表される。

イ　「社会的事象の相互の関連」とは，社会的事象の仕組みや働きなどを地域の人々や国民の生活と関連付けることで捉えることができる社会的事象の社会における働き，国民にとっての役割などである。例えば，産業が国民生活に果たす役割，情報化が国民生活に及ぼす影響，国民生活の安定と向上を図る政治の働きなどに表される。

ウ　「社会への関わり方を選択・判断する」とは，例えば，森林資源を守る取組は，林業従事者，行政，NPO 法人など様々な立場から行われている事実を学んだ上で，私たちはどうすればよいか，これからは何が大切か，今は何を優先すべきかなどの問いを設け，取組の意味を深く理解したり，自分たちの立場を踏まえて現実的な協力や，もつべき関心の対象を選択・判断したりすることなどである。

エ　「表現力」とは，考えたことや選択・判断したことを説明する力や，考えたことや選択・判断したことを基に議論する力などであり，資料等を用いて作品などにまとめたり図表などに表したりする表現力や，調べたことや理解したことの言語による表現力を育成することも併せて考えることが大切である。

1 イ

解説「社会的事象の意味」が正しい。「社会的事象の相互の関連」は「比較したり関連付けたりして捉えることのできる事象と事象のつながりや関わりなどであり，それは，生産・販売する側の工夫と消費者の工夫との関連，関係機関の相互の連携や協力，国会・内閣・裁判所の相互の関連などに表されるものである。」とされる。

2 第３学年における「市の様子の移り変わり」の単元で，市の様子が移り変わってきたことを学習するために，博物館や資料館などの関係者や地域の人々などへ聞き取り調査をすることにした。「小学校学習指導要領」の内容を踏まえて，聞き取り調査をする際に取り上げるものとして適切でないものを，次のア～エの中から一つ選んで記号で答えなさい。

ア　交通網　　イ　公共施設　　ウ　土地利用　　エ　文化財

2 エ

解説 第3学年における「市の様子の移り変わり」の単元では，「小学校学習指導要領」において「身近な地域」や「地域の様子」を「人々の生活との関連を踏まえて理解する」とされている。文化財は第4学年における「地域の伝統と文化や地域の発展に尽くした先人の働き」を理解する際に参照される。

3　第４学年における「自然災害から人々を守る活動」の単元の学習で，過去に発生した地域の自然災害，関係機関の協力などに着目して，災害から人々を守る活動などを中心に調べることにした。「小学校学習指導要領」の内容を踏まえて，地震災害について学習する場合に取り上げる地域の関係機関や人々の協力活動の内容として最も適切なものを，次のア～エの中から一つ選んで記号で答えなさい。

ア　津波や土砂崩れなどへの対策
イ　地下街等への浸水防止や砂防ダムの建設
ウ　地域住民や登山者に向けた火山災害に関するパンフレット作成
エ　河川の改修

3　ア

解説　「地震災害について学習する場合に取り上げる」とあるので，アの津波や土砂崩れなどへの対策が最も適切である。イとエは風水害，ウは火山災害について学習する場合に取り上げる協力活動の内容である。

4　第４学年における「県内の伝統や文化」の単元で，日本の伝統工芸品を調べる学習を行った。国が指定する伝統的工芸品とその指定先の府県の組合せとして<u>適切でないもの</u>を，次のア～エの中から一つ選んで記号で答えなさい。

ア　熊野筆 ―― 広島県　　イ　有田焼 ―― 長崎県
ウ　南部鉄器 ―― 岩手県　　エ　西陣織 ―― 京都府

4　イ

解説　有田焼は佐賀県の伝統工芸品である。

5 次の文は,「小学校学習指導要領」の「第２　各学年の目標及び内容 〔第５学年〕２　内容」に関する記述である。文中の［①］～［④］に当てはまる語句の組合せとして正しいものを，以下のア～エの中から一つ選んで記号で答えなさい。

> ・我が国の食料生産は，［①］を生かして営まれていることや，国民の食料を確保する重要な役割を果たしていることを理解すること。
> ・貿易や［②］は，原材料の確保や製品の販売などにおいて，工業生産を支える重要な役割を果たしていることを理解すること。
> ・放送，［③］などの産業は，国民生活に大きな影響を及ぼしていることを理解すること。
> ・森林は，その育成や保護に従事している人々の様々な工夫と努力により［④］の保全など重要な役割を果たしていることを理解すること。

	①	②	③	④
ア	気候や地形	運輸	新聞	環境
イ	気候や地形	運搬	インターネット	国土
ウ	自然条件	運輸	新聞	国土
エ	自然条件	運搬	インターネット	環境

5 ウ

解説 ①　食料生産，つまり農業や畜産業は，それぞれの土地の気温・降水量・土壌・地形などの『自然条件』を生かして営まれている。②　貿易と併記されているので，物を運ぶだけの『運搬』ではなく，運搬・保管・通関などの作業全てを含む『運輸』が当てはまる。　③　放送と併記されており，産業の一つなので,『新聞』が当てはまる。④　森林が保全などの役割を果たしている対象となるものには,『国土』が当てはまる。

6 第５学年における「我が国の農業や水産業における食料生産」の単元で，日本の漁業種類別の生産量について調べる学習を行った。次の表は，日本の漁業種類別の生産量の推移と割合（2020年）を示したものであり，表中のア～エは，遠洋漁業，沖合漁業，沿岸漁業，養殖業のいずれかである。養殖業に当てはまるものを，ア～エの中から一つ選んで記号で答えなさい。

		生産量（万t）						
		1970年	1980年	1990年	2000年	2010年	2020年	2020年（%）
海面	ア	328	570	608	259	236	204	48.3
	イ	55	99	127	123	111	97	22.9
	ウ	189	204	199	158	129	87	20.6
	エ	343	217	150	85	48	30	7.0
内水面	漁業・養殖業	17	22	21	13	8	5	1.2

農林水産省「漁業・養殖業生産統計」より作成

6 イ

解説 2020年に最も割合が高いアは沖合漁業。1990年から2000年にかけての急激な減少は，海水温・潮流の変化，マイワシの乱獲，海外からの輸入品の増加などがあげられる。1970年には最も生産量が高かったが，2020年には最も割合の低いエは石油危機と排他的経済水域の影響を受けた遠洋漁業。1970年には最も生産量が少なかったが，2020年には2番目に割合が高いイが養殖業，残るウが沿岸漁業と考えられる。

7 第6学年における「我が国の歴史上の主な事象」の単元で，京都に都が置かれた頃の学習において，貴族の生活や文化を手掛かりに，日本風の文化が生まれたことを理解する学習を行った。この頃につくられた文学作品として適切でないものを，次のア～エの中から一つ選んで記号で答えなさい。

ア　源氏物語　　イ　万葉集　　ウ　枕草子　　エ　古今和歌集

7 イ

解説 紫式部によるアの源氏物語，清少納言によるウの枕草子，醍醐天皇による最初の勅撰和歌集であるエの古今和歌集は，平安時代に国風文化が栄えた時期の文学作品である。万葉集は，奈良時代に天平文化が栄えたころのものである。

8 第6学年における「我が国の歴史上の主な事象」の単元で，江戸幕府が政治を行った頃，町人の文化が栄え新しい学問がおこったことを理解する学習を行った。この時代の人物とその人物が担った町人の文化の組合せとして最も適切なものを，次のア～エの中から一つ選んで記号で答えなさい。

ア　菱川師宣 —— 浮世絵　　イ　葛飾北斎 —— 川柳
ウ　小林一茶 —— 狂歌　　エ　井原西鶴 —— 人形浄瑠璃

8 ア

解説 ア　菱川師宣は元禄期に活躍し，浮世絵を大成した絵師である。イ　葛飾北斎は文化文政期に活躍し，『富嶽三十六景』などの風景画を残した。　ウ　小林一茶は文化文政期に俳諧で活躍した。　エ　井原西鶴は元禄期に活躍し，浮世草子の傑作を残した。

9 次の表は，『「指導と評価の一体化」のための学習評価に関する参考資料　小学校　社会』（令和２年３月国立教育政策研究所）で示されている第６学年の「我が国の政治の働き」に関する評価規準（例）である。表中の［①］～［④］に当てはまる語句の組合せとして正しいものを，以下のア～エの中から一つ選んで記号で答えなさい。

知識・技能	思考・判断・表現	主体的に学習に取り組む態度
・日本国憲法は国家の理想，天皇の地位，国民としての権利及び義務など国家や［①］の基本を定めていることや，現在の我が国の民主政治は日本国憲法の基本的な考え方に基づいていることを理解しているとともに，立法，行政，司法の三権がそれぞれの役割を果たしていることを理解している。 ・国や［②］の政治は，国民主権の考え方の下，［①］の安定と向上を図る大切な働きをしていることを理解している。 ・見学・調査したり各種の資料で調べたりして，まとめている。	・日本国憲法の基本的な考え方に着目して，我が国の民主政治を捉え，日本国憲法が［①］に果たす役割や，国会，内閣，裁判所と国民との関わりを考え，表現している。 ・政策の内容や計画から実施までの過程，［③］との関わりなどに着目して，国や［②］の政治の取組を捉え，［①］における政治の働きを考え，表現している。	・我が国の政治の働きについて，主体的に［④］しようとしたり，よりよい社会を考え学習したことを社会生活に生かそうとしたりしている。

	①	②	③	④
ア	国際平和	地方公共団体	地域の課題	情報を収集
イ	国民生活	省庁	法令や予算	情報を収集
ウ	国際平和	省庁	地域の課題	問題解決
エ	国民生活	地方公共団体	法令や予算	問題解決

9 エ

解説 ① 国家と併記されており，日本国憲法に定められているので『国民生活』が相応しい。 ② 政治を行うものであり，国と併記されているので，『地方公共団体』が相応しい。 ③ 政治の働きの内容なので，『法令や予算』が相応しい。 ④ 主体的に行うものなので，『問題解決』が相応しい。

10 私たちの消費生活に関する記述として適切でないものを，次のア～エの中から一つ選んで記号で答えなさい。

ア インターネットで購入した衣類について，イメージしていたものと違うものであった場合，クーリング・オフをすることができる。
イ ある店舗で購入した商品について，使用する前に不要となった場合，商品を開封していなくても解約することはできない。
ウ 消費者と事業者とが，お互いに契約内容(商品の内容・価格・引渡し時期等)について合意をすれば，口頭であっても契約は成立する。
エ 令和4年4月1日から，民法改正による成年年齢の引下げによって，18歳になれば，親の同意がなくても，携帯電話を購入することができる。

10 ア

解説 クーリングオフ制度は，いきなり押しかけられた訪問販売や，街で声をかけられて契約してしまった場合などに適用される。店頭販売や通信販売の場合，十分に検討の余地があるので，クーリングオフ制度の対象にはならない。

算数

1 次の文章は，『小学校学習指導要領解説』における「第２章　算数科の目標及び内容　第１節　算数科の目標　１　教科の目標　(2)　目標について」の⑤の「日常の事象を数理的に捉え見通しをもち筋道を立てて考察する力」についての記述の一部である。空欄［①］～［③］に当てはまる語句の組合せとして正しいものを，以下のア～エの中から一つ選んで記号で答えなさい。

> 「見通しをもつ」と示しているのは，物事について判断したり，推論したりする場合に，見通しをもち筋道を立てて考えることの重要性を述べたものである。問題に直面した際，事象を既習事項を基にしながら観察したり試行錯誤したりしながら結果や方法の見通しをもつことになる。その際，幾つかの事例から一般的な法則を［①］したり，既知の似た事柄から新しいことを［②］したりする。また，ある程度見通しが立つと，そのことが正しいかどうかの判断が必要となり，このときは既知の事柄から［③］的に考えたりする。

ア　①　類推　②　演繹　③　帰納
イ　①　帰納　②　類推　③　演繹
ウ　①　演繹　②　帰納　③　類推
エ　①　類推　②　帰納　③　演繹

1 イ

解説 数学的な推論には，特別な場合についての観察や操作，実験などの活動に基づいて，それらを含んだより一般的な結果を導き出す「帰納」，似たような条件のもとでは，似たような結果が成り立つであろうと考えて，新しい命題を予想する「類推」，前提となる命題から論理の規則に従って結論となる命題を導き出す「演繹」の3つがある。

2 次の文章は，「小学校学習指導要領」の「第３　指導計画の作成と内容の取扱い　2(2)」の記述である。空欄［　①　］，［　②　］に当てはまる語句の組合せとして正しいものを，以下のア〜エの中から一つ選んで記号で答えなさい。

> 数量や図形についての感覚を豊かにしたり，表やグラフを用いて表現する力を高めたりするなどのため，必要な場面においてコンピュータなどを適切に活用すること。また，第１章総則の第３の１の(3)のイに掲げるプログラミングを体験しながら論理的思考力を身に付けるための学習活動を行う場合には，児童の負担に配慮しつつ，例えば第２の各学年の内容の〔［　①　］〕の「Ｂ図形」の(1)における［　②　］の作図を行う学習に関連して，正確な繰り返し作業を行う必要があり，更に一部を変えることでいろいろな［　②　］を同様に考えることができる場面などで取り扱うこと。

ア　①　第５学年　　②　正多角形
イ　①　第５学年　　②　対称な図形
ウ　①　第６学年　　②　正多角形
エ　①　第６学年　　②　対称な図形

2 ア

解説 小学校学習指導要領解説　算数編では指導におけるコンピュータの活用例として，第5学年の「B　図形」の「(1)　平面図形の性質」から正多角形の作図が挙げられている。

3 『小学校学習指導要領解説』の「第２章　算数科の目標及び内容　第２節　算数科の内容　２　各領域の内容の概観　Ａ　数と計算　(3)「Ａ数と計算」の領域で育成を目指す資質・能力」において説明されている「式の働き」として適切でないものを，次のア〜エの中から一つ選んで記号で答えなさい。

ア　事柄や関係を簡潔，明瞭，的確に，また，一般的に表すことができる。
イ　具体的な意味を離れて，形式的に処理することができる。
ウ　具体的な事柄や関係を読み取ったり，より正確に考察したりすることができる。
エ　ある事柄に関する数量を観点を定めて整理することで特徴を把握することができる。

3　エ

解説 小学校学習指導要領解説　算数編では「式の働き」について，「(ア)事柄や関係を簡潔，明瞭，的確に，また，一般的に表すことができる。」，「(イ)　式の表す具体的な意味を離れて，形式的に処理することができる。」，「(ウ)　式から具体的な事柄や関係を読み取ったり，より正確に考察したりすることができる。」，「(エ)　自分の思考過程を表現することができ，それを互いに的確に伝え合うことができる。」の4点を示している。

4 「小学校学習指導要領」の「B　図形」領域では，平面図形の計量の仕方について，三角形，四角形（正方形，長方形，平行四辺形，ひし形，台形），円の面積公式が指導される。それぞれの面積公式が指導される学年の組合せとして正しいものを，次のア～エの中から一つ選んで記号で答えなさい。

ア　第３学年：正方形，長方形
　　第４学年：三角形，平行四辺形，ひし形，台形
　　第５学年：円
イ　第４学年：正方形，長方形
　　第５学年：三角形，平行四辺形，ひし形，台形
　　第６学年：円
ウ　第３学年：正方形，長方形
　　第４学年：三角形，平行四辺形
　　第５学年：ひし形，台形，円
エ　第４学年：三角形
　　第５学年：正方形，長方形，平行四辺形，ひし形，台形
　　第６学年：円

4　イ

解説　図形の計量については第4学年から指導が開始される。平面図形の面積の求め方は第4学年で，正方形，長方形の面積を，第5学年で，三角形，平行四辺形，ひし形，台形の面積を，第6学年で，円の面積を取り扱う。

5 『小学校学習指導要領解説』の「第３章　各学年の目標及び内容　第５節　第５学年の目標及び内容　２　第５学年の内容　C　変化と関係　C(2)」において説明されている「異種の二つの量の割合」の文章題として適切でないものを，次のア～エの中から一つ選んで記号で答えなさい。

ア　面積 10a(アール)の田Ａでは 560kg の米を収穫でき，面積 13a(アール)の田Ｂでは 670kg の米が収穫できました。どちらの田でよく米がとれたでしょうか。

イ　10 回シュートしたうち８回入ったＡさんと，12 回シュートしたうち９回入ったＢさんとでは，どちらがよく成功したといえますか。

ウ　新幹線のはやぶさ号は２時間で 440km 進み，かがやき号は３時間で 630km 進みます。どちらが速いですか。

エ　面積 6m^2 に９匹のうさぎがいる小屋Ａと，面積 5m^2 に８匹のうさぎがいる小屋Ｂとでは，どちらが混んでいるでしょうか。

5 イ

解説 それぞれの選択肢が何を比較しているか確認すると以下のようになる。

ア　面積と収穫量から面積当たりの収穫量を比較している。

イ　シュートの本数と入った数からの成功率を比較しているため同種の量の割合である。

ウ　時間と速さから時速を比較している。

エ　小屋の面積とそこに入っている動物の数から密度を比較している。

6 「小学校学習指導要領」の「第２　各学年の目標及び内容　〔第３学年〕２　内容　D　データの活用」に示されている，身に付ける知識及び技能として正しいものを，次のア～エの中から一つ選んで記号で答えなさい。

ア　日時の観点や場所の観点などからデータを分類整理し，表に表したり読んだりすること。
イ　身の回りにある数量を分類整理し，簡単な表やグラフを用いて表したり読み取ったりすること。
ウ　ものの個数について，簡単な絵や図などに表したり，それらを読み取ったりすること。
エ　データを二つの観点から分類整理する方法を知ること。

6 ア

解説 小学校学習指導要領　第3学年「D　データの活用」で示されている身に付ける知識・技能は「(ア)　日時の観点や場所の観点などからデータを分類整理し，表に表したり読んだりすること。」，「(イ)　棒グラフの特徴やその用い方を理解すること。」である。

7 次の文の空欄［①］，［②］に当てはまる数値の組合せとして正しいものを，以下のア～エの中から一つ選んで記号で答えなさい。

十進位取り記数法で表された23を，二進数で表すと［①］，五進数で表すと［②］，となる。

ア　①　11011　②　34
イ　①　10111　②　43
ウ　①　11011　②　43
エ　①　10111　②　34

7 イ

解説 十進位取り記数法で表された23を，二進数で表すと，$1\times2^4+0\times2^3+1\times2^2+1\times2+1=16+0+4+2+1=23$ より $10111_{(2)}$ である。また，五進数で表すと，$4\times5+3=20+3=23$ より $43_{(5)}$ である。

8 次の図のように，$y=\dfrac{8}{x}$ $(x>0)$ のグラフ上に点 A(2, 4) と点 B(4, 2) をとる。この座標平面上に点 C をとるとき，△ AOB の面積と△ ABC の面積が等しくなるような点 C の座標として，正しくないものを以下のア～エの中から一つ選んで記号で答えなさい。

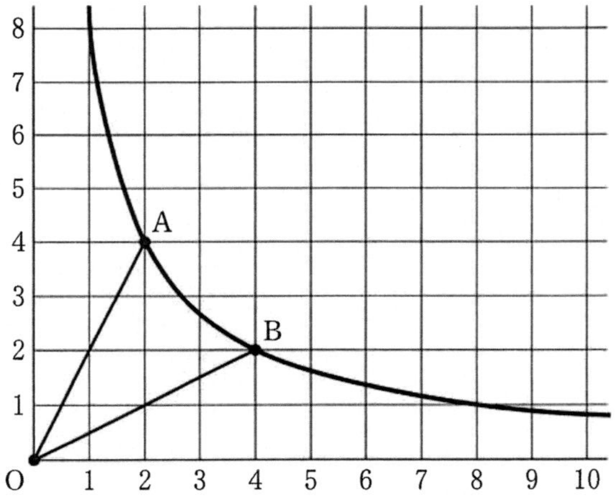

ア　(6, 6)　　イ　(12, 0)　　ウ　(7, 3)　　エ　(2, －2)

8 ウ

解説 直線ABに関して原点Oと対称な点をPとすると，P(6，6)である。これより，等積変形の考えから，点Cが，原点Oを通って直線ABに平行な直線ℓ上にあるか，点Pを通って直線ABに平行な直線m上にあるとき，△AOB＝△ABCとなる。直線ABの傾きは$\frac{2-4}{4-2}=-1$だから，直線ℓの式は$y-0=-(x-0)$より，$y=-x$，直線mの式は$y-6=-(x-6)$より，$y=-x+12$である。以上より，エ(2，－2)は直線ℓ上にあり，ア(6，6)とイ(12，0)は直線m上にあるが，ウ(7，3)は直線ℓ上にもm上にもないから，△AOB＝△ABCとなるような点Cの座標として正しくない。

9 円周上に幾つかの点を取り，次の図のように全ての点を線分で結ぶとする。点の数が100個の場合，何本の線分を引くことができるか，正しいものを以下のア～エの中から一つ選んで記号で答えなさい。

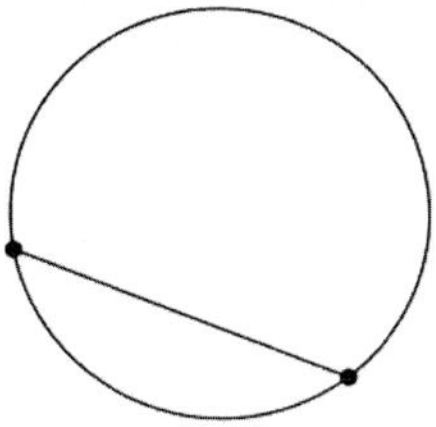

点が2個の場合

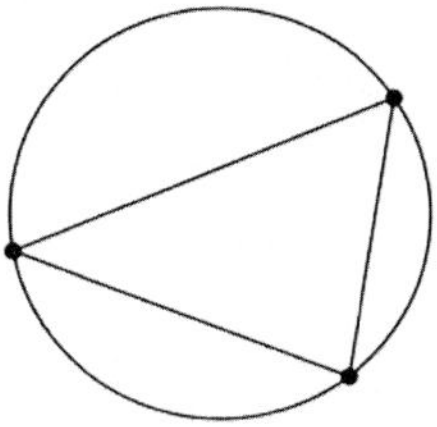

点が3個の場合

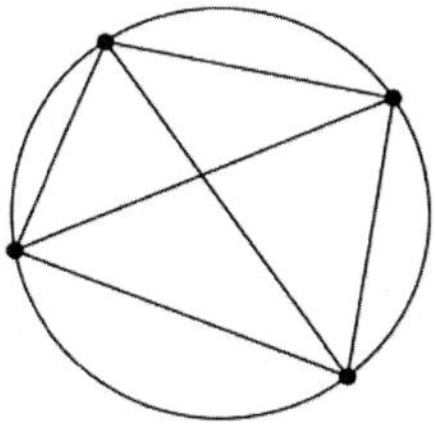

点が4個の場合

ア　2,475本　　イ　4,950本　　ウ　7,425本　　エ　9,900本

9　イ

解説　円周上の2個の点を選ぶと1本の線分を引くことができるから，点の数が n 個のときの線分の数は，円周上の n 個の点から2個の点を選ぶ組み合せ ${}_nC_2$ に等しい。点の数が100個の場合，${}_{100}C_2 = \frac{100 \cdot 99}{2 \cdot 1} = 4950$〔本〕の線分を引くことができる。

10　正六面体のサイコロと正十二面体のサイコロを同時に投げるときに起こりうる全ての場合の数について，正しいものを次のア～エの中から一つ選んで記号で答えなさい。

ア　12　　イ　18　　ウ　36　　エ　72

10　エ

解説　正六面体のサイコロは6通りの目の出方があり，そのそれぞれの目の出方に対して，正十二面体のサイコロは12通りの目の出方があるから，起こりうる全ての場合の数は $6 \times 12 = 72$〔通り〕ある。

理科

1 検流計や電流計の使い方として適切でないものを，次のア～エの中から一つ選んで記号で答えなさい。

ア　直流用の電流計は，回路の中に直列につないで使用する。そのときには，電流計のプラス極と電池や電源装置のプラス極をつなぎ，電流計のマイナス極と電池や電源装置のマイナス極とをつなぐ。
イ　マイナス極の端子を切り替えて使う電流計では，数値の大きい端子からつなぐ。
ウ　検流計を用いて乾電池がどれだけの電流を流すことができるかを調べるときには，乾電池のみを回路に直列につないで測定する。
エ　検流計を用いると，電流の大きさだけでなく，電流の流れる向きも知ることができる。

1 ウ

解説 検流計と乾電池のみをつなぐと，抵抗がないため検流計に大量の電流が流れ，故障する恐れがあるため誤り。

2 第3学年で「磁石の性質」を学習する。通常の磁石に引き付けられない物を，次のア～エの中から一つ選んで記号で答えなさい。

ア　鉄　　イ　コバルト　　ウ　ニッケル　　エ　銀

2 エ

解説 磁石につく金属は鉄，コバルト，ニッケルなどの一部の金属もしくはこれらの合金のみであり，銀は引き付けられない。

3 第５学年で「振り子の運動」を学習する。『小学校学習指導要領解説』の「第３章　各学年の目標及び内容　第３節　第５学年の目標及び内容　２　第５学年の内容　Ａ　物質・エネルギー　(2)　振り子の運動」に示された内容として<u>適切でないもの</u>を，次のア～エの中から一つ選んで記号で答えなさい。

ア　振れ幅が極端に大きくならないように適切な振れ幅で実験を行うようにする。
イ　振り子の長さは糸などをつるした位置から糸とおもりの接点までである。
ウ　伸びの少ない糸などを用いる。
エ　測定中の振れ幅の減少ができるだけ小さい振り子を使用する。

3　イ

解説 ふりこの長さは，糸をつるした位置(支点)からおもりの重心までであるため誤り。

4 第６学年「水溶液の性質」の学習において，３枚の金属板Ａ，Ｂ，Ｃのそれぞれを，別々に塩酸及び水酸化ナトリウムの水溶液に入れ，溶け方の違いを比較する実験を行って，次の結果を得た。実験結果から金属

板

Ａ，Ｂ，Ｃの組合せとして適切なものを，以下のア～エの中から一つ選んで記号で答えなさい。

実験結果

水溶液＼金属板	A	B	C
塩酸	溶けた	溶けた	溶けなかった
水酸化ナトリウム水溶液	溶けた	溶けなかった	溶けなかった

ア　A：アルミニウム　B：マグネシウム　C：銅
イ　A：鉄　B：銅　C：マグネシウム
ウ　A：銅　B：アルミニウム　C：鉄
エ　A：マグネシウム　B：鉄　C：アルミニウム

4　ア

解説　アルミニウムは両性金属なので塩酸にも水酸化ナトリウム水溶液にも溶ける。銅はイオン化傾向が水素より小さいので塩酸に溶けない。

5　「小学校学習指導要領」の「第２　各学年の目標及び内容　〔第４学年〕２　内容　A　物質・エネルギー　(1)　空気と水の性質」に示された内容として適切でないものを，次のア～エの中から一つ選んで記号で答えなさい。

ア　閉じ込めた空気を圧（お）すと，体積は小さくなる。
イ　閉じ込めた空気を圧（お）すと，圧（お）し返す力は大きくなる。
ウ　閉じ込めた空気は圧（お）し縮められる。
エ　閉じ込めた水は圧（お）し縮められる。

5　エ

解説　閉じ込めた水はほとんど押し縮められないため誤り。

6 第６学年「人の体のつくりと働き」では，血液について学習する。人の血液に関する内容として適切でないものを，次のア～エの中から一つ選んで記号で答えなさい。

ア　動脈血は酸素を多く取り込んでおり，静脈血は二酸化炭素を多く取り込んでいる。
イ　人の心臓は，二つの部屋に分かれている。
ウ　人の血液が赤く見えるのは，赤血球に含まれるヘモグロビンによる。
エ　血液は酸素や二酸化炭素のほか，糖などの養分も運搬している。

6 イ

解説 人の心臓は右心房，左心房，右心室，左心室の4つの部屋に分かれているため誤り。

7 「小学校学習指導要領」の「第２　各学年の目標及び内容　〔第３学年〕２　内容　B　生命・地球　(1)　身の回りの生物」に示された，指導すべき内容として適切でないものを，次のア～エの中から一つ選んで記号で答えなさい。

ア　生物は，色，形，大きさなど，姿に違いがあること。また，周辺の環境と関わって生きていること。
イ　昆虫の育ち方には一定の順序があること。また，成虫の体は頭，胸及び腹からできていること。
ウ　植物の育ち方には一定の順序があること。また，その体は根，茎及び葉からできていること。
エ　植物の育ち方は，暖かい季節，寒い季節などによって違いがあること。

7 エ

解説 エは第4学年「B　生命・地球」「(2)　季節と生物」の学習内容である。

8 第４学年「月と星」の学習では，空には，明るさや色の違う星があることを学ぶ。星の明るさと色の違いに関する記述として適切なものを，次のア～エの中から一つ選んで記号で答えなさい。

ア　星の色とその星の温度には深いつながりがあり，赤い星の温度の方が，青や白っぽい星の温度よりも高い。
イ　明るさが変わる恒星は変光星と呼ばれるが，見かけの明るさが変わるだけであって，実際の明るさが変わるわけではない。
ウ　星の明るさは，その星までの距離と比例しており，明るい星は暗い星よりも近くにある。
エ　星の明るさは，「等級」や「等星」で表されるが，その定義は異なる。

8 エ

解説 等級は星の明るさを表す単位である。等星は等級による星の分類である。　ア　赤い星の温度は青や白っぽい星よりも低いため誤り。　イ　変光星は星の膨張や収縮などが原因で実際の明るさが変わるため誤り。　ウ　見かけの星の明るさは星までの距離によって変化するが，実際の明るさと星までの距離は関係がないため誤り。

9 第５学年「天気の変化」の学習では，台風の進路による天気の変化や台風と降雨との関係について学ぶ。台風に関する内容として適切でないものを，次のア～エの中から一つ選んで記号で答えなさい。

ア　台風は，太平洋高気圧の縁に沿うように北上する傾向がある。
イ　台風は，地球の自転の影響により，北～北西へ向かう性質を持っている。
ウ　台風は，日本付近では，上空の偏西風の影響を受けて速い速度で北東へ進む傾向がある。
エ　台風とは，熱帯の海上に発生する低気圧のうち，赤道より北の東経 180 度より西の北西太平洋又は南シナ海に存在し，中心気圧が 980hPa 以下のものをさす。

9 エ

解説 台風の定義は，熱帯の海上に発生する低気圧のうち，赤道より北の東経180°寄りの西の北太平洋または南シナ海に存在し，最大風速が17.2m/s以上のものであるため誤り。

10 「小学校学習指導要領」の「第２　各学年の目標及び内容〔第６学年〕２　内容　B　生命・地球　(4)　土地のつくりと変化」に示された，指導すべき内容として適切でないものを，次のア～エの中から一つ選んで記号で答えなさい。

ア　土地は，礫（れき），砂，泥，火山灰などからできており，層をつくって広がっているものがあること。また，層には化石が含まれているものがあること。
イ　地層は，流れる水の働きや火山の噴火によってできること。
ウ　地層には，断層，褶（しゅう）曲している場合があり，それらは地震に伴う土地の変化であること。

エ　土地は，火山の噴火や地震によって変化すること。

10 ウ

解説 断層や褶曲などのような土地の変化は地震だけでなく火山活動でもできるため誤り。

生活

1　１年生の生活科において「なつをみつけた」という単元の授業をすることになった。事前の準備をする際の配慮として適切でないものを，次のア～エの中から一つ選んで記号で答えなさい。

ア　本単元の授業では，事前に活動場所の下見を行い，危険な場所や動植物の有無などを確認しておく。
イ　日常会話や朝の会，帰りの会などで最近見られる草花や樹木，虫について話題にし，夏の動植物への関心をもてるようにしておく。
ウ　手洗い・うがいなどの衛生面の指導や，着帽や水分補給など熱中症予防の指導を徹底する。
エ　家庭と連携し，保護者には活動内容を伝え，どの授業でも必ず保護者が同行し，安全面を考慮してもらうように依頼する。

1　エ

解説　「なつをみつけた」は，内容(5)「季節の変化と生活」の単元である。「学習指導要領解説」や文部科学省の資料，またそれらをもとにした授業案などから考えると，選択肢ア，イ，ウの内容は適切である。選択肢エは家庭との連携についての内容であるが，「どの授業でも必ず保護者が同行」の部分が適切でない。保護者に活動内容を伝え，協力を依頼することは適切であるが，「必ず」の部分は適切でない。

2　１年生の生活科において「あきとあそぼう」という単元の授業をすることになった。授業を展開する際に留意することとして適切でないものを，次のア～エの中から一つ選んで記号で答えなさい。

ア　身近な自然，季節や地域の行事に興味・関心をもち，自然と直接触れ合い注意を向けたり，行事の中で実際に地域の人と関わったりする。
イ　身近な自然を観察したり，行事に関わったりすることを通して，そこで体験できる環境を十分に味わい，ゆっくりとした時間を過ごすとともに他者との関わりを楽しむ。

ウ　身近な自然の共通点や相違点，季節の移り変わりに気付いたり，季節の変化と自分たちの生活との関わりに気付いたりする。

エ　自然との触れ合いや行事との関わりの中で，気付いたことを毎日の生活の中で生かし，自分自身の暮らしを楽しく充実したものにする。

2　イ

解説「学習指導要領解説　第3章　第2節　生活科の内容(5)」からの問題である。内容(5)「季節の変化と生活」には，留意事項として選択肢ア，ウ，エの内容が示されている。選択肢イは「ゆっくりとした時間を過ごすとともに他者との関わりを楽しむ」の部分が示されていないので適切でない。「気付いたことを毎日の生活に生かし，自分自身の暮らしを楽しく充実したものにしようとする」などが適切である。

3　１年生の生活科において「おおきくなったじぶん」という単元の授業をすることになった。授業を展開する際に留意することとして適切でないものを，次のア～エの中から一つ選んで記号で答えなさい。

ア　過去を振り返ることではなく，未来へと思いを馳(は)せることで，自分の成長をできる限り頭の中で想像し，成長していく自分を実感させる。

イ　これまでの生活や出来事を思い浮かべ，過去の自分と現在の自分を比較することで，自分自身の生活や成長を見つめ直すことが大切である。

ウ　自分自身を振り返ることは，自分の成長や変容について考え，自分のイメージを深め，自分のよさや可能性について気付くことにつながる。

エ　自分の成長を具体的に実感し，その喜びを感じ，感謝の気持ちをもつことは，夢や希望をもって，前向きに生活していくために大切なことである。

3　ア

解説「学習指導要領解説　第3章　第2節　生活科の内容(9)」からの問題である。内容(9)「自分の成長」には，留意事項として選択肢イ，ウ，エの内容が示されている。選択肢アは成長する自分を実感させることについての内容であるが，「過去を振り返ることではなく，未来へと思いを馳せる」，「できる限り頭の中で想像し」の部分が適切でない。「現在の自分を見つめ，過去の自分と比べることで，自分らしさや成長し続ける自分を実感」，「自分の成長を頭の中だけで振り返ることは難しいため，具体的な手掛かりが必要」などの内容が適切である。

4　２年生の生活科において「おもちゃであそぼう」という単元の授業をすることになった。授業を展開する際に留意することとして適切でないものを，次のア～エの中から一つ選んで記号で答えなさい。

ア　授業で動くおもちゃを取り扱う際，集まったおもちゃの材料はあらかじめ点検し，破損していて児童がけがをしそうな物が混じっていないかチェックするようにする。

イ　みんなと楽しみながら遊びを創り出すときには，児童の自由な発想を大切にするために，あまりルールで縛らず思いどおりに遊ばせるようにする。

ウ　遊びや遊びに使う物をつくるときには，「見付ける」「比べる」「たとえる」「試す」「見通す」「工夫する」ことを大切にして，試行錯誤しながら遊ぶようにする。

エ　競い合ったり力を合わせたりすることなど，友達との関わり合いを通して，友達のよさや自分との違いを考えるようにする。

4 イ

解説 学習指導要領解説の「第3章　第2節　生活科の内容(6)」,「第4章　指導計画の作成と内容の取扱い」などからの問題である。内容(6)「自然や物を使った遊び」などには，留意事項として選択肢ア，ウ，エの内容が示されている。選択肢イの内容は示されていないので適切でない。「約束やルールが大切なことや，それを守って遊ぶと楽しいことなどにも気付いていく」などが適切である。

5 2年生の生活科において「町のすてきをつたえよう」という単元の授業をすることになった。授業を展開する際に留意することとして適切でないものを，次のア～エの中から一つ選んで記号で答えなさい。

ア　本単元の授業では，表情やしぐさ，態度による活動よりも，相手に直接話しかけることなど，言葉を中心に伝え合う活動を活発に行うことが大切である。

イ　これまでの町探検などで地域と関わった際の記録カードや写真，町の絵地図などをきちんと残しておき，振り返るための手掛かりとする。

ウ　手紙や電話，ファックスなどの多様な手段を活用できるように心掛ける。

エ　伝え合う活動では，互いのことを理解しようとしたり，進んで触れ合い交流しようとしたりする授業展開に心掛ける。

5 ア

解説 学習指導要領解説　第3章　第2節　生活科の内容(8)」などからの問題である。内容(8)「生活や出来事の伝え合い」には，留意事項として選択肢イ，ウ，エの内容が示されている。選択肢アの内容は，授業を展開するうえで大切なこととして適切でない。「直接話しかけることなど，言葉を中心にした伝え合う活動が活発に行われるが，表情やしぐさ，態度といった言葉によらない部分も大切」などが適切である。

6 ２年生の生活科において「みんな生きている」という単元の授業をすることになった。生き物を飼う授業を展開する際に留意することとして適切でないものを，次のア～エの中から一つ選んで記号で答えなさい。

ア　デジタルカメラやタブレット端末などの情報機器を活用し，児童が生き物の変化や成長の様子に気付くようにする。

イ　飼育の過程において，児童の「もっと元気に育ってほしい」という願いを実現するために，動物本来の生育環境にも目を向けるようにする。

ウ　活動の前後には，必ず手洗いをする習慣を付け，感染症などの病気の予防に努める。児童のアレルギーなどについても，事前に保護者に尋ねるなどして十分な対応を考えておくことが大切である。

エ　動物を飼ったり植物を育てたりする活動は，学校の置かれている環境によって実施しにくいときには２学年間の見通しをもってどちらか一方を実施するだけでよい。

6 エ

解説 学習指導要領解説「第3章　第2節　生活科の内容(7)」,「第4章　指導計画の作成と内容の取扱い」からの問題である。内容(7)「動植物の飼育・栽培」などには，留意事項として選択肢ア，イ，ウの内容が示されている。選択肢エは動物を飼ったり植物を育てたりする活動についての内容であるが，「どちらか一方を実施するだけでよい」の部分が適切でない。「飼育と栽培のどちらか一方のみを行うのではなく，両方を確実に行っていく」が適切である。

7 『小学校学習指導要領解説』の「第２章　生活科の目標　第１節　教科目標　3　資質・能力の三つの柱としての目標の趣旨　(1)「知識及び技能の基礎」に関する目標」において示された内容として適切でないものを，次のア～エの中から一つ選んで記号で答えなさい。

ア　生活科でいう気付きとは，対象に対する一人一人の認識であり，児童の主体的な活動によって生まれるものである。
イ　集団生活になじみ，集団における様々な活動を通して，自分の存在に気付くことが大切である。
ウ　自分のよさや得意としていること，また，興味・関心をもっていることなどに気付くことが大切である。
エ　他者との関係や周囲からの評価に十分留意することを重視し，それによって自分の心身の成長に気付くことが大切である。

7 エ

解説 生活科の教科目標(1)である，育成を目指す資質・能力の柱のうちの一つ「知識及び技能の基礎」に関するものとして，「学習指導要領解説第2章　第1節　3(1)」には選択肢ア，イ，ウの内容が示されている。選択肢エは自分の心身の成長に気付くことについての内容であるが，「他者との関係や周囲からの評価に十分留意することを重視」の部分は示されていないので適切でない。「自分の成長を支えてくれた人々がいることが分かり感謝の気持ちをもつようになること，また，これからの成長への願いをもって意欲的に生活できるようになること」などが適切である。

8 『小学校学習指導要領解説』の「第４章　指導計画の作成と内容の取扱い　２　内容の取扱いについての配慮事項」において示された内容として適切でないものを，次のア～エの中から一つ選んで記号で答えなさい。

ア　児童が地域の人々，社会及び自然と直接関わることが少なくなってきているので，児童がそれらと直接関わる学習活動を今まで以上に重視する。
イ　児童が直接関わる対象や場は，人，社会，自然が一体となって存在しているので，地域の人々，社会及び自然を一体的に扱う学習活動を工夫することが大切である。
ウ　低学年の児童は，人，社会，自然を区別しながら認識する傾向が強いので，そうした児童の発達の特性を考慮した学習活動を行う。
エ　児童は，関心をもったことについて，直接働きかけながら，それらと自分との関わりを深め，知的好奇心や探究心などを育むので，児童の側に立ち，児童の思いや願いに沿った必然性のある学習活動を展開することが大切である。

8 ウ

解説 生活科は地域に根ざし，児童の生活に根ざす教科である。学習の対象や場，学習活動に関する内容の取扱いについての配慮事項として，「学習指導要領解説　第4章　2(1)」には選択肢ア，イ，エの内容が示されている。選択肢ウは「低学年の児童は，人，社会，自然を区別しながら認識する傾向が強い」の部分が適切でない。「低学年の児童は，人，社会，自然を客観的に区別しながら認識するのではなく，つながりのあるものとして，それらを丸ごと捉えていく傾向が強い」が適切である。

9 『小学校学習指導要領解説』の「第４章　指導計画の作成と内容の取扱い　１　指導計画作成上の配慮事項」において，障害のある児童など一人一人の児童の状況等に応じた十分な学びを確保するための配慮について示された内容として適切でないものを，次のア～エの中から一つ選んで記号で答えなさい。

ア　言葉での説明や指示だけでは，安全に気を付けることが難しい児童の場合には，その説明や指示の意味を理解し，なぜ危険なのかをイメージできるように，体験的な事前学習を行うなどの配慮をする。
イ　自分の経験を文章にしたり，考えをまとめたりすることが困難な場合は，児童がどのように考えればよいのか，具体的なイメージを想起しやすいようにする。
ウ　学習の振り返りの場面において学習内容の想起が難しい場合は，学習経過を思い出しやすいように，学習経過などの分かる文章や写真，イラスト等を活用する。
エ　配慮を行うに当たっては，得意なことを生かす視点ではなく，困難さを補うという視点を重視する。

9 エ

解説 一人一人の児童の状況等に応じた十分な学びを確保するための配慮として，「学習指導要領解説　第4章　1(5)」には選択肢ア，イ，ウの内容が示されている。選択肢エは「得意なことを生かす視点ではなく，困難さを補うという視点を重視する」の部分が適切でない。「困難さを補うという視点だけでなく，むしろ得意なことを生かすという視点から行う」が適切である。

10 『小学校学習指導要領解説』の「第２章　生活科の目標　第２節　学年の目標　２　学年の目標の趣旨」において示された，「集団や社会の一員として安全で適切な行動」として適切でないものを，次のア～エの中から一つ選んで記号で答えなさい。

ア　自分の思いや願いをもって接したり，人や場所，ものなどに親しみ，大切にしたりすることができる。
イ　相手や場所の様子や状況を考えて，接したり扱ったりすることができる。
ウ　健康や安全に気を付けたり，きまりなど日常生活に必要なことを大切にしたりして行動することができる。
エ　自分のよさよりも友達のよさを認め，協力して行動することができる。

10 エ

解説 生活科の学年の目標(1)は学校，家庭及び地域の生活の関わることに関するものである。このうち，「集団や社会の一員として安全で適切な行動をしたりする」こととして，「学習指導要領解説　第2章　第2節 2(1)」には選択肢ア，イ，ウを含め五つの行動が示されている。選択肢エは「自分のよさよりも友達のよさを認め」の部分が適切でない。「自分のよさや友達のよさを認め合って」が適切である。

音楽

1 「小学校学習指導要領」の「第３　指導計画の作成と内容の取扱い」に挙げられている，指導計画の作成に当たって配慮すべき事項として誤っているものを，次のア～エの中から一つ選んで記号で答えなさい。

ア　障害のある児童などについては，学習活動を行う場合に生じる困難さに応じた指導内容や指導方法の工夫を計画的，組織的に行う。
イ　低学年においては，他教科等との関連を積極的に図り，指導の効果を高めるようにする。
ウ　高学年から，国歌「君が代」を歌えるよう指導する。
エ　道徳科などとの関連を考慮しながら，音楽科の特質に応じて適切な指導をする。

1 ウ

解説 指導計画の作成と内容の取扱いの１指導計画作成上の配慮事項の項目からの出題である。全部で８項目あり，選択肢アは(7)，イは(6)，エは(8)の内容である。ウは(5)の項目であるが，「国歌『君が代』は，いずれの学年においても歌えるよう指導すること。」とされているので誤りである。

2 「小学校学習指導要領」の「第２　各学年の目標及び内容　３　内容の取扱い」において，第１学年及び第２学年で取り扱う鑑賞教材として示されていないものを，次のア～エの中から一つ選んで記号で答えなさい。

ア　体を動かすことの快さを感じ取りやすい音楽や劇の音楽
イ　我が国及び諸外国のわらべうたや遊びうた
ウ　音楽を形づくっている要素の働きを感じ取りやすく，親しみやすい曲
エ　楽器の音色や人の声の特徴を捉えやすく親しみやすい，いろいろな演奏形態による曲

2 ア

解説 内容の取扱いから，(3)鑑賞教材についての項目からの出題である。選択肢アは(3)アの項目であるが，このうち「劇の音楽」は第3学年及び第4学年の内容である。選択肢イはア，選択肢ウはイ，選択肢エはウの内容である。

3 次の楽譜は，ある歌唱教材曲の一部分である。※の部分のコードネームを，以下のア～エの中から一つ選んで記号で答えなさい。

初等科音楽教育研究会編
『改訂版 最新 初等科音楽教育法
2017年告示「小学校学習指導要領」準拠』

許諾を得ておらず不掲載

ア　G_{sus4}　　イ　$B^{\flat}_{7}$　　ウ　C_7　　エ　Em

3 ウ

解説 選択肢アの構成音は，ソ・ド・レ，イはシ♭・レ・ファ・ラ♭，ウはド・ミ・ソ・シ♭，エはミ・ソ・シである。

4 **3** の曲と同じ拍子の楽曲を，次のア～エの中から一つ選んで記号で答えなさい。

ア　シューベルト作曲《野ばら》　　イ　團伊玖磨作曲《花の街》
ウ　中田章作曲《早春賦》　　エ　山田耕筰作曲《赤とんぼ》

4 エ

解説 **3** の楽譜は「冬げしき」で，4分の3拍子である。正答以外の選択肢アとイは4分の2拍子，ウは8分の6拍子である。

5 **3** の曲の調の下属調を，次のア～エの中から一つ選んで記号で答えなさい。

ア　イ短調　　イ　変ロ長調　　ウ　ト短調　　エ　変ホ長調

5 イ

解説 「冬げしき」は調号が♭1つの長調で，へ長調である。下属調は，もとの調の下属音(第4音)を主音とするので，シ♭を主音とする変ロ長調である。

6 **3** の曲名を，次のア～エの中から一つ選んで記号で答えなさい。

ア　春の小川　　イ　こいのぼり　　ウ　もみじ　　エ　冬げしき

6 エ

解説 「冬げしき」は第5学年の歌唱共通教材である。共通教材は各学年4曲ずつあるので，すべての曲を歌える程度に理解しておくと良い。正答以外の選択肢アは第3学年，イは第5学年，ウは第4学年の共通教材である。

7 楽器の発音構造（音の鳴る仕組み）が同じ組合せを，次のア～エの中から一つ選んで記号で答えなさい。

ア　尺八 ——— クラリネット　　イ　三味線 ——— ギター
ウ　ホルン —— サクソフォン　　エ　シンバル —— 大太鼓

7 イ

解説 三味線もギターも弦をはじいて音を出す撥弦楽器である。アについて，尺八はエアリード(息を吹き込む空気)で，クラリネットはリードを振動させて音を出す。ウのホルンはマウスピースで唇を，サクソフォンはリードを振動させて音を出す。エのシンバルは叩かれた楽器自体が，大太鼓は叩かれた膜が振動して音を出す。

8 楽語とその意味の組合せとして<u>誤っているもの</u>を，次のア～エの中から一つ選んで記号で答えなさい。

ア　cantabile ——— 歌うように
イ　grazioso ——— 壮大に
ウ　poco a poco —— 少しずつ
エ　vivace ———— 活発に速く

8 イ

解説 graziosoは「優雅に」の意味である。grandioso「壮大に，堂々とした」と間違えないようにしたい。選択肢にある音楽用語は，良く使われるものなので覚えておきたい。

9 次の教材曲のうち短調ではないものを，ア～エの中から一つ選んで記号で答えなさい。

ア　ショパン作曲《別れの曲》
イ　ベートーヴェン作曲《交響曲 第5番 運命》
ウ　ブラームス作曲《ハンガリー舞曲 第5番》
エ　モーツァルト作曲《交響曲 第40番 K.550》

9 ア

解説 アはホ長調，イはハ短調，ウはト短調，エはト短調である。モーツァルトが交響曲に短調を使用したのは第25番と第40番のみである。

10 世界の様々な音楽文化とその音楽文化が普及している国の組合せとして誤っているものを，次のア～エの中から一つ選んで記号で答えなさい。

ア　ジャズ ――― アメリカ
イ　タンゴ ――― アルゼンチン
ウ　ヨーデル ―― スイス
エ　ガムラン ―― インド

10　エ

解説　ガムランはインドネシア，バリ島の音楽である。さまざまな種類の打楽器で演奏される民族音楽である。選択肢にあげられた民族音楽は映像や音源などを確認しておきたい。

図画工作

1 次の文章は「小学校学習指導要領」の「第１　目標」についての記述である。空欄［①］～［⑤］に入る適切な語を以下の語群から選択し，その組合せとして正しいものを，ア～エの中から一つ選んで記号で答えなさい。

表現及び鑑賞の活動を通して，造形的な見方・考え方を働かせ，生活や社会の中の形や色などと豊かに関わる資質・能力を次のとおり育成することを目指す。

(1)　対象や事象を捉える造形的な視点について自分の［①］を通して理解するとともに，［②］を使い，表し方などを工夫して，創造的につくったり表したりすることができるようにする。

(2)　造形的な［③］，表したいこと，表し方などについて考え，創造的に［④］をしたり，作品などに対する自分の見方や感じ方を深めたりすることができるようにする。

(3)　つくりだす喜びを味わうとともに，感性を育み，［⑤］生活を創造しようとする態度を養い，豊かな情操を培う。

[語群]

A　よさや美しさ　　B　発想や構想　　C　材料や用具
D　素材や道具　　E　感覚や行為　　F　よさや面白さ
G　着想や計画　　H　主体的で楽しい　　I　楽しく豊かな

	①	②	③	④	⑤
ア	B	D	A	G	I
イ	E	D	F	B	H
ウ	B	C	F	G	H
エ	E	C	A	B	I

1 エ

解説 小学校学習指導要領の教科の目標から語句の穴埋め選択式の問題である。目標は，教科の目標，学年の目標について，違いと系統性を理解し文言は必ず覚えること。目標は(1)「知識及び技能」，(2)「思考力，判断力，表現力等」，(3)「学びに向かう力，人間性等」の三つの柱で構成され示されている。

2 次の各文は「小学校学習指導要領」の「第２　各学年の目標及び内容」における第１～６学年の「2　内容　A　表現」の(1)アに関する事項についての記述である。空欄［①］～［⑤］に入る適切な語を以下の語群から選択し，その組合せとして正しいものを，ア～エの中から一つ選んで記号で答えなさい。

第1学年及び第2学年	造形遊びをする活動を通して，身近な［①］や［②］の材料の形や色などを基に造形的な活動を思い付くことや，感覚や気持ちを生かしながら，どのように活動するかについて考えること。
第3学年及び第4学年	造形遊びをする活動を通して，身近な材料や［③］などを基に造形的な活動を思い付くことや，新しい形や色などを思い付きながら，どのように活動するかについて考えること。
第5学年及び第6学年	造形遊びをする活動を通して，材料や［③］，［④］などの特徴を基に造形的な活動を思い付くことや，構成したり［⑤］を考え合わせたりしながら，どのように活動するかについて考えること。

［語群］
A　場所　　B　周囲の環境　　C　自然物
D　用具　　E　もの　　F　自然
G　周囲の様子　　H　人工　　I　空間

	①	②	③	④	⑤
ア	E	H	D	I	G
イ	C	F	D	A	B
ウ	I	F	A	D	B
エ	C	H	A	I	G

2 エ

解説 内容は「A表現」「B鑑賞」で構成されている。「A表現」は(1)「思考力，判断力，表現力等」として発想や構想に関する項目，(2)「技能」に関する事項から構成され，どちらの項目もアの造形遊びをする活動とイの絵や立体，工作に表す活動に関する項目として示されている。ここでは(1)ア「造形遊び」について問われている。各学年の目標と「A表現」「B鑑賞」の内容について，それぞれの学年の系統性も合わせて理解しておきたい。

3 『小学校学習指導要領解説』の「第４章　指導計画の作成と内容の取扱い　３　安全指導」に記載された内容の趣旨として，次の①～④の中に適切でないものが幾つあるかを，以下のア～エの中から一つ選んで記号で答えなさい。

① 材料や用具については，実際に使う際の使い方だけでなく，片付け方や管理方法を含めた安全な扱い方について指導することが重要である。

② 安全指導は，児童に材料や用具を取り扱わせながら行うのではなく，教師からの示範や図を使った説明を徹底して行うことが大切である。

③ 材料や用具については学習指導要領に示された学年後でも繰り返し取り上げ，安全な扱い方について理解しているため，すでに経験したものへの説明や確認は不必要であり，自由に使わせた方がよい。

④　活動場所については，事前の点検が必要であり，ロッカーや棚などは児童がぶつかったり，地震が起きたりしても安易に倒れない措置を講じておく必要がある。

ア　三つ　　イ　二つ　　ウ　一つ　　エ　なし

3　イ

解説 ②について，指導計画の作成と内容の取扱いの3安全指導の解説部分に「教師の一方的な説明で終わるのではなく，実際に取り扱うなどして，児童が実感的に理解することが必要である。」と示されている。③については「様々な学習場面で児童が材料や用具を扱う機会をつくり，十分に慣れ親しむことができるようにすることが重要であるが，児童が経験したことのある材料や用具であっても，安全な扱い方について確認するとともに，児童の実態に合う材料や用具を扱うよう配慮することが大切である。」と示されているので誤りである。

4　低学年の図画工作科において「造形遊び」の活動で「はこをいっぱいつかって　なにしよう」という授業を行う。その際に配慮する事項として誤っているものを，次のア～エの中から一つ選んで記号で答えなさい。

ア　たくさんの箱を触ったあと，「気になる形はあったかな」「たくさんあるからどんなことができそうかな」といった活動への期待や発想を膨らませるような声掛けをする。
イ　横方向に並べるだけでなく，縦方向にも活動の範囲が広がるような材料を準備しておく。
ウ　床の上での活動が好ましいため，机や椅子を片付けて，広い活動場所を準備しておく。
エ　箱を児童の家庭に準備してもらうのは困難なため，学校や教員で集めることが大切である。

4 エ

解説 この活動で指導する際に配慮することとしては，小学校学習指導要領解説の第1学年及び第2学年の内容　A表現(2)イの解説部分に「造形遊びをする活動では，材料の用意が大切であるが，例えば，児童が用意するとともに，教師自身が集めたり保護者の協力を得たりしながら，造形活動に役立つ材料を数多く準備し，保管しておくことが考えられる。その際，自然物は手に入りやすい時期があることを踏まえて計画的に準備しておく必要がある。活動場所の範囲や安全に配慮することも重要である。校庭など広い場所で活動するときは，活動の始まりに活動場所の範囲を明確に示しておくことが必要である。」と説明されているのでエは誤りである。

5 中学年の図画工作科において「絵に表す」の活動で木版画の授業を行う。その際に配慮する事項として，次の①～④の中に誤っているものが幾つあるかを，以下のア～エの中から一つ選んで記号で答えなさい。

① 教室の工夫として，友達の工夫をお互いに見ることができるように，席を班の形にするとよい。

② 彫刻刀との初めての出合いになる場合が多いので，刀の形状ごとの彫り跡の特徴や感じの違いを児童自身が感じられるように安全指導を徹底する。

③ 版木は彫り跡が分かりやすいように，事前に板の表面を軽く紙やすりで擦り，平らにしておくとよい。

④ 彫ったり刷ったりが同じ時間にできるように動線を意識しながら場や道具の配置を工夫し，人数が多い場合は刷りのコーナーをつくると活動しやすい。

ア 三つ　　イ 二つ　　ウ 一つ　　エ なし

5 ウ

解説 ③について，彫り跡をわかりやすくするためには，版木に薄墨を塗る。薄い色を付けた板木も市販されている。

6 モダンテクニックと呼ばれる次の①～④の技法について，適切な名称を以下の語群から選択し，その組合せとして正しいものを，ア～エの中から一つ選んで記号で答えなさい。

① 絵の具の“したたり”や“しずく”が生む偶然の痕跡をいかした，面白い形やイメージの発見が見込める技法であり，「吹き絵」や「流し絵」等の種類がある。

② 紙などの支持面を，身近にある小物や切り抜いた型紙，蝋(ろう)等で覆う。上から描画した後，覆っていた面を取り払うことによって生じる効果を活かした技法である。

③ ガラス面や紙面の上に絵の具を厚くのせ，別の紙を圧着させて偶然の形や混色を生み出す技法である。

④ 「こする」，「摩擦する」という意味の言葉が由来である。表面に凹凸のある物の上に紙をあて，鉛筆等でこすり取ることによって素材の模様や形を写し取る技法である。

[語群]

A　コラージュ	B　デカルコマニー	C　ウォッシング
D　スクラッチ	E　スタンピング	F　マーブリング
G　マスキング	H　ドリッピング	I　フロッタージュ

	①	②	③	④
ア	I	A	C	D
イ	F	E	A	I
ウ	C	A	F	E
エ	H	G	B	I

6 エ

解説 モダンテクニックは，描写だけでなく，偶然にできる形や色を利用した効果や表現をする技法のことである。正答にあてはまらなかった語群Aは貼り絵，Cは洗い出し，Dは引っ掻き，Eは型押し，Fは墨流し，のことである。名称，方法，表現の特徴を合わせて理解しよう。

7 「絵に表す」の活動で使用する水彩絵の具やその技法に関する説明として誤っているものを，次のア～エの中から一つ選んで記号で答えなさい。

ア　グラデーションは「階調」とも言い，色彩や明暗を段階的に変化させていくことをいう。
イ　不透明水彩絵の具は下の色を覆い隠す性質があるため，重色を行うことができない。
ウ　不透明水彩絵の具による描写は，明るい色から暗い色へ向かって描写していくのが基本である。
エ　画面奥に向かって薄め，ぼかすことによって生じる遠近感の描写を空気遠近法と呼ぶ。

7 イ

解説 イについて，透明水彩絵の具は色を混ぜたり，重ねたりすることで混色ができる。不透明水彩絵の具は下の色の影響を受けずに重色することができる。透明水彩絵の具は一般的に児童が使用する水彩絵の具であり，不透明水彩絵の具はガッシュがある。それぞれの特徴を理解し，使用させたい。

8 次の文章は様々な材料を使った「立体に表す」学習のポイントについて述べたものである。空欄［①］～［③］に入る適切な語を以下の語群から選択し，その組合せとして正しいものを，ア～エの中から一つ選んで記号で答えなさい。

> 様々な身辺材料を用いて「立体に表す」活動は，子供たちに期待する発想の在り方において「［①］に表す」活動と大きく違う。「［①］に表す」では機能や機構といった目的や構造を生かすことに発想の主眼が置かれるのに対して「立体に表す」では，材料の形や色及び［②］の特徴を生かす発想の面白さに主眼を置く。それには「［③］」の視点が重要である。材料を手にして「これは○○みたい」，「この部分が□□みたい」などと発想し製作に生かしていく。

［語群］　A　絵　　B　工作　　C　子供
　　　　D　材質　　E　見立て　　F　見通し

	①	②	③
ア	A	D	F
イ	B	C	F
ウ	A	C	E
エ	B	D	E

8 エ

解説 「立体」は「自分の感じたことや思ったことなどを表す」ことであり，「工作」は使えるもの，伝えるもの，遊ぶものなど，その意図や用途が明確である。自分の表したいものを，形や色，イメージなどを手がかりに，表し方を考えたり材料や用具を用いたりしながら作品に表していく。意図や用途が明確である「工作」と一人ひとりの児童の「表したいもの」，つまり「発想」をどのように形に表していくのかに基づく「立体に表す」は学習のねらいや評価が変わってくる。

9 次の文章は粘土の学習のポイントについて述べたものである。空欄［①］～［③］に入る適切な語を以下の語群から選択し，その組合せとして正しいものを，ア～エの中から一つ選んで記号で答えなさい。

> 子供たちは粘土を使用した造形活動が好きだが，指先だけでつくったりピンポン球程度の量を扱う活動にとどまったりする子も多い。粘土の［①］を生かし，指先だけでなく，手，腕，そして［②］を使う活動を経験させ，以後の塑造体験の幅を広げさせることが求められる。そのためには［③］的な導入から立体に表す指導を展開することが有効である。

［語群］ A 造形遊び　B 計画　C 身体全体
D 道具　E 可塑性　F 作業性

	①	②	③
ア	E	C	A
イ	F	D	A
ウ	F	C	B
エ	E	D	B

9 ア

解説 粘土は小さな部分を接着させながらつくることができるので，表したいもののイメージにあった形や動きについても意識させ，つくりながらイメージをふくらませていくことができる。また，何度でも形を変えることができる可塑性に特徴がある。

10 電動糸のこぎりに関する記述として誤っているものを，次のア～エの中から一つ選んで記号で答えなさい。

ア　糸のこぎり刃の刃形には，刃と刃の間隔(ピッチ)に違いがあり，軟材を切る場合はピッチの小さい刃を使い，硬材を切る場合はピッチの大きい刃を使用する。

イ　糸のこぎり刃の交換は必ず電源を切り，コードのプラグをコンセントから抜いて行う。刃に上下はないので任意の方向でセットしてよい。

ウ　板材などのひき方の基本は，材料を両手で前に押し出すようにする。刃に負担をかけないために，材料を無理に押し出したりしないように注意する。

エ　材料を切る際には大きなパーツに切り分けてから，徐々に小さく切っていく。小さなパーツを切るときは板を持っている手と刃の距離が近くなることがあるので，パーツを細かくしすぎない。

10 イ

解説 イについて，糸のこぎりの刃には方向があり，刃が下向きになるようにセットする。刃のセットの仕方，使用する際の手の置き方，切る方向の変え方など，安全に正しく使用できるような指導が重要である。掲示物などを活用し，児童がすぐに確認できるようにすることなども有効である。

家庭

1 次の文章は，『小学校学習指導要領解説』の「第３章　指導計画の作成と内容の取扱い　2　内容の取扱いと指導上の配慮事項　(3)　実践的・体験的な活動の充実」で示された内容である。文章中の[①]～[④]に入る語句の組合せとして正しいものを，以下のア～エの中から一つ選んで記号で答えなさい。

家庭科において，家庭生活を支える仕事を[①]喜びや，自分が作品を完成させることができたという[②]を味わうことは，知識及び技能を習得する意義を実感する機会でもある。さらに，失敗や困難を乗り越え，やり遂げたという成就感は，[③]にもつながる。すなわち，家庭科における [[④]を向上させる観点からも，実践的・体験的な活動を重視することとしている。

	①	②	③	④
ア	手伝う	達成感	自分への自信	技能
イ	実践する	達成感	自分への自信	学習意欲
ウ	手伝う	優越感	他者への信頼	技能
エ	実践する	優越感	他者への信頼	学習意欲

1 イ

解説 指導計画の作成と内容の取扱いのうち，内容の取扱いに関する配慮事項は全部で5項目あり，ここでは(3)実践的・体験的な活動の充実の解説部分から出題された。他の項目も学習しておくこと。また，指導計画作成上の配慮事項は7項目，実習の指導に関する配慮事項は3項目あげられているので，これらについても理解しておきたい。

2 「自分の成長と家族・家庭生活」について，家庭科のガイダンスとして授業を行うことになった。授業の内容として適切でないものを，次のア～エの中から一つ選んで記号で答えなさい。

ア　小学校入学時からの自分を振り返り，自分の周りでどのような衣食住の生活が営まれ，自分の成長にどのように関わってきたかを話し合う。

イ　各家庭や児童のプライバシーを尊重し，十分に配慮しながら取り扱う。

ウ　第４学年の最初に位置づけて，自分の成長は家族の理解や愛情に支えられていることに気付けるようにする。

エ　これから学習する内容に触れ，見通しをもたせる。

2 ウ

解説 ウについて，指導計画作成上の配慮事項(2)で，「『A家族･家庭生活』の(1)のアについては，第4学年までの学習を踏まえ，2学年間の学習の見通しをもたせるために，第5学年の最初に履修させるとともに，『A家族・家庭生活』，『B衣食住の生活』，『C消費生活・環境』の学習と関連させるようにすること。」と示している。

3 次の文章は，『小学校学習指導要領解説』の「第２章　家庭科の目標及び内容　第３節　家庭科の内容　A　家族・家庭生活　(2)　家庭生活と仕事」で示された内容である。文章中の［　①　］～［　④　］に入る語句の組合せとして正しいものを，以下のア～エの中から一つ選んで記号で答えなさい。

生活時間の有効な使い方とは，時間に区切りを付けたり，［　①　］に使ったりするなど，時間を工夫して使うことであることを理解できるようにする。さらに，［　②　］の生活時間を考えながら，［　③　］の生活時間の使い方を工夫することによって，［④］が円滑に営まれることに気付くことができるようにする。

	①	②	③	④
ア	効率的	自分	家族	学校生活
イ	計画的	家族	自分	家庭生活
ウ	効率的	家族	自分	学校生活
エ	計画的	自分	家族	家庭生活

3 イ

解説 この問題も「小学校学習指導要領(平成29年告示)解説」の本文「第2章　家庭科の目標及び内容　第3節　家庭科の内容　A　家族・家庭生活　(2)　家庭生活と仕事」からの出題である。

4 『小学校学習指導要領解説』の「第２章　家庭科の目標及び内容　第３節　家庭科の内容　B　衣食住の生活　食生活」を踏まえて述べた内容として適切でないものを，次のア～エの中から一つ選んで記号で答えなさい。

ア　加熱用調理器具の取扱いについて，IHクッキングヒーターを使用する際には，使える鍋の形状や材質がガスこんろと異なる場合があることについて言及する。

イ　ゆでたり，いためたりする調理については，材料を変えたり調理法を組み合わせたりして，平易なものから段階的に題材を発展させるようにする。

ウ　調理に必要な用具の衛生的な取扱いとして，まな板は常に乾燥した状態で使用するように指導する。

エ　小学校家庭科における調理実習では，味の付け方については，食塩，しょうゆなどの塩味による味付けを中心として扱う。

4 ウ

解説 ウについて，(2)調理の基礎のア(イ)の項目の解説部分に「まな板は水でぬらし，ふきんでふいてから使うこと」と示されているので誤りである。選択肢アはア(イ)，イはア(エ)，エはア(ウ)の項目の解説部分に詳細に記述されているので確認しておくこと。

5 「栄養を考えた食事」に関する授業の中で，栄養素に関する学習を指導することになった。次の①～⑤の文の正誤(○×)の組合せとして正しいものを，以下のア～エの中から一つ選んで記号で答えなさい。

① 食事摂取基準や食品群別摂取量の目安の理解とともに，各栄養素の特徴を学習する。
② カルシウムは骨や歯の成分となるが，体の調子を整える働きもある。
③ 食品の体内での主な働きは「主にエネルギーのもとになる」，「主に体をつくるもとになる」，「主に体の調子を整えるもとになる」の三つに分類できる。
④ 食物を摂取し，体内で消化，栄養素を吸収して利用する仕組みのことを代謝という。
⑤ 水分は体内で大切な働きをする栄養素である。

	①	②	③	④	⑤
ア	○	×	○	○	○
イ	×	○	○	×	×
ウ	○	○	×	○	○
エ	×	×	○	×	○

5 イ

解説 ①④⑤は中学校で学習する内容である。また⑤について中学校学習指導要領解説のＢ衣食住の生活の食生活の内容，(2)ア(イ)の解説部分に「水は，五大栄養素には含まれないが，人の体の約60％は水分で構成されており，生命維持のために必要な成分であることにも触れるようにする。」と示されている。

6 次の文は，商品に付けられた表示に関する記述である。①～④の文とマークの組合せとして正しいものを，以下のア～エの中から一つ選んで記号で答えなさい。

① 日本農林規格に適合する食品や林産物に付けられる。
② 製品安全協会が，安全と認定した製品に付けられる。
③ 再生紙を使用している製品に付けられる。
④ 古紙の利用を拡大し，紙のリサイクルの促進を目的として付けられる。

	①	②	③	④
ア				
イ				
ウ				
エ				

6 ア

解説 正答に含まれないマークについて，①の選択肢のうちイは特色JASマーク，ウは2022年まで使用されていた特定JASマーク，エは有機JASマークである。②の選択肢のウ，エはSTマークで，日本玩具協会の基準に合格したおもちゃに付けられるマーク。③のイ，エは，ガラスびんのリターナブルマークである。④のイはダンボール，ウは紙パック，エはスチール缶の識別マークである。

7 「物や金銭の使い方と買物」に関する授業を行うことになった。授業の内容として<u>適切でないもの</u>を，次のア～エの中から一つ選んで記号で答えなさい。

ア　現金による店頭での買物を扱い，日常行っている買物が売買契約であることを理解できるようにする。
イ　売買契約が成立するのは，買う人(消費者)の申し出と売る人の承諾がなされた時点であることを理解できるようにする。
ウ　商品を受け取った後も，購入者側の理由で商品を返却できることを理解できるようにする。
エ　平成29年に改訂された「小学校学習指導要領」では，「買物の仕組みや消費者の役割」が新設され，児童が消費者としての意識を高めることが期待されている。

7 ウ

解説 売買契約が成立すると，両者の契約内容を守る権利と義務が生じ，一方的に契約を取消すことができない場合があることを理解できるようにする。

8 「季節や状況に応じた日常着の快適な着方」に関する授業を行うことになった。衣服の保温性を高めるための工夫として誤っているものを，次のア～エの中から一つ選んで記号で答えなさい。

ア　重ね着をして複数の空気層を作る。
イ　開口部(首，袖口等)をできるだけ小さくする。
ウ　含気性の高い素材を選ぶ。
エ　重ね着の最外部に通気性の高い素材の衣服を着る。

8 エ

解説 エについて，最外部に通気性が低く風を通しにくい素材の服を着て，内側には空気をためやすい服を着ると良い。

9 次の①～④の図と手縫いの縫い方の組合せとして正しいものを，以下のア～エの中から一つ選んで記号で答えなさい。

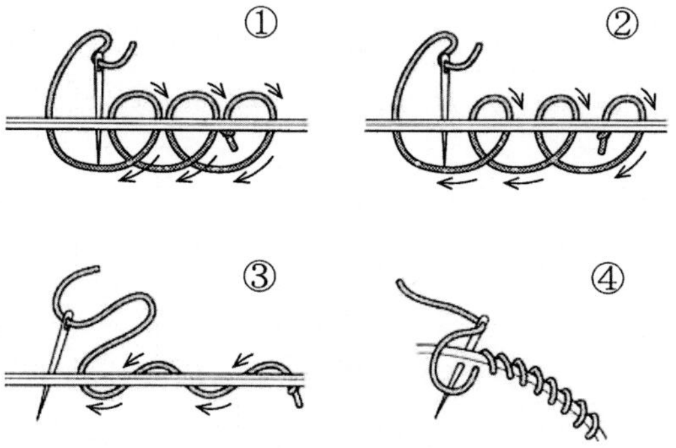

	①	②	③	④
ア	巻き縫い	半巻き縫い	並縫い	まつり縫い
イ	巻き縫い	半巻き縫い	ぐし縫い	かがり縫い
ウ	本返し縫い	半返し縫い	並縫い	かがり縫い
エ	本返し縫い	半返し縫い	ぐし縫い	まつり縫い

9 ウ

解説 縫い方は実践できるようにしておくこと。

10 「季節の変化に合わせた住まい方」についての授業で，様々な暖房機器の特徴と安全な使い方を取り上げることとした。石油ファンヒーターなどの開放型燃焼機器の給排気方式の組合せとして正しいものを，次のア～エの中から一つ選んで記号で答えなさい。

	給気	排気
ア	室内の空気	室内に放出
イ	室内の空気	屋外に放出
ウ	屋外の空気	屋外に放出
エ	屋外の空気	室内に放出

10 ア

解説 ガス・石油機器の給排気方式には4つあり，アは開放式，イは半密閉式，ウは屋外式，エは密閉式である。

体育

1 「小学校学習指導要領」の「第２　各学年の目標及び内容」に示されている第５学年及び第６学年の目標について，〔　A　〕～〔　C　〕に当てはまる正しい語句の組合せを，以下の解答群ア～エの中から一つ選んで記号で答えなさい。

> １　目標
>
> (1)〔　A　〕，その行い方及び心の健康やけがの防止，病気の予防について理解するとともに各種の運動の特性に応じた基本的な技能及び健康で安全な生活を営むための技能を身に付けるようにする。
>
> (2)〔　B　〕や身近な健康に関わる課題を見付け，その解決のための方法や活動を工夫するとともに，自己や仲間の考えたことを他者に伝える力を養う。
>
> (3)　各種の運動に積極的に取り組み，約束を守り助け合って運動をしたり，仲間の考えや取組を認めたり，場や用具の安全に留意したりし，自己の最善を尽くして運動をする態度を養う。また，健康・安全の大切さに気付き，〔　C　〕。

[解答群]

ア　A　各種の運動の楽しさや喜びを味わい
　　B　自己やグループの運動の課題
　　C　自己の健康の保持増進や回復に進んで取り組む態度を養う

イ　A　各種の運動の楽しさや喜びを味わい
　　B　自己やグループの運動の課題
　　C　自己の健康の保持増進に進んで取り組む態度を養う

ウ　A　各種の運動遊びの楽しさに触れ
　　B　自己が取り組む運動の課題
　　C　自己の健康の保持増進に進んで取り組む態度を養う

エ　A　各種の運動の楽しさや喜びに触れ
　　B　自己が取り組む運動の課題
　　C　自己の健康の保持増進や回復に進んで取り組む態度を養う

1 ア

解説 各学年の目標をそれぞれ比較し，発達段階に応じて語句がどのように用いられているかその特徴(キーワード)を理解しておくことが大切である。Aに示された選択肢には，学年を特定できる語句(「楽しさに触れ」：低学年，「喜びに触れ」：中学年，「喜びを味わい」：高学年)がある。Bでは「自己」と「自己やグループ」に着目し，発達段階から考えてどちらを用いた表記が高学年に適しているか検討すると良い。Cにおいては「回復」という語句が選択する際のキーワードとなる。

2 高学年の陸上運動領域におけるリレーを指導する際に，目指す児童の姿として誤っているものを，次のア～エの中から一つ選んで記号で答えなさい。

ア　自分たちの課題を学習資料から選んで練習を行った。
イ　計時やスターター，記録など，みんなで役割を分担しながらリレーをした。
ウ　必ず自分のチームが勝てるように，自分たちでメンバーを選んでリレーをした。
エ　走ってきた友達のスピードと同じくらいのスピードでバトンパスをすることができた。

2 ウ

解説 学習指導要領では陸上運動系の「学びに向かう力，人間性等」において，全学年を通して「勝敗を受け入れること」と例示している。体育の学習では陸上運動に限らず「勝敗」に対する児童の態度について指導する場面が多くある。また，体育の授業づくりにおいて，どの児童も楽しく積極的に学習に参加できるようにすることが重要であると認識していれば，ウの「必ず自分のチームが勝てるように」は誤りであると容易に判断することもできる。

3 「小学校学習指導要領」の「第３　指導計画の作成と内容の取扱い」に示されている指導計画の作成について，次の文章中の〔　A　〕～〔　D　〕に当てはまる正しい語句の組合せを，以下の解答群ア～エの中から一つ選んで記号で答えなさい。

> 単元など内容や時間のまとまりを〔　A　〕，その中で育む資質・能力の育成に向けて，児童の主体的・対話的で深い学びの実現を図るようにすること。その際，体育や保健の見方・考え方を働かせ，運動や健康についての自己の〔　B　〕を見付け，その解決のための活動を〔　C　〕工夫したりする活動の充実を図ること。また，運動の楽しさや喜びを味わったり，〔　D　〕の大切さを実感したりすることができるよう留意すること。

[解答群]

	A	B	C	D
ア	理解して	目標	開発したり	体力
イ	計画して	課題	発見したり	仲間
ウ	よく考えて	めあて	開発したり	友達
エ	見通して	課題	選んだり	健康

3　エ

解説　Aの選択肢である「見通して」は，体育のみならず学習指導要領総則「指導計画の作成等に当たっての配慮事項」等において用いられている表記である。指導計画を作成する際のキーワードとして理解しておこう。Bでは，〔　　〕に続く記述の「その解決のため」に着目すると，対応する語句として「課題」を選択することができる。また，中学年以上は運動領域と保健領域で構成されていることを踏まえれば，Dは「健康」を選択することができる。

4　体つくり運動の「多様な動きをつくる運動遊び」及び「多様な動きをつくる運動」についての解説として正しいものを，次のア～エの中から一つ選んで記号で答えなさい。

ア　中学年では，手軽な運動を行い，心と体の変化に気付いたり，みんなで関わり合ったりする。
イ　低学年・中学年では，楽しく運動しながら，体の基本的な動きを身に付けることが重要である。
ウ　高学年では，体のバランスを取る動き，体を移動する動きなどを行い，それらを組み合わせる。
エ　低学年・中学年では，自己の課題を踏まえ，直接的に体力の向上をねらいとする。

4　イ

解説　アは，中学年における「体ほぐしの運動」の解説なので誤りである。ウは，「高学年では」としている点に誤りがある。「中学年」の「多様な動きをつくる運動」の解説である。エの記述内容は，高学年の「体の動きを高める運動」の解説であるために誤りとなる。

5 器械運動の授業を安全に行うための指導や安全管理の方法として誤っているものを，次のア～エの中から一つ選んで記号で答えなさい。

ア　鉄棒の下にマットを敷いて一定の安全を確保する。
イ　跳び箱を運搬する際には1段目と2段目以下を分けて運搬するよう指導する。
ウ　跳び箱や平均台を運搬する際には縦向きで運搬するよう指導する。
エ　固定施設の安全点検(初期点検・日常点検・定期点検)を実施する。

5 ウ

解説　跳び箱や平均台を「縦向き」で運搬しようとすると，児童は向かい合って持ち合うことになる。この状態では，一方の児童は後ろ向きに進むことになるために危険な運搬の仕方を指導することになる。

6 『小学校学習指導要領解説』における高学年の器械運動の「鉄棒運動」に例示されている【技】と【系・技群】の正しい組合せを，後のア～エの中から一つ選んで記号で答えなさい。

【技】　①　逆上がり　②　片足踏み越し下り
③　後方支持回転　④　前方支持回転
⑤　両膝掛け振動下り

【系・技群】
A　支持系・前方支持回転技群
B　前方足掛け回転系・前方支持回転技群
C　支持系・後方支持回転技群
D　後方足掛け回転系・後方支持回転技群
E　懸垂系・後方懸垂回転技群

	①	②	③	④	⑤
ア	E	B	A	C	D
イ	C	A	C	A	C
ウ	E	A	B	C	D
エ	C	C	E	B	A

6 イ

解説 ①について，その運動を具体的(鉄棒を中心に「後方」に「回転」し，最後は「支持」の姿勢になる)に想起すればCを選択することができる。また，③は「支持」の姿勢から「後方」に「回転する」技であるので，その語句からCを選択することができる。同様に④の技は「支持」の姿勢から「前方」に「回転」することからAを選択することができる。この【系・技群】の分類については，学習指導要領解説体育編における「参考　小学校及び中学校の領域別系統表」を基に理解を深めると良い。

7 次の文章中の〔　A　〕～〔　D　〕に当てはまる正しい語句の組合せを，以下の解答群ア～エの中から一つ選んで記号で答えなさい。

> あなたは３年生の学級担任になりました。ゲームの授業を『小学校学習指導要領解説』に則って考えることにしました。２年生の時には簡単な規則を工夫したり，〔　A　〕を選んだりするとともに，考えたことを友達に伝えることが求められていましたが，３年生では，規則を工夫したり，〔　B　〕を選んだりするとともに，考えたことを友達に伝えることが求められます。
>
> 規則の工夫としては，誰もが楽しくゲームに参加できるように，攻めと守りの局面で〔　C　〕を設け，攻めを行いやすいようにしました。また，〔　B　〕を選ぶ例として，〔　D　〕の陣地を取り合うゲームでは，少人数のゲームで，ボールを持っている人とボールを持っていない人の役割を踏まえた活動になるようにしました。

[解答群]

ア　A　攻め方
　　B　自己に適した場や規則
　　C　楽しくゲームできる場
　　D　ゴール型

イ　A　作戦
　　B　自己やチームの特徴に応じた作戦
　　C　動くことのできる範囲
　　D　ベースボール型

ウ　A　遊び方
　　B　自己に適した場や規則
　　C　楽しくゲームできる場
　　D　ベースボール型

エ　A　攻め方
　　B　ゲームの型に応じた簡単な作戦

C　プレイヤーの人数に違い

D　ゴール型

7 エ

解説 A　ゲーム領域において「選んだり」するのは，2年生(低学年)では「攻め方」であり,3年生(中学年)では「作戦」となっている。なお,「遊び方」は他の運動領域において「工夫する」とされている。　B　ゲームの授業なので「自己に適した」ではなく「ゲームの型に応じた」となる。C 「攻めを行いやすいようにする」とは，守る側に比べて攻める側に数的優位な状況(プレーヤの人数に違い)を作ることである。D　陣地を取り合うゲームなので，ゴール型となる。

8 次の文章中の〔　A　〕～〔　D　〕に当てはまる正しい語句の組合せを，以下の解答群ア～エの中から一つ選んで記号で答えなさい。

> 鬼遊びでは，鬼になってなかなか捕まえられない児童には，短い時間で鬼を交代したり，〔　A　〕したり，〔　B　〕したりするなどの配慮をする。また，鬼から逃げることが苦手な児童には，〔　C　〕たり，鬼の人数を一人から徐々に増やしたり，〔　D　〕を増やしたりするなどの配慮をする。

[解答群]

ア　A　陣地を設定　　B　逃げる場所を狭く
　　C　安全地帯を設け　　D　逃げる場所

イ　A　逃げる場所を制限　　B　逃げる場所を狭く
　　C　安全地帯を設け　　D　鬼でない児童の人数

ウ　A　逃げる場所を制限　　B　鬼の人数を増や
　　C　捕まえられにくいルールにし　　D　仲間の人数

エ　A　鬼の人数を増や　　B　陣地を設定

C　捕まえられにくいルールにし　　D　仲間の人数

8 イ

解説 まず，鬼になってなかなか捕まえられない児童への配慮なので，「逃げる側」に対しての工夫(容易に逃げることができない状況をつくる)となる。従ってA は「逃げる場所の制限」，Bは「逃げる場所を狭く」となる。次に，鬼から逃げるのが苦手な児童への配慮なので，「捕まえる側」に対しての工夫(容易に捕まえることができない状況をつくる)となり，Cは「安全地帯を設け」，Dは「鬼でない児童の人数」となる。

9 中学年の表現運動の授業で「リズムダンス」を扱う際の『小学校学習指導要領解説』に基づいた指導の在り方を述べた文として正しいものを，次のア～エの中から一つ選んで記号で答えなさい。

ア　できるだけ楽しく踊れるように，ふだんから仲がよい友達とペアやグループを組むように指導すること。

イ　踊る場所についてのルールは定めず，心の赴くままに空間を使って踊るように指導すること。

ウ　全身を使って踊れるように，BPM100前後のリズムを用いて指導すること。

エ　友達との関わり方として，二，三人の友達と型にとらわれず自由に踊るように指導すること。

9 エ

解説 ア「ふだんから仲がよい友達」ではなく,「誰とでも」が基本である。イ　安全面から，踊る場所を決めたりぶつからないように安全を確かめて踊ったりするなどのルールは必要である。　ウ　BPM 100前後は，ややゆったりとした速さである。学習指導要領解説では，BPM 140前後やBPM 120前後が例示されている。また，BPM(Beats Per Minute)は，リズムではなくテンポ(速さ)を表す表記であるため，用い方にも誤りがある。

10 体の発育・発達に関する文として誤っているものを，次のア～エの中から一つ選んで記号で答えなさい。

ア　体は年齢に伴って変化し，個人差はほとんどない。
イ　体は，思春期になると次第に大人の体に近づき，体つきが変わったり，初経，精通などが起こったりする。
ウ　体をよりよく発育・発達させるには，適切な運動，食事，休養及び睡眠が必要である。
エ　運動することで，生涯を通じて骨や筋肉などを丈夫にする効果が期待される。

10 ア

解説 体の発育・発達については，その学習内容として「個人差があることを理解する」と示されている。個人差があることを前提にし，そのために生じる児童の不安を取り除くことを目指す授業づくりが大切である。

外国語（英語）

1 外国語活動について述べた事項として適切なものを，次のア～エの中から一つ選んで記号で答えなさい。

ア　「聞くこと」「話すこと［やり取り］」の２領域について扱う。
イ　検定教科書を使って，授業を行う。
ウ　年間35時間，授業を行う。
エ　指導要録には，３段階の評定を記載する。

1 ウ

解説 小学校第3学年及び第4学年では「外国語活動」の授業時数がそれぞれ年間35時間，第5学年及び第6学年では「外国語」の授業時数がそれぞれ年間70時間と定められている。

2 『小学校学習指導要領解説』の「第１部　外国語活動　第２章　外国語活動の目標及び内容　第２節　英語　３　指導計画の作成と内容の取扱い　(1)　指導計画の作成上の配慮事項」には，国語科で扱うローマ字（訓令式）と外国語活動で扱うローマ字（ヘボン式）について述べられている。その内容として最も適切なものを，次のア～エの中から一つ選んで記号で答えなさい。

ア　国語科で学ぶ訓令式は，外国の人にとって理解が困難なため，国語科においても段階的にヘボン式に変えていく必要がある。
イ　国語科では訓令式により，日本語の音が子音と母音の組み合わせで成り立っていることを理解させることが重視されている。
ウ　訓令式とヘボン式ローマ字は体系が異なり，児童に混乱をもたらすため，外国語活動では訓令式で指導を進める必要がある。
エ　国語科では訓令式で書くことを指導するが，外国語活動ではヘボン式で自分の名前が書けるように指導する必要がある。

2 イ

解説 第3学年の国語科において日本語のローマ字表記を学習することとなっているが，指導に当たっては，「ローマ字のつづり方」(昭和29年内閣告示)を踏まえることとされている。訓令式とともに，例えばパスポートにおける氏名の記載など，外国人たちとコミュニケーションをとる際に用いられることが多い表記の仕方(ヘボン式)も理解することが重視されている。

3 「小学校学習指導要領」の「第２章　各教科　第10節　外国語　第２　各言語の目標及び内容等　英語　１　目標　(1)　聞くこと」に基づいた指導の内容として適切でないものを，次のア～エの中から一つ選んで記号で答えなさい。

ア　ゆっくりはっきりと話されれば，日常生活に関する身近で簡単な事柄について，具体的な情報を聞き取ることができるように指導する。
イ　ゆっくりはっきりと話されれば，日常生活に関する身近で簡単な事柄について，短い話の概要を捉えることができるように指導する。
ウ　ゆっくりはっきりと話されれば，自分のことや身近で簡単な事柄について，簡単な語句や基本的な表現を聞き取ることができるように指導する。
エ　ゆっくりはっきりと話されれば，社会的な話題について，簡単な語句や基本的な表現を聞き取ることができるように指導する。

3 エ

解説 「ゆっくりはっきり」，「身近で簡単な事柄」，「簡単な語句や基本的な表現」などは小学校におけるキーワードである。「社会的な話題」は中学校から取り上げられることとなっている。よって，両者が混在しているエは誤りと判断できる。

4 『小学校学習指導要領解説』の「第２部　外国語　第２章　外国語科の目標及び内容　第２節　英語　1　目標　(2)　読むこと」に基づいて指導を行う際，適切でないものを，次のア～エの中から一つ選んで記号で答えなさい。

ア　活字体で書かれた文字を識別し，文字の名称を発音できるように指導する。
イ　学習の段階に応じて，語の中で文字が示す音の読み方を指導する。
ウ　言語外情報を伴って示された語句や表現を推測して読むように指導する。
エ　語句や表現の意味を理解するため，発音と綴（つづ）りを関連付けて指導する。

4 エ

解説 「読むこと」の目標は，「ア　活字体で書かれた文字を識別し，その読み方を発音することができるようにする」及び「イ　音声で十分に慣れ親しんだ簡単な語句や基本的な表現の意味が分かるようにする」の2つである。小学校では音声と文字とを関連付ける指導に留め，発音と綴りとを関連付けて指導するのは中学校においてである。よって，エは誤り。

5 次の文章は，「小学校学習指導要領」の「第２章　各教科　第10節　外国語　第２　各言語の目標及び内容等　英語　3　指導計画の作成と内容の取扱い」に示されている内容である。文章中の［①］～［④］こ当てはまる語句の正しい組合せを，以下のア～エの中から一つ選んで記号で答えなさい。

ア　［①］など内容や時間のまとまりを見通して，その中で育む資質・能力の育成に向けて，児童の主体的・対話的で深い学びの実現を図るようにすること。その際，具体的な課題等を設定し，児童が外国語によるコミュニケーションにおける［②］を働かせながら，コミュニケーションの［③］などを意識して活動を行い，英語の音声や語彙，表現などの知識を，［④］における実際のコミュニケーションにおいて活用する学習の充実を図ること。

	①	②	③	④
ア	単元	見方・考え方	目的や場面，状況	五つの領域
イ	単元	意欲・想像力	目的や場面，状況	生活場面
ウ	年間指導計画	見方・考え方	機能や目的，相手	生活場面
エ	年間指導計画	意欲・想像力	機能や目的，相手	五つの領域

5　ア

解説　出題の事項は,「外国語科の指導計画の作成に当たり，児童の主体的・対話的で深い学びの実現を目指した授業改善を進めることとし，外国語科の特質に応じて，効果的な学習が展開できるように配慮すべき内容」を示したものである。「見方・考え方」,「主体的・対話的」,「深い学び」,「目的や場面，状況」,「5つの領域」,「実際のコミュニケーション」などは，平成29年3月告示の学習指導要領のキーワードである。それぞれ具体的にどのようなことを指すのか，小学校学習指導要領解説外国語活動・外国語編を参照して確認しておくこと。

6　『「指導と評価の一体化」のための学習評価に関する参考資料　小学校外国語・外国語活動』(令和２年３月国立教育政策研究所)に基づくと,「話すこと［やり取り］」の評価規準について，次の①～③は，３観点(「知識・技能」「思考・判断・表現」「主体的に学習に取り組む態度」)のどれについての記述か。正しい組合せを，以下のア～エの中から一つ選んで記号で答えなさい。

①　自分のことをよく知ってもらったり相手のことを知ったりするため

に，自分のできることや得意なことなどについて尋ねたり答えたりして伝え合っている。

② 自分のことをよく知ってもらったり相手のことを知ったりするために，自分のできることや得意なことなどについて尋ねたり答えたりして伝え合おうとしている。

③ 自分のできることや得意なことなどを，尋ねたり答えたりするための簡単な語句や基本的な表現を用いて伝え合っている。

	①	②	③
ア	「知識・技能」	「思考・判断・表現」	「主体的に学習に取り組む態度」
イ	「思考・判断・表現」	「主体的に学習に取り組む態度」	「知識・技能」
ウ	「主体的に学習に取り組む態度」	「思考・判断・表現」	「知識・技能」
エ	「知識・技能」	「主体的に学習に取り組む態度」	「思考・判断・表現」

6 イ

解説 「話すこと[やり取り]」の評価規準として，観点ごとのポイントが次のように示されている。「知識・技能」は，「実際のコミュニケーションにおいて，指示，依頼をしたり，それらに応じたりする技能を身に付けている状況，日常生活に関する身近で簡単な事柄についての自分の考えや気持ちなどを伝え合う技能や，自分や相手のこと及び身の回りの物に関する事柄について，その場で質問をしたり質問に答えたりして，伝え合う技能を身に付けている状況」。よって，選択肢③の説明文が該当する。「思考・判断・表現」は「コミュニケーションを行う目的や場面，状況などに応じて，指示，依頼をしたり，それらに応じている状況や，日常生活に関する身近で簡単な事柄についての自分の考えや気持ちなどを伝え合っている状況，自分や相手のこと及び身の回りの物に関する事柄について，その場で質問をしたり質問に答えたりして，伝え合っている状況」。よって，選択肢①の説明文が該当する。「主体的に学習に取り組む態度」は「コミュニケーションを行う目的や場面，状況などに応じて，指示，依頼をしたり，それらに応じたりしようとしている状況や，日常生活に関する身近で簡単な事柄についての自分の考えや気持ちなどを伝え合おうとしている状況，自分や相手のこと及び身の回りの物に関する事柄について，その場で質問をしたり質問に答えたりして，伝え合おうとしている状況」。よって選択肢②の説明文が該当する。

7　次の対話文において，強勢が置かれる単語の組合せとして適切なものを，以下のア～エの中から一つ選んで記号で答えなさい。

A：Where do you want to go?
　　①　　　②　　　　　　③

B：I want to go to Italy.
　④　　　　⑤　⑥

　Where do you want to go?
　　⑦　　　⑧　　　　　　⑨

A：I want to go to Italy, too.
　⑩　　　　⑪　⑫　⑬

ア　①②③⑥⑨⑪
イ　①②⑥⑦⑪⑫
ウ　①③④⑥⑨⑪
エ　①③⑥⑧⑩⑬

7 エ

解説 対話文において，強勢が置かれる単語の組み合わせに関する問題。会話の中で，重要性が高い単語に強勢が置かれる，という点を大前提として，文脈等から答えを選ぶ。最初の文では，①「どこに」と③「行く」に強勢が置かれ，次の文では行先の⑥「イタリア」に，さらに次の文では相手に質問を返しているので，⑧「あなたは」に強勢が置かれる。そして，最後の文では，それを受けて⑩「私は」に強勢をおいて，行きたい場所がAと同じイタリアなので，⑬「〜も」に強勢が置かれる。

8 「3人グループを四つ作りなさい」という指示の英文として正しいものを，次のア〜エの中から一つ選んで記号で答えなさい。

ア　Make three groups of four.
イ　Make four groups of three.
ウ　Make three groups with four.
エ　Make groups of four in three.

8 イ

解説 クラスルーム・イングリッシュに関する問題。3人グループを4つ作る，という授業の中でよく使われる指示が，英語でどのように表現されるかが問われている。3人グループはgroup of three。4つのグループはfour groupsなので，2つをまとめて，イが適切であるとわかる。

9 次の英文において，誤りを含む表現例を，ア〜エの中から一つ選んで記号で答えなさい。

ア　Do you know where is he from?
イ　Where do you think my watch is?

ウ　I don't know what to do.

エ　Tell me what you ate for breakfast.

9　ア

解説 基本的な英語表現に関する問題。誤っていることに確信を持たなければいけないので，正確な文法的知識が問われている。選択肢アは，間接疑問文の中で疑問詞が用いられた節においては，疑問文の形ではなく，平叙文の語順にしなければならないので誤り。

10　次の英文は，聞くこと，読むことの流暢（ちょう）性について書かれたものである。文中の［　①　］～［　④　］に当てはまる語句の正しい組合せを，以下のア～エの中から一つ選んで記号で答えなさい。

Andrew Wright(1995).
Storytelling with Children

許諾を得ておらず不掲載

	①	②	③	④
ア	conversations	ability	searching	time
イ	conversations	communication	searching	chance
ウ	motivations	ability	guiding	chance
エ	motivations	conversation	guiding	time

10 ア

解説 問題文は非公開である。著者のAndrew Wrightは教育者，作家であり，教師向けの実践的なストーリーテリングやゲーム集で知られる。設問の最初に「聞くこと，読むことの流暢性について書かれたもの」であると明言している点を見落とさず，あらかじめトピックを掴んでおく。問いは空欄ごとに実質2択(②のみ3択)であって，① conversations/motivations，② ability/communication/conversation，③ searching/guiding，④ time/chanceからそれぞれ1つを選ぶ。

2023年度 ◆ 教科及び教職に関する科目（Ⅲ）

※国語，社会，算数，理科，生活，音楽，図画工作，家庭，体育，外国語(英語)の10教科の中から１教科を選択して解答する。

国語

1 「小学校学習指導要領」の「第２　各学年の目標及び内容〔第５学年及び第６学年〕２　内容〔思考力，判断力，表現力等〕Ｂ　書くこと」の(1)のウでは，次の指導事項が示されている。

> 目的や意図に応じて簡単に書いたり詳しく書いたりするとともに，事実と感想，意見とを区別して書いたりするなど，自分の考えが伝わるように書き表し方を工夫すること。

この指導事項に示す資質・能力の育成を目指して，〔思考力，判断力，表現力等〕の「Ｂ　書くこと」の(2)に示されている言語活動例「ア　事象を説明したり意見を述べたりするなど，考えたことや伝えたいことを書く活動」を通して指導を行いたい。そこで，第５学年の授業で，「高学年の一員として，学校生活をよりよくするために個人や学年としてできることを学年の友達に提案する文章を書こう」という課題を設定して６時間の学習活動を進めることとした。

あなたならどのような授業を考え，どのように指導を行うか，提案する文章を書く活動を通した６時間の学習指導全体が分かるように，600字以上800字以内で書きなさい。

1 解答略

解説　指導案を書く際には，次のことがポイントとなる。一つ目は，語句の表現や記述が適切であり，論理的で分かりやすい構成になっていることである。二つ目は，自分の考えを具体的に述べていて，教師としての資質(熱意，誠実さ，向上心，柔軟性，協調性，発想力など)が見て取れることである。三つ目は，目標を明確に示し，その目標に沿った評価の観点や方法を述べていることである。目標の明示と目標に沿った評価の観点や方法の述べ方については，「『指導と評価の一体化』のための学習評価に関する参考資料」(国立教育政策研究所)に，小学校学習指導要領(平成29年告示)に示された学力観を踏まえた書き方が示されており，それを踏まえることが必要である。四つ目は，目標達成のために適切な言語活動の設定を行い，その実例を示していることである。設問では，学年の友達に提案する文章を書くことが示されている。「調べたきっかけ」「調べ方」「調べて分かったこと」など，情報ごとに具体的に書く学習活動を行えば，児童に分かりやすく有効である。五つ目は，課題意識が高まる導入の工夫について述べていることである。児童の書きたいという思いから学習が立ち上がるように，実生活を想起させ，身の回りの困り事はないか，工夫や改善するべきところはないかなど，児童に考えさせる時間をとるようにするとよい。六つ目は，効果的で分かりやすい学習活動を設定し，学習指導全体が概観できるように書くことである。

2 「小学校学習指導要領」の「第２　各学年の目標及び内容　〔第３学年及び第４学年〕　２　内容　〔知識及び技能〕」の (1) のオでは，次の指導事項が示されている。

> 様子や行動，気持ちや性格を表す語句の量を増し，話や文章の中で使うとともに，言葉には性質や役割による語句のまとまりがあることを理解し，語彙を豊かにすること。

この事項について，下線部の「様子や行動，気持ちや性格を表す語句の量を増し，話や文章の中で使う」ことに重点を置いて指導することとした。その際，〔思考力，判断力，表現力等〕の「C　読むこと」の (2) に示されている言語活動例「イ　詩や物語などを読み，内容を説明したり，考えたことなどを伝え合ったりする活動」を通して指導を行いたい。そこで，第４学年の物語文を取り上げた授業で，「物語を読んで，心に残る登場人物の思いや性格などを説明したり，考えたことを伝え合ったりしよう」という学習のめあてを設定して８時間の学習活動を進めることとした。

あなたならどのような授業内容を考え，どのような指導を行うか，８時間の学習指導全体が分かるように，また下線部の指導のねらいに基づく指導の手立てを明示しながら，600字以上800字以内で書きなさい。なお，教科書教材または他の作品等を想定し，その登場人物を取り上げて説明してもよい。

2 解答略

解説 指導案を書く際には，次のことがポイントとなる。一つ目は，目標を明確に示し，その目標に沿った評価の観点や方法を述べていることである。目標の明示と目標に沿った評価の観点や方法の述べ方は，「『指導と評価の一体化』のための学習評価に関する参考資料」(国立教育政策研究所)に，小学校学習指導要領(平成29年告示)に示された学力観を踏まえた書き方が示されており，それを踏まえることが必要である。二つ目は，目標達成のための適切な言語活動を設定することである。設問では，物語を読んで，考えたことを伝え合うことが学習のめあてとされている。例えば,「ごんぎつね」を学習するのであれば,「ごん日記」や「お話ポスター」をつくる活動が考えられる。三つ目は，課題意識が高まる導入を工夫することである。教師による読み聞かせの後，児童どうしで最初の感想を交換し合い，読みの問いを設定していく。そうすると，読むことの必然性が生まれ,「読みたい」「考えたい」という主体的な学習へとつながっていく。四つ目は，効果的でわかりやすい学習活動を設定することである。例えば，物語の設定を読む指導では，ワークシートにごんの村マップを書かせる活動を取り入れたり，ごんがつぐないを行う場面を読む指導では，兵十の家の絵を示し，ごんはどこにいたのかを書き込みさせたりする活動を取り入れることが考えられる。五つ目は，指導のねらいに基づく指導の手立てを明示することである。設問では，下線部に示された，語句の量を増やし使用することに該当する。多くの語句を獲得していない児童への対応として，語彙表を掲示しておくなどのつまずきへの対応が必要となる。こうしたことを踏まえて，指導上の配慮事項等に明記しておく。

社会

1 「小学校学習指導要領」の「第2　各学年の目標及び内容」の第6学年の内容として，次の事項が示されている。

(2)　我が国の歴史上の主な事象について，学習の問題を追究・解決する活動を通して，次の事項を身に付けることができるよう指導する。
ア　次のような知識及び技能を身に付けること。その際，我が国の歴史上の主な事象を手掛かりに，大まかな歴史を理解するとともに，関連する先人の業績，優れた文化遺産を理解すること。
(ア)～(ク)　(略)
(ケ)　黒船の来航，廃藩置県や四民平等などの改革，文明開化などを手掛かりに，我が国が明治維新を機に欧米の文化を取り入れつつ近代化を進めたことを理解すること。
(コ)～(シ)　(略)
イ　次のような思考力，判断力，表現力等を身に付けること。
(ア)　世の中の様子，人物の働きや代表的な文化遺産などに着目して，我が国の歴史上の主な事象を捉え，我が国の歴史の展開を考えるとともに，歴史を学ぶ意味を考え，表現すること。

このことについて，次の問いに答えなさい。

(1)　上記ア(ケ)において，人物に着目して学習する際に取り上げる人物として，適切な人物を三人挙げなさい。

(2)　上記イ(ア)の「代表的な文化遺産などに着目して」について，どのような文化遺産を取り上げて，どのようなことについて調べ，配慮し，考えるようにするか，150字程度で説明しなさい。

1 解答略

解説 (1)　設問の「黒船の来航，廃藩置県や四民平等などの改革，文明開化などを手掛かりに，我が国が明治維新を機に欧米の文化を取り入れつつ近代化を進めたことを理解すること」は，第6学年の内容「知識及び技能(2)ア(ケ)」の指導事項である。取り上げる内容としては，次のように述べられている。黒船の来航については，ペリーが率いる米国艦隊の来航をきっかけに我が国が開国したことや江戸幕府の政権返上に伴い勝海舟と西郷隆盛の話し合いにより江戸城の明け渡しが行われたことなどが分かることである。 廃藩置県や四民平等などの改革については，西郷隆盛，大久保利通，木戸孝允らの働きによって明治天皇を中心とした新政府がつくられたこと，明治天皇の名による五箇条の御誓文が発布され新政府の方針が示されたこと，明治政府が行った廃藩置県や四民平等などの諸改革によって近代国家としての政治や社会の新たな仕組みが整ったことなどが分かることである。文明開化については，福沢諭吉が欧米の思想を紹介するなど欧米の文化が広く取り入れられたことにより人々の生活が大きく変化したことが分かることである。この中から，三人を選んで解答するとよい。

(2)　設問の「世の中の様子，人物の働きや代表的な文化遺産などに着目して，我が国の歴史上の主な事象を捉え，我が国の歴史の展開を考えるとともに，歴史を学ぶ意味を考え，表現すること」は，第6学年の内容「思考力，判断力，表現力等　イ(ア)」の指導事項である。代表的な文化遺産に着目する際には，次のことを考慮する必要がある。取り上げる文化遺産の範囲であるが，例えば，国宝，重要文化財に指定されているものや，世界文化遺産に登録されているものなどとされる。「重要文化財」とは，国内の建造物，美術工芸品等の文化財の中から国によって指定されたものであり，「国宝」とは，重要文化財のうち，学術的に価値が極めて高く，かつ代表的なものとして指定されたものである。「世界文化遺産」とは，ユネスコによって世界遺産リストに登録された遺跡や景観，自然などの世界遺産のうち，我が国に所在する建築物や遺跡などの文化遺産を指している。また，地域の歴史的魅力や特色を通じて我が国の文化・伝統を語り継ぐことを目的として文化庁が認定している「日本遺産」を取り上げることも考えられる。ここでは歴史上の主な事象と関連の深い国宝，重要文化財，世界文化遺産などの中から適切なものを取り上げ，我が国の代表的な文化遺産を通して学習が具体的に展開できるよう配慮する必要がある。なお，地域の実態を生かし，歴史上の主な事象に対する関心や理解を深める観点から，自分たちの住む県や市によって指定されている文化財などを取り上げることも一つの方法である。実際の指導においては，取り上げた文化遺産を通して，それらが我が国の先人の工夫や努力によって生み出されたものであることや，自分たちの祖先によって現在まで大切に受け継がれてきたこと，それらは我が国の伝統や文化の特色や現在の自分たちの生活や文化の源流などを考える上で欠かすことのできない高い価値をもっていることを具体的に理解できるようにするとともに，我が国の伝統や文化を大切にしようとする態度を育てるようにすることが大切である。こうしたことを踏まえて記述するようにするとよい。

2 次の文章は，第6学年における「地球規模で発生している課題の解決に向けた連携・協力」に着目した学習に関わる記述である。

2015年9月にアメリカ合衆国・ニューヨークで開催された国連サミットにおいて，「我々の世界を変革する：持続可能な開発のための2030アジェンダ」が採択され，2030年までに達成すべき17の目標と169のターゲットから成る「持続可能な開発目標(SDGs)」が設定された。SDGsで重視されている「誰一人取り残さない」という理念は，①「人間の安全保障」の理念の反映ともいわれる。

SDGsからも分かるように現代の世界には，貧困や飢餓の問題，地球環境問題，資源・エネルギー問題などの多くの課題が存在している。これらの地球規模で発生している課題の解決には，世界の国々が連携・

協力していくことが必要となり，様々な取組が進んでいる。

例えば，貧困の解消のために，先進国の政府を中心として行われている政府開発援助 (ODA) をはじめとして，近年では，②フェアトレードやマイクロクレジットなどの取組も注目されている。

また，地球環境や資源・エネルギーに関わっては，太陽光，風力，地熱，バイオマスなどの③再生可能エネルギーを利用した発電の普及も進められている。

このような地球規模で発生している課題は，④多様な見解のある事柄，未確定な事柄でもあるため，その解決は容易ではないが，自らの問題として主体的に捉え，身近なところから可能な取組を行い，問題の解決につながる新たな価値観や行動等の変容を生み出すことで，持続可能な社会の実現を目指していくことも重要である。

このことについて，次の問いに答えなさい。

(1)　下線部①について，「人間の安全保障」とはどのような考え方か。「国家の安全保障」の考え方と対比しながら，120字程度で簡潔に説明しなさい。

(2)　下線部②について，フェアトレードとは何か。80字程度で簡潔に説明しなさい。

(3)　下線部③について，火力発電と比べて，再生可能エネルギーによる発電には，どのような利点と課題があるか。利点と課題それぞれ二つ以上の視点を挙げて，合わせて150字程度で述べなさい。

(4)　下線部④について，多様な見解のある事柄，未確定な事柄を取り上げる場合には，どのような点に留意することが必要となるか。『小学校学習指導要領解説』の「第4章　指導計画の作成と内容の取扱い　2　内容の取扱いについての配慮事項」に基づき，150字程度で述べなさい。

2 解答略

解説 (1)　設問の「地球規模で発生している課題の解決に向けた連携・協力」に着目した学習は，第6学年の内容(3)ア(イ)に基づく学習である。具体的には，グローバル化する世界での日本の役割について，地球規模で発生している課題の解決に向けた連携・協力などに着目して，地図帳や地球儀，各種の資料で調べ，まとめることで国際連合の働きや我が国の国際協力の様子を捉え，国際社会において我が国が果たしている役割を考え，表現することを通して，我が国は，平和な世界の実現のために国際連合の一員として重要な役割を果たしたり，諸外国の発展のために援助や協力を行ったりしていることを理解できるようにするとともに，主体的に学習問題を追究・解決しようとする態度や，学習したことを基に，今後，我が国が国際社会において果たすべき役割などを多角的に考えようとする態度を養うことをねらいとした学習である。　本設問に取り上げられた「人間の安全保障」は，SDGsで重視されている「誰一人取り残さない」という理念の反映ともいわれるが，人間一人ひとりに着目し，生存・生活・尊厳に対する広範かつ深刻な脅威から人々を守り，それぞれの持つ豊かな可能性を実現するために，保護と能力強化を通じて持続可能な個人の自立と社会づくりを促す考え方である。一方，対比的に取り上げられる「国家の安全保障」は，国家や国土に着目し，それらに何らかの脅威が及ばぬよう手段を講じることで安全な状態を保障するという考え方である。そうしたことを踏まえて記述できるとよい。

(2)　本設問で取り上げられた「フェアトレード」とは，SDGsがスローガンに掲げる「誰一人取り残さない」ことをめざす貿易の形である。具体的には，開発途上国の生産地で人々や環境に配慮した方法で作られた原料や製品を，適正な価格で継続的に購入し，それによって，立場の弱い開発途上国の生産者・労働者の生活改善と自立をめざすといった貿易の仕組みである。こうした取り組みを調べることを通して，地球環境をめぐるさまざまな問題とその解決に向けての国際協力の必要性や，持続可能な社会をめざすことの重要性を捉えさせるようにする。

(3)　本設問で取り上げられた「再生可能エネルギー」とは，太陽光，水力，風力，地熱，バイオマスなどの，枯渇せずに繰り返して永続的に利用できるエネルギーのことである。一方，火力発電は，化石燃料やバイオマスなどの反応から得られる熱エネルギーを電力へ変換する方法の一つである。「再生可能エネルギー」の利点としては，温室効果ガスの削減，エネルギー自給率の向上，化石燃料調達にかかわる輸入金額の削減，地域の活性化が挙げられる。課題としては，季節や天候によって発電量が左右されてしまうなど，発電量が安定していないこと，コストや時間がかかることなどが挙げられる。また，ブラジルではバイオエタノールの原料となるサトウキビの生産のために森林伐採が進むという本末転倒のようなことも起こっている。

(4)　設問の「多様な見解のある事柄，未確定な事柄を取り上げる場合」の留意点については，「第4章　指導計画の作成と内容の取扱い　2　内容の取扱いについての配慮事項」の(4)に，次のように示されている。

各学年の指導において，社会的事象について多面的に考えたり，事実を客観的に捉え，公正に判断したりすることのできる児童の育成を目指す際の留意点を示したものである。 社会科が学習の対象にしている社会的事象の捉え方は，それを捉える観点や立場によって異なることから，これらについて，一面的な見解を十分な配慮なく取り上げた場合，ともすると恣意的な考えや判断に陥る恐れがある。とりわけ，「多様な見解のある事柄，未確定な事柄」については，一つの意見が絶対的に正しく，他の意見は誤りであると断定することは困難であり，小学校社会科では学習問題の解決に向けて，一つの結論を出すこと以上に話合いの過程が大切であることを踏まえ，取り上げる教材が一方的であったり一面的であったりすることのないよう留意して指導することにより，児童が多角的に考えたり，事実を客観的に捉え，公正に判断したりできるようにすることが必要である。こうしたことを踏まえて，解答するとよい。

算数

1 「小数の加法及び減法」の指導について，次の問いに答えなさい。

(1) 『小学校学習指導要領解説』では，小数の加法及び減法の計算について，「小数の仕組みの理解の上に立って行うようにし，整数と同じ原理，手順でできることを理解できるように指導する。」と示されている。小数の加法及び減法の学習のうち，特に筆算の学習において児童のどのような誤答が考えられるか。3.1＋2.45を例に説明しなさい。

(2) 小数の加法及び減法の筆算について既習の児童が(1)で説明したような典型的な誤答をしている場合，どのような指導上の問題点が考えられるか，また小数の加法及び減法について正しく理解するためにどのような指導が必要と考えられるか。「小数と数の相対的な大きさ」に触れて500字以内で説明しなさい。

1 解答略

解説 (1) 問題の筆算の学習において考えられる誤答は，位を正しく揃えずに計算したもので，2.76，27.6，276等が考えられる。この場合では次のように小数点の位置を確認して位ごとに計算することができていない点に課題があると考えられる。

$$\begin{array}{r} 3.1 \\ +\quad 2.45 \\ \hline 2.76 \end{array} \qquad \begin{array}{r} 3.1 \\ +\quad 2.45 \\ \hline 27.6 \end{array} \qquad \begin{array}{r} 3.1 \\ +\quad 2.45 \\ \hline 276 \end{array}$$

(2) 典型的な誤答に関して考えられる指導上の問題点は，小数の加法及び減法の際，小数点の位置を揃えて位ごとに計算することの理解が不十分な点である。また，単位となる小数の大きさの理解が不十分であること等も考えられる。これらを正しく理解するためには，3.1を3.10のように小数点の位置を揃えて筆算させること等が考えられる。また，3.1＋2.45を310＋245と小数の計算を整数の計算で捉えた後，得られた555について，「0.01が555個分だから和は5.55である」と単位となる小数のいくつ分であるか考えて，小数の大きさを表すことも考えられる。また，児童が計算の誤りに気づくためには，具体的な事例を扱い数の大きさについての感覚を豊かにしたり，検算による計算の確認を指導したりすることも考えられる。

2　次の図は，計算三角形と呼ばれるもので，三角形の内側の隣り合う２数の和が対応する辺の外側の四角の中に配置されるという構造をもつ。この計算三角形について，以下の各問いに答えなさい。

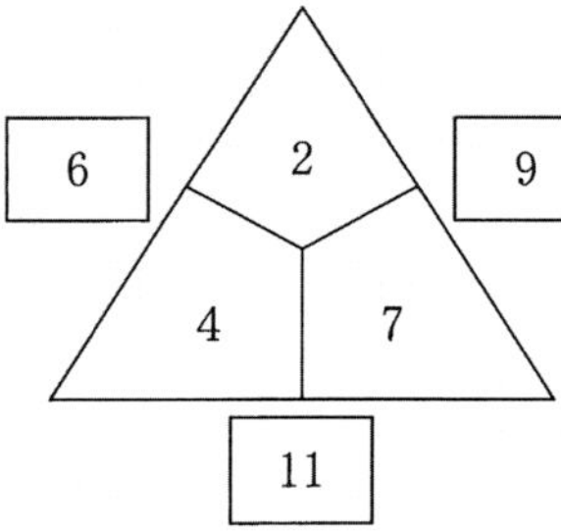

(1)　次の図のように，計算三角形の外側の数が与えられているとき，内側の数 x，y，z の値をそれぞれ求めなさい。ただし，x，y，z の値を求める計算過程についても記述すること。

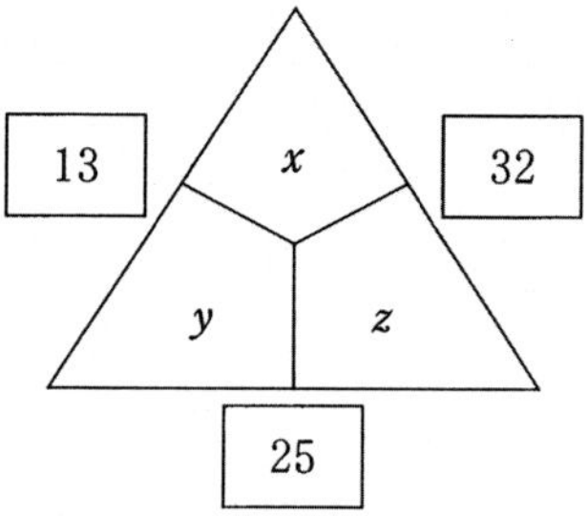

(2) 次の図のように，計算三角形の外側の三つの数 A，B，C が整数として与えられて，内側の三つの数を求める問題を考えるとき，内側の三つの数が全て整数となるのはどのようなときか。三角形の内側の数が全て整数となるときの外側の整数 A，B，C の条件を示し，その理由を説明しなさい。

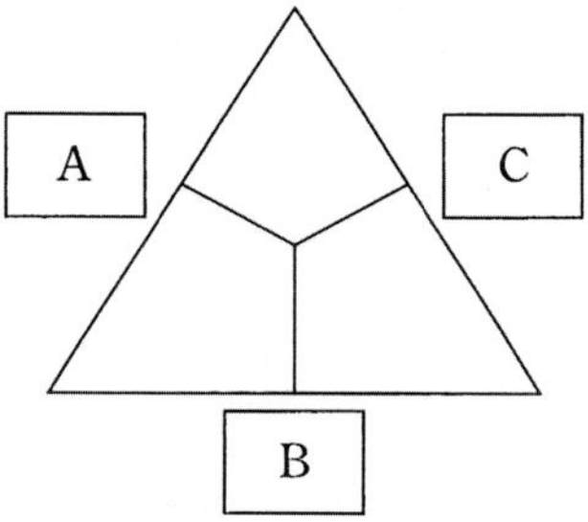

2 解答略

解説 (1) 本問では条件から次のような計算過程で x，y，z の値を導出できる。

$x+y=13$，$y+z=25$，$z+x=32$

よって，$x=13-y$ …①，$z=25-y$ …②

$z+x=32$ に①と②を代入すると，

$25-y+13-y=32$

$y=3$ …③

③をはじめの式に代入して，$x=10$，$z=22$

よって，$x=10$，$y=3$，$z=22$

(2)　本問では(1)と同様に連立方程式を組み立てることで，次のように内側のそれぞれの数をA，B，Cで表すことで，内側の三つの数がすべて整数となる条件を考察することができる。

三角形の内側のそれぞれの数をx，y，zとすると，

$x+y=\mathrm{A}$　…①

$y+z=\mathrm{B}$　…②

$z+x=\mathrm{C}$　…③

①から③の辺々を足すと，

$2(x+y+z)=\mathrm{A}+\mathrm{B}+\mathrm{C}$

$x+y+z=\dfrac{\mathrm{A}+\mathrm{B}+\mathrm{C}}{2}$　…④となる。

ここから，④－②より，$x=\left(\dfrac{\mathrm{A}+\mathrm{B}+\mathrm{C}}{2}\right)-\mathrm{B}$

$x=\dfrac{\mathrm{A}-\mathrm{B}+\mathrm{C}}{2}$

④－③より，$y=\left(\dfrac{\mathrm{A}+\mathrm{B}+\mathrm{C}}{2}\right)-\mathrm{C}$

$y=\dfrac{\mathrm{A}+\mathrm{B}-\mathrm{C}}{2}$

④－①より，$z=\left(\dfrac{\mathrm{A}+\mathrm{B}+\mathrm{C}}{2}\right)-\mathrm{A}$

$z=\dfrac{-\mathrm{A}+\mathrm{B}+\mathrm{C}}{2}$

これは，内側上の数＝{(隣り合う外側の数同士の和)－(向かい合う外側の数)}÷2である。

このとき内側上の数が整数となるのは，

(隣り合う外側の数同士の和)－(向かい合う外側の数)が偶数となるときである。

二つの数の差が偶数となるのは，偶数同士の差か，奇数同士の差のときであるので，

「A，B，Cの全てが偶数」または「A，B，Cのうち2つが奇数」であれば，内側の三つの数が全て整数となる。

理科

1 第6学年「燃焼の仕組み」において「植物体が燃えるときには，空気中の酸素が使われて二酸化炭素ができること」を学習する。このことに関連した次の(1)～(3)の問いについて，答えなさい。

(1)「空気」とはどのようなものか。100字以内で記述しなさい。

(2)「植物体が燃えるときには，空気中の酸素が使われて二酸化炭素ができること」を児童に理解させたい。どのような実験をさせると，このことが調べられるか。実験方法を350字以内で記述しなさい。

(3) (2)で記述した実験をさせるに当たって，配慮することを350字以内で記述しなさい。

1 解答略

解説 (1) 小学校第4学年では水との性質との違いを圧力や温度変化，状態変化から取り扱っている。このことを踏まえて，第6学年では，「空気」について燃焼の実験等を通して，窒素，酸素，二酸化炭素など多数の気体の混合物であることを取り扱う。 (2)「植物体が燃えるときには，空気中の酸素が使われて二酸化炭素ができること」を確かめるためには，植物体の燃焼前後の周囲の酸素と二酸化炭素の割合について気体検知管を用いて測定する実験が考えられる。 (3) 実験に必要な配慮として気体検知管の取り扱いについての指導を事前に行うこと，燃焼では火を取り扱うため，火災や火傷の防止のための指導と環境整備を行うことが挙げられる。

2 第６学年「植物の養分と水の通り道」においては，「植物の葉に日光が当たるとでんぷんができること」を学習する。このことに関連した次の (1) ～ (3) の問いについて，答えなさい。

(1)　でんぷんは多数の単糖がつながった多糖類であり，糖は炭水化物とも呼ばれる。でんぷんを構成している単糖は何か。名称及び化学式を25 字以内で答えなさい。

(2)　葉に日光が当たるとでんぷんができることを確かめる方法としては，「たたき染め法」とアルコールを使った「アルコール脱色法」がある。注意点や工夫を含め，それぞれの実験方法を各 325 字以内で説明しなさい。

(3)　A さんは，朝早く取った葉にはほとんどでんぷんが含まれないことから，「昼の間に葉にできたでんぷんは，夜の間にどうなったのだろう 。」という疑問を持った。昼の間に葉にできたでんぷんは，夜の間にどうなるのか。125 字以内で簡潔に記述しなさい。

2 解答略

解説 (1)　でんぷんはグルコース($C_6H_{12}O_6$)がグリコシド結合によって多数結合した多糖類である。

(2)　ここでいう「たたき染め法」は，ろ紙に葉のでんぷんをうつしとって，漂白剤などで色素を取り除き，ヨウ素液との反応を観察する方法である。また，「アルコール脱色法」は，エタノールを利用して葉を脱色し，ヨウ素液との反応を観察する方法である。いずれの実験においても，実験をする際は，窓を開け換気扇を回すなどして換気を行う。また，加熱を行う際は火の取り扱い方を十分指導し，「アルコール脱色法」ではエタノールが引火しやすいことを説明し，エタノールを袋に入れた状態で湯煎し，エタノールの近くで火を使用しないことを指導するなど安全面に配慮する必要がある。

(3)　でんぷんは昼間の太陽光を利用した光合成によって葉でつくられる。でんぷんは，水にとけやすい物質に変わり，養分の通り道である師管を通って植物体全体に運ばれる。そのため，朝早く取った葉にはほとんどでんぷんが含まれない。

生活

1 小学校入学当初の生活科を中心としたスタートカリキュラムについて，次の各問いに答えなさい。

(1)　スタートカリキュラムを編成するに当たり，どのような学習活動が考えられるか。具体的な活動例を200字以内で四つ書きなさい。

(2)　小学校生活のスタートが円滑で豊かになるスタートカリキュラムとするために重要なことを200字以内で三つ書きなさい。

1 解答略

解説 (1)　本設問で取り上げられている「スタートカリキュラム」とは，小学校へ入学した子供が，幼稚園・保育所・認定こども園などの遊びや生活を通した学びと育ちを基礎として，主体的に自己を発揮し，新しい学校生活を創り出していくためのカリキュラムである。その考え方や実践については，平成27年1月に国立教育政策研究所から公刊された「スタートカリキュラムの編成の仕方・進め方が分かる　スタートカリキュラム　スタートブック」に示されている。それを踏まえて，授業を考えることが必要である。また，学習指導要領解説生活編の「第4章　指導計画の作成と内容の取扱い」1の(4)には，「第1学年入学当初においては，生活科を中心とした合科的な指導を行うなどの工夫をする」とある。児童の発達の特性や各教科等の学習内容から，入学直後は合科的な指導などを展開することが適切である。例えば，4月の最初の単元では，学校を探検する生活科の学習活動を中核として，国語科，音楽科，図画工作科などの内容を合科的に扱い大きな単元を構成することが考えられる。こうしたことを参考に，具体的な活動例を3つ示すとよい。
(2)　設問の「小学校生活のスタートが円滑で豊かになるスタートカリキュラムとするために重要なこと」として，次のようなことが挙げられよう。一つは，一人一人の子供の成長の姿から編成することである。入学時の子供の発達や学びには個人差があり，それぞれの経験や幼児期の教育を踏まえたきめ細かい指導が求められる。幼稚園教育要領，保育所保育指針等を読んだり，実際に幼稚園・保育園を訪問し教職員と意見交換をしたり，要録等を活用したりして，幼児期の学びと育ちの様子や指導の在り方を生かしてスタートカリキュラム編成をすることが重要である。二つは，子供の発達を踏まえ，時間割や学習活動を工夫することである。入学時の子供は，鉛筆や教科書を使う学習に憧れをもっている，一方，長い時間，じっと椅子に座って学習することが難しく，身体全体を使って学ぶという発達の特性があります。この時期の子供の学びの特徴を踏まえ，例えば，20分や15分程度のモジュールで時間割を構成したり，活動性のある学習活動を行ったりすることが重要である。三つは，生活科を中心に合科的・関連的な指導の充実を図ることである。自分との関わりを通して総合的に学ぶ子供の発達の特性を踏まえ，生活科を中心とした合科的・関連的な指導の充実を図るようにする。このような指導により，自らの思いや願いの実現に向けた活動をゆったりとした時間の中で進めていくことが可能となる。四つは，安心して自らを広げる学習環境を整えることである。子供が安心感をもち，自分の力で学校生活を送ることができるように学習環境を整えることが大事である。子供の実態を踏まえること，人間関係が豊かに広がること，学習のきっかけが生まれることなどの視点で子供を取り巻く学習環境を見直していくことが重要である。こうしたことを踏まえて記述するとよい。

2 『小学校学習指導要領解説』の「第５章　指導計画の作成と学習指導　第４節　学習指導の進め方」において，気付きの質を高めるために必要なことの一つとして，「伝え合い交流する場を工夫する」ことが挙げられている。このことについて，１年生の単元「冬をたのしもう」及び２年生の単元「大きくそだて　わたしの野さい」において，実際の生活科の授業を構想した場合，どのような相手と，どのように伝え合い，交流する活動が想定できるか。

それぞれの授業において異なる具体的な相手を例示し，その相手を対象に伝える内容や交流の内容を，１年生の単元「冬をたのしもう」については三つ，２年生の単元「大きくそだて　私の野さい」については二つ具体的に記述しなさい。一つの活動について100字以内で書きなさい。

(1)　１年生「冬をたのしもう」(三つ)
①
②
③

(2)　２年生「大きくそだて　私の野さい」(二つ)
①
②

2　解答略

解説　(1)

・お年寄りやゲストティーチャー

単元の導入において，地域のお年寄りを招いて，「けん玉」「お手玉」「竹わり」「こま」などの昔遊びのやり方を教えて頂くとよい。地域の人との交流の機会となるだけでなく，「できるようになった姿をみてほしい」「コツを聞いてみたい」など，子供たちから地域の人とのつながりを求める姿が期待できる。

・友達

児童は，活動を通して，対象との関わりや気付きを「誰かに伝えたい」と思うようになる。そのタイミングで，絵や言葉で表現する時間や場を設定することで，自分の活動を振り返り，気付きを自覚することができる。「振り返りカード」「発見カード」などを数種類準備し，見付けたことだけでなく，「思ったこと」「気付いたこと」を書くようにし，それらも含めた気付きを共有させるようにしたい。

・園児

園児と交流する計画を立て，活動を行うことも有効である。「園児を楽しませる」という課題解決に向けた共通認識を児童に強くもたせることで，相手意識や目的意識を高めることにつながる。また，できるようになった遊びや新しく知った遊びを園児に伝えることを通して，自己の成長に気付き，これからの生活への願いや期待を自覚することができるであろう。

(2)

・友達

これまでの活動を振り返り，友達と教え合ったり，伝え合ったりする活動が考えられる。育てる野菜の選択から，種や苗の様子の観察，土づくり，発芽，成長，開花，結実まで，活動のポイントごとに，大変だったことや問題解決したことなどを思い出させ，共有させる。楽しかったこと，分かったこと，できるようになったことや満足した気持ちなどにもふれ，もっとやってみたいことや生命尊重についても，考えさせる機会とする。児童の達成感や自己肯定感が高まるように支援する。

・野菜栽培に詳しい人

野菜の栽培では，収穫までの過程で，さまざまな問題に直面する。児童が野菜の変化や問題を見逃さないように，日々の観察や世話をすることが大切だが，なかには，脇芽を摘むなど，知識や経験がないと分からないこともある。そのため，栽培に詳しい人にどのように協力してもらうかについて，栽培する野菜や活動の流れに沿って，随時確認する必要がある。困ったときに，相談に乗ってもらうほか，児童の活動が停滞しそうな時期に話をしてもらうなど，局面に応じた協力をお願いしたい。専門知識をもった人と関わり，教わるという経験は，児童にとって単に「野菜の栽培方法を知る」ことだけでなく，野菜を育てている人の思いに触れることができる，貴重な機会となる。

音楽

1 次の (1) ～ (5) の中から２曲選んで，時代，国や地域，楽曲の特徴や様式や内容，演奏の形態等について，それぞれ100～150字で記述しなさい。

(1)　成田為三作曲《浜辺の歌》
(2)　リチャード・ロジャース作曲《ドレミのうた》
(3)　ドヴォルジャーク作曲　《交響曲　第９番「新世界より」》
(4)　《八木節》
(5)　《コンドルは飛んでいく》

1 (解答例) 時代，国や地域，楽曲の特徴や様式や内容，演奏の形態

(1)　成田為三作曲《浜辺の歌》

林古溪作詞，成田為三作曲の歌曲で，中学校学習指導要領の歌唱共通教材の1つである。8分の6拍子で，ピアノ伴奏が寄せる波の情景を表すような形態で，叙情的な文語体の歌詞と旋律の楽曲である。

(2)　リチャード・ロジャース作曲《ドレミのうた》

ロジャース作曲のミュージカル「サウンド・オブ・ミュージック」の楽曲の1つである。1959年にブロードウェイで初演された。トラップ・ファミリー合唱団物語をもとにしている。ミュージカルでは，主人公マリアが子どもたちに紹介されたとき，映画ではマリアが子どもたちに歌を教えるときに歌われている。

(3)　ドヴォルジャーク作曲《交響曲第９番「新世界より」》

ドヴォルジャークが1893年に作曲した最後の交響曲で，アメリカ時代を代表する楽曲である。アメリカの黒人の音楽が故郷ボヘミアの音楽に似ていることに刺激を受け，「新世界より」故郷ボヘミアへ向けて作られた作品だといわれている。第2楽章の旋律は,「家路」「遠き山に日は落ちて」など歌詞をつけて編曲されている。

(4)《八木節》

群馬県と栃木県の二県に渡り歌われてきた民謡である。樽をたたきながら踊り歌う，盆踊り唄である。テンポが速く，明確なリズムがある。無拍節の追分様式に対して，この有拍節の様式を八木節様式という。

(5)《コンドルは飛んでいく》

ペルーの作曲家ダニエル・アロミアス・ロブレスの，アンデスのフォルクローレの代表的な楽曲である。アンデス地方の民族楽器であるケーナやサンポーニャを使用する。1970年にアメリカのフォークロックデュオ，サイモン＆ガーファンクルによってカバーされ日本やその他の国々に広く知られるようになった。

解説 解答参照。

2 「小学校学習指導要領」の「第３　指導計画の作成と内容の取扱い」で言及されている「音楽の縦と横との関係」とは何であるかを説明し，それを表現または鑑賞の活動において指導するための効果的な方法を，400字以内で説明しなさい。

2 解答略

解説 指導計画の作成と内容の取扱いのうち，内容の取扱いについての配慮事項(8)の音楽を形づくっている要素のイの音楽の仕組みの項目についての問いである。小学校学習指導要領解説では「音楽の縦と横との関係とは，音の重なり方を縦，音楽における時間的な流れを横と考え，その縦と横との織りなす関係を示している。音楽の縦と横との関係についての学習では，輪唱(カノン)のように同じ旋律がずれて重なったり，二つの異なる旋律が同時に重なったり，はじめは一つの旋律だったものが，途中から二つの旋律に分かれて重なったりするものなどを取り扱うことが考えられる。」としている。低学年では輪唱の曲などを扱い，斉唱で歌うときと輪唱で歌うときを比較し，ずれて音が重なることで音の重なりや和音が生まれる面白さを感じ取るようにすることが考えられる。そのような学習経験を土台としながら，中学年では，斉唱で始まった曲が，途中から二つの旋律に分かれて重なるものなどを扱い，斉唱の響きと合唱の響きの違いを比較しながら，響きの豊かさを感じ取るようにすることが考えられる。さらに高学年では，ある旋律の呼びかけに対して他の旋律がこたえながらずれて重なるものや，複数の旋律が同時に動いて和音を形づくったりするものなどを扱い，重なり方の多様な変化の面白さを感じ取るようにすることが考えられる。

図画工作

1 低学年の図画工作科における「造形遊び」の活動で，細く切った新聞紙や色々な紙を，教室の中でつなぐ「つないで　つるして」の授業を行うこととする。このことについて，次の問いに答えなさい。

(1)　この授業の指導案を作成することを前提に，三つの観点「知識及び技能」「思考力，判断力，表現力等」「学びに向かう力，人間性等」で授業の目標を各100文字以内で答えなさい。問題番号は，「知識及び技能」を(A)，「思考力，判断力，表現力等」を(B)，「学びに向かう力，人間性等」を(C)とする。

(2)　この授業を次のような展開計画で実施する。①～⑤に入る内容を答えなさい。①～③は各50文字以上75文字以内で，④～⑤は各15文字以上25文字以内で記述すること。問題番号は①～⑤とする。

場面	教師の言葉	児童の活動や言葉について
導入	「みんな！先生この細い紙をたくさん持ってきたのだけれど，これをつなげたり，つないだりしたらどんな形ができるかな」	「こんなに長い紙のひもができたよ」 「もっと長い紙がつくりたい」
展開	「こんな風にのりやセロテープを使うとどんどん長くなるよ」	細い紙をどんどんつなげて長くする活動
	「　①　」(活動を始める際の言葉)	
	「　②　」(児童の活動を促す具体的な支援の言葉)	(④：予想される活動)
		道が分かれるようにつないでみる活動
		友達と一緒につなげてみる活動
振り返り(鑑賞)	「さあ，みんなが長い紙のひもでつくったこの教室を眺めてみよう」 「　③　」(鑑賞するポイントを支援する際の言葉)	「　⑤　」(予想される発言) 「もっといろいろなところでやってみたい」

1 解答略

解説 (1)「つないでつるして」の授業は，小学校学習指導要領　第1学年及び第2学年A表現(1)ア「造形遊びをする活動を通して，身近な自然物や人工の材料の形や色などを基に造形的な活動を思い付くことや，感覚や気持ちを生かしながら，どのように活動するかについて考えること」，A表現(2)ア「造形遊びをする活動を通して，身近で扱いやすい材料や用具に十分に慣れるとともに，並べたり，つないだり，積んだりするなど手や体全体の感覚などを働かせ，活動を工夫してつくること」，B鑑賞(1)ア「身の回りの作品などを鑑賞する活動を通して，自分たちの作品や身近な材料などの造形的な面白さや楽しさ，表したいこと，表し方などについて，感じ取ったり考えたりし，自分の見方や感じ方を広げること」，〔共通事項〕(1)ア「自分の感覚や行為を通して，形や色などに気付くこと」，(1)イ「形や色などを基に，自分のイメージをもつこと」を踏まえて，本授業の目標を本題材に合わせて設定すると，次のように考えることができる。

(A)「知識及び技能」の「知識」については，細い紙をつないだりつるしたりするときの感覚や行為を通して，いろいろな形や色などに気付く。「技能」については，紙，セロハンテープ，のりに十分に慣れるとともに，つないだりつるしたりするなど手や体全体の感覚などを働かせ，活動を工夫してつくる。

(B)「思考力，判断力，表現力等」の「発想や構想」については，いろいろな形や色などを基に，自分のイメージをもちながら，細い紙やつないだりつるしたりしてできた形や色などを基に造形的な活動を思い付き，感覚や気持ちを生かしながら，どのように活動するかについて考える。「鑑賞」については，いろいろな形や色などを基に，自分のイメージをもちながら，自分たちがつくったものの造形的な面白さや楽しさ，造形的な活動，つくり方などについて，感じ取ったり考えたりし，自分の見方や感じ方を広げる。「自分のイメージをもつこと」は，いろいろな形や色などを基に，自分のイメージをもつ。

(C) 「学びに向かう力，人間性等」は，楽しく細い紙をつないだりつるしたりする活動に取り組み，つくりだす喜びを味わうとともに，形や色などに関わり楽しい生活を想像しようとする。

(2) ①～⑤には例えば次のような内容が考えらえる。 ①思い付いたことを試しながら，どんどんつないで，つるしていこう。 ②紙の形や色を考えてつなぐと，おもしろいことができそうだよ。 ③細長い紙をつなげたりつるしたりしてできた形を紹介し合おう。 ④たてにいくつもぶら下げてみる活動，まるめて重ねながらつないでみる活動 ⑤トンネルがあるよ，みんなの道がつながったよ，教室がめいろになったよ

指導計画を考える際には，次のことがポイントとなる。

・語句の表現や記述が適切であり，論理的でわかりやすい構成になっている。
・自分の考えを具体的に述べ，教師としての資質(熱意，誠実さ，向上心，柔軟性，協調性，発想力など)が窺える。
・図画工作科の教材や指導方法等についての正しい知識をもっている。
・図画工作科に関する正しい知識を基に，児童の確かな学力を育もうとする意欲が窺える。
・提示された課題の意図を正確に捉えて論述している。
・図画工作科の基本的知識を基盤として，独自性や創意工夫がある。

この問題は活動における教師の言葉に対する児童の活動や言葉を想定しながら作成するものである。以上の視点を踏まえながら，具体的に児童の姿をイメージして考えていくことが重要である。

2 『小学校学習指導要領解説』の「第３章　各学年の目標及び内容　第３節　第５学年及び第６学年の目標と内容」において，「我が国や諸外国の親しみのある美術作品」の鑑賞についての記述がある。「わたしの感じる和」という授業をすることを前提に，次の問いに答えなさい。

(1)　この授業の指導案を作成することを前提に，三つの観点「知識及び

技能」「思考力，判断力，表現力等」「学びに向かう力，人間性等」で授業の目標を各100文字以内で答えなさい。問題番号は，「知識及び技能」を(A)，「思考力，判断力，表現力等」を(B)，「学びに向かう力，人間性等」を(C)とする。

(2)　児童が「和」を感じる対象にはどのようなものがあるかを五つ挙げ，それぞれについてどのような「和」の特徴に着目させるのか答えなさい。対象の名称及び対象の着目させる特徴を併せて50文字以内で記述すること。

2 解答略

解説 (1) 「わたしの感じる和」の授業は，第5学年及び第6学年B鑑賞(1)ア，〔共通事項〕(1)アを踏まえた指導を考察するものである。これらを踏まえた目標を次に示す。

(A) 「知識及び技能」の「知識」については，日本の美術に触れたり見たりするときの感覚や行為を通して，動き，奥行き，バランス，色の鮮やかさなどを理解させる。

(B) 「思考力，判断力，表現力等」の「鑑賞」については，動き，奥行き，バランス，色の鮮やかさなどを基に，自分のイメージをもちながら，日本の美術作品や生活の中の造形などの造形的なよさや美しさ，表現の意図や特徴などについて，感じ取ったり考えたりし，自分の見方や感じ方を深めさせる。

(C) 「学びに向かう力，人間性等」は，つくりだす喜びを味わい主体的に古くから生活の中で親しまれてきた日本の美術のよさや美しさを味わう学習活動に取り組む。

(2)　この時期の児童は，形や色などから分析的に見たり，社会的な視野の広がりから我が国の美術作品に対しても親しみをもって捉えたりできるようになる。本題材は，茶碗や扇子などの生活の中の造形や我が国の美術作品を見たり触ったりする活動を通して，モチーフや文様，色の使い方などに着目し,「和」を感じる特徴やよさ, 美しさなどを自分なりに捉え, 感じたことを伝え合ったり表したりして，見方や感じ方を深めることができる。解答例としては，次のような題材が考えられる。

風鈴…風で奏でられる繊細で優しい音色と，目に見えない風を感じられる短冊の揺れ。

扇子…たたんで持ち運びができる機能性と，日本らしい絵柄。

和食…季節感を醸しだす材料と，食感やもりつけの工夫。

屏風…部屋の仕切りやかざりとして使う家具。折ってできる奥行きを生かして描かれた描写。

焼き物…磁器よりも柔らかく水を吸収，暖かみのある感触で料理や飲み物が冷めにくい。日本各地に産地がある。

風呂敷…朱色，紫色，藍色，えんじ色など，昔から使われてきた伝統色や日本の伝統柄。

家庭

1 『小学校学習指導要領解説』の「第２章　家庭科の目標及び内容　第３節　家庭科の内容　A　家族・家庭生活」の「(1) 自分の成長と家族・家庭生活」では，自分の成長を自覚し，家庭生活が家族の協力によって営まれていることに気付くことが述べられている。このことに関する次の問いについて，それぞれ答えなさい。

(1) 「自分の成長」を自覚することが，児童にとってなぜ必要なのかを200字以内で述べなさい。

(2) あなたが考える小学校家庭科での「自分の成長」を自覚できるような学習活動について，600字以内で述べなさい。

1 解答略

解説 (1) 小学校学習指導要領解説では，「これまでの自分の生活を振り返ることによって，自分の成長は衣食住などの生活に支えられているとともに，その生活が家族に支えられてきたことに気付くことができるようにする。家族の一員として自分が成長していることに気付いたり，学習を通してできるようになった自分に喜びを感じたりすることは，学習に取り組む意欲を高める上でも重要なことである」とされている。このことから記述にあたって，家族との衣食住の生活により育ってきたことへの感謝と，自分もその一員である認識をもつことで成長を感じることができることを述べたい。

(2) 小学校学習指導要領解説には，このことについて，「例えば，小学校入学時からの自分を振り返り，自分の周りでどのような衣食住の生活が営まれていたか，それらは自分の成長にどのように関わってきたかについて話し合う活動が考えられる」と記されている。また，別の例として，「学期や学年の終わりなど学習の区切りの時期に，実践記録などから学習の成果を振り返ることを通して，自分の成長への気付きが段階的に深まるようにすることなどが考えられる」とある。このことから記述にあたっては，題材構成の中で，題材のはじめや終わりに，自分の活動を振り返って考え，活動をする前と後の自分や自分の生活を比較する時間を設定し，自分や家族の生活がよりよくなっていることを自覚し，それが自分の成長に結び付けられるような学習活動となるよう配慮することがポイントとなる。

2 『小学校学習指導要領解説』の「第２章　家庭科の目標及び内容　第３節　家庭科の内容　B　衣食住の生活」の指導内容に関する次の問いについて，それぞれ答えなさい。

(1) 「(5)　生活を豊かにするための布を用いた製作」とは，どのような製作のことか，学習内容や被服製作のねらいを踏まえ，200字以内で説明しなさい。

(2) 「(5)　生活を豊かにするための布を用いた製作」に関して，第５学年２学期にミシン縫いの学習(全11時間)を行う場合の指導計画(題材名および第１次～第３次の小題材名，目標・学習活動)を述べなさい。その際，次の表を参考にそれぞれ答えなさい。なお，手縫いについては第５学年１学期に既習(全８時間)であり，ミシン縫いについては第６学年２学期にも学習予定(全12時間)とする。

〔指導計画〕

大題材名『　①　』

	時間	小題材名	目標・学習活動
第１次	1時間	②	③
第２次	9時間	④	⑤
第３次	1時間	⑥	⑦

2 解答略

解説 (1)　小学校学習指導要領解説には,「生活を豊かにするための布を用いた製作」とは,「身の回りの生活を快適にしたり，便利にしたり，楽しい雰囲気を作り出したりするなど，布の特徴を生かして自分や身近な人の生活を豊かにする物を製作することである。」と示されている。自分自身が豊かな気持ちになることができることや，身近な人との関わりを深めたり，生活文化への関心を高めたりすることにつながり，生活を豊かにするための営みに係るものである点にも触れられている。また，布を用いた製作において大切な「ゆとり」や「縫いしろ」の必要性を理解するために，日常生活で使用する物を入れるための袋などの題材を扱うことになっている。このことから，児童が自分の生活を見つめ，課題や作りたいものを見つけて計画する学習と,「ゆとり」や「縫いしろ」の必要性を理解することに適した袋などの製作に取り組む学習の両方が必要になる。そのために，教師が指導計画の中で，2学年間を見通した学習が展開できるようにする必要がある。児童の実態に応じて無理なく理解を深め，達成感を味わいながら技能を身に付けることができるよう段階的な題材の配列に配慮することがポイントとなる。

(2)　設問にある児童の実態は，第5学年1学期に手縫いについては既習であり，第6学年2学期に，もう一度，ミシン縫いを学習する予定があることから，本題材は，ミシン縫いを扱う最初の学習であるといえる。このため児童は，第1次では手縫いとミシン縫いの接続として，手縫いを振り返り，手縫いとミシン縫いの比較から，ミシン縫いは丈夫で速く縫えるという特徴があること分かり，手縫いとミシン縫いのそれぞれの良さに気付くことができるようにする。第2次では，ミシンの仕組みや使い方を理解する必要がある。そのため，例えばランチョンマットやカバーのような，比較的単純な構造で，ミシンを使った直線縫いについて十分に慣れることのできる題材を扱うことが望ましい。第3次では，製作したものや製作計画，手順を見直したり，使用した場面を含めて振り返ったりしながら，ミシン縫いを生活に結び付け，生かしていけるよう配慮することが大切である。

体育

1 あなたは小学校の教員になった。担当する学級に次の①，②のような困難さをもった児童がいる場合，どのように指導するか，以下の六つの語句を全て用いて①，②を合わせて400～600字程度で記述しなさい。その際，用いた以下の六つの語句に下線を引きなさい(複数回使用した場合にもその全てに下線を引くこと)。

① 複雑な動きをしたり，バランスを取ったりすることが困難な児童
② 勝ち負けに過度にこだわったり，負けた際に感情を抑えられなかったりする児童

【語句(使用する順番は問わない)】

「細分化」　「見通し」　「表現」
「翌年度」　「学習内容の変更」　「補助」

1 解答略

解説 学習指導要領解説体育編には，運動領域の指導に当たって，児童の運動(遊び)の行い方を工夫するとともに，活動の場や用具，補助の仕方に配慮するなど，困難さに応じた手立てを講じることが大切であると示されている。また，保健領域においても，新たに示された不安や悩みへの対処やけがの手当などの技能の実技指導について，運動領域の指導と同様の配慮をすることが大切であるとされている。

その際，体育科の目標や内容の趣旨，学習活動のねらいを踏まえ，学習内容の変更や学習活動の代替を安易に行うことがないよう留意するとともに，児童の学習負担や心理面にも配慮する必要がある。

例えば，体育科における配慮として，複雑な動きをしたり，バランスを取ったりすることに困難がある場合には，極度の不器用さや動きを組み立てることへの苦手さがあることが考えられることから，動きを細分化して指導したり，適切に補助をしながら行ったりするなどの配慮をする。

また，勝ち負けに過度にこだわったり，負けた際に感情を抑えられなかったりする場合には，活動の見通しがもてなかったり，考えたことや思ったことをすぐに行動に移してしまったりすることがあることから，活動の見通しを立ててから活動させたり，勝ったときや負けたときの表現の仕方を事前に確認したりするなどの配慮をする。

なお，学校においては，こうした点を踏まえて個別の指導計画を作成し，必要な配慮を記載し，翌年度の担任等に引き継ぐことなどが必要である。

以上のことを踏まえ，学習の困難さに応じた配慮について適切に記述すると良い。

2 『小学校学習指導要領解説』における高学年の体つくり運動領域「体の動きを高める運動」では，四つの運動内容が示されている。このことを踏まえて，高学年の体つくり運動の授業で，ボールを用いた「体の動きを高める運動」の授業を行うこととした。「体の動きを高める運動」の四つの運動内容ごとに，ボールを用いた活動例とそれぞれについてあなたが構想する授業内容を，全て合わせて 400 ～ 600 字程度で記述しなさい

2 解答略

解説 高学年の体つくり運動領域「体の動きを高める運動」で示された四つの運動内容は，「体の柔らかさを高めるための運動」，「巧みな動きを高めるための運動」，「力強い動きを高めるための運動」，「動きを持続する能力を高めるための運動」である。

まず，ボールを用いた「体の柔らかさを高めるための運動」には，長座姿勢でボールを転がして体の周りを一周させる活動や複数人で背中合わせに長座姿勢になり，周囲でボールを転がす活動などが考えられる。運動が容易な場合は，ボールの種類をバスケットボールから野球ボールなど小さなものに変えていくと難易度が上がって楽しめる。ここでは，運

動が正確に行われているか観察し，必要に応じて助言することが考えられる。

次に，ボールを用いた「巧みな動きを高めるための運動」には，4～5人程度が集まったグループで輪を作り，一人一ボールを持って，隣の人に同時にボールを投げ渡す「ボールキャッチゲーム」が考えられる。ここでは，バウンドさせて隣の人に渡したり，投げる方向を変えたり，ボールを真上に高く投げ上げて，その間に人が動くことで隣の人のボールをキャッチするなどの変化をつけるとより面白くなる。人や物の動きに対応して動くことが苦手な児童には，動きをリードする児童が動作に合わせた言葉がけをしたり，ゆっくりとした動作をしたりするなどの配慮をするとよい。

続いて，ボールを用いた「力強い動きを高めるための運動」には，「仰向けやうつ伏せでボールをパス・キャッチ」する活動が考えられる。この場合は，野球ボールからバスケットボールなどへと軽いものから重いものへ変えることで，力強い動きを高めることができる。

最後に，ボールを用いた「動きを持続する能力を高めるための運動」には，長縄を回してもらってその中でドリブルを行う「長縄ドリブル」や，無理のない速さで5～6分程度，障害物を避けながら一定距離をドリブルで往復する活動が考えられる。ここでは，決まった運動をすべての児童が行うのではなく，児童一人一人の体力に応じて運動を選んだり，継続時間を設定したりすることが大切である。

授業では，これら4つの運動ができる場を作り，5～6分ずつで回りながら全ての運動に取り組めるようにする。複数の運動を試して行い，比べてみることを通して，気付きや関わり合いが深まりやすくなる。また，授業の終わりには，運動を行うと心と体が軽やかになったことやみんなでリズムに乗って運動をすると楽しさが増したことなどを学習カードに書いたり，振り返りの時間に発表したりするとよい。

外国語（英語）

1 自分の町の紹介を題材に，施設・建物の言い方や We have a …. We can …. などの表現を扱う授業を行うことを想定して，次の問いに答えなさい。

(1)　施設や建物の単語を導入するに当たって，あなたが留意することを，具体例を挙げながら300字以内で書きなさい。

(2)　この単元で行う「書くこと」の指導に当たって，あなたが留意することを，具体例を挙げながら300字以内で書きなさい。

(3)　hospitalの意味について，児童に分かるように，30語程度の英語で説明しなさい。

(4)　あなたが住んでいる町に，あなたがあればよいと思っている施設や建物について，児童に分かるように，30語程度の英語で説明しなさい。

1 解答略

解説 (1)　小学校学習指導要領(平成29年3月告示)では，「語，連語及び慣用表現」の項の中で，小学校の授業で取り扱う英語の語彙数を600～700 語程度としており，「建物・施設」の単語としてschool, station, park, museum, post officeなどが挙げられる。ここで導入する施設や建物の単語は，実際に児童にとって身近であり，児童が生活する地域に実在する施設や建物を示しているものが望ましい。例えば，自分たちが住んでいる町の地図を作り，どのような建物や施設があるか図や写真で示し，その建物や施設の英語名を空欄にしておいて，児童に空欄を補充する単語を選ばせるような活動が考えられる。児童がよく知っている施設や建物であれば，児童の関心が高まり，単語の導入もスムーズであると考えられる。　(2)　設問のwe have…，we can…という表現を扱うにあたり，小学校で学ぶ「文」について留意する。小学校学習指導要領(平成29年3月告示)では，「文及び文構造」の項の中で，小学校で学ぶのは，文の中に主語と述語の関係が一つだけ含まれる「単文」(重文・複文は中学校以降で学ぶ)，「肯定・否定の平叙文」，「肯定・否定の命令文」，「疑問文のうち，be動詞で始まるものや助動詞(can，doなど)で始まるもの，疑問詞(who，what，when，where，why，how)で始まるもの」と示されている。設問の場面は，「書くこと」の目標のひとつである「自分のことや身近で簡単な事柄について，例文を参考に，音声で十分に慣れ親しんだ簡単な語句や基本的な表現を用いて書くことができるようにする」に当てはまる。この目標は，英語で書かれた文，またはまとまりのある文章を参考にして，その中の一部の語，あるいは一文を自分が表現したい内容のものに置き換えて文や文章を書くことができるようにすることを示している。つまり，まとまりのある文章の一部を，例示された語句，あるいは文の中から選んだものに置き換えて，自分に関する文や文章を書く活動が考えられる。この時，配慮すべきは，例示された中に児童の表現したい語句，または文がない場合は，指導者が個別に書きたい語句を英語で提示するなど，児童の積極的に書こうとする気持ちに柔軟に対応する必要があることである。　(3)　次は英英辞典による英単語hospitalの説明の一例である。a place where people who are ill or injured are treated and taken care of by doctors and nurses. 関係詞や受動態が使われているので，冒頭及び(1)の解説に示したように，小学校で学習する単語と単文とで説明する。　(4)　(1)～(3)の解説を踏まえて，児童に身近な施設ではあるが近くにはないものを例に挙げるとよい。絵が好きなので美術館があるとよい，花が好きなので公園があるとよい，などさまざまな例が考えられるだろう。児童の共感を得られるような例であればなおよい。

2 外国語科における「話すこと［発表］」の評価について，次の問いに答えなさい。

(1) ①「知識・技能」，②「思考・判断・表現」，③「主体的に学習に取り組む態度」の3観点は，それぞれどのような規準で評価するべきか。3観点について，合計300字以内で書きなさい。

(2) “I like my town.” を題材に，児童が行った以下のスピーチを評価する場面を想定して，①「知識・技能」と②「思考・判断・表現」の2観点について，A，B，Cのどの評定とすべきか。あなたの考えを理由とともに300字以内で書きなさい。

児童が行ったスピーチ “I like my town.”

> This is my town, Yamanaka-shi.
> We have aquarium. (写真を指さす)
> We have えーっと，図書館，えーっと library.
> Thank you.

2 **解答略**

解説 (1) 「『指導と評価の一体化』のための学習評価に関する参考資料　小学校　外国語・外国語活動」(文部科学省　令和2年3月)を参照されたい。　①「知識・技能」の評価規準は，「知識：英語の特徴やきまりに関する事項を理解している」，「技能：実際のコミュニケーションにおいて，日常生活に関する身近で簡単な事柄や自分のことについて話す技能を身に付けている。身近で簡単な事柄についての自分の考えや気持ちなどを話す技能を身に付けている」である。　②「思考・判断・表現」の評価規準は，「コミュニケーションを行う目的や場面，状況などに応じて，日常生活に関する身近で簡単な事柄や自分のことについて話している。身近で簡単な事柄についての自分の考えや気持ちなどを話している」

である。　③「主体的に学習に取り組む態度」の評価規準は，「外国語の背景にある文化に対する理解を深め，他者に配慮しながら，主体的に英語を用いて話そうとしている」である。　(2)　この児童は，町にある建物や施設を説明する表現について，間違いはあるものの，おおむね理解して話しているので，「知識・技能」については「おおむね満足できる状況(B)」と判断することができる。しかし，既習の表現を用いてコミュニケーションを行う目的，場面，状況などに応じて話すことに課題が見られたので，「思考・判断・表現」においては「努力を要する状況(C)」と判断する。

2023年度 ◆ 教科及び教職に関する科目（Ⅳ）

1 現在，文部科学省は，GIGAスクール構想に基づいて，コンピュータ（パソコン，タブレット等）やインターネット等の学習環境の整備を行っている。このような政策が実行される社会的背景を踏まえ，これからの教員に求められる資質・能力について重要と考えることを，300字以上400字以内で述べなさい，

1 解答略

解説

●方針と分析

(方針)

まず，GIGAスクール構想のねらいと構想の背景を述べる。次に，本構想に基づくICT機器が整備された環境におけるこれからの教員に求められる資質・能力について，受験者の考えを述べる。

(分析)

GIGAスクール構想とは，義務教育段階にある全国の小学校・中学校におけるICT環境を整備する中で，児童生徒用のパソコン端末1人1台，そのパソコンをインターネット環境につながるようにするための校内LANや無線LANなどの高速大容量の通信ネットワークを一体的に整備することである。本構想は，新型コロナウイルス感染症による休校により，遠隔教育が可能なICT環境の整備を一気に加速させた。

GIGAスクール構想の目的は，「多様な子供たちを誰一人取り残すことのない，公正に個別最適化された学びを全国の学校現場で持続的に実現させること」とされている。

本構想の背景として，Society 5.0時代を生きる子供たちの未来を見据えて，今や，PC端末は鉛筆やノートと並ぶ必需品であり，仕事でも家庭でも，社会のあらゆる場所でICTの活用が日常のものとなっていることがあげられる。社会を生き抜く力を育み，子どもたちの可能性を広げる場所である学校が，時代に取り残され，世界から遅れたままではならない。

今後も，社会環境の変化の激しい世の中に順応していけるように，ICT機器を活用した新しい教育への転換の意味が込められている。

中央教育審議会答申「これからの学校教育を担う教員の資質能力の向上について」(平成27年12月)では，これからの時代の教員に求められる資質能力は，これまで教員として不易とされてきた資質能力に加え，自律的に学ぶ姿勢を持ち，時代の変化や自らのキャリアステージに応じて求められる資質能力を生涯にわたって高めていくことのできる力や，情報を適切に収集し，選択し，活用する能力や知識を有機的に結びつけ構造化する力などが必要である，としている。

また，このようなICT環境の整備がされる中で，これからの教員に求められる資質・能力は，学校教育におけるICTの効果的な活用と教員の資質・能力向上について，次のように述べられている。

○ICTを活用した主体的・対話的で深い学びの授業改善に取り組むことができる。
○指導の個別化(必要に応じた重点的な指導と指導方法の工夫)と学習の個性化(一人一人に応じた学習活動・学習課題の提供)による「個別最適な学び」及び多様な他者との協働による「協働的な学び」について，ICT機器を活用した授業で取り組むことができる。
○情報モラル教育の充実を図ることができる。
○児童生徒のICT機器の活用能力を向上させることができる。
○教員のICT機器の活用指導力の向上のための研修することができる。
○ICT機器の活用に当たっての児童生徒の健康への配慮を図ることができる等である。

●作成のポイント

論文の構成は，序論・本論・結論とする。記述前に構想する時間を十分に取り，その内容を簡潔に整理することが重要である。300字以上400字以内であることから，文章量は序論(約15～20％程度)・本論(約65～75％程度)・結論(約10～15％程度)の目安で，端的に記述することが大切である。

序論では，GIGA スクール構想のねらいと構想の背景を端的に述べる。

本論では，ICT 機器が整備された環境におけるこれからの教員に求められる資質・能力について受験者の考えを述べる。求められる資質・能力はいくつか考えられるが，特に一人一台のタブレットを効果的に活用した授業づくりと教師自らのICT 機器の活用能力の向上のための主体的な研修は欠かせない。1～2点に絞るのが適切である。

結論では，これからの教員の求められる資質・能力として本論で述べたことに積極的に取り組む決意を述べて，まとめとする。

2 現在，教育界では「令和の日本型学校教育」を担う新たな教師の学びの姿の実現が求められている。こうした状況の下で，教員の研修（現職研修）の重要性，あなた自身の研修に対する考え方について，300 字以上 400 字以内で述べなさい。

2 解答略

解説

●方針と分析

(方針)

まず，教員にとって研修の必要性と重要性について端的に述べる。次に，「令和の日本型学校教育」を担う教員の学びの姿について受験者の考えを述べる。

(分析)

教員は，絶えず研究と修養に励み，職責の遂行に努めなければならないことが教育基本法と教育公務員特例法に定められている。さらに，令和4年12月「『令和の日本型学校教育』を担う教師の養成・採用・研修等の在り方について～『新たな教師の学びの姿』の実現と，多様な専門性を有する質の高い教職員集団の形成～(答申)」(中央教育審議会)には，「教師が技術の発達や新たなニーズなど学校教育を取り巻く環境の変化を前向きに受け止め，教職生涯を通じて探究心をもちつつ自律的かつ継続的に新しい知識・技能を学び続け，子供一人一人の学びを最大限に引き出す教師としての役割を果たしている。その際，子供の主体的な学びを支援する伴走者としての能力も備えている」と示されている。

つまり，教師は学び続ける存在であり，時代の変化が大きくなる中で常に学び続けなければならないのである。その学びを進めるうえで必要なことは，一人一人の教員が，変化を前向きに受け止め，探究心を持ちつつ自律的に学ぶという教師の主体的な学ぶ姿勢が重要である。

多様な知識・経験を持った人材の教師集団として，より多様な専門性を有する教師集団を構築するためには，教師自身が新たな領域の専門性を身に付けるなど強みを伸ばすことが必要である。このための学びとして，一人一人の教師の個性に即した，いわば「個別最適化」された学びが求められる。その学びをベースに教師集団としての校内研修等の成果が発揮され，子供の可能性を引き出すなど子供に還元されると考えられる。

教員は，研修(現職研修)を通して，「令和の日本型学校教育」で示されている子供の「個別最適な学び」と「協働的な学び」の一体化した授業の取組や習熟度別学習などきめ細かな少人数指導等の取組が求められる。さらに，GIGAスクール構想に基づいた教科や教材にあった「一人一台端末」を活用した児童生徒の特性・学習の定着度に応じた適切な指導の実践などが望まれている。

●作成のポイント

論文の構成は，序論・本論・結論とする。記述前に構想する時間を十分に取り，その内容を簡潔に整理することが重要である。300字以上400字以内であることから，文量を序論(約15～20％程度)・本論(約65～75％程度)・結論(約10～15％程度)の目安で，端的に記述することが大切である。

序論では，教員にとっての研修の必要性と重要性について端的に述べる。ここでは，「学び続ける教員」がキーワードである。

本論では，「令和の日本型学校教育」を担う教員の学びの姿(これからの教員の研修)について，受験者の考えを述べる。その際，これからの現職研修を二つの視点から述べる。一つ目は，一人一人の教員が自律的・主体的に学ぶ「個別最適な学び」，二つ目は，多様な知識と経験を持った校内の教師集団の「協働的な学び」の充実を図ることの重要性である。これからの教員は，教員自身が新たな領域の専門性を身に付けるなど強みを伸ばすことが必要であることも踏まえたい。

結論では，「令和の日本型学校教育」を担う新たな教師の学びの姿の実現に向け努力する意欲と決意を述べて論文をまとめる。

2022 年度 ◆ 教科及び教職に関する科目（Ⅰ）

1 次の各文章は，わが国の教育の発展に寄与した人物について述べたものである。文章中の［ ① ］～［ ④ ］に当てはまる人物名の組合せとして正しいものを，以下のア～エの中から一つ選んで記号で答えなさい。

(1) 1916(大正 5) 年，帝国教育会会長となった［ ① ］は，翌年，成城小学校校長となり，教育改造運動の指導的役割を担うこととなった。著書には，『実際的教育学』などがある。

(2) 1874(明治 7) 年『明六雑誌』を発刊した［ ② ］は, 1885(明治 18) 年, 第 1 次伊藤博文内閣で初代文部大臣となり，教育令を廃止し，帝国大学令，師範学校令，小学校令，中学校令を公布して，近代学校体系の枠組みを確立した。

(3) 幼稚園がわが国に初めて導入されたのは，1876(明治 9) 年のことであり，東京女子師範学校に附属幼稚園が設置された。それには，当時，［ ③ ］が文部大輔を務めていた文部省が主導的役割を果たした。

(4) ［ ④ ］は，1817(文化 14) 年，豊後の天領日田の地に私塾咸宜園を創設した。そこには全国から多くの入門者が来塾し，身分を越えた自由な学問研究が行われた。咸宜園は 1897(明治 30) 年頃まで存続していた。

	①	②	③	④
ア	沢柳政太郎	森有礼	福岡孝悌	広瀬淡窓
イ	小砂丘忠義	大木喬任	高嶺秀夫	吉田松陰
ウ	小原國芳	西村茂樹	大木喬任	吉田松陰
エ	沢柳政太郎	森有礼	田中不二麻呂	広瀬淡窓

1 エ

解説 以下は正答肢以外の人物の解説である。小砂丘忠義(1897～1937年)は生活綴方，生活記録の方法の確立に足跡を残した高知県の小学校教師である。小原國芳(1887～1977年)は，大正デモクラシー期の1921年8月に日本学術協会が開いた新教育思想講習会における8人の八大教育主張の講師の一人で，全人教育論を主張した。大木喬任(1832～1899年)は佐賀藩出身で藩校弘道館に学び，明治新政府に出仕し，徴士，参与，軍務官判事，東京府知事などをつとめ，さらに第1次山県内閣の司法相，第1次松方内閣の文相を歴任した。西村茂樹(1828～1902年)は，森有礼や福沢諭吉らとともに，1873(明治6)年に「明六社」を結成した啓蒙活動家。西洋哲学の翻訳・紹介等を行い哲学の基礎を築くことに尽力した。福岡孝悌(1835～1919年)は土佐藩出身で，1867年，後藤象二郎と大政奉還に尽力し，1872年文部大輔，司法大輔をつとめた。高嶺秀夫(1854～1910年)は会津出身の教育者で，アメリカ留学で学んだ理論的な開発主義の教育学を東京師範学校(現筑波大学)に取り入れ近代教育の基礎をつくり，「師範学校の父」と称される。吉田松陰(1830～1859年)は幕末の尊王論者・思想家で，萩の自邸内に松下村塾を開き，高杉晋作・久坂玄瑞・伊藤博文ら維新の指導者を育成したが，安政の大獄に連座，刑死した。

2 次の各文は，教育史上著名な人物についての説明である。誤っているものを，次のア～エの中から一つ選んで記号で答えなさい。

ア　ペスタロッチ(Pestalozzi, J. H.)は，その著作『シュタンツだより』(1799)の中で，道徳学習の三段階論(心情，練習，熟慮)を提案した。

イ　ヘルバルト(Herbart, J. F.)は，カント(Kant, I.)の後継としてケーニヒスベルク大学の哲学正教授となった。彼はペスタロッチの教授法(メトーデ)における三角形の活用を批判し，正方形を用いることが適切であることを指摘した。

ウ　フレーベル (Fröbel, F. W. A.) は，1808年に家庭教師をしていたホルツハウゼン家の子供たちを連れてスイスのイヴェルドンにあったペスタロッチの学校を訪問し，教師となり，ペスタロッチの教授法を学んだ。

エ　デューイ (Dewey, J.) は，『学校と社会』(1899) 等の著作で近代教育思想における子供の自己活動の考え方などを継承しつつも，それまでのプロテスタント神学や道徳哲学との結びつきを批判し，実験科学としての教育学を打ち立てようとした。

2　イ

解説　ヘルバルトは『ペスタロッチの教授方法の評価の観点について：ブレーメンの博物館に行われた招待講演』において「私なら，形の知識の示唆しているものにもとづいてそこから正方形をたやすく取り出し，それを三角形の連続に変えます」と述べ，ペスタロッチが基本図形を正方形としたことに対して，基本図形を三角形とした。

3　次の各文章はわが国の学校教育に影響を与えた人物に関する記述である。その人物名の組合せとして正しいものを，以下のア～エの中から一つ選んで記号で答えなさい。

①　1887(明治20) 年に来日し，帝国大学文科大学で教育学の講義を行った。彼は日本で最初の教育学に関するお雇い教師となり，ヘルバルト派の教育学を講じた。

②　ドイツの教育学者で，伝統的な学校教育学と社会生活の根本機能として働く教育に関する事実研究を踏まえて教育科学を樹立した。彼はイエナ大学附属学校長として「生命への畏敬とすべての子供における人間性の解放」を学校の理念とする「イエナ・プラン」を主導した。

③　彼は，農業教育や手工教育で取り組まれていた「プロジェクト」による方法を発展させ，教育的な活動や経験を学習者の自発性に基づく

計画として学習者自身が企画・実施し，その過程において必要な知識，技能の獲得を図る教育方法として確立し，「プロジェクト・メソッド」と呼んだ。

④　フンボルト (Humboldt, K. W. von) に協力してベルリン大学の創設に尽力し，1810 年に神学部教授となった。彼は 1813 年以後，教育学の講義を３回行い，世代間の文化伝達を教育作用の本質とみなし，教育の歴史的，社会的側面を強調する独自の教育学を構築した。

	①	②	③	④
ア	ライン	パーカースト	デューイ	シュプランガー
イ	ハウスクネヒト	ペーターゼン	キルパトリック	シュライエルマッハー
ウ	ライン	ペーターゼン	キルパトリック	シュプランガー
エ	ハウスクネヒト	パーカースト	デューイ	フィヒテ

3　イ

解説　以下は正答肢以外の人物の解説である。ライン(1847〜1929年)はドイツの教育学者で，ヘルバルトの4段階教授法(明瞭－連合－系統－方法)を発展させた5段階教授法(予備－提示－比較－応用)を提唱した。パーカースト(1887〜1973年)は米国の教育学者で，マサチューセッツ州ドルトン町のハイスクールでドルトン・プランを実践した。デューイ(1859〜1952年)は米国の哲学者・教育学者で，児童中心主義，活動主義の教育実践を行い，作業による経験学習を重視した。シュプランガー(1882〜1963年)はドイツの哲学者・教育学者でディルタイの流れを汲み，人の6つの基本的な生活領域を考え，その中で，どの領域に最も価値をおき興味をもちながら生活しているかに従って6類型に分類した。フィヒテ(1762〜1814年)はカントの実践哲学を発展させ，意志主義的・理想主義的哲学を提唱した。

4 次の各文は,「教育基本法」(平成18年法律第120号)の抜粋である。下線部の内容に誤りのあるものを，次のア～エの中から一つ選んで記号で答えなさい。

ア　国又は地方公共団体の設置する学校における義務教育については，授業料を徴収しない。

イ　法律に定める学校は，公の性質を有するものであって，国，地方公共団体及び法律に定める法人のみが，これを設置することができる。

ウ　国及び地方公共団体は，障害のある者が，その障害の状態に応じ，十分な教育を受けられるよう，特別な支援を講じなければならない。

エ　政府は，教育の振興に関する施策の総合的かつ計画的な推進を図るため，教育の振興に関する施策についての基本的な方針及び講ずべき施策その他必要な事項について，基本的な計画を定め，これを国会に報告するとともに，公表しなければならない。

4 ウ

解説　ウについて教育基本法第4条第2項は「国及び地方公共団体は，障害のある者が，その障害の状態に応じ，十分な教育を受けられるよう，教育上必要な支援を講じなければならない」としている。なおアは義務教育を規定した同法第5条第4項，イは学校教育について規定した同法第6条第1項，エは教育振興基本計画について規定した同法第17条第1項で定められている。

5 次の各文は，公立小学校の学期や休業日等について述べたものである。法令に照らして誤っているものを，次のア～エの中から一つ選んで記号で答えなさい。

ア　授業終始の時刻は，校長が定める。
イ　学校の学期並びに休業日は，市町村又は都道府県の設置する学校にあっては当該市町村又は都道府県の教育委員会が定める。
ウ　非常変災その他急迫の事情があるときは，校長は，臨時に授業を行わないことができる。
エ　校長は，感染症の予防上必要があるときは，臨時に，学校の全部又は一部の休業を行うことができる。

5 エ

解説 エは学校保健安全法第20条で「学校の設置者は，感染症の予防上必要があるときは，臨時に，学校の全部又は一部の休業を行うことができる」とされている。なおアは学校教育法施行規則第60条，イは学校教育法施行令第29条，ウは学校教育法施行規則第63条で定められている。なお感染症予防のための児童生徒の出席停止は学校保健安全法第19条で校長の権限である。

6 次の各文は，公立学校の教員の服務等に関して述べたものである。「地方公務員法」(昭和25年法律第261号)及び「教育公務員特例法」(昭和24年法律第1号)の条文の内容に照らして正しいものの組合せを，以下のア～エの中から一つ選んで記号で答えなさい。

①　教員は，その職の信用を傷つけ，又は教員の職全体の不名誉となるような行為をしてはならない。
②　教員は，職務上知り得た秘密を漏らしてはならない。ただし，その職を退いた後は，この限りではない。

③　教員は，いかなる場合も教育に関する他の職を兼ね，又は教育に関する他の事業若しくは事務に従事してはならない。

④　教員は，授業に支障のない限り，本属長の承認を受けて，勤務場所を離れて研修を行うことができる。

ア　①・②　　イ　①・④　　ウ　②・③　　エ　③・④

6　イ

解説　②は地方公務員法第34条で「職員は，職務上知り得た秘密を漏らしてはならない。その職を退いた後も，また，同様とする」，③は教育公務員特例法第第17条第1項で「教育公務員は，教育に関する他の職を兼ね，又は教育に関する他の事業若しくは事務に従事することが本務の遂行に支障がないと任命権者において認める場合には，給与を受け，又は受けないで，その職を兼ね，又はその事業若しくは事務に従事することができる」とされている。なお①は地方公務員法第33条，④は教育公務員特例法第22条第2項で定められている。

7　次の各文は，児童虐待に関する説明である。「児童虐待の防止等に関する法律」（平成12年法律第82号）の条文の内容に照らして誤っているものを，次のア～エの中から一つ選んで記号で答えなさい。

ア　児童の福祉に職務上関係のある者は，児童虐待を発見しやすい立場にあることを自覚し，児童虐待の早期発見に努めなければならない。

イ　児童虐待を受けたと思われる児童を発見した者は，速やかに，市町村，都道府県の設置する福祉事務所若しくは児童相談所に通告しなければならない。

ウ　職務において知り得た児童虐待を受けたと思われる児童に関する秘密を，正当な理由なく漏らしてはならない。

エ　児童の親権を行う者は，児童虐待に係る暴行罪，傷害罪その他の犯罪について，当該児童の親権を行う者であることを理由として，その責めを免れる。

7 エ

解説 「児童虐待の防止等に関する法律」(児童虐待防止法)第14条第2項は「児童の親権を行う者は，児童虐待に係る暴行罪，傷害罪その他の犯罪について，当該児童の親権を行う者であることを理由として，その責めを免れることはない」とされている。アは児童虐待防止法第5条第1項，イは同法第6条第1項，ウは同法第5条第3項で定められている。

8 次の文は，「小学校学習指導要領」(平成29年文部科学省告示第63号)の「第1章　総則　第3　教育課程の実施と学習評価　1　主体的・対話的で深い学びの実現に向けた授業改善」の一部である。文章中の［①］～［④］に当てはまる語句の組合せとして正しいものを，以下のア～エの中から一つ選んで記号で答えなさい。

各教科等において身に付けた知識及び技能を活用したり，思考力，判断力，表現力等や学びに向かう力，人間性等を発揮させたりして，［①］の対象となる物事を捉え思考することにより，各教科等の特質に応じた物事を捉える視点や考え方(以下「見方・考え方」という。)が鍛えられていくことに留意し，児童が各教科等の特質に応じた見方・考え方を働かせながら，知識を相互に関連付けてより深く［②］したり，情報を精査して考えを［③］したり，問題を見いだして解決策を考えたり，思いや考えを基に［④］したりすることに向かう過程を重視した［①］の充実を図ること。

	①	②	③	④
ア	学習	理解	形成	創造
イ	授業	理解	整理	探究

ウ　学習　　熟考　　形成　　探究
エ　授業　　熟考　　整理　　創造

8 ア

解説 出題文は平成29年の小学校学習指導要領改訂において新設された部分である。小学校学習指導要領解説総則編によるとこの部分は，各教科等の指導に当たって，(1)　知識及び技能が習得されるようにすること，(2)　思考力，判断力，表現力等を育成すること，(3)　学びに向かう力，人間性等を涵養することが偏りなく実現されるよう，単元や題材など内容や時間のまとまりを見通しながら，児童の主体的・対話的で深い学びの実現に向けた授業改善を行うこと，その際，各教科等の「見方・考え方」を働かせ，各教科等の学習の過程を重視して充実を図ることを示しているとされる。

9 「小学校学習指導要領」（平成29年文部科学省告示第63号）の「第5章　総合的な学習の時間　第2　各学校において定める目標及び内容　3　各学校において定める目標及び内容の取扱い」の内容に照らして，「目標を実現するにふさわしい探究課題」の例として記載されていないものを，次のア～エの中から一つ選んで記号で答えなさい。

ア　現代的な諸課題に対応する横断的・総合的な課題
イ　地域や学校の特色に応じた課題
ウ　児童の興味・関心に基づく課題
エ　職業や自己の将来に関する課題

9 エ

解説 小学校学習指導要領(平成29年3月告示)「第5章　総合的な学習の時間」では「目標を実現するにふさわしい探究課題」の例として，「学校の実態に応じて，例えば，国際理解，情報，環境，福祉・健康などの現代的な諸課題に対応する横断的・総合的な課題，地域の人々の暮らし，伝統と文化など地域や学校の特色に応じた課題，児童の興味・関心に基づく課題などを踏まえて設定すること」が示されている。なお「職業や自己の将来に関する課題」は，中学校における探究課題として，中学校学習指導要領(平成29年3月告示)の「総合的な学習の時間」に例示されている。

10 次の文章は「小学校学習指導要領」(平成29年文部科学省告示第63号)の「第3章　特別の教科　道徳　第3　指導計画の作成と内容の取扱い」の一部である。文章中の［　①　］～［　④　］に当てはまる語句の組合せとして正しいものを，以下のア～エの中から一つ選んで記号で答えなさい。

児童の発達の段階や特性等を考慮し，第2に示す内容との関連を踏まえつつ，［　①　］に関する指導を充実すること。また，児童の発達の段階や特性等を考慮し，例えば，社会の持続可能な発展などの［　②　］課題の取扱いにも留意し，身近な社会的課題を［　③　］において考え，それらの解決に寄与しようとする［　④　］を育てるよう努めること。なお，多様な見方や考え方のできる事柄について，特定の見方や考え方に偏った指導を行うことのないようにすること。

	①	②	③	④
ア	生命の尊さ	国際的な	他者との関係	自発性
イ	情報モラル	国際的な	世界との関係	意欲や態度
ウ	情報モラル	現代的な	自分との関係	意欲や態度
エ	自然愛護	現代的な	地域との関係	主体性

10 ウ

解説 小学校学習指導要領解説特別の教科　道徳編は，情報モラルについて，「情報社会で適正な活動を行うための基になる考え方と態度」と定義し，その指導について「道徳科では，その特質を生かした指導の中での配慮が求められる。道徳科は道徳的価値に関わる学習を行う特質があることを踏まえた上で，指導に際しては，情報モラルに関わる題材を生かして話合いを深めたり，コンピュータによる疑似体験を授業の一部に取り入れたりするなど，創意ある多様な工夫が生み出されることが期待される」と解説している。

11 次の各文は，「小学校学習指導要領」（平成29年文部科学省告示第63号）の「第6章　特別活動　第2　各活動・学校行事の目標及び内容〔学級活動〕3　内容の取扱い」からの抜粋で，学級活動の指導に当たって各学年段階で特に配慮すべき事項である。①～③の各文と，各学年段階の組合せとして正しいものを，以下のア～エの中から一つ選んで記号で答えなさい。

① 理由を明確にして考えを伝えたり，自分と異なる意見も受け入れたりしながら，集団としての目標や活動内容について合意形成を図り，実践すること。自分のよさや役割を自覚し，よく考えて行動するなど節度ある生活を送ること。
② 話合いの進め方に沿って，自分の意見を発表したり，他者の意見をよく聞いたりして，合意形成して実践することのよさを理解すること。基本的な生活習慣や，約束やきまりを守ることの大切さを理解して行動し，生活をよくするための目標を決めて実行すること。
③ 相手の思いを受け止めて聞いたり，相手の立場や考え方を理解したりして，多様な意見のよさを積極的に生かして合意形成を図り，実践すること。高い目標をもって粘り強く努力し，自他のよさを伸ばし合うようにすること。

ア　①　第３学年及び第４学年　　②　第１学年及び第２学年
　　③　第５学年及び第６学年
イ　①　第５学年及び第６学年　　②　第１学年及び第２学年
　　③　第３学年及び第４学年
ウ　①　第５学年及び第６学年　　②　第３学年及び第４学年
　　③　第１学年及び第２学年
エ　①　第１学年及び第２学年　　②　第３学年及び第４学年
　　③　第５学年及び第６学年

11　ア

解説　小学校の特別活動は，学級活動，児童会活動，クラブ活動，学校行事で構成される。学級活動については，学級の児童の生活の問題や自主的，実践的な取組の状況，学校としての生徒指導上の課題，集団適応の課題や中学校への接続を踏まえた発達の課題などを考慮して各学年において取り上げる指導内容の重点化を図ることが大切である。

12　「発達障害を含む障害のある幼児児童生徒に対する教育支援体制整備ガイドライン　～発達障害等の可能性の段階から，教育的ニーズに気付き，支え，つなぐために～」（平成 29 年３月文部科学省）に示されている特別な支援を必要とする幼児児童生徒に対する通常の学級の担任・教科担任の具体的な役割として誤っているものを，次のア～エの中から一つ選んで記号で答えなさい。

ア　自身の学級に教育上特別の支援を必要とする児童等がいることを常に想定し，学校組織を活用し，児童等のつまずきの早期発見に努めるとともに行動の背景を正しく理解するようにする。
イ　特別支援教育コーディネーターと連携して，教育上特別の支援を必要とする児童等の個別の教育支援計画及び個別の指導計画作成の中心を担い，適切な指導や必要な支援に生かす。

ウ　教育上特別の支援を必要とする児童等への適切な指導や必要な支援を行うために，校内外の様々な人材や組織を活用する。

エ　自身が児童等の教育に対する第一義的に責任を有する者であることを意識し，保護者と協働して，支援を行う。

12 エ

解説　文部科学省は平成16年に「小・中学校におけるLD(学習障害)，ADHD(注意欠陥／多動性障害)，高機能自閉症の児童生徒への教育支援体制の整備のためのガイドライン(試案)」を作成した。出題の「発達障害を含む障害のある幼児児童生徒に対する教育支援体制整備ガイドライン」は，その後の状況の変化や，これまでの間に培ってきた発達障害を含む障害のある児童等に対する教育支援体制の整備状況を踏まえ，平成16年のガイドラインが見直されて平成29年3月策定されたものである。その「第3部　学校用　○通常の学級の担任・教科担任用　5. 保護者との協働」において「通常の学級の担任は，保護者が児童等の教育に対する第一義的に責任を有する者であることを意識し，保護者と協働して，支援を行う」とされている。

13 次の文章は，『生徒指導提要』(平成22年3月文部科学省)の「第1章　生徒指導の意義と原理　第1節　生徒指導の意義と課題」からの抜粋である。文章中の［　①　］～［　④　］に当てはまる語句の組合せとして正しいものを，以下のア～エの中から一つ選んで記号で答えなさい。

生徒指導とは，一人一人の児童生徒の人格を尊重し，［　①　］を図りながら，［　②　］や行動力を高めることを目指して行われる教育活動のことです。すなわち，生徒指導は，すべての児童生徒のそれぞれの人格のよりよい発達を目指すとともに，学校生活がすべての児童生徒にとって有意義で興味深く，充実したものになることを目指しています。生徒指導は学校の教育目標を達成する上で重要な機能を果たすものであり，［③］と並んで学校教育において重要な意義を持つものと言えます。

各学校においては，生徒指導が，教育課程の内外において一人一人の児童生徒の健全な成長を促し，児童生徒自ら現在及び将来における自己実現を図っていくための［④］の育成を目指すという生徒指導の積極的な意義を踏まえ，学校の教育活動全体を通じ，その一層の充実を図っていくことが必要です。

	①	②	③	④
ア	学力の向上	社会的資質	学習指導	自己有用感
イ	個性の伸長	社会的資質	学習指導	自己指導能力
ウ	学力の向上	自発性・自主性	進路指導	自己指導能力
エ	個性の伸長	自発性・自主性	進路指導	自己有用感

13 イ

解説　『生徒指導提要』は，生徒指導に関する学校・教職員向けの基本書。もとは文部科学省が平成22年に取りまとめたもので，小学校段階から高等学校段階までの生徒指導の理論・考え方や実際の指導方法等について時代の変化に即して網羅的にまとめ，生徒指導の実践に際し教員間や学校間で教職員の共通理解を図り，組織的・体系的な生徒指導の取組を進めることができるよう作成された。その後，令和4年12月に，積極的な生徒指導の充実，個別の重要課題を取り巻く社会環境の変化の反映，学習指導要領やチーム学校等の考え方の反映等を改訂の基本的な考えとして改訂が行われた。積極的な生徒指導の充実としては，児童生徒の問題行動等の発生を未然に防止するため，目前の問題に対応するといった課題解決的な指導だけでなく，成長を促す指導等(発達支持的生徒指導，課題未然防止教育)の積極的な生徒指導を充実させることが盛り込まれている。

14 次の文章は，「いじめの防止等のための基本的な方針」(最終改定　平成 29 年 3 月 14 日文部科学大臣決定) の一部を抜粋したものである。文章中の下線部 A ～ D について正誤の組合せとして正しいものを，以下のア～エの中から一つ選んで記号で答えなさい。

いじめは，単に A) 謝罪をもって安易に解消とすることはできない。いじめが「解消している」状態とは，少なくとも次の２つの要件が満たされている必要がある。ただし，これらの要件が満たされている場合であっても，必要に応じ，他の事情も勘案して判断するものとする。

① いじめに係る行為が止んでいること

被害者に対する心理的又は物理的な影響を与える行為(インターネットを通じて行われるものを含む。)が止んでいる状態が相当の期間継続していること。この相当の期間とは，少なくとも B) 1 か月を目安とする。ただし，いじめの被害の重大性等からさらに長期の期間が必要であると判断される場合は，この目安にかかわらず，C) 学校長又は学校いじめ対策組織の判断により，より長期の期間を設定するものとする。学校の教職員は，相当の期間が経過するまでは，被害・加害児童生徒の様子を含め状況を注視し，期間が経過した段階で判断を行う。行為が止んでいない場合は，改めて，相当の期間を設定して状況を注視する。

② 被害児童生徒が心身の苦痛を感じていないこと

いじめに係る行為が止んでいるかどうかを判断する時点において，被害児童生徒がいじめの行為により心身の苦痛を感じていないと認められること。被害児童生徒本人及びその保護者に対し，心身の苦痛を感じていないかどうかを D) 面談等により確認する。

学校は，いじめが解消に至っていない段階では，被害児童生徒を徹底的に守り通し，その安全・安心を確保する責任を有する。学校いじめ対策組織においては，いじめが解消に至るまで被害児童生徒の支援を継続するため，支援内容，情報共有，教職員の役割分担を含む対処プランを策定し，確実に実行する。

	A	B	C	D
ア	○	○	×	×
イ	×	○	○	×
ウ	×	×	○	○
エ	○	×	×	○

14 エ

解説 「いじめ防止等のための基本的な方針(最終改定　平成29年3月14日)」は，いじめ防止対策推進法第11条第1項の規定「文部科学大臣は，関係行政機関の長と連携協力して，いじめの防止等のための対策を総合的かつ効果的に推進するための基本的な方針を定めるものとする」に基づき策定されたものである。その「第2　いじめの防止等のための対策の内容に関する事項　3　いじめの防止等のために学校が実施すべき施策(4)　学校におけるいじめの防止等に関する措置　iii)いじめに対する措置」において，Bは「3か月」，Cは「学校の設置者」とされている。

15 学習方法および学習の効果に関する内容について正しいものを，次のア～エの中から一つ選んで記号で答えなさい。

ア　学習の転移とは，以前に学習したことが，その後の別の学習効果に影響することである。後の学習を促進する正の転移を生じさせるメカニズムの説明として，学習の構えの理論などがある。

イ　適性処遇交互作用(ATI)とは，どのような学習者の特性に対しても，有効な共通の学習・指導の方法が存在するという考えである。

ウ　問題解決学習においては，まず教師が問題の解答に到達するために必要な抽象的な知識を先行オーガナイザーとして学習者に提示し，それに基づいて問題解決に取り組むように指導する。

エ　認知発達心理学の理論に基づき，プログラム学習が開発された。認知発達段階への対応，スモール・ステップ，即時フィードバックなどの原理に基づいている。

15 ア

解説 イ　適性処遇交互作用(ATI)は，学習者の特性(知能，パーソナリティ，学力，興味など)によって学習・指導の方法を変えて学習する方が学習効果は高いという考えである。　ウ　問題解決学習においては，学習者自身が自ら問題を見出してそれを解決していくように指導する。なお，先行オーガナイザーを提示するのは，有意味受容学習においてである。
エ　プログラム学習は，認知発達心理学の理論ではなく，オペラント条件づけの応用として開発された。

16 発達に関する説明として正しいものを，次のア～エの中から一つ選んで記号で答えなさい。

ア　学習の成立に必要な，個体の心身の準備性をレディネスと呼ぶ。ブルーナー (Bruner, J. S.) の理論においては，レディネスが成熟するまで待つことを重視している。

イ　ピアジェ (Piaget, J.) によれば，自分の視点にのみ中心化して物事を捉えることを自己中心性と呼ぶ。自他が未分化な青年期の特徴としてよく見られる。

ウ　エリクソン (Erikson, E. H.) によれば，自己の心身状態の統制を他者などの外部から行っていたものを，自己の内的な統制力で行えるようになる状態を「自律性」と呼ぶ。

エ　ハーロー (Harlow, H. F.) は，幼い赤毛ザルの実験から，身体的接触よりも空腹などの食欲を満たしてくれることが重要であると主張した。

16 ウ

解説 ア　レディネスが成熟するまで待つことを重視しているのはゲゼル(Gesell, A. L.)である。ブルーナー(Bruner, J. S.)は，レディネスが成熟するのを待つのではなく，レディネスを促進するような働きかけを重視している。　イ　ピアジェ(Piaget, J.)によれば，自己中心化は前操作期(ほぼ幼児期に相当)の特徴としてよく見られる。　エ　ハーロー(Harlow, H. F.)は，幼い赤毛ザルの実験から，温もりや肌触りなどをもたらす身体的接触が愛着の形成にとって重要であると主張した。

17 児童生徒同士の人間関係を築いたり，彼らのストレスを取り去ったり等の目的で行われる手法の内容について正しいものを，次のア～エの中から一つ選んで記号で答えなさい。

ア 「ピア・サポート活動」は，教師が児童生徒を支えるための，教師と児童生徒の人間関係を築くためのプログラムである。
イ 「グループエンカウンター」は，学級などにおけるグループのリーダーを育成することを目的に行われる。
ウ 「ストレスマネジメント教育」では，様々なストレスに対する対処法を学ぶ。はじめにストレスについての知識を学び，その後「心身の緊張を高める方法」などを学習する。
エ 「ソーシャルスキルトレーニング」は，様々な社会的技能をトレーニングにより育てる方法である。「人間関係を円滑にする」「問題を解決する」「集団行動に参加する」などがトレーニングの目標となる。

17 エ

解説 ア　ピア(peer)とは「対等な友人，仲間」のことである。「ピア・サポート活動」は，同じような経験を持つ，あるいは年齢が近い児童生徒どうしが相談にのる等，互いに支援し合うためのプログラムである。　イ　「グループエンカウンター」は，集団を対象とするカウンセリング技法のひとつであり，学級などのグループ内での出会い(エンカウンター)を通して自己発見,自己成長を促進することを目的に行われる。　ウ　「ストレスマネジメント教育」では，はじめにストレスについての知識を学び，その後，自分自身のストレスに気づく方法(セルフ・モニタリング)や「心身の緊張を緩める方法」などのストレス対処法を学習する。

18 教育評価の類型や方法についての説明として正しいものを，次のア～エの中から一つ選んで記号で答えなさい。

ア　いわゆる偏差値とは，ある得点に関する集団の平均値を基準として算出される個人の点数であり，絶対評価の一種である。

イ　評価対象者が目標に向かって達成したレベルを示す選択肢と，それぞれのレベルに対応したパフォーマンスの特徴を示した記述語(評価基準)からなる尺度を用いた評価方法をルーブリック評価という。

ウ　ポートフォリオとは，子供の学習の過程や成果に関する記録を計画的に集積したものである。ポートフォリオ評価は標準化されたテストの一種であり，数値による得点結果が大切にされる。

エ　アウトカム評価とは，産出物や作品の数，活動量の評価という意味であり，学校教育では，一般に活動の種類や実施量などが指標となる。それに対して，アウトプット評価とは，それらの活動により，児童生徒がどれだけ変容，成長したかといった教育効果に関する評価である。

18 イ

解説 ア　いわゆる偏差値とは，ある得点に関する集団内でのバラツキの程度を示す統計学的な数値指標であり，相対評価である。バラツキとして正規分布が仮定される。　ウ　ポートフォリオは本来「紙ばさみ」という意味であり，子どもの学習過程や成果に対する記録を計画的に集積したものである。これらや，児童生徒自身の自己評価記録及び教師の指導・評価記録をもとに行う教育評価がポートフォリオ評価である。標準化されたテストの一種ではない。　エ　学校教育では，アウトカム評価は，目標とした知識や技能の達成度や数値目標に対する教育評価である。具体的な指標として，試験の点数等がある。それに対してアウトプット評価は，どのような職業体験を何日間実施したか等，活動の種類や実施量などを指標とした教育評価である。

19 「教育の情報化に関する手引」（追補版　令和2年6月文部科学省）に示された内容として誤っているものを，次のア～エの中から一つ選んで記号で答えなさい。

ア 「教育の情報化」は，情報教育，教科指導におけるICT活用，校務の情報化の3つの側面から構成されている。

イ 「情報活用能力」は，世の中の様々な事象を情報とその結び付きとして捉え，情報及び情報技術を適切かつ効果的に活用して，問題を発見・解決したり自分の考えを形成したりしていくために必要な資質・能力である。

ウ　情報モラル教育においては，情報技術の進展により発生するトラブルが多いことから，日常モラルを超えた情報技術の仕組みを児童生徒の発達段階に応じて理解させることが重要である。

エ　平成29，30年に改訂された学習指導要領では，小・中・高等学校を通じてプログラミング教育を行うこととしており，とりわけ「小学校学習指導要領」（平成29年文部科学省告示第63号）において，令和２年度からプログラミング教育を行うこととしている。

19 ウ

解説 「教育の情報化に関する手引」は，新学習指導要領の下で，教育の情報化が一層進展するよう，教師による指導をはじめ，学校・教育委員会の具体的な取組に資するように令和元年12月に文部科学省が作成し公表したもので，その後文部科学省が環境整備関連予算の具体的な進め方を示したことを踏まえ，時点更新やイラストの追加等を行った追補版が令和2年6月に公表されている。その「第2章　情報活用能力の育成　第4節　学校における情報モラル教育　2. 情報モラル教育の進め方　(1)問題の本質」において，ウは「情報モラルの大半が日常モラルであることを理解させ，それに情報技術の基本的な特性を理解させることで問題の本質を見抜いて主体的に解決できる力を身に付けさせることが重要だといえる」としている。

20 次の文章は，「「令和の日本型学校教育」の構築を目指して　～全ての子供たちの可能性を引き出す，個別最適な学びと，協働的な学びの実現～（答申）」（令和３年１月26日中央教育審議会）の一部である。文章中の［　①　］～［　④　］に当てはまる語句の組合せとして正しいものを，以下のア～エの中から一つ選んで記号で答えなさい。

○　全ての子供に基礎的・基本的な知識・技能を確実に習得させ，思考力・判断力・表現力等や，自ら学習を調整しながら粘り強く学習に取り組む態度等を育成するためには，教師が支援の必要な子供により重点的な指導を行うことなどで効果的な指導を実現することや，子供一人一人の特性や学習進度，学習到達度等に応じ，指導方法・教材や学習時間等の柔軟な提供・設定を行うことなどの「［　①　］」が必要である。

○　基礎的・基本的な知識・技能等や，言語能力，情報活用能力，問題発見・解決能力等の学習の基盤となる資質・能力等を土台として，幼児期からの様々な場を通じての体験活動から得た子供の興味・関心・キャリア形成の方向性等に応じ，探究において課題の設定，情報の収集，整理・分析，まとめ・表現を行う等，教師が子供一人一人に応じた学習活動や学習課題に取り組む機会を提供することで，子供自身が学習が最適となるよう調整する「　②　」も必要である。

○　以上の「　①　」と「[　②　」を教師視点から整理した概念が「　③　」であり，この「　③　」を学習者視点から整理した概念が「　④　」である。

	①	②	③	④
ア	個別最適な学び	指導の個別化	学習の個性化	個に応じた指導
イ	指導の個別化	学習の個性化	個に応じた指導	個別最適な学び
ウ	学習の個性化	個に応じた指導	個別最適な学び	指導の個別化
エ	個に応じた指導	個別最適な学び	指導の個別化	学習の個性化

20　イ

解説　中央教育審議会答申「『令和の日本型学校教育』の構築を目指して～全ての子供たちの可能性を引き出す，個別最適な学びと，協働的な学びの実現～」(令和3年1月26日)は，今後の学校教育について「各学校においては，教科等の特質に応じ，地域・学校や児童生徒の実情を踏まえながら，授業の中で『個別最適な学び』の成果を『協働的な学び』に生かし，更にその成果を『個別最適な学び』に還元するなど，『個別最適な学び』と「協働的な学び」を一体的に充実し，『主体的・対話的で深い学び』の実現に向けた授業改善につなげていくことが必要である」としている。またこの答申を踏まえて令和4年12月に出された中央協議会答申「『令和の日本型学校教育』を担う教師の養成・採用・研修等の在り方について～『新たな教師の学びの姿』の実現と，多様な専門性を有する質の高い教職員集団の形成～(答申)」も学習しておきたい。

2022年度◆教科及び教職に関する科目（Ⅱ）

※国語，社会，算数，理科，生活，音楽，図画工作，家庭，体育，外国語(英語)の10教科の中から6教科を選択して解答する。なお，6教科には「音楽」，「図画工作」，「体育」のうち2教科以上を含めること。

国語

1 「小学校学習指導要領」の各学年の「2　内容〔知識及び技能〕(1)言葉の特徴や使い方に関する次の事項を身に付けることができるよう指導する。」に示されている「文や文章に関する事項」に基づいた指導の在り方として最も適切なものを，次のア～エの中から一つ選んで記号で答えなさい。

ア　第2学年では，修飾と被修飾との関係を理解させる必要があることから，「風が　ふく」という文をより詳しくするためにどんな修飾語を加えることができるかを考えさせる指導をした。

イ　第2学年では，指示する語句の役割を理解させる必要があることから，文章の中で用いられている「こそあど言葉」を使った表現が何を指しているのかを考えさせる指導をした。

ウ　第4学年では，接続する語句の役割を理解させる必要があることから，「毎日ピアノの練習をしてコンクールに参加した。」に続く文を「つなぎ言葉」を用いて考えさせる指導をした。

エ　第5学年では，段落の役割について理解させる必要があることから，形式段落と意味段落の違いを教えるとともに，文章の構成や展開を考えさせる指導をした。

1 ウ

解説 小学校学習指導要領における「文や文章に関する事項」の具体的な例としては，次のようなことが書かれている。第1学年及び第2学年では，「文の中における主語と述語との関係に気付くこと」とある。第3学年及び第4学年では，「主語と述語との関係，修飾と被修飾との関係，指示する語句と接続する語句の役割，段落の役割について理解すること」とある。第５学年及び第６学年では，「文の中での語句の係り方や語順，文と文との接続の関係，話や文章の構成や展開，話や文章の種類とその特徴について理解すること」とある。ア～エのいずれも，第3学年及び第4学年で学習する事項である。ウだけが，第４学年と正しく関連付けられている。

2　「小学校学習指導要領」の各学年の「2　内容〔知識及び技能〕 (3) 我が国の言語文化に関する次の事項を身に付けることができるよう指導する。」に示されている「書写に関する事項」に基づいた書写の指導の在り方として最も適切なものを，次のア～エの中から一つ選んで記号で答えなさい。

ア　第２学年の児童に，書き初めでフェルトペンを使用して「大きなゆめ」と書かせる際，漢字と仮名の大きさや配列に注意して書くよう指導した。
イ　第４学年の児童に，２分の１成人式のために書いた「十年後のわたし」と題した短文を色紙に書かせる際，自分で適切な筆記具を選び，その特徴を生かして書くよう指導した。
ウ　第５学年の児童に，国語科で学習した俳句の中から好きな句を選び，小筆を使用して書かせる際，行書の特徴である文字と文字とのつながりに注意し，行の中心を揃えて書くよう指導した。
エ　第６学年の児童に，国語科でつくった短歌をフェルトペンを使用して短冊に書かせる際，用紙全体に着目して文字の大きさや配列を考えて書くよう指導した。

2　エ

解説　小学校学習指導要領における「書写に関する事項」の具体的な例と

しては，次のようなことが書かれている。第３学年及び第４学年では，「(イ)漢字や仮名の大きさ，配列に注意して書くこと」とある。第５，学年及び第６学年では，「(ア)用紙全体との関係に注意して，文字の大きさや配列などを決めるとともに，書く速さを意識して書くこと」，「(イ)毛筆を使用して，穂先の動きと点画のつながりを意識して書くこと」

3 次に示すのは，「小学校学習指導要領」の「第２　各学年の目標及び内容〔第５学年及び第６学年〕　２　内容〔思考力，判断力，表現力等〕Ａ　話すこと・聞くこと」に示された指導事項に基づく第５学年の学習活動である。この学習活動を行う際の指導として適切でないものを，以下のア～エの中から一つ選んで記号で答えなさい。

【学習活動】

「自分の考えを明確にして，話し合おう」という単元である。読書週間を迎えるに当たり，多くの人が本を好きになるためには，どのようにすればよいか。その意見や提案など，自分の考えを明確にしながら話し合う活動をしたい。

ア　議題を確かめ，その目的や条件を考えて，事前に話合いの内容や順序，時間配分などの進行計画を立て，それに沿って計画的に話し合うよう指導した。

イ　話し合う活動が円滑に進行するように，司会や記録係の役割を分担した上で，司会者は自分の意見をはっきりと示しながら，進行表に沿って話合いを進めるよう指導した。

ウ　対立した意見が交わされても，互いに言い負かすことを目的とせず，異なる立場からの考えを聞き，その理由を尋ね合いながら，更に考えを広げたりまとめたりするよう指導した。

エ　話合いの後，考えをまとめる際には，友達の意見と自身の考えとを比較しながら，互いの意見の共通点や相違点，利点や問題点などをまとめるよう指導した。

3　イ

解説　小学校学習指導要領解説で，「A　話すこと・聞くこと」に関して，詳しく説明されている。イについて，同解説の第３学年及び第４学年で，すでに次のように記されている。司会の役割は「話合いがまとまるように進行していくこと」である。また，進行表に関して「最初は準備した進行表に沿って進行することそのものを学び，徐々に，話合いが目的に応じて適切に進行するように，参加者に発言を促したり，発言の共通点や相違点を確認したり，話し合った内容をまとめたりすることができるようにする」とある。よって，「司会者は自分の意見をはっきりと示し」や「進行表に沿って話合いを進める」という部分は適切ではない。ア・ウ・エについては，同解説の第5学年及び第6学年に該当する記載がある。

4　次に示すのは，「小学校学習指導要領」の「第２　各学年の目標及び内容〔第３学年及び第４学年〕　2　内容〔思考力，判断力，表現力等〕B　書くこと」に示されている指導事項に基づいた第４学年の学習活動である。この学習活動の後に指導する内容として最も適切なものを，以下のア～エの中から一つ選んで記号で答えなさい。

【学習活動】

「調べたことをまとめよう」という単元である。「新しく誕生した市立図書館のよさを知り，私たち小学生の読書熱につなげよう」という目標を設定して，調べたことをもとに自分の考えをまとめて書くための指導を行っている。前時までの学習では，図書館を見学するとともに，自分たちの読書量や内容について，学校司書の先生にもインタビュー調査を行い，データを収集させる指導を行ってきた。

ア　事柄の順序に沿って書くことが大事なので，集めた資料の順序に沿いながら文章を組み立てた上で，まとめて書く指導を行う。

イ　取材で知ったことは全て書くことが大事なので，取材メモを基に，様々な情報を分かりやすく伝えるための表現を工夫して書く指導を行う。

ウ　自分の考えをはっきりさせて書くことが大事なので，調べて分かったことを内容ごとに分類した上で，文章の組立てを考えて書く指導を行う。

エ　グラフや表を用いて説得力のある文章を書くことが大事なので，集めた資料を，自分の考えを裏付けるためのグラフや表に表して書く指導を行う。

4 ウ

解説 小学校学習指導要領における第３学年及び第４学年の「B　書くこと」に，選択肢の内容と対応する箇所があるか調べる。アの「事柄の順序に沿って書く」は，「B　書くこと」に「自分の考えとそれを支える理由や事例との関係を明確にして，書き表し方を工夫する」とあるので，適切ではない。イの「取材で知ったことは全て書く」は，同様に「集めた材料を比較したり分類したり」とあるので，適切ではない。ウの「内容ごとに分類した上で，文章の組立てを考えて書く」は，同様に「内容のまとまりで段落をつくったり」や「集めた材料を比較したり分類したり」とあるので，適切である。エの「グラフや表に表して書く」は，第5学年及び第6学年で指導する。

5 「小学校学習指導要領」の「第２　各学年の目標及び内容〔第１学年及び第２学年〕２　内容〔思考力，判断力，表現力等〕C　読むこと」の(1)のア及びウでは，次のように示されている。これらの内容をねらいとした具体的な指導として最も適切なものを，以下のア〜エの中から一つ選んで記号で答えなさい。

> ア　時間的な順序や事柄の順序などを考えながら，内容の大体を捉えること。
> ウ　文章の中の重要な語や文を考えて選び出すこと。

ア　説明的な文章を読む際，「まず」，「やがて」など，順序を表す言葉を見付けさせ，そうした言葉に着目させながら，結論とその理由など，段落相互の関係に着目させる指導をした。

イ　説明的な文章を読む際，題名や見出し，絵や写真なども手掛かりにさせながら，文章全体の内容の把握と各段落の内容をつかませる指導をした。

ウ　説明的な文章を読む際，各段落の中にある大事な言葉を見付けさせながら，それらの言葉を用いて各段落の要約を書かせる指導をした。

エ　説明的な文章を読む際，「おもしろいな」と感じたり「なるほど」と気付いたりしたことを書かせ，選び出した重要な語や文と比較させる指導をした。

5　イ

解説　小学校学習指導要領における第1学年及び第2学年の「C　読むこと」，及びその解説において，選択肢の内容と対応する箇所があるか調べる。アとウについて，段落相互の関係については，第３学年及び第４学年で指導する。イについて，同解説に「C　読むこと」のアの指導事項として，「題名や見出し，写真なども手掛かりにしながら，文章全体の内容の把握と各段落に書かれている内容の把握とを進めていく」とある。エの内容は，「C　読むこと」のカ「文章を読んで感じたことや分かったことを共有すること」に関する指導事項として，同解説に書かれている。

6 次の文章を読んで，以下の問いに答えなさい。

酒井邦嘉『科学者という仕事』

許諾を得ておらず不掲載

上の文章中の傍線部A［　　］とあるが，歌の解釈上［　　］に当てはまらない和歌を，次のア～エの中から一つ選んで記号で答えなさい。

ア　さくら花ちりぬるかぜのなごりには水なき空に浪ぞたちける

紀貫之

イ　世中（よのなか）にたえてさくらのなかりせば春の心はのどけからまし

在原業平

ウ　いにしへの奈良のみやこの八重ざくらけふ九重ににほひぬるかな

伊勢大輔

エ　花の色はうつりにけりないたづらにわが身世にふるながめせしまに

小野小町

（『古今和歌集』，『詞花和歌集』より）

6 エ

解説 説明文の読解問題は，内容説明と理由説明の二つの形式が主に出題される。内容説明の場合は，傍線部の内容を言い換えたものを選ぶ(今回は，当てはまらないものであるから，「言い換えていないもの」を選ぶ)。ただし，傍線部だけを見ても読み取れないことも多いので，その前後もしっかりと読み，話の流れをつかむようにする。

7 **6** の文章中の傍線部B「風流」の「風」と同じ意味で「風」の字が使われている熟語を，次のア～エの中から一つ選んで記号で答えなさい。

ア　風致　　イ　風習　　ウ　風説　　エ　風景

7 ア

解説 「風流」は「上品な趣がある」という意味である。ア「風致」は「自然の風景などの味わい」という意味である。イ「風習」は「その土地などに伝わる生活や行事のしきたり」という意味である。ウ「風説」は「うわさ」という意味である。エ「風景」は「景色・風光」，「ながめ」という意味である。

8 **6** の文章中，筆者が述べている内容としてふさわしくないものを，次のア～エの中から一つ選んで記号で答えなさい。

ア　科学者である筆者は，桜の花の抽象化と理想化を大胆に行うことによって，桜の花の特徴の中から「正五角形」を取り出し表現した。
イ　筆者は，科学者特有の桜の愛で方を紹介した例を挙げ，様々な自然現象が，抽象化と理想化によって整理できるということを説明している。

ウ　科学者である筆者は，普遍的な法則を見付けるためには，その前提として，規則的な法則であるはずの桜の花の遺伝子を突きとめることが必要であると考えている。

エ　筆者は，桜の花を科学的に捉え，本質以外のものを切り捨てた結果としてきれいな「正五角形」を見いだしたところに，科学者としての美意識があると考えている。

8　ウ

解説　内容一致の問題である。これも内容説明の一つと考えてよい。内容一致は主に，筆者のまとめの部分，筆者が取り上げている具体的内容，筆者が示している話題について，適切に読み取っているかを問うことが多い。具体例は読み飛ばしてしまう場合も多いので，どこにどのような具体例が書かれているかを意識しながら読み進める。

9　次の文章を読んで，以下の問いに答えなさい。

若松英輔『種まく人』

不掲載

上の文章中，筆者が述べている内容に当てはまるものを，次のア～エの中から一つ選んで記号で答えなさい。

ア　「見る」と「観る」との違いは，影響を受けたい人の本性を真似できるかどうかにある。
イ　現代人は，世界を広く学ぼうとして，多くのものを模倣することに時間をかける傾向がある。
ウ　「学に志す」とは人生観を養うことであり，影響を受けたい人の模倣によって生まれていく。
エ　真の学びは，習うことの意味を見失わず，時間をかけて「観る」ことによって生まれていく。

9　エ

解説『論語』を取り上げて，筆者が自分の考えを述べている。「学に志す」について「模倣から脱却する時期」だとして，「広く『見る』こと」よりも「深く『観る』こと」が大切だと論じている。さらに，「見る」ことが「観る」ことの拒絶につながっていると述べている。アについて，「真似できるかどうか」という部分が誤りである。イについて，「時間をかける」とは述べられていない。ウについて，「模倣によって生まれていく」が誤りである。エについて，「観る」ことについての説明として正しい。

10 次の文は，**9** の文章中にある『論語』の一節である。漢文中の傍線部の書き下し文として正しいものを，以下のア～エの中から一つ選んで記号で答えなさい。

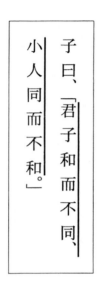

子曰、「君子和而不同、小人同而不和。」

ア　君子は和して同ぜず，小人は同じて和せず
イ　君子は和せずして同ず，小人は同ぜずして和す
ウ　君子は和をもって同ぜず，小人は同をもって和せず
エ　君子は和して同ずることなし，小人は同じて和することなし

10 ア

解説 漢文については，まずは次の3つの点をしっかりと身に付ける。①「返り点」に関しては，中学校では「レ点」と「一・二点」を学ぶが，その他のものも確認する。②日本語の助詞・助動詞にあたる漢字も有名な漢文で使われているものは確認する。③読まなくていい漢字である「置き字」も，有名な漢文に出てくるものは覚えておく。

社会

1 インクルーシブ教育の推進によって，通常の学級においても，発達障害を含む障害のある児童が在籍している可能性があることを前提に，全ての教科等において，一人一人の教育的ニーズに応じたきめ細かな指導や支援をすることが求められている。『小学校学習指導要領解説』の「第4章　指導計画の作成と内容の取扱い　1　指導計画作成上の配慮事項」に基づいて，社会科の学習場面における障害のある児童への配慮として，適切でないものを，次のア～エの中から一つ選んで記号で答えなさい。

ア　地図等の資料から必要な情報を読み取ることが困難な児童に対して，地図の見る範囲を限定したプリントを作成し，掲載されている情報を精選するように工夫した。

イ　社会的事象に興味・関心がもてない児童に対して，特別活動との関連付けをしながら，社会の営みと身近な生活がつながっていることを実感できるように，具体的な体験や作業を取り入れた学習となるように工夫した。

ウ　予想を立てることが困難な児童に対して，見通しがもてるようヒントになる事実をカードに整理して示し，学習順序を考えられるように工夫した。

エ　まとめの場面で考える視点が定まらない児童に対して，自由に書き込めるワークシートを作成し，多様な発想で考えられるように工夫した。

1　エ

解説　『小学校学習指導要領解説』に記載されている内容に関する問題である。エについて解説では，「まとめの場面において，考える際の視点が定まらない場合には，見本を示したワークシートを作成するなどの指導の工夫が考えられる」と明記されている。「自由に書き込めるワークシートを作成し，多様な発想で考えられるように工夫した」との関連性はないので誤りである。他の選択肢は，解説に示されている具体例に関連したものである。

2 第３学年における「身近な地域や自分たちの市区町村の様子」の単元の学習で，身近な地域や市区町村の様子を捉え，場所による違いを考え，表現することとした。次の文は，『小学校学習指導要領解説』の「第３章　各学年の目標及び内容　第１節　第３学年の目標及び内容　２　第３学年の内容」の記述の一部である。空欄［①］，［②］に当てはまる語句の組合せとして正しいものを，以下のア～エの中から一つ選んで記号で答えなさい。

> 場所による違いを考え，表現することとは，例えば，駅や市役所の付近，工場や住宅の多いところ，田畑や森林が多いところ，伝統的なまち並みがあるところなど，場所ごとの様子を［①］たり，主な道路と工場分布，主な駅と商店の分布など土地利用の様子と，交通などの社会的な条件や土地の高低などの地形条件を［②］たりして，市内の様子は場所によって違いがあることを考え，文章で記述したり，白地図などにまとめたことを基に説明したりすることである。

ア　①　調べ　　②　関連付け
イ　①　調べ　　②　話し合っ
ウ　①　比較し　②　関連付け
エ　①　比較し　②　話し合っ

2　ウ

解説　『小学校学習指導要領解説』からの出題である。問題文は，「学習指導要領」の「思考力，判断力，表現力等を身に付けること」の中にある「場所にする違いを考え，表現すること」に関連した内容である。児童が何かと何かの違いに気付くためには，どのような指導を行うべきかを考えてみるとよい。調べることは大切だし基本であるが，そこからさらに「比較する」という作業によって異なることに気付き，様々な条件を関連付けることによって，「場所によって違いがあることを考え」られるようになるのである。

3　第５学年の「我が国の国土の自然環境と国民生活との関連」の単元において，我が国で発生した四大公害病の発生時期や経過について調べて発表する活動を行った。四大公害病が発生した場所を含まない都道府県を，次のア～エの中から一つ選んで記号で答えなさい。

ア　熊本県　　イ　栃木県　　ウ　富山県　　エ　新潟県

3　イ

解説　四大公害病とは，水俣病・イタイイタイ病・四日市ぜんそく・第二水俣病である。水俣病は熊本県，イタイイタイ病は富山県，四日市ぜんそくは三重県，第二水俣病は新潟県である。栃木県に関しては，足尾銅山鉱毒事件が有名であるが，これは四大公害病よりももっと昔の出来事である。

4　第５学年における「我が国の農業や水産業における食料生産」の単元の学習で，我が国の主な農産物の自給率の変化について調べた。次の図は，我が国の主な農産物の自給率の変化を示したものであり，図中のア～エは，果実，小麦，米，野菜のいずれかである。果実に当てはまるものを，図中のア～エの中から一つ選んで記号で答えなさい。

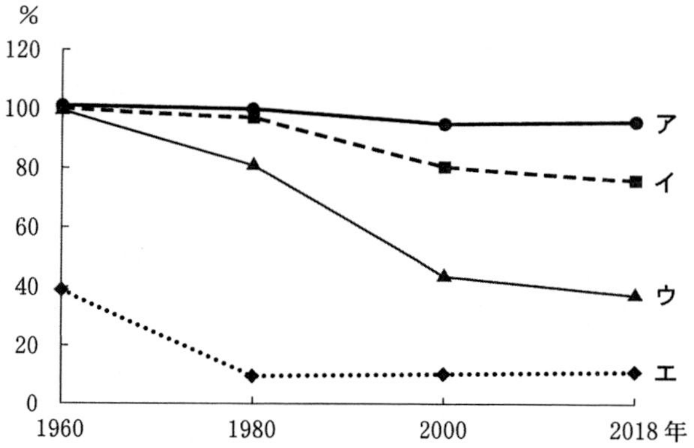

『日本国勢図会　2020/21年版』より作成
（注）　2018年は概算値である。

4 ウ

解説 食料自給率に関して,今回は「果実・小麦・米・野菜」が出題されたが，他に「魚介類・肉類・大豆」も出題されることがある。考え方としては以下の通りである。米：大きな変化はない。野菜：少しずつ減少している。果物：大きく減少している。小麦：もともと少なかったが，現在はもっと少なくなっている。

5 第5学年における「貿易や運輸」に関する学習で，我が国の主な交通機関による輸送量について調べた。次の表は，我が国の主な交通機関による国内貨物輸送量と国内旅客輸送量（2017年度）を示したものであり，表中のア～エは，航空，自動車，船舶，鉄道のいずれかである。鉄道に当てはまるものを，表中のア～エの中から一つ選んで記号で答えなさい。

	国内貨物輸送量		国内旅客輸送量	
	百万トン	百万トンキロ	百万人	百万人キロ
ア	4,509	212,522	69,402	904,967
イ	360	180,934	88	3,191
ウ	45	21,663	24,973	437,363
エ	1	1,068	102	94,549

＊トンキロは，各輸送貨物のトン数にその輸送した距離を乗じたもの
＊人キロは，旅客数に各旅客の乗車した距離を乗じたもの

『日本国勢図会　2020/21 年版』より作成

5　ウ

解説 日本の主な交通機関による輸送量に関する問題である。「貨物」と「旅客」に分かれているので，数字の大小に注目して答えを考えていく。「鉄道」に関しては，線路は日本各地に作られているが，決まったところにしか停車できず，駅のないところに運ぶ場合，最終的には車などに頼る必要がある。そのような視点から考えると，アではなくウと考えられる。アは自動車，ウは船舶，エは航空である。

6　第６学年における「我が国の政治の働き」の単元について，「小学校学習指導要領」に基づいた学習指導の在り方を述べた文として適切でないものを，次のア～エの中から一つ選んで記号で答えなさい。

ア　Ａ先生は，国会などの議会政治や選挙の意味，国会と内閣と裁判所の三権相互の関連，裁判員制度や租税の役割などについて扱い，国民としての政治への関わり方について多角的に考えて，自分の考えをまとめることができるようにした。

イ　Ｂ先生は，「天皇の地位」について，日本国憲法に定める天皇の国事に関する行為など児童に理解しやすい事項を取り上げ，歴史に関する学習との関連も図りながら，天皇についての理解と敬愛の念を深める

ようにした。

ウ　C先生は，「国や地方公共団体の政治」について，社会保障，自然災害からの復旧や復興，地域の開発や活性化などの取組の中から選択して取り上げた。

エ　D先生は，「国会」について，国会が持つ権限の大きさを実感することができるよう配慮して，国民の祝日が法律によって定められていることに触れた。

6 エ

解説 公民の問題のように見えるが，「『小学校学習指導要領』に基づいた学習指導の在り方を述べた文として適切でないもの」を選ぶという問題なので，「学習指導要領」をしっかり理解しているかどうかがポイントとなる。「国会」についての具体例として「国民の祝日」を扱うことは身近なものであるので正しいのだが，「よりよき社会，より豊かな生活を築きあげるために，全ての国民が祝い，感謝し，または記念する日として定められていることなど，我が国の社会や文化における意義を考えることができるように配慮して指導することが大切」と「学習指導要領解説・社会編」には書かれている。民主主義国家の観点から「権限の大きさを実感することができるよう」は誤りである。

7 第6学年の学習において，我が国における選挙制度の変遷を調べて発表する活動を行った。我が国における選挙制度の変遷について述べた文として正しいものを，次のア～エの中から一つ選んで記号で答えなさい。

ア　1889年には，満25歳以上，直接国税15円以上を納める男子に選挙権が認められた。

イ　1919年には，満25歳以上，直接国税10円以上を納める男子に選挙権が認められた。

ウ　1925年には，満25歳以上，直接国税3円以上を納める男子に選挙権が認められた。

エ　1945 年には，満 25 歳以上の男女に選挙権が認められた。

7 ア

解説 選挙制度の変遷に関する問題である。以下の流れを確認しておくこと。

1889 年　直接国税 15 円以上の満 25 歳以上の男子

1900 年　直接国税 10 円以上の満 25 歳以上の男子

1919 年　直接国税 3 円以上の満 25 歳以上の男子

1925 年　満 25 歳以上の男子

1945 年　満 20 歳以上の男女

2016 年　満 18 歳以上の男女

8 第６学年における「グローバル化する世界と日本の役割」の単元で，「国際連合の働き」について様々に調べる学習を行った。国際連合の組織や諸機関の取組として適切でないものを，次のア～エの中から一つ選んで記号で答えなさい。

ア　国際連合は，1945 年に発足し，総会，安全保障理事会，経済社会理事会，事務局などの主要機関と，多くの専門機関，補助機関で構成されている。

イ　国際連合の専門機関には，国連教育科学文化機関 (ユネスコ) や国連児童基金 (ユニセフ) のほか，国際労働機関，国際通貨基金，国際司法裁判所などがある。

ウ　ユネスコが登録する世界遺産は，文化遺産，自然遺産，複合遺産に区分され，専門機関である国連食糧農業機関は，世界農業遺産を認定している。

エ　ユニセフは，ニューヨークに本部を置き，すべての子供の命と権利を守るため，最も支援の届きにくい子供たちを最優先に，保健，栄養，水と衛生，教育，暴力や搾取からの保護などの支援活動を行っている。

8 イ

解説 国連児童基金は補助機関である。また国際司法裁判所は国連の主要機関の一つであり，オランダのハーグに本部がある。専門機関や補助機関をすべて覚えるのは大変であるが，教科書や参考書で太字になっているもの，ニュースなどでよく取り上げられる機関についてはテストにも出やすいので確認しておくとよい。

9 小学校社会科においても，内容のまとまりごとに評価を行うことが求められている。『「指導と評価の一体化」のための学習評価に関する参考資料　小学校　社会』（令和２年３月国立教育政策研究所）で示されている「内容のまとまりごとの評価規準」を作成する際の「観点ごとのポイント」の記述として，適切でないものを，次のア～エの中から一つ選んで記号で答えなさい。

ア「知識」については，学習指導要領に示す「2　内容」の「知識」に関わる事項に示された「…を理解すること」の記述を当てはめ，それを児童が「…理解している」かどうかの学習状況として表し，評価規準を設定する。

イ「技能」については，学習指導要領に示す「2　内容」の「技能」に関わる事項に示された「…調べたりして，…まとめること」の記述を当てはめ，それを児童が「…調べたりして…まとめている」かどうかの学習状況として表し，評価規準を設定する。

ウ「思考・判断・表現」については，学習指導要領に示す「2　内容」の「思考力，判断力，表現力等」に関わる事項に示された「…着目して，…を捉え，…考え，…表現すること」の記述を当てはめ，それを児童が「…着目して，…を捉え，…考え，…表現している」かどうかの学習状況として表し，評価規準を設定する。

エ　「主体的に学習に取り組む態度」については，学習指導要領に示す「2　内容」の「学びに向かう力，人間性等」に関わる事項で示された「…の態度を養い，…の能力を獲得すること」の記述を当てはめ，それを児童が「…の態度を養い，…の能力を獲得している」かどうかの学習状況として表し，評価規準を設定する。

9　エ

解説「主体的に学習に取り組む態度」のポイントは，目標に示されている2つの態度について，「主体的に問題解決しようとしている」かどうかと，「よのよい社会を考え学習したことを社会生活に活かそうとしている」かどうか，である。選択肢のような内容ではないので，エは誤りである。他の選択肢もあわせて確認しておくこと。

10　次の各文章は，日本国憲法の条文である。各条文における［①］～［④］に当てはまる正しい語句の組合せを，以下のア～エの中から一つ選んで記号で答えなさい。

第11条　国民は，すべての［①］の享有を妨げられない。この憲法が国民に保障する［①］は，侵すことのできない［②］権利として，現在及び将来の国民に与えられる。

第12条　この憲法が国民に保障する［③］及び権利は，国民の不断の努力によつて，これを保持しなければならない。又，国民は，これを濫用してはならないのであつて，常に［④］のためにこれを利用する責任を負う。

	①	②	③	④
ア	基本的人権	永久	自由	公共の福祉
イ	自由	天賦	身分	公共の福祉
ウ	基本的人権	天賦	自由	社会の秩序

エ　自由　　　　永久　身分　社会の秩序

10 ア

解説 空欄の前後を手がかりにして，どこが空欄になっても解けるように確認しておくとよい。日本国憲法すべての条文が満遍なく出題されるわけではない。小学校の公民の授業で学習する部分に関連したものが出題される。例えば，平和主義に関する9条，国会に関する41条などが考えられる。教科書や学習指導要領を確認しながら，どの条文が関連しているか確認するとよい。

算数

1 次の文章は，『小学校学習指導要領解説』における「数学的活動」に関する記述の一部である。空欄［①］～［③］に当てはまる語句の組合せとして正しいものを，以下のア～エの中から一つ選んで記号で答えなさい。

> 数学的活動とは，事象を数理的に捉えて，算数の問題を見いだし，問題を［①］に解決する過程を遂行することである。数学的活動においては，単に問題を解決することのみならず，［②］や結果を振り返って，得られた結果を捉え直したり，新たな問題を見いだしたりして，［③］に考察を進めていくことが大切である。

ア	①	自立的，協働的	②	解決の方針	③	主体的・対話的
イ	①	自立的，協働的	②	問題解決の過程	③	統合的・発展的
ウ	①	主体的，対話的	②	問題解決の過程	③	主体的・対話的
エ	①	主体的，対話的	②	解決の方針	③	統合的・発展的

1 イ

解説 学習指導要領における数学的活動とは，「事象を数理的に捉えて，算数の問題を見いだし，問題を自立的，協働的に解決する過程を遂行することである。」数学的活動を通して生徒の数学的な見方・考え方が働き，その過程を通して数学的に考える資質・能力の育成を図ることを目的としており，問題を解くだけでなく解決の過程を振り返るなどして新たな課題に繋げるなど統合的・発展的に考えたりすることを重視している。

2 次の文章は，『小学校学習指導要領解説』における「第２章　算数科の目標及び内容　第２節　算数科の内容　２　各領域の内容の概観　D　データの活用」の記述の一部である。空欄［①］～［③］に当てはまる語句の組合せとして正しいものを，以下のア～エの中から一つ選んで記号で答えなさい。

> 統計的な問題解決では，結果が定まっていない不確定な事象を扱うため，データの特徴や傾向を捉えても，結論を断定できない場合や立場や捉え方によって結論が異なってくる場合もある。そのため，自分たちが行った［　①　］や集めたデータ，表やグラフを用いての分析の仕方など，問題解決の過程や結論について異なる観点や立場などから［　②　］に捉え直してみたり，誤りや矛盾はないかどうか妥当性について［　③　］に考察したりすることが重要である。

ア　①　調査活動　②　多面的　③　論理的
イ　①　問題設定　②　多面的　③　批判的
ウ　①　調査活動　②　客観的　③　批判的
エ　①　問題設定　②　客観的　③　論理的

2　イ

解説　統計的な問題解決とは，「問題―計画―データ―分析―結論」の五つの段階を経て問題解決することである。5つの段階とは，「①問題　身の回りの事象について，興味・関心や問題意識に基づき統計的に解決可能な問題を設定すること」，「②計画　見通しを立て，どのようなデータを，どのように集めるかについて計画を立てること」，「③データ　データを集めて分類整理すること」，「④分析　目的に応じて，観点を決めてグラフや表に表し，データの特徴や傾向をつかむこと」，「⑤結論　問題に対する結論をまとめるとともに，さらなる問題を見いだすこと」である。学習指導要領ではこの5つの段階による問題解決の過程を振り返る活動を行うことで批判的に考察を行うことが重要であるとしている。

3 次の①～④は，基本的な量の大きさを比べる場面を示したものである。それぞれの場面で用いられている方法の組合せとして正しいものを，以下のア～エの中から一つ選んで記号で答えなさい。

① 机の横幅と黒板の縦の長さを比べるために，机の横幅と同じ長さの紙テープを用意し，その紙テープと黒板の縦の長さを比べることによって大小判断をする。
② ２本の鉛筆Ａ，Ｂの長さを比べるために，一方の端を揃えて，他方の端の位置によって大小判断をする。
③ 校庭にある２本の木の幹の太さを比べるために，一方の木の幹にひもを巻き付けて幹の太さと等しいひもを作り，そのひもをもう一方の木の幹に巻き付けて，ひもが余るか足りないかによって大小判断をする。
④ 机の縦の長さと横の長さを比べるために，縦，横それぞれの長さが鉛筆の長さの幾つ分か測って，その測定値を比べることによって大小判断をする。

ア ① 間接比較　② 直接比較
　 ③ 間接比較　④ 任意単位を用いた測定による比較
イ ① 任意単位を用いた測定による比較　② 直接比較
　 ③ 間接比較　④ 普遍単位による比較
ウ ① 間接比較　② 直接比較
　 ③ 任意単位を用いた測定による比較　④ 普遍単位による比較
エ ① 直接比較　② 間接比較
　 ③ 直接比較　④ 任意単位を用いた測定による比較

3 ア

解説 二つの大きさを直接に比較する方法を直接比較といい，大きさをそれと等しい別のものに置き換えて，間接的に比較する方法を間接比較という。比較対象の大きさを，それと同種の量の幾つ分という数値に置き換えて比較する方法は任意単位による測定である。

4 「小学校学習指導要領」の「第2　各学年の目標及び内容　〔第3学年〕2　内容　B　図形」に，「(1)　図形に関わる数学的活動を通して，次の事項を身に付けることができるよう指導する。」とある。第3学年において身に付ける知識及び技能として，正しいものの組合せを，以下のア～エの中から一つ選んで記号で答えなさい。

①　基本的な図形と関連して角について知ること。
②　直線の平行や垂直の関係について理解すること。
③　円について，中心，半径，直径を知ること。また，円に関連して，球についても直径などを知ること。
④　平行四辺形，ひし形，台形について知ること。

ア　①と③　　イ　②と④　　ウ　①と④　　エ　②と③

4 ア

解説 小学校第3学年における「B　図形」の領域では，知識・技能として，「(ア)　二等辺三角形，正三角形などについて知り，作図などを通してそれらの関係に次第に着目すること。」，「(イ)　基本的な図形と関連して角について知ること。」，「(ウ)　円について，中心，半径，直径を知ること。また，円に関連して，球についても直径などを知ること。」の3つが示されている。

5 『小学校学習指導要領解説』の「第3章　各学年の目標及び内容　第3節　第3学年の目標及び内容　2　第3学年の内容　A　数と計算　A(4)　除法」において説明されている「包含除」の文章題として適切なものを，次のア～エの中から一つ選んで記号で答えなさい。

ア　6枚の折り紙を，3人に同じ数ずつ分けると，一人分は何枚ですか。
イ　画用紙が15枚ありました。8枚使いました。画用紙は何枚残っていますか。

ウ　ある大学の専攻の希望者は 24 人でした。これは定員の３倍に当たります。その専攻の定員は何人ですか。

エ　子供 35 人が，７人ずつの組に分かれて縄跳びをします。縄跳びの組は何組できますか。

5　エ

解説　包含除とは，ある数量がもう一方の数量の幾つ分であるかを求める場合である。一方で，ある数量を等分したときにできる一つ分の大きさを求める場合を等分除という。

ア　6枚の紙を３人で等分するときの計算なので等分除である。

イ　15－8の減法の計算である。

ウ　定員一つ分の大きさを求める計算であるため等分除である。

エ　35人を7人ずつにわけるといくつ組ができるかの計算であるため包含除である。

6　縮尺 30,000 分の 1 の地図に，縦 3cm，横 4cm の長方形の土地がある。この土地の実際の面積として正しいものを，次のア～エの中から一つ選んで記号で答えなさい。

ア　$36m^2$　　イ　10,800a　　ウ　360ha　　エ　$10.8km^2$

6　イ

解説　縮尺30000分の1の地図上で，縦3cm，横4cmの長方形の土地は，実際には縦3〔cm〕× 30000＝90000〔cm〕＝900〔m〕，横4〔cm〕× 30000＝120000〔cm〕＝1200〔m〕の長方形の土地だから，この土地の実際の面積は900〔m〕× 1200〔m〕＝1080000〔m^2〕＝10800〔a〕である。

7 台形 ABCD を次の手順で等積変形し三角形 ABF を作るとき，以下の図は，その変形前と変形後を表している。この図において，△AED と△FEC が合同であることを証明する際に用いる三角形の合同条件として適切なものを，後のア～エの中から一つ選んで記号で答えなさい。

手順
① 辺 DC の中点に点 E をとる。
② 点 A から点 E を通るように直線を引く。
③ 辺 BC を点 C 側に延長し，②で引いた直線との交点を点 F とする。

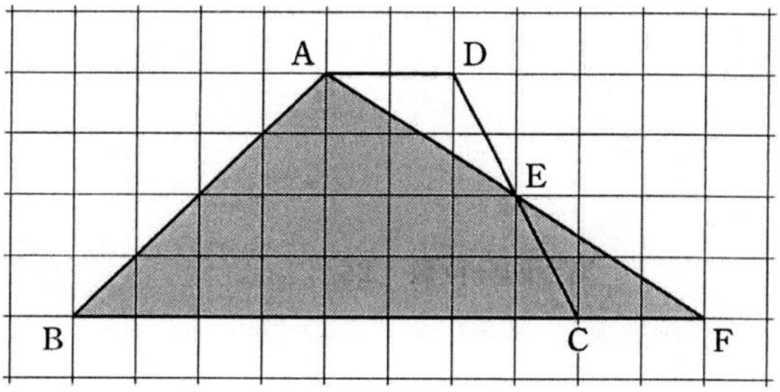

ア　3 組の辺がそれぞれ等しい
イ　2 組の辺とその間の角がそれぞれ等しい
ウ　斜辺と他の一辺がそれぞれ等しい
エ　1 組の辺とその両端の角がそれぞれ等しい

7 エ

解説 △AEDと△FECにおいて，仮定より，点Eは辺DCの中点だから，DE＝CE　…①　AD//CFより，平行線の錯角は等しいから，∠ADE＝∠FCE　…②　対頂角は等しいから，∠AED＝∠FEC　…③　①，②，③より，1組の辺とその両端の角がそれぞれ等しいから，△AED≡△FECである。

8 ある数の集合において演算が定義されているとき，その集合に含まれる任意の二つの数の演算の結果が，常にその集合の要素であるならば，その集合は演算について「閉じている」という。数の集合における演算について述べた次の文のうち正しいものを，次のア～エの中から一つ選んで記号で答えなさい。

ア　自然数の集合は，加法，減法について閉じているが，乗法，除法については閉じていない。
イ　自然数の集合は，加法，乗法について閉じているが，減法，除法については閉じていない。
ウ　自然数の集合は，加法，減法，乗法，除法のすべての演算について閉じている。
エ　自然数の集合は，加法，減法，乗法，除法のすべての演算について閉じていない。

8 イ

解説 a，bが自然数のとき，$a+b$や$a\times b$も自然数となるが，例えば，$a=1$，$b=2$とすると，$a-b=1-2=-1$，$a\div b=1\div 2=\frac{1}{2}$となり，$a-b$や$a\div b$は必ずしも自然数とはならない。以上より，自然数の集合は，加法，乗法について閉じているが，減法，除法については閉じていない。

9 次の資料は，10人の生徒が１年間に読んだ本の冊数を調べたものである。

(単位　冊)

14	37	32	25	22	28	18	42	7	50

この資料の第１四分位数と第２四分位数の組合せとして正しいものを，次のア～エの中から一つ選んで記号で答えなさい。

ア　第１四分位数　18　　第２四分位数　25
イ　第１四分位数　20　　第２四分位数　28
ウ　第１四分位数　18　　第２四分位数　26.5
エ　第１四分位数　20　　第２四分位数　26.5

9 ウ

解説 10人の記録を少ない順に並べると，7，14，18，22，25，28，32，37，42，50〔冊〕これより，第1四分位数は少ない方から3番目の18冊であり，第2四分位数（中央値）は少ない方から5番目と6番目の平均値 $\frac{25+28}{2}$=26.5冊である。

10 次の図のような規則で三角形状に並べられた点の個数からなる数列を三角数といい，n 番目の三角数を T_n という記号で表す。このとき，T_{100} の値として正しいものを，以下のア～エの中から一つ選んで記号で答えなさい。

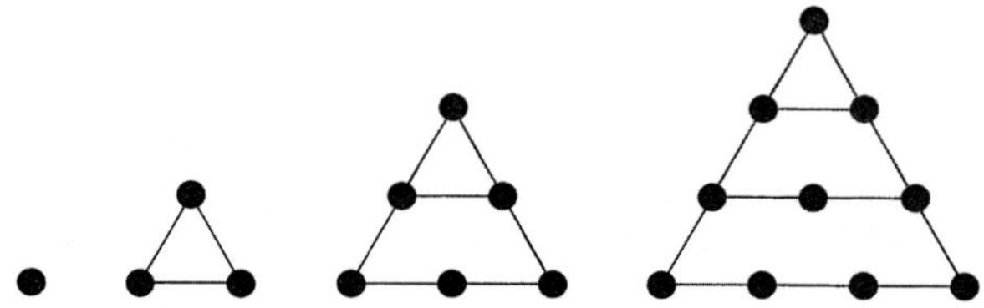

$T_1=1$　$T_2=3$　$T_3=6$　$T_4=10$

ア　10,100　　イ　1,010　　ウ　4,040　　エ　5,050

10 エ

解説 T_{100} の値は，初項1，公差1の等差数列の第1項から第100項までの和に等しいから，$T_{100}=\frac{100\{2\cdot1+1\cdot(100-1)\}}{2}=\frac{100\{2+99\}}{2}$=5050である。

理科

1 『小学校学習指導要領解説』では「小学校では，学年を通して育成を目指す問題解決の力を示している。」と記されている。「学年を通して育成を目指す問題解決の力」として適切でないものを，次のア～エの中から一つ選んで記号で答えなさい。

ア　第３学年では，主に差異点や共通点を基に，問題を見いだすといった問題解決の力の育成を目指している。この力を育成するためには，複数の自然の事物・現象を比較し，その差異点や共通点を捉えることが大切である。
イ　第４学年では，主に既習の内容や生活経験を基に，根拠のある予想や仮説を発想するといった問題解決の力の育成を目指している。この力を育成するためには，自然の事物・現象同士を関係付けたり，自然の事物・現象と既習の内容や生活経験と関係付けたりすることが大切である。
ウ　第５学年では，主に予想や仮説を基に，解決の方法を発想するといった問題解決の力の育成を目指している。この力を育成するためには，自然の事物・現象に影響を与えると考える要因を予想し，どの要因が影響を与えるかを調べる際に，これらの条件を制御するといった考え方を用いることが大切である。
エ　第６学年では，主に自然の事物・現象についての要因や規則性，関係を推論しながら調べるといった問題解決の力の育成を目指している。この力を育成するためには，自然の事物・現象について自分が既にもっている考えや経験をもとに検討し，より妥当な考えをつくりだすといった考え方を用いることが大切である。

1　エ

解説　小学校学習指導要領解説　理科編において，学年を通して育成を目指す問題解決の力について第6学年では，「主により妥当な考えをつくりだすといった問題解決の力の育成を目指している」と示している。より妥当な考えをつくりだすとは，「自分が既にもっている考えを検討し，より科学的なものに変容させること」である。

2 「小学校学習指導要領」の「第2　各学年の目標及び内容　〔第3学年〕　2　内容　A　物質・エネルギー　(4)　磁石の性質」に示された内容として適切でないものを，次のア～エの中から一つ選んで記号で答えなさい。

ア　磁石に引き付けられる物と引き付けられない物があること。
イ　磁石に近付けると磁石になる物があること。
ウ　磁石の回りに磁界ができ，磁界は磁力線で表すことができること。
エ　磁石の異極は引き合い，同極は退け合うこと。

2 ウ

解説 磁界の概念および磁界を磁力線で表現することは中学校の学習内容である。

3 第6学年で「てこの規則性」を学習する。「力点が支点と作用点の間にあるてこ」として適切なものを，次のア～エの中から一つ選んで記号で答えなさい。

ア　はさみ(洋ばさみ)　　イ　せんぬき　　ウ　バール(くぎぬき)
エ　ピンセット

3 エ

解説 ピンセットは，力点が柄の中央部であるため支点と作用点の間にある。なお，洋ばさみとバールは，支点が力点と作用点の間にあり，栓抜きは，作用点が力点と支点の間にある。

4 第４学年「金属，水，空気と温度」の学習において，金属は熱せられた部分から順に温まることを示す実験を行った。熱や温度に関する記述として正しいものを，次のア～エの中から一つ選んで記号で答えなさい。

ア　金属が熱を伝えるメカニズムには，自由電子が関与している。
イ　熱と温度はほぼ同じ意味であり，理科の授業において，金属は熱せられた部分から順に温まることについて，「温度が伝わる」と表現しても間違いではない。
ウ　熱は自発的に(外界に何らの変化を起こさずに)，低温の物体から高温の物体へと移動することがある。
エ　台所のステンレス製のシンクに熱湯を捨てたら“ボン”と音がすることがあるのは，金属が温まりやすく瞬時に収縮するからである。

4 ア

解説 イ　熱は物体が持つエネルギーの一種であり，温度は物体が持つエネルギーを数値で表したものなので両者の意味は異なるため誤り。　ウ　熱は高温の物体から低温の物体へと移動するため誤り。　エ　ステンレス製のシンクに熱湯を捨てると音がするのは，熱により金属の膨張が原因であるため誤り。

5 第６学年「水溶液の性質」で学習する酸性やアルカリ性に関する記述として正しいものを，次のア～エの中から一つ選んで記号で答えなさい。

ア　水溶液の酸性やアルカリ性は，水素イオンのモル濃度と強く関連している。
イ　酸性やアルカリ性の強さを示す尺度はpHであり，pHの値が大きいほど酸性が強い。
ウ　水分子はH_2Oであり，純粋な液体の水であるなら，H^+とOH^-に解離することはない。

エ　金属は酸性又はアルカリ性のどちらかの水溶液に溶け得るのであって，酸性の水溶液にもアルカリ性の水溶液にも溶けるような金属は存在しない。

5 ア

解説 イ　pHの値が大きいほどアルカリ性が強いため誤り。　ウ　水はわずかにH^+とOH^-に電離しているため誤り。　エ　アルミニウムや亜鉛は酸の水溶液にもアルカリ性の水溶液にも溶ける両性金属であるため誤り。

6 理科の実験では液体を扱うことが多く，実験中の危険を未然に防止するためには，その分量に注意を払うことも必要である。試験管に入れる液体の量として適切とされている量及び最初にアルコールランプに入れるアルコールの量として適切とされている量を，次のア～エの中から一つ選んで記号で答えなさい。

	試験管	アルコールランプ
ア	全体の長さの約$\frac{1}{2}$程度	容器の約$\frac{2}{5}$程度
イ	全体の長さの約$\frac{1}{2}$程度	容器の約$\frac{4}{5}$程度
ウ	全体の長さの約$\frac{1}{4}$程度	容器の約$\frac{2}{5}$程度
エ	全体の長さの約$\frac{1}{4}$程度	容器の約$\frac{4}{5}$程度

6 エ

解説 試験管に入れる液体の量は試験管を振ることや移動させることを考慮して全体の長さの5分の1程度から4分の1程度が適量である。アルコールランプに入れるアルコールの量が少ないと使用中に爆発する恐れがあるため，容量の7～8分目程度が適量である。

7 第５学年「植物の発芽，成長，結実」において『小学校学習指導要領解説』では「花粉の観察においては，顕微鏡を適切に操作して，花粉の特徴を捉えることが考えられる。」と示されている。顕微鏡の操作について適切でないものを，次のア〜エの中から一つ選んで記号で答えなさい。

ア　顕微鏡にレンズを取り付けるときは，必ず接眼レンズを取り付けてから対物レンズを取り付ける。
イ　顕微鏡の視野では上下はそのまま見えているが，左右は逆に見えているので，見たい像を視野の中心に動かしたい場合，左右は動かしたいと思う逆の方向に動かすとよい。
ウ　顕微鏡だけを持ち運ぶ場合，片手でアームを握り，他方の手で台(鏡脚)の下をしっかり支えて運ぶ。
エ　対物レンズをプレパラートに近付ける際には，対物レンズを低倍率のものにして，横から見ながらプレパラートに近付ける。

7 イ

解説 顕微鏡では上下左右が逆に見えるため誤り。見たい像を視野の中心に入れるときは試料を動かしたい方向の上下左右逆に動かす必要がある。

8 「小学校学習指導要領」の「第２　各学年の目標及び内容〔第６学年〕２　内容　B　生命・地球　(3)　生物と環境」に示された内容として適切でないものを，次のア〜エの中から一つ選んで記号で答えなさい。

ア　生態系においては，生産者，消費者及び分解者の関連を扱うこと。
イ　生物は，水及び空気を通して周囲の環境と関わって生きていること。
ウ　人は，環境と関わり，工夫して生活していること。
エ　生物の間には，食う食われるという関係があること。

8 ア

解説 生態系と環境における生産者，消費者および分解者の関連は中学校での学習内容である。

9 関東地方にある小学校で，第3学年「太陽と地面の様子」の学習において，影の位置の変化と太陽の位置の変化との関係を捉えさせるために，厚紙に棒を立てた日時計を作成した。6月の晴れた日に，その日時計を用いて，日時計の棒の影の先端の位置を一定時間ごとに厚紙上に記録する活動を行った。その結果，影が一番短くなる時刻，つまり太陽の南中時刻は，12時頃ではなく11時40分頃という結果になった。南中時刻及びこの実験に関する記述として正しいものを，次のア～エの中から一つ選んで記号で答えなさい。

ア　南中時刻は，日本中どこでも年間を通して常に正午であるので，この実験の結果は正しいものとは言えない。失敗した原因を探り，実験に関する注意点を示したプリントを準備して児童への説明を丁寧に行うなど，授業改善を心掛けることが必要である。
イ　南中時刻は，春分から秋分の間は日本中どこでも12時よりも早くなるので，妥当な結果である。
ウ　日本の標準時は東経135度の経線である日本標準時子午線を基準に決められている。観測地点がその線よりも東にあれば南中時刻は年間を通して常に正午より早く，西にあれば年間を通して常に正午より遅くなる。関東地方は日本標準時子午線よりも東に位置するので妥当な結果である。
エ　南中時刻は，公転速度の変化や自転軸の傾きに影響されて複雑に変化しており，この実験結果は，その影響を受けている。

9 エ

解説 地球が太陽の周りをまわる軌道は楕円軌道であり，地軸が公転面に対して傾いているため，南中時刻は日によって変化する。　ア　南中時刻は変化するため，日本のどこでも年間を通して正午ではないため誤り。　イ　春分から秋分の間は昼の長さが夜の長さよりも長い時期であり南中時刻について説明できるものではないため誤り。　ウ　太陽の南中時刻は日本標準子午線を基準に東にあれば常に正午より早くなるわけではなく，西にあれば常に正午より遅くなるわけではないため誤り。

10 第５学年「土地のつくりと変化」の学習において，火山灰の中に含まれている鉱物を双眼実体顕微鏡で観察したところ，小さな粒が多数見られた。火山灰に関する内容として正しいものを，次のア～エの中から一つ選んで記号で答えなさい。

ア　火山灰を構成している小さな鉱物は，角がとれて丸くなったものが多い。
イ　火山灰に含まれる黒っぽい粒は，石英や長石などであることが考えられる。
ウ　火山から噴出される火山灰は灰色であるが，採取に行った学校の近くの火山灰の層は赤茶色を帯びていた。これは，火山灰に含まれていた石英の酸化が原因であることが多い。
エ　火山灰には，鉱物結晶の他にも，火山ガラスや古い岩石の破片などが含まれている場合がある。火山ガラスは，マグマが結晶に成長する暇もなく急速に冷やされることによって固まってできたものである。

10 エ

解説 ア　火山灰を構成する鉱物は角ばったものが多いため誤り。　イ　石英や長石は無色鉱物なため誤り。　ウ　火山灰が赤茶色を帯びているのは鉄の酸化によるものであるため誤り。

生活

1 1年生の生活科において，「きれいな花をさかそう」という単元の授業をすることになった。児童がアサガオを栽培する際の配慮について，適切でないものを，次のア〜エの中から一つ選んで記号で答えなさい。

ア　アサガオは，日中の気温が20℃以上で発芽するため，気温観察も行う。
イ　アサガオは，日光を好むため，午前中いっぱいは日の当たる場所で管理する。
ウ　つるは自然と支柱に巻き付くが，うまく巻き付かないときは，つるの成長方向に沿うように巻き付ける。
エ　水やりは，芽が出るまでたっぷり行い，花が咲き始めたらできる限り少なくする。

1 エ

解説 生活科の内容(7)「動植物の飼育・栽培」に関する問題である。アサガオは，発芽温度が20〜25℃であるので5〜6月ごろに種をまき，日当たりと風通しのよいところで育てる。つるは自然に支柱に巻き付くが，巻き付かないときは，つるが成長する方向に沿うように手で巻き付けるとよい。水やりは基本的には午前中に行う。発芽まではたっぷり，花が咲き始めてからも乾かさないようにたっぷりやる。開花時期は7月中旬以降である。従って，水やりについて，選択肢エの「花が咲き始めたらできる限り少なくする」の部分が適切でない。

2 1年生の生活科において「えがお　いっぱい」という家庭生活に関わる活動を行う単元の授業をすることになった。授業を展開する上で配慮すべき事項として適切でないものを，次のア〜エの中から一つ選んで記号で答えなさい。

ア　単元をはじめる前に，学習のねらいや学習内容について，保護者会や学年便りなどを利用するなど，保護者の理解を得て行うようにする。
イ　家庭での実践活動が難しい児童に対しては，深入りせず距離をおいて様子をみる。
ウ　家族の仕事や役割ばかりに目を向けるのではなく，規則正しく健康に気を付けて生活できているかなど，自分自身のことについても考えられるようにする。
エ　実践した活動内容について，よかったことや気付いたことを友達と紹介し合う際は，これからも続けたいという意欲につながるように，児童が家庭生活の役に立っていることを実感できるよう発表を進めるようにする。

2　イ

解説「学習指導要領解説　第3章　第2節　生活科の内容(2)」などからの問題である。内容(2)「家庭と生活」などには，配慮事項として選択肢ア，ウ，エの内容が示されている。選択肢イは家庭での実践が難しい児童に対する配慮事項であるが，「深入りせず距離をおいて様子をみる」の部分が適切でない。「実践の場を学校に求めるなどの工夫も考えられる」などが適切である。

3　1年生の生活科において「ふゆとあそぼう」という単元の授業をすることになった。授業を展開する際の配慮として最も適切なものを，次のア～エの中から一つ選んで記号で答えなさい。

ア　厳寒期でも氷が張らない地域であるが，児童には多様な体験をさせたいと考え，冷凍庫で氷を作って遊ぶ。
イ　こま回しやあやとりなどは，児童には難しい遊びであるが，自分の力でできるようにさせたいと考え，あえて祖父母等を招へいしないことにする。

ウ　ビニールなど身近な材料で凧(たこ)を作って凧(たこ)あげをすることにした。凧(たこ)の見本を複数提示して自由に作らせ，その後，よくあがるように試行錯誤させる。

エ　春や秋に出かけた公園と同じ公園に出かけても，興味・関心が高まらないと考え，冬は別の公園に出かけることにする。

3 ウ

解説 学習指導要領解説「第3章　第2節　生活科の内容(5)(6)」「第5章　指導計画の作成と学習指導」などからの問題である。内容(5)「季節の変化と生活」，内容(6)「自然や物を使った遊び」などには配慮事項として，試行錯誤を繰り返すことの大切さなどについて示されているので，選択肢ウは適切である。一方，ここで取り上げる身近な自然とは，児童が繰り返し関わることのできる自然，四季の変化を実感するのにふさわしい自然，季節ごとに観察できる自然であることから，選択肢アやエは適切でない。また，生活科は地域の身近な環境との関わりから直接学ぶという特質がある。協力を得られる人々を見付け，協力を得ることが大切であることから，選択肢イは適切でない。

4 2年生の生活科において，「生きものみつけた」という単元の授業をすることになった。児童が飼育する生き物をダンゴムシとした場合の利点について，適切でないものを，次のア～エの中から一つ選んで記号で答えなさい。

ア　適切な方法で飼育すれば，児童が生き物と長期にわたって関わり続けることができる。

イ　土・隠れ場所・えさ・温度などの飼育環境を工夫しやすく，児童の生き物に対する思いが育まれやすい。

ウ　生き物の動きや反応が分かりやすく，児童が生き物と関わり合っていることを実感することが容易である。

エ　死んだ時には，児童が悲しまないように，新しいダンゴムシを補充することが容易である。

4　エ

解説「学習指導要領解説　第3章　第2節　生活科の内容(7)」などからの問題である。内容(7)「動植物の飼育・栽培」などには，飼育する生き物について選択肢ア，イ，ウの内容が示されている。一方，飼育の過程では，新しい生命の誕生や突然の死など，生命の尊さを感じ，死んでしまった時の悲しさ，つらさを感じることも児童にとって必要な体験であることから，選択肢エは適切でない。

5　２年生の生活科において「すごいな　わたしの町」という単元の授業をすることになった。本単元を行う上で，公共物や公共施設を利用する活動を指導するための留意事項として最も適切なものを，次のア～エの中から一つ選んで記号で答えなさい。

ア　探検したい町の公共物・公共施設として，駅やバスターミナルを挙げる児童がいた場合には，公園や公民館等にするよう指導する。
イ　公共物や公共施設のよいところを調べるために，そこで働いている人だけではなくそこを利用している人にもインタビューするよう指導する。
ウ　公共施設として図書館を取り上げたいが，学区の中には図書館がないため，借り上げバスを利用して行く計画を立てる。
エ　気持ちよく利用するためのマナーやルールは重要なので，指導の効果を上げるために，それだけを取り上げて指導する。

5 イ

解説 学習指導要領解説「第3章　第2節　生活科の内容(4)」「第4章　指導計画の作成と内容の取扱い」「第5章　指導計画の作成と学習指導」などからの問題である。内容(4)「公共物や公共施設の利用」の留意事項として，選択肢イの内容は適切である。選択肢ア「公園や公民館等にするよう指導する」の部分，選択肢ウ「学区の中には図書館がないため，借り上げバスを利用して」の部分，選択肢エ「マナーやルールは…それだけを取り上げて指導する」の部分は，それぞれ適切でない。

6 2年生の生活科において「これまで　そして　これからの　わたし」という「小学校学習指導要領」の「自分自身の生活や成長に関する内容」を取り扱う単元の授業をすることになった。授業を展開する上で配慮すべき事項として適切でないものを，次のア～エの中から一つ選んで記号で答えなさい。

ア　低学年の児童にとって，自分の成長を手掛かりなしで振り返ることは難しいので，入学当初にかいた自分の名前や絵，行事の写真などの多様な具体物を手掛かりに，「できるようになったこと」を見付けさせ，自分の成長を実感させるようにする。

イ　「成長」については，技能的・身体的な成長だけでなく，優しい気持ち，他者への思いやり，我慢する心などの内面的な成長にも目を向けさせるとよい。

ウ　一人一人成長したと感じられることは違うため，友達同士で成長したことを比較し，これまでの学習活動の場面を思い出させ，もうすぐ3年生になる今，どのぐらい成長したかを考えさせるようにする。

エ　自分の成長への気付きは，この内容だけに限らず，生活科の全ての内容の中で捉えていくことができる。各内容との関連を意識し，年間を見通した計画的な学習活動を構想することが必要である。

6 ウ

解説「学習指導要領解説　第3章　第2節　生活科の内容(9)」からの問題である。内容(9)「自分の成長」には，配慮事項として選択肢ア，イ，エの内容が示されている。一方，過去の自分と現在の自分とを比較することで自分自身の生活や成長を振り返り，これまでの生活や成長を支えてくれた人々に感謝し，これからの成長への願いをもつことを目指すことから，選択肢ウの「友達同士で成長したことを比較」は適切でない。

7 『小学校学習指導要領解説』の「第２章　生活科の目標　第１節　教科目標　３　資質・能力の三つの柱としての目標の趣旨　(2)「思考力，判断力，表現力等の基礎」に関する目標」において示された内容として適切でないものを，次のア〜エの中から一つ選んで記号で答えなさい。

ア　身近な人々，社会及び自然を自分との関わりで捉えるとは，身近な人々，社会及び自然などの対象について，客観的に相互の関連性を分析しながら，一般的な対象の相関関係を見いだすことである。

イ　思いや願いを実現する過程において，身近な人々，社会及び自然を自分との関わりで捉え，自分自身や自分の生活について考えたり表現したりすることができるようにする。

ウ　生活科では，思いや願いの実現に向けて，「何をするか」「どのようにするか」と考え，それを実際に行い，次の活動へと向かっていく。その過程には，様々な思考や判断，表現が存在している。

エ　自分自身や自分の生活について考え，表現するとは，身近な人々，社会及び自然を自分との関わりで捉えることによって，自分自身や自分の生活について考え，それを何らかの方法で表現することである。

7 ア

解説 生活科の教科目標(2)は，「思考力，判断力，表現力等の基礎」としての資質・能力に関するものである。「学習指導要領解説　第2章　第1節　3(2)」には選択肢イ，ウ，エの内容が示されている。選択肢アは「客観的に相互の関連性を分析しながら，一般的な対象の相関関係を見いだす」の部分が適切でない。「自分と切り離すのではなく，自分とどのような関係があるのかを意識しながら，対象のもつ特徴や価値を見いだす」が適切である。

8 『小学校学習指導要領解説』の「第３章　生活科の内容　第１節　内容構成の考え方」において示された内容として適切でないものを，次のア～エの中から一つ選んで記号で答えなさい。

ア　生活科は，具体的な活動や体験を通して学ぶとともに，自分と対象との関わりを重視するという生活科の特質を基に，９項目の内容で構成している。

イ　生活科は，具体的な活動や体験を通して学ぶことを基本としているところに特色がある。具体的な活動や体験は，単なる手段や方法ではなく，目標であり，内容でもある。

ウ　生活科の各内容の記述に組み込まれている要素の第１は，児童が直接関わる学習対象や実際に行われる体験活動等である。

エ　生活科において，複数の内容を組み合わせて単元を構成する際には，内容の漏れや落ちが生じないように四つの要素について十分考慮する必要がある。

8 ウ

解説 生活科の内容構成の考え方について，「学習指導要領解説　第3章第1節」には選択肢ア，イ，エの内容が示されている。このうち，選択肢アは内容構成の具体的な視点，選択肢イは内容を構成する具体的な学習活動や学習対象に関する内容である。選択肢ウとエは内容の構成要素と階層性に関する内容であるが，選択肢ウは「児童が直接関わる学習対象や実際に行われる体験活動等である」の部分が適切でない。「児童が直接関わる学習対象や実際に行われる学習活動等である」が適切である。

9 『小学校学習指導要領解説』の「第５章　指導計画の作成と学習指導　第３節　単元計画の作成」において，生活科の単元の特徴を四つ取り上げている。記述内容として適切でないものを，次のア～エの中から一つ選んで記号で答えなさい。

ア　児童が，身近な人々，社会及び自然を自分との関わりで捉え，よりよい生活に向けて思いや願いを実現していく必然性のある学習活動で構成する。
イ　それぞれの学校や地域の人々，社会及び自然に関する特性を把握し，そのよさや可能性を生かす。
ウ　学習活動を行う中で，高まる児童の思いや願いを中心に授業を展開する。
エ　具体的な活動や体験を行い，気付きを交流したり活動を振り返ったりする中に，児童一人一人の思いや願いに沿った多様な学習活動が位置付く。

9 ウ

解説 生活科の四つの単元の特徴として，「学習指導要領解説　第5章第3節」には選択肢ア，イ，エの内容が示されている。選択肢ウは「高まる児童の思いや願いを中心に授業を展開する」の部分が適切でない。「高まる児童の思いや願いに弾力的に対応する必要がある」が適切である。

10 『小学校学習指導要領解説』における生活科の改訂に関する説明の内容として適切でないものを，次のア～エの中から一つ選んで記号で答えなさい。

ア　生活科では，具体的な活動や体験を通して育成する資質・能力(特に「思考力，判断力，表現力等」)が具体的になるような見直しが図られた。
イ　動物の飼育や植物の栽培などの活動は2学年間にわたって取り扱い，引き続き重視することになった。
ウ　授業では，活動や体験を通して低学年らしい思考や認識を育成できるような学習活動を重視することが求められた。
エ　社会科や理科，総合的な学習の時間をはじめとする中学年の各教科等への接続を重視して，中学年の前倒しも意識した授業を行うことが示された。

10 エ

解説 生活科改訂の趣旨及び要点として，「学習指導要領解説　第1章2(1)(2)」には選択肢ア，イ，ウの内容が示されている。このうち，選択肢アとイは要点に関する内容である。また，選択肢ウとエは趣旨に関する内容であるが，選択肢エは「中学年の前倒しも意識した授業を行うこと」の部分が適切でない。「単に中学年の学習内容の前倒しにならないよう留意」が適切である。

音楽

1 「小学校学習指導要領」の「第２　各学年の目標及び内容」の「1　目標」における記述内容に照らして誤っているものを，次のア～エの中から一つ選んで記号で答えなさい。

ア　第１学年及び第２学年においては，「楽しく」音楽に関わる態度を養うものとしており，第３学年及び第４学年においては，「進んで」音楽に関わる態度を養うものとしている。
イ　全学年を通じて「協働して音楽活動をする楽しさ」を感じたり味わったりする態度を養うものとしている。
ウ　第１学年及び第２学年においては「歌唱」の技能を，第３学年及び第４学年においては「歌唱」「器楽」の技能を，第５学年及び第６学年においては「歌唱」「器楽」「音楽づくり」の技能を身に付けるものとしている。
エ　全学年を通じて「音楽表現を考えて表現に対する思いをもつことができるようにする」としている。

1　ウ

解説　それぞれの学年の目標からの出題である。アは目標Ⅲに関するもので，第5学年及び第6学年では，「主体的に」音楽に関わる態度を養うものとしている。イも目標Ⅲに関するものである。ウは目標(1)に関するものである。どの学年でも「歌唱」「器楽」「音楽づくり」の技能を身に付けるものとしている。エは目標(2)に関するものである。目標について，各学年の違いを整理して系統立てて覚えておくこと。

2 「小学校学習指導要領」の「第２　各学年の目標及び内容」の「2　内容　A　表現」を踏まえ，それぞれの学年において身に付けるべき技能として適切でないものを，次のア～エの中から一つ選んで記号で答えなさい。

ア　第１学年及び第２学年では，リズム譜などを見て打楽器を演奏する技能
イ　第１学年及び第２学年では，ハ長調の楽譜を見て歌う技能
ウ　第３学年及び第４学年では，ハ長調の楽譜を見て旋律楽器を演奏する技能
エ　第５学年及び第６学年では，イ短調の楽譜を見て歌う技能

2　イ

解説　A表現の内容からの出題である。アは(2)ウ(ア)の器楽の技能に関するものである。第3学年及び第4学年では，ハ長調の楽譜を見たりして演奏する技能，第5学年及び第6学年では，ハ長調及びイ短調の楽譜を見たりして演奏する技能を身に付けることとしている。イは(1)ウ(ア)の歌唱の技能に関するもので，正しくは第3学年及び第4学年の内容である。第1学年及び第2学年では，階名で模唱したり暗唱したりする技能，第5学年及び第6学年では，ハ長調及びイ短調の楽譜を見たりして歌う技能を身に付けることとされている。ウは(2)ウ(ア)，エは(1)ウ(ア)の内容である。

3　「小学校学習指導要領」の「第２　各学年の目標及び内容」の「3　内容の取扱い」に示されている歌唱共通教材について，２曲の拍子が異なる組合せを，次のア～エの中から一つ選んで記号で答えなさい。

ア　うさぎ ― ひらいたひらいた
イ　うみ ―おぼろ月夜
ウ　とんび ― ふじ山
エ　春がきた ― 日のまる

3 エ

解説 歌唱共通教材の構成はすべて理解しておきたい。アは4分の2拍子，イは4分の3拍子，ウは4分の4拍子，エの「春がきた」は4分の4拍子，「日のまる」は4分の2拍子である。

4 次の楽譜はどの楽曲の旋律か。以下のア～エの中から一つ選んで記号で答えなさい。

ア　君が代　　イ　茶つみ　　ウ　まきばの朝　　エ　われは海の子

4 エ

解説「われは海の子」は第6学年の歌唱共通教材である。共通教材は各学年4曲ずつあるので，旋律と歌詞を覚えておきたい。楽譜は「さわぐいそべの松原に」の部分である。

5 ソプラノリコーダーに関する説明として誤っているものを，次のア～エの中から一つ選んで記号で答えなさい。

ア　ソプラノリコーダーで演奏できる最低音は，記譜上の一点ハ音である。

イ　ソプラノリコーダーの記譜上の二点ハ音を出す時，左手の親指は穴を閉じている。

ウ　ソプラノリコーダーで記譜上の二点ホ音を出す時は，一点ホ音の指づかいでサミングをする。

エ　ソプラノリコーダーの指穴は全部で７つである。

5　エ

解説 ソプラノリコーダーの運指は覚えておくこと。リコーダーの指穴は表側に7つと裏側に1つの合計8つである。

6 金管楽器でないものを，次のア～エの中から一つ選んで記号で答えなさい。

ア　ユーフォニアム　　イ　ホルン　　ウ　サクソフォーン
エ　トランペット

6　ウ

解説 金管楽器はマウスピースがあり，唇の振動によって音を出す。木管楽器はリードを振動させて音を出す，または，エアリード(吹き込み口にいきの入れ方を調整して音を出す)のものである。サクソフォーン，フルート，ピッコロは木管楽器である。

7 速度を指示していない楽語を，次のア～エの中から一つ選んで記号で答えなさい。

ア　adagio　　イ　allargando　　ウ　presto　　エ　tranquillo

7　エ

解説 アは，「ゆるやかに」，イは，「だんだん遅くしながらだんだん強く」，ウは「急速に」を意味する。エは「静かに，おだやかに」を意味する。

8 二短調の同主調の属調を，次のア～エの中から一つ選んで記号で答えなさい。

ア　ハ長調　　イ　ト長調　　ウ　イ長調　　エ　ロ短調

8 ウ

解説 同主調とは主音が同じ短調，長調の関係なので，ニ短調の同主調はニ長調である。属調は，元の調の属音を主調とする調なので，ニ長調の第5音である属音のラを主調とする調で，イ長調である。

9 D_7のコードネームと一致するものを，次のア～エの中から一つ選んで記号で答えなさい。

9 エ

解説 D_7は，レが根音の属七の和音である。属七は，長三和音(長3度＋短2度)＋短3度の和音である。主なコードの構成音は覚えておきたい。

10 日本の伝統的な楽器の特徴に関する説明として誤っているものを，次のア～エの中から一つ選んで記号で答えなさい。

ア　尺八の指穴は，全部で六つである。
イ　小鼓は，大鼓より低い音が鳴る。
ウ　箏を弾く時には，右手の三つの指に爪を付ける。

エ　琵琶は三味線より歴史の古い楽器である。

10 ア

解説 尺八の指穴は表側に4つ，裏側に1つの5つである。イの小鼓は肩の上に乗せて，大鼓は左膝の上に乗せて演奏する。ウの箏は，左手で弦を押さえ，右手の親指，人差し指，中指に爪をつけて弦をはじいて演奏する。エの琵琶が中国から日本に渡ったのは奈良時代である。三味線は16世紀頃に発展した。

図画工作

1 次の表は，『小学校学習指導要領解説』の「第３章　各学年の目標及び内容　第３節　第５学年及び第６学年の目標と内容　２　内容「A　表現」　第５学年及び第６学年　「A　表現」(1)」において，発想や構想に関する「小学校学習指導要領」の指導事項をまとめたものである。空欄の［①］～［⑤］に入る適切な語を［語群］から選択し，その組合せとして正しいものを，後のア～エの中から一つ選んで記号で答えなさい。

「A表現」(1)ア	「A表現」(1)イ
造形遊びをする活動を通して，	絵や立体，工作に表す活動を通して，
材料や場所，［①］などの特徴を基に造形的な活動を思い付くことや，	感じたこと，想像したこと，見たこと，［③］から，表したいことを見付けることや，
構成したり［②］を考え合わせたりしながら，どのように活動するかについて考えること。	形や色，材料の特徴，構成の美しさなどの感じ，［④］などを考えながら，どのように［⑤］を表すかについて考えること。

［語群］

A　経験したこと　　B　考えたこと　　C　伝え合いたいこと
D　主題　　E　身近な自然物　　F　空間
G　用具の使い方　　H　周囲の様子　　I　用途
J　目的

	①	②	③	④	⑤
ア	F	G	C	J	I
イ	E	H	A	I	D
ウ	E	G	B	D	J
エ	F	H	C	I	D

1 エ

解説 小学校学習指導要領解説の内容から「A表現」(2)の項目の解説部分について問われた。内容は「A表現」と「B鑑賞」で構成されている。「A表現」の内容は(1)「思考力，判断力，表現力」に関する事項と(2)「技能」に関する事項について示されており，それぞれ「ア　造形遊びをする活動」と「イ　絵や立体，工作に表す活動」についての項目がある。ここでは第５学年及び第６学年に問われたが，第１学年及び第２学年，第３学年及び第４学年についても系統性を理解して文言を覚えておきたい。

2 次の文章は『小学校学習指導要領解説』の〔共通事項〕に関する記述の一部である。空欄の［　①　］～［　⑤　］に入る適切な語を［語群］から選択し，その組合せとして正しいものを，後のア～エの中から一つ選んで記号で答えなさい。

> 〔共通事項〕は，表現及び鑑賞の活動の中で，共通に必要となる［　①　］である。
> 児童は，材料に触れて形の感じや質感を捉えたり，材料を見つめながら色の変化に気付いたりするなど，直観的に対象の特徴を捉え，理解している。同時に対象や自分の行為などに対して自分なりの［　②　］をもっている。(中略)このような，［　③　］などの造形的な特徴を理解したり，［　②　］をもったりする［　①　］は，表現及び鑑賞の活動の基になるとともに，［　③　］などを活用したコミュニケーションの基盤となる。(中略)
> 〔共通事項〕の内容は，自分の感覚や行為を通して，［　③　］などの造形的な特徴を理解する「［　④　］」の育成に関するものと，様々な対象や事象について自分なりの［　②　］をもつ「［　⑤　］」の育成に関するものである。

[語群]

A　知識・技能　　B　知識
C　思考力，判断力，表現力等　　D　学びに向かう力，人間性
E　資質・能力　　F　資質・素養
G　イメージ　　H　思いや願い
I　形や色　　J　線や色

	①	②	③	④	⑤
ア	F	G	J	A	D
イ	E	G	I	B	C
ウ	E	H	I	A	C
エ	F	H	J	B	D

2　イ

解説　小学校学習指導要領解説の図画工作科の内容　1　内容の構成　(3)〔共通事項〕から出題された。〔共通事項〕は，「A表現」と「B鑑賞」の２つの領域に共通する項目である。〔共通事項〕の内容は，(1)アは「知識」に関する，イは「思考力，判断力，表現力等」に関する項目となっている。〔共通事項〕は，それだけを取り上げて指導するものではなく，表現及び鑑賞の活動の中で，共通に必要となる資質・能力であり，造形活動や鑑賞活動を豊かにするための指導事項である。

3　次の文は「小学校学習指導要領」の「第３　指導計画の作成と内容の取扱い」において，地域の美術館などの利用や連携について示されているものである。この内容の趣旨として誤っているものを，以下のア～エの中から一つ選んで記号で答えなさい。

(8)　各学年の「B鑑賞」の指導に当たっては，児童や学校の実態に応じて，地域の美術館などを利用したり，連携を図ったりすること。

ア 「地域の美術館など」とは，親しみのある美術作品や生活の中の造形などを展示している地域の施設や場所のことを示す。
イ 学芸員などの専門的な経験や知識を生かして授業をすることができる。
ウ 美術館での鑑賞の授業は，本物の美術作品に囲まれることにより，受動的な鑑賞活動が可能になる。
エ 施設が提供する教材や教育プログラムを活用することが可能になる。

3 ウ

解説 指導計画の作成と内容の取扱いから，内容の取扱いについての配慮事項(8)に関する問いである。小学校学習指導要領解説に「利用においては，鑑賞を通して『思考力，判断力，表現力等』を育成する目的で行うようにするとともに，児童一人一人が能動的な鑑賞ができるように配慮する必要がある。」としており，「受動的な鑑賞活動」にならないように配慮する必要がある。内容の取扱いについての配慮事項は全部で11項目あるので他の項目についても詳細に学習しておきたい。

4 『小学校学習指導要領解説』の「第４章　指導計画の作成と内容の取扱い」に記載された内容の趣旨として誤っているものを，次のア～エの中から一つ選んで記号で答えなさい。

ア 工作に表すこと，絵に表すこと，立体に表すこと，三つそれぞれの内容に配当する授業時数が，およそ等しくなるように指導計画を立てる。
イ 幼稚園等において幼児期の終わりまでに育ってほしい姿を考慮した指導が行われていることを踏まえ，低学年では例えば，思考力の芽生え，豊かな感性と表現などとの関連を考慮することが考えられる。
ウ 版に表す経験や粘土を焼成して表す経験は，材料や用具の準備や製作の工程などにおいて，児童だけで行うことが困難な部分があるので，児童が無理のない範囲で経験できるようにするとともに，児童が受け身で活動を終わらせることがないように配慮する。

エ　コンピュータは，その特長を生かして，何度でもやり直したり，色を変えたりするなど，様々に試しながら表現の可能性を広げていくことができる。また，鑑賞活動においては，作品や作品に関する情報をインターネットから検索するなど，自分の見方や感じ方を深めていく手掛かりに活用することもできる。

4　ア

解説　選択肢アについて，指導計画作成上の配慮事項(4)に「配当する授業時数については，工作に表すことの内容に配当する授業時数が，絵や立体に表すことの内容に配当する授業時数とおよそ等しくなるように計画すること。」とされているので誤りである。選択肢イは指導計画作成上の配慮事項(7)，ウは内容の取扱いについての配慮事項(7)，エは内容の取扱いについての配慮事項(10)の内容である。

5　中学年の図画工作科において段ボールや厚紙に切り込みを入れて組み合わせていく「造形遊び」の授業を行う。その際に配慮する事項として，次の①～④の中に誤っているものが幾つあるかを，以下のア～エの中から一つ選んで記号で答えなさい。

①　切り込みの入れ方に工夫しながら，のりやテープを使用しなくても組み合わせることができることを意識させる。

②　段ボールカッターやはさみなどの使い方について事前に十分指導し，安全に配慮する。

③　段ボールや厚紙を扱いやすいように教室の机の上で作業を行うように準備する。

④　思い付いたことをどんどん組み合わせて試しながら，壊れても何回も繰り返し試行錯誤するように支援する。

ア　三つ　　イ　二つ　　ウ　一つ　　エ　なし

5　ウ

解説　③の「教室の机の上で作業を行う」の部分が誤りである。小学校学習指導要領解説第3学年及び第4学年A表現(2)イの解説部分に「造形遊びをする活動では，材料と場所が関わり合うことで資質・能力が関連し合いながら育まれていることに配慮する必要がある。例えば，斜面を利用した転がる動きに気付き，それに沿った材料を集めたり，樹木と樹木を縄などのいろいろな材料でつないで場所の景色を変えたりするなどが考えられる。」と示されている。

6　低学年の図画工作科において「絵に表す」活動の授業を行う。その際に指導する内容として次の①～④の中で誤っているものが幾つあるかを，以下のア～エの中から一つ選んで記号で答えなさい。

①　この時期の児童はそっくりに描きたいという欲求が高まるため，みんなで同じものを描いたり，よく見て描く練習をしたりすることも大切である。

②　クレヨンや水彩絵の具を使って描く機会が多いため，筆やパレット，水入れなどの正しい使い方について教科書を用いて指導することが重要である。

③　筆だけでなく，指や手のひらを使って絵の具の触感を楽しみながら自由に描く活動を取り入れる。

④　絵の具だけの表現にこだわらず，クレヨン，パス，色鉛筆を使ったり，色紙や包装紙など様々な色の紙を貼り付けたりする活動を取り入れるとよい。

ア　三つ　　イ　二つ　　ウ　一つ　　エ　なし

6 イ

解説 小学校学習指導要領解説の第１学年及び第２学年Ａ　表現(1)の内容の解説部分に「この時期の児童には，進んで材料などに働きかけ，そこで見付けたことや感じたことを基に思いを膨らませたり，楽しかったこと，驚いたことなどの出来事，好きなものや考えたお話などを思いのままにかいたりつくったりしている姿が見られる。また，自分自身を変身させたり，何かになりきったりして，空想することを楽しんでいる姿も見られる。」とあるので，①の「みんなで同じものを描いたり，よく見て描く練習をしたりすることも大切である」は誤っている。Ａ表現(1)アの解説部分に「身近な自然物や人工の材料とは，この時期の児童が関心や意欲をもつ，扱いやすい身近な材料のことである。自然物としては，土，粘土，砂，小石，木の葉，小枝，木の実，貝殻，雪や氷，水など，学校や地域の実態に応じた様々な材料が考えられる。人工の材料としては，新聞紙，段ボール，布，ビニル袋やシート，包装紙，紙袋，縄やひも，空き箱などが考えられる。クレヨン，パス，共用の絵の具などは，用具でもあるが形や色をもつ材料の一つとして考えることができる。」と示されており，表したいことを，形や色，イメージなどを手がかりに，材料や用具を自由に使ったり，表し方などを工夫したりしながら発想をすることが大切で，②は誤りである。

7 図画工作科の授業で使用する「粘土」の種類とその特長・用途の説明として誤っているものを，次のア～エの中から一つ選んで記号で答えなさい。

	種類	特長と用途
ア	土粘土	土を主材料にした粘土で，比較的安価でのびがよく，繰り返し使える。焼成が可能であり，造形遊びや共同製作で大きなものをつくったり，大量に使用したりする場合にも適している。
		土に油を混ぜて練った粘土で，手の温度などで軟らかくなる。幼児期

イ	油粘土	から使用されており，容易に立体作品をつくることができる。汚れやすく，油が分離するなど管理が難しいため，指導者が保管することが望ましい。
ウ	紙粘土	パルプにのり等を混ぜてつくった粘土で，乾燥すると固まり，絵の具などで着色できる。小さな物をつくったり，瓶などに付けたりすることに向いている。絵の具を練り込んで色粘土をつくることもできる。
エ	小麦粉粘土	小麦粉を材料としているので，誤って口に入れても安全である。安全面から幼児が扱う場合などに適している。

7 イ

解説 イの「管理が難しいため，指導者が保管することが望ましい」の部分が誤っている。土粘土は乾燥すると固くなって使えなくなるため指導者が補完することが望ましいが，油粘土は時間が経っても硬くならず，何度でも作り直すことができ，長く使える。

8 高学年の図画工作科において「立体に表す」活動として「動きのある友達をつくろう」の授業を行う。次の文章の空欄［①］～［③］に入る適切な語を［語群］から選択し，その組合せとして正しいものを，以下のア～エの中から一つ選んで記号で答えなさい。

> ［①］は動きのある立体を表現する際の支えになるので，相応の［②］が必要である。複雑な形態をつくる場合には，針金や木材などを組み合わせるのが一般的である。その場合，対象の形態に応じて木材や紙，発泡スチロールなどをあらかじめくくり付けて，フォルムをある程度整えておくと量の表現がしやすい。そのためには，［①］の段階で形態の［③］や動勢をしっかり把握しておくことが大切である。

［語群］　A　大きさ　　B　重さ　　C　特徴
　　　　　D　芯材　　　E　強度　　F　粘土

	①	②	③
ア	F	E	A
イ	D	A	B
ウ	F	B	E
エ	D	E	C

8　エ

解説 芯材を使用せずに粘土だけで成形しようとすると，表すことができる動きが制限されてしまう。そのため，木材や紙，発泡スチロールなどを活用し，形態の特徴を把握し，大まかな動きのポーズを成形し，その上から粘土をつけていくことで細かい動きや強度が生まれる。

9　高学年の図画工作科において「工作に表す」活動として「針金タワーをつくろう」の授業を行う。材料として扱う針金に関する記述として，適切でないものを，次のア～エの中から一つ選んで記号で答えなさい。

ア　針金の太さは番手や線径で表示されている。児童には番手の数が大きくなるほど細くなっていくことを指導し，自分の表現にあった針金を選択するように指導する。

イ　針金の切断や形成にはペンチを使用する。切るときにはペンチの根元部分の刃を使用し，曲げたり伸ばしたりするにはニッパーの先を使用すると加工しやすいことを伝え，安全に製作することを指導する。

ウ　切った針金の先は尖っているため，丸めたりテープを巻いたりして，製作中の安全に注意する。

エ　力任せに針金を切断すると，切り離した針金が思いもよらぬ方向に飛んでいくことがある。児童には，周りに注意し，ゆっくり静かに切断するように指導する。

9 イ

解説 選択肢イは，ニッパーとペンチの説明が逆になっている。違いをよく確認しておくこと。

10 図画工作科の授業において評価を行う際に配慮すべきこととして，次の①～④の中で誤っているものが幾つあるかを，以下のア～エの中から一つ選んで記号で答えなさい。

① 評価規準を設定する際には，児童の活動の姿や様子を思い浮かべながら作成することが望ましい。

② 授業の目標を達成するためには，完成作品を踏まえた評価のみが重要となるため，作品の完成を目指した丁寧な指導を心掛ける必要がある。

③ ABC評価を行い，学級集団の平均的な作品をB(標準)としてそれぞれの割合を決めることにより評価の信頼性を高めるようにする。

④ 児童の自己評価としての学習カードや，デジタルカメラによる記録など，複数の評価方法を取り入れることで信頼性を高めることができる。

ア 四つ　イ 三つ　ウ 二つ　エ 一つ

10 ウ

解説 ②について，図画工作の評価は，「完成作品を踏まえた評価のみが重要」とは言えない。作品の完成を目指すのではなく，育成する資質・能力を明確にし，一人ひとりの児童が「自分なりの」意味や価値を生成していく過程を評価する。③について，「それぞれの割合を決める」ではなく，評価規準に達しているかどうかを評価するのが正しい。

家庭

1 次の各文は，『小学校学習指導要領解説』の「第２章　家庭科の目標及び内容　第２節　家庭科の内容構成」で述べられている内容の示し方の特色である。文中の［①］～［④］に入る語句の組合せとして正しいものを，以下のア～エの中から一つ選んで記号で答えなさい。

・「A 家族・家庭生活」においては，［①］の進展や家庭の機能が十分に果たされていないといった状況に対応して，［②］又は低学年の児童，高齢者など異なる世代の人々との関わりについても扱うこととしている。
・「C 消費生活・環境」においては，［③］の構築に対応して，自立した消費者を育成するために中学校との系統性に配慮し，買物の仕組みや消費者の［④］について扱うこととしている。

	①	②	③	④
ア	核家族社会	幼児	情報化社会	役割
イ	少子高齢社会	乳幼児	持続可能な社会	権利
ウ	少子高齢社会	幼児	持続可能な社会	役割
エ	核家族社会	乳幼児	情報化社会	権利

1 ウ

解説 小学校学習指導要領解説，「家庭科の内容構成」の内容の示し方では，7つの項目があげられており，⑦のアとウの項目から穴埋め選択式の問題である。内容構成では，改定の要点となる重要な部分が記述されているので，理解を深めておきたい。例年，最初の問題は，解説ではなく，小学校学習指導要領から出題されているので，こちらも文言をしっかり把握しておくこと。

2 小学校家庭科で，「家族や地域の人々との関わり」に関する授業をすることになった。本授業を行う上で適切でないものを，次のア～エの中から一つ選んで記号で答えなさい。

ア　家庭生活が地域の人々との関わりで成り立っていることを理解できるようにする。
イ　家族との触れ合いや団らんについて問題を見いだし課題を設定する。
ウ　総合的な学習の時間や，特別活動など，他教科等における地域との交流活動の学習と関連付けることもできる。
エ　自分の生活の快適さが，地域の人々によって損なわれることに気付かせるようにする。

2 エ

解説 正しくは「自分の生活の快適さが，地域の人々との関わりの中で成り立っていることに気付かせるようにする。」である。家庭生活は自分と家族との関係だけではなく，地域の人々と関わることでより豊かになることを理解させることが大切である。

3 小学校家庭科で，「自分の成長と家族・家庭生活」に関する授業をすることになった。本授業を行う上で適切でないものを，次のア～エの中から一つ選んで記号で答えなさい。

ア　学習に取り組む意欲を高めるために，自分の成長を自覚したり，喜びを感じたりできる内容を取り入れるとよい。
イ　自分の成長を振り返るために，母子手帳や小さい頃の写真を持参させ，見せ合う内容を取り入れるとよい。
ウ　衣食住，消費や環境に係る生活を営む場である家庭生活が，自分の成長を支えてくれたことに気付けるようにするとよい。
エ　２学年間の学習の見通しをもたせるガイダンスとして，第５学年の最初に位置付けるとよい。

3 イ

解説 児童によって家族構成や家庭生活の状況が異なることから，各家庭や児童のプライバシーを尊重し，十分配慮しながら取り扱わなければならない。母子手帳や小さい頃の写真を見せ合うことはプライバシーを損なう内容である。

4 『小学校学習指導要領解説』の「第２章　家庭科の目標及び内容　第３節　家庭科の内容　B　衣食住の生活　食生活」を踏まえて述べた内容として適切でないものを，次のア～エの中から一つ選んで記号で答えなさい。

ア　献立を構成する要素として，主食，主菜，副菜があることが分かり，１食分の献立作成の方法について理解できるようにする。
イ　日常の食事に使われる食品に含まれる栄養素を「体内での働き（「主にエネルギーのもとになる」，「主に体をつくるもとになる」，「主に体の調子を整えるもとになる」）」に応じて分類できるようにする。
ウ　家庭科では献立の作成をする際に，できるだけ少ない食品数で料理や食品を上手に組み合わせてとることに留意する。
エ　食品には複数の栄養素が含まれているととから，必ずしもいずれかのグループに厳密に分類しなくてもよい場合もあることに配慮する。

4 ウ

解説 食生活の内容のうち，選択肢アは，(3)栄養を考えた食事のア(ウ)の項目，イはア(イ)，ウはア(イ)，エはア(イ)の内容である。選択肢ウについて，正しくは「１種類の食品で全ての栄養素を必要量含んでいるものはないので，料理や食品を上手に組み合わせてとることに留意する。」である。

5 「調理の基礎」に関する授業の中で，「環境に配慮した調理の工夫」を指導することになった。次の①～⑤の文の正誤 (○ ×) の組合せとして正しいものを，以下のア～エの中から一つ選んで記号で答えなさい。

① 調理実習で使用する材料は，品質，分量，値段，環境への影響などの観点から選ぶ。

② 調理実習の際は，不足が出ないように１～２人分の量を加味した材料を準備する。

③ フライパンや盛り付けた皿に残った油汚れは，不用な紙や布で拭き取ってから洗うとよい。

④ えぐみ成分や農薬等を除去するために，にんじんの皮はやや厚めにむく。

⑤ 加工食品は，食品ロスを減らすために賞味期限を確認した上で，早めに使い切るようにする。

	①	②	③	④	⑤
ア	○	×	○	○	○
イ	×	○	○	×	×
ウ	○	○	×	○	○
エ	○	×	○	×	○

5 エ

解説 誤りのある項目について，②は食品ロスがでてしまうので間違いで，調理実習の際は，必要な分量は，一人分の量から考えておよその量が分かるようにし，材料を準備する。④は廃棄率が上がってしまうので間違いである。

6 小学校家庭科の「調理の基礎」に関する学習で，野菜妙めの調理実習をすることになった。このことに関する記述として誤っているものを，次のア～エの中から一つ選んで記号で答えなさい。

ア　野菜は弱い火力で妙めると火が通るまでの調理時間が長くなり，野菜から水分が出てしまうので，強火にして短時間で調理する等の工夫が必要である。
イ　フライパンを強火で温めてから油を入れ，火の通りにくい材料順に炒めていく。
ウ　緑黄色野菜は脂溶性ビタミンを豊富に含んでいるため，油炒めをすると体内の吸収率もよくなる。
エ　材料に応じて形や大きさを整えて切ることにより，熱の通りをよくしたり味がしみこみやすくなったりする。

6 イ

解説　正しくは「フライパンに油を入れ，温まったら火の通りにくい材料順に炒めていく。」である。強火で温めてから油を入れると，油が飛び散る危険性があり火傷をする可能性がある。

7 小学校家庭科で「生活を豊かにするための布を用いた製作」として，手さげ袋を製作することになった。手さげ袋の作り方として適切でないものを，次のア～エの中から一つ選んで記号で答えなさい。

ア　袋に入れたい物の２倍の大きさで布を裁つ。
イ　布を「わ」の部分で中表に二つ折りにして，両脇を縫う。
ウ　出し入れ口は三つ折りにして，縫い始めと縫い終わりを重ねて縫う。
エ　ポケットを付ける場合は，布表にポケットを縫い付けてから脇を縫う。

7 ア

解説 アについて，正しくは，中に入れたい物の大きさに，ゆとりを加え，出来上がりの大きさを決める。出来上がりの縦の長さの2倍に縫い代を加えた型紙を用意する。布の上に型紙を置き，まち針でとめ，布を裁つ。

8 小学校家庭科の授業において「衣服の着用と手入れ」について理解するための実験を行うことになった。実験方法と予想される結果の組合せとして正しいものを，次のア～エの中から一つ選んで記号で答えなさい。

	実験方法	予想される結果
ア	筒を2つ用意し，1つ目の筒の先に目が粗い布(ガーゼ)を，2つ目の筒の先に目が細かい布(綿ブロード)をかぶせる。下の右端の図のように筒からテープに向かって息を吹きかけて，テープの揺れ方を比べる。 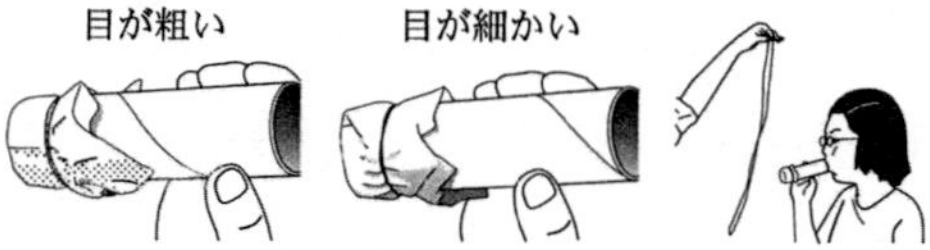 	目が粗い布をかぶせた筒に比べて，目が細かい布をかぶせた筒では息が通りやすくテープが大きく揺れる。
イ	片手は薄手の布手袋をはめてその上にビニル袋をかぶせ，もう片方の手にはビニル袋だけをかぶせる。両手とも手首で閉じて5分程度置き，比べる。 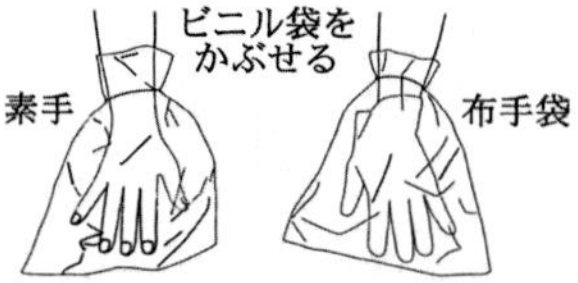 	ビニル袋だけをかぶせた方よりも，布手袋をはめた方のビニル袋がくもる。
ウ	ビーカーを2つ用意し，それぞれのビーカーの上に密度や厚みが同じ平織りの実験布(綿布とポリエステル布)を置く。スポイトを使ってそれぞれの布の上に水1滴を落とし，布が水を吸う時間を比べる。 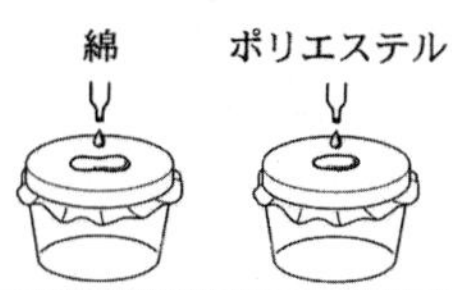 	綿布に比べてポリエステル布は早く水を吸う。

エ	同じ素材の乾いた実験布(洗った布と汚れた布)を用意し，スタンド等にぶら下げる。実験布を下に置いた水につけて5分程度置き，水の染み込み具合を比べる。 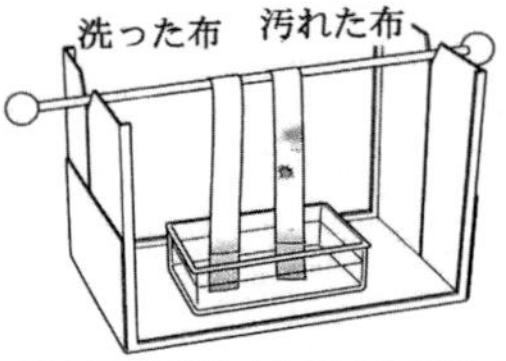	洗った布は汚れた布よりも水をたくさん吸う。

8　エ

解説　ア，イ，ウは予想される結果がすべて逆である。着用した衣服は汚れたままにしておくと，汗や汚れを吸い取りにくくなる。布についた汚れは，時間が経つと落ちにくくなる。

9　次の図は，小学校家庭科の「快適な住まい方」の学習に関連した，北緯35度における水平面及び各方位の面が1日に受ける直達日射量を示す図である。図中の①～④の組合せとして正しいものを，以下のア～エの中から一つ選んで記号で答えなさい。

日本建築学会編
『建築設計資料集成2』

許諾を得ておらず不掲載

	①	②	③	④
ア	北面	東西面	南面	水平面
イ	南面	北面	水平面	東西面
ウ	水平面	南面	東西面	北面
エ	北西面	水平面	北面	南面

9 ウ

解説 図は掲載されていないが，方位別の終日日射量のグラフを確認しておくこと。水平面は夏至の頃が1番高く，他の方向より山のカーブが大きく最大値である。南面は夏至が1番低い谷のカーブになっている。東西面は夏至が1番高いが緩やかな山カーブ，北面は夏至頃しか日射がなく，小さな山カーブである。

10 「環境に配慮した生活」に関連する記述として適切なものを，次のア～エの中から一つ選んで記号で答えなさい。

ア　グリーンマークは，様々な製品の中で「生産」から「廃棄」に渡るライフサイクル全体を通して環境への負荷が少なく，環境保全に役立つと認められた商品に付けられている。

イ　同程度の明るさを得ることのできる電球型LEDランプに比べ，白熱電球の方が消費電力は少ない。

ウ　夏季には窓の内側よりも外側で日射を遮蔽すると，より日射遮蔽効果が高い。

エ　洗濯の際に洗剤を使用量の目安よりも多く使用すると，汚れが落ちやすく節水になる。

10 ウ

解説 誤りのある選択肢アはエコマークの説明である。グリーンマークは，古紙を原料に再生利用した製品のための環境マークである。古紙を原則として40％以上(トイレットペーパー，ちり紙については100％，新聞用紙，コピー用紙については50％以上)利用して作られた製品に付けられている。イはLEDランプの方が，消費電力が少ない。エについて，洗剤を使用量の目安より多く使用しても汚れ落ちは変わらない。

体育

1 次の文章中の〔　A　〕～〔　E　〕に当てはまる正しい語句の組合せを，以下の解答群ア～エの中から一つ選んで記号で答えなさい。

> あなたは2年生の学級担任になりました。水遊びの授業を『小学校学習指導要領解説』に則って考えることにしました。水遊びの内容を〔　A　〕と〔　B　〕で構成することにし，それぞれの児童の〔　C　〕にふさわしい課題に挑み，活動を通して〔　D　〕について知り，水に慣れ親しむことで，〔　E　〕楽しさに触れることができる運動遊びと捉えて指導しました。

[解答群]

ア　A　速く泳ぐ遊び　　B　浮く・もぐる運動
　　C　泳力　　D　泳ぐという運動の特性
　　E　水泳技能を向上する

イ　A　水をかけあう遊び　　B　息継ぎの遊び
　　C　水への慣れ　　D　水の楽しさ
　　E　水と遊ぶ

ウ　A　浮く遊び　　B　もぐる遊び
　　C　体力　　D　水中での体の動かし方
　　E　水中を自由に動ける

エ　A　水の中を移動する運動遊び　　B　もぐる・浮く運動遊び
　　C　能力　　D　水の中での運動の特性
　　E　課題を達成する

1 エ

解説 まず，水遊びは「水につかって歩いたり走ったり，水にもぐったり浮いたりする楽しさに触れることができる運動遊び」であることを理解しておくことが大切である。このことを基に選択肢を検討すると，Aでは「水の中を移動する」，Bでは「もぐる・浮く」といった語句に注目することができる。また，Bでは「運動遊び」が低学年に用いられる特有の語句であることを理解しておけば選択も容易である。Cについては，低学年の児童であることを踏まえ「泳力」や「体力」は適切でないと判断すると良い。Eの選択肢については，前文にある「ふさわしい課題に挑み」に注目し判断すると良い。

2 次の文章中の〔　A　〕～〔　D　〕に当てはまる正しい語句の組合せを，以下の解答群ア～エの中から一つ選んで記号で答えなさい。

> ボール運動系は，競い合う楽しさに触れたり，〔　A　〕競争する楽しさや喜びを味わったりすることができる運動である。
> 低学年はボールゲーム及び〔　B　〕で，中学年と高学年はゴール型，ネット型及び〔　C　〕の三つの型でそれぞれゲームと〔　D　〕を行う。

[解答群]

ア　A　友達と力を合わせて　　B　鬼遊び
　　C　ベースボール型　　D　ボール運動

イ　A　友達と協力して　　B　鬼ごっこ
　　C　ドッジボール型　　D　ボール競技

ウ　A　作戦を立てて　　B　ソフトバレーボール
　　C　野球型　　D　競技

エ　A　ボールを操作して　　B　ドッジボール
　　C　入り乱れ型　　D　ボール遊び

2 ア

解説 この問題を解くには，ボール運動系の各学年の領域と内容の構成について理解を深めておく必要がある。とりわけ，Bにおいて低学年の特徴的な「鬼遊び」を選択できれば，正しい語句の組み合わせを選ぶことが容易となる。各運動系の構成を問われる問題は頻出する。基礎的な知識として有しておく必要がある。なお，全学年を通しての構成を理解するには，学習指導要領解説体育編に示されている「参考　小学校及び中学校の領域別系統表」を活用すると良い。

3 次の文章中の〔　A　〕～〔　D　〕に当てはまる正しい語句の組合せを，以下の解答群ア～エの中から一つ選んで記号で答えなさい。

> 高学年の表現運動は，「表現」及び〔　A　〕で内容が構成されている。「表現」における群の動きの工夫としては，例えば，「集まる — 〔　B　〕」などの変化を付けたりして〔　C　〕にして踊ったり，「はじめ — なか — おわり」の構成を工夫した〔　D　〕にしたりして表現する。

[解答群]

ア　A　「フォークダンス」　B　素早く止まる
　　C　ひとまとまりの動き　D　ひと流れの動き
イ　A　「リズムダンス」　B　離れる
　　C　ひと流れの動き　D　ひとまとまりの動き
ウ　A　「フォークダンス」　B　離れる
　　C　ひと流れの動き　D　ひとまとまりの動き
エ　A　「リズムダンス」　B　素早く止まる
　　C　ひとまとまりの動き　D　ひと流れの動き

3 ウ

解説 A　低学年(「表現遊び」「リズム遊び」)，中学年(「表現」「リズムダンス」，高学年(「表現」「フォークダンス」)といったそれぞれの内容構成の理解は必須である。　B 「集まる」に対応した変化であるので，「離れる」となる。　C・D 「ひと流れ」とは，まとまり感をもった動きの連続のことである。一方「ひとまとまり」は，作品を意図している場合に用いられ「はじめ－なか－おわり」の構成がある。

4 「小学校学習指導要領」の「第１　目標」において，「(1)　その特性に応じた各種の運動の行い方及び身近な生活における健康・安全について理解するとともに，基本的な動きや技能を身に付けるようにする。」と示されている。「身近な生活における健康・安全について理解する」の解説として誤っているものを，次のア～エの中から一つ選んで記号で答えなさい。

ア　体の発育・発達，けがの防止及び病気の予防についての基礎的・基本的な内容を実践的に理解することである。
イ　第５学年及び第６学年の保健領域にも関連したねらいを示している。
ウ　これらの理解は，知識を記憶としてとどめることのみを目指している。
エ　健康に関する課題解決に役立つ保健領域の主要な概念を習得することを目指したものである。

4 ウ

解説 学習指導要領解説には「これらの理解は，単に知識を記憶としてとどめるだけではなく」と明示されている。

5 小学校での器械運動における，基本的な技から発展技への指導順序として正しいものを，次のア～エの中から一つ選んで記号で答えなさい。

ア　①前方倒立回転 → ②背支持倒立 → ③倒立ブリッジ
イ　①台上前転 → ②首はね跳び → ③頭はね跳び
ウ　①片足踏み越し下り → ②転向前下り → ③横とび越し下り
エ　①後転 → ②伸膝後転 → ③開脚後転

5　イ

解説 それぞれの正しい指導順序は，アが②→③→①，ウが②→①→③，エが①・③→②である。指導順序について系統的に理解するには，学校体育実技指導資料　第10集「器械運動指導の手引」(平成27年3月，文部科学省)が役に立つ。

6 『小学校学習指導要領解説』における第3学年及び第4学年の「体つくり運動」領域の体ほぐしの運動の行い方の例として示されていないものを，次のア～エの中から一つ選んで記号で答えなさい。

ア　リズムに乗って，心が弾むような動作で運動を行うこと。
イ　自己の能力に適した運動を行うこと。
ウ　動作や人数などの条件を変えて，歩いたり走ったりする運動を行うこと。
エ　伝承遊びや集団による運動を行うこと。

6　イ

解説 体ほぐしの運動のねらいは，自己の心と体との関係に気付くことと仲間と交流することである。また，誰もが楽しめる手軽な運動を通して運動好きになることを目指している。このねらいから考えればイの「自己の能力に適する運動を行うこと。」は，他の選択肢と比べ異質であると気づくことができる。

7 第２学年のマットを使った運動遊びにおいて，主体的に学習に取り組む態度に関わって学習評価をする際に，「単元の評価規準」と「児童の具体的な姿の例及び評価方法の例」の組合せとして誤っているものを，次のア～エの中から一つ選んで記号で答えなさい。

	単元の評価規準	児童の具体的な姿の例及び評価方法の例
ア	①　動物の真似をして腕で支えながら移動したり，転がったりするなどの運動遊びに進んで取り組もうとしている。	・アザラシ歩き，クマ歩き，ウサギ跳び，カエル跳びなど，動物などの真似をした遊び方を試したり，前転がりや後ろ転がりなどの転がり方を試したりしている。（観察・カード） ・いろいろな運動遊びに繰り返し取り組んでいる。（観察・カード）
イ	②　順番やきまりを守り誰とでも仲よく運動遊びをしようとしている。	・自分の順番を守り，遊んでいる。（観察） ・遊び方の約束を守り，回ったり跳んだりしている。（カード） ・グループの友達と仲よくマット遊びをしている。（観察）
ウ	③　場の準備や片付けを友達と一緒にしようとしている。	・友達と協力してマットや用具の準備や片付けをしたり，声をかけ合って平均台を運んだりしている。（観察）
エ	④　場の安全に気を付けている。	・友達の動きを見て，楽しいところや工夫しているところなどを友達や教師に伝えている。（観察） ・自分の動きやグループでの遊び方で工夫したことを言ったり書いたりしている。（観察・カード）

7　エ

解説　④の評価の規準は，「学びに向かう力，人間性等」における「場の安全」に対する児童の姿である。しかし，これに対応する表中にある児童の具体的な姿の例には「友達や教師に伝えている。」「言ったり書いたりしている。」とあり，安全に関する児童の姿は全く無いことから誤りとなる。

8 マット運動において，回転技を授業の中で取り扱う際に，基本的な回転技として<u>適切でないもの</u>を，次のア～エの中から一つ選んで記号で答えなさい。

ア

ゆりかごからしゃがむ

イ

坂道マットで勢いをつけて

ウ

坂道マットで勢いをつけて，連続回転

エ

着手し跳び箱を越える
手を上からしっかりと着いて，あごを出す感じで

8 エ

解説 ア・イ・ウは，回転技のなかでも「接転系」(背中をマットに接しながら回転する運動)に属する運動である。アは体を前後に揺らして立ち上がる感覚，イ・ウは傾斜を利用して前転や後転を行う感覚を養う基本的な運動である。一方，エは「ほん転系」(手や足の支えで回転する運動)に属する運動である。児童の動きの様子から考えて他の運動より難易度は高いと判断できるため，基本的な運動には適していないものとして選択することもできる。

9 新体力テストの運動特性とテスト項目の組合せについて，<u>誤っているもの</u>を，次のア～エの中から一つ選んで記号で答えなさい。

ア　力強さ：立ち幅とび

イ　タイミングのよさ：ボール投げ
ウ　動きを持続する能力(ねばり強さ)：反復横とび
エ　体の柔らかさ：長座体前屈

9　ウ

解説　反復横跳びの運動特性は，すばやさ・タイミングの良さである。なお，動きを持続する能力(ねばり強さ)は，20m シャトルランの運動特性とされている。この分類については，「子どもの体力向上のための取組ハンドブック」(文部科学省，平成24年3月)を活用して理解を深めると良い。

10　『小学校学習指導要領解説』の「第３章　指導計画の作成と内容の取扱い」における，保健に関する内容の取扱いについて配慮すべき事項として適切なものを，次のア～エの中から一つ選んで記号で答えなさい。

ア　食育の観点も踏まえつつ望ましい生活習慣の形成に関する学習の効果を高めるため，保健領域の内容と運動領域の内容及び学校給食に関する指導との密接な関連を図った指導に配慮する。
イ　健康に関する課題を解決する学習活動を積極的に行うことにより，運動・食事・休養のうち，どれかを重点的に育成するように配慮する。
ウ　全身を使った運動を集中的に行うことが，病気の予防の方法としても重要であることを理解し，運動領域において学習したことを基に運動と健康との関連について具体的な考えをもてるように配慮する。
エ　指導に当たっては，日常生活の体験などを題材にした話合い，思考を促す資料の提示，ブレインストーミングなどは取り入れるが，実習や実験などは取り入れないように配慮する。

10 ア

解説 イ 「健康な生活」の学習においては，運動，食事，休養及び睡眠の調和のとれた生活を続けることが必要なことを学ぶ。従って「運動，食事，休養のうち，どれかを重点的に育成する」は誤りである。また，運動や食事は育成できないので，記述自体にも誤りがある。 ウ 「病気の予防」の学習においては，適切な運動などの望ましい生活習慣が必要なことを学ぶ。従って「全身を使った運動を集中的に行うことが」は誤りである。 エ 「実習や実験などは取り入れないように」が誤りである。正しくは，「けがの手当てなどの実習，実験などを取り入れること」とされている。

外国語（英語）

1 次の各文は，「小学校学習指導要領」の「第４章　外国語活動　第１　目標」に示されている内容である。文中の［　①　］～［　④　］に当てはまる語句の正しい組合せを，以下のア～エの中から一つ選んで記号で答えなさい。なお，同じ番号の箇所には，同じ語句が入る。

(1)　［　①　］を通して，言語や文化について体験的に理解を深め，日本語と［　①　］との音声の違い等に気付くとともに，［　①　］の音声や基本的な［　②　］に慣れ親しむようにする。

(2)　身近で簡単な事柄について，［　①　］で聞いたり話したりして自分の考えや［　③　］などを伝え合う力の素地を養う。

(3)　［　①　］を通して，言語やその背景にある文化に対する理解を深め，［　④　］に配慮しながら，主体的に［　①　］を用いてコミュニケーションを図ろうとする態度を養う。

	①	②	③	④
ア	英語	表現	好み	他者
イ	英語	文構造	気持ち	他者
ウ	外国語	表現	気持ち	相手
エ	外国語	文構造	好み	相手

1 ウ

解説　出題は，外国語活動において育成を目指す資質・能力の3つの柱である「知識及び技能」，「思考力，判断力，表現力等」及び「学びに向かう力，人間性等」のそれぞれに関わる目標である。問題文(1)は，外国語活動における「何を理解しているか，何ができるか」という「知識及び技能」を体験的に身に付けることに関わる目標，同(2)は，外国語活動における「理解していること・できることをどう使うか」という「思考力，判断力，表現力等」の育成に関わる目標，同(3)は，外国語活動における「どのように社会・世界と関わり，よりよい人生を送るか」という「学びに向かう力，人間性等」の涵養に関わる目標として掲げられたものである。

2 「小学校学習指導要領」の「第４章　外国語活動　第２　各言語の目標及び内容等　英語　1　目標」の「(2)　話すこと［やり取り］　ア　基本的な表現を用いて挨拶，感謝，簡単な指示をしたり，それらに応じたりするようにする。」について述べた内容として，適切でないものを，次のア～エの中から一つ選んで記号で答えなさい。

ア　英語に初めて触れる児童にとって，安心してコミュニケーションが図れるように，学級の友達や教師，知っている ALT 等とのやり取りを設定する。

イ　英語に初めて触れる中学年では，挨拶や感謝，簡単な指示等を機械的なやり取りを通して行い，コミュニケーションの大切さ，楽しさを実感させる。

ウ　挨拶や感謝をしたり，簡単な指示を出したりそれに応じたりする必然性のある場面設定を行う。

エ　高学年の外国語科における「基本的な表現を用いて指示，依頼をしたり，それらに応じたりすることができるようにする」という目標につながる。

2　イ

解説　初めて英語に触れる児童を対象とする外国語活動では，挨拶や感謝，簡単な指示が機械的なやり取りに終わらないようにすることが大切である。そのためには，挨拶や感謝をしたり，簡単な指示を出したり，それに応じたりする必然性のある場面設定を行うことが必要である。そうすることで，言葉を用いて「やり取り」をすることの大切さや楽しさを実感させることができる。

3 『小学校学習指導要領解説』の「第１部　外国語活動　第２章　外国語活動の目標及び内容　第２節　英語　２　内容〔第３学年及び第４学年〕〔思考力，判断力，表現力等〕(3)　言語活動及び言語の働きに関する事項　①　言語活動に関する事項」における「ウ　話すこと［発表］」について述べた事項として適切でないものを，次のア～エの中から一つ選んで記号で答えなさい。

ア　聞き手もうなずくなどの反応を返して相手の話を受容しようとするなどの態度を育てることに留意する必要がある。
イ　児童の発達の段階や興味・関心に沿った，「話したくなる」適切なテーマを設定することが必要である。
ウ　活動形態は学級全体に向けた発表を前提とするが，グループ内での発表も実態に合わせて選択する必要がある。
エ　児童一人一人が自信をもって発表できるよう，個に応じた支援を行うとともに，練習など準備の時間を十分確保する必要がある。

3　ウ

解説　出題の項目は，「話すこと[発表]」のうち，「身の回りの物の数や形状などについて，人前で実物やイラスト，写真などを見せながら話す活動」についての説明文である。ウの「活動形態」については，「ペアやグループ，学級全体に向けた発表などが考えられるが，児童の実態に合わせて柔軟に扱うよう配慮する」が正しい記述である。

4 『小学校学習指導要領解説』の「第２部　外国語　第１章　総説　２　外国語科導入の趣旨と要点」に述べられている外国語科導入の趣旨として示されていないものを，次のア～エの中から一つ選んで記号で答えなさい。

ア　学年が上がるにつれて児童生徒の学習意欲に課題が生じるといった

状況や，学校種間の接続が十分とは言えない状況も見られている。

イ　グローバル化が急速に進展する中で，外国語によるコミュニケーション能力は，生涯にわたる様々な場面で必要とされることが想定され，その能力の向上が課題となっている。

ウ　平成23年度から小学校高学年において外国語活動が導入され，その成果が認められる一方で，より体系的な学習が求められることなどが課題として指摘されている。

エ　アジアを含む諸外国では，小学校段階から教科として英語を学ぶ機会が保証されている中，我が国の英語教育開始期について課題が指摘されている。

4　エ

解説　小学校では，平成23年度から高学年において外国語活動が導入され，その充実により，児童の高い学習意欲，中学生の外国語教育に対する積極性の向上といった成果が認められている。平成29年3月改訂の学習指導要領では，小学校中学年から外国語活動を導入し，「聞くこと」，「話すこと」を中心とした活動を通じて外国語に慣れ親しみ外国語学習への動機付けを高めた上で，高学年から発達の段階に応じて段階的に文字を「読むこと」，「書くこと」を加えて総合的・系統的に扱う教科学習を行うとともに，中学校への接続を図ることを重視することとしている。

5　「小学校学習指導要領」の「第２章　各教科　第10節　外国語　第２　各言語の目標及び内容等　英語　1　目標　(5)　書くこと」に基づいた指導について，適切な内容を，次のア～エの中から一つ選んで記号で答えなさい。

ア　語順を意識しながら音声で十分に慣れ親しんだ簡単な語句や基本的な表現を書き写すことができるように指導する。

イ　３文字程度の単語を，音声を聞いて書くことができるように指導する。

ウ　日常的な話題について，簡単な語句や基本的な表現を用いて正確に書くことができるように指導する。

エ　十分に書けるようになった簡単な語句や基本的な表現を，話せるように指導する。

5 ア

解説「書くこと」の目標は，「ア　大文字，小文字を活字体で書くことができるようにする。また，語順を意識しながら音声で十分に慣れ親しんだ簡単な語句や基本的な表現を書き写すことができるようにする」と「イ　自分のことや身近で簡単な事柄について，例文を参考に，音声で十分に慣れ親しんだ簡単な語句や基本的な表現を用いて書くことができるようにする」の2つである。選択肢アは，上記の目標のアに該当するが，選択肢イ～エは該当するものがない。

6 『小学校学習指導要領解説』の「第２部　外国語　第２章　外国語科の目標及び内容　第２節　英語　２ 内容〔第５学年及び第６学年〕〔思考力，判断力，表現力等〕（3）言語活動及び言語の働きに関する事項　ア　聞くこと」に基づき，実際の「聞くこと」の活動として適切でないものを，次のア～エの中から一つ選んで記号で答えなさい。

ア　ALTが自国で行われている行事を紹介する英語を聞いて，その行事が行われる月を表すカレンダーの絵を選ぶ活動。

イ　持っているものを紹介する英語を聞いて絵に丸を付け，自分と相手との共通点を探す活動。

ウ　就きたい職業について話している英語を，その内容に関係するイラストや写真を見ながら聞き，話し手が誰なのかを選ぶ活動。

エ　店や公共交通機関などで用いられる簡単なアナウンスなどから，自分が必要とする情報を聞き取る活動。

6 エ

解説 選択肢アとイは，「聞くこと」の言語活動「(ア)　自分のことや学校生活など，身近で簡単な事柄について，簡単な語句や基本的な表現を聞いて，それらを表すイラストや写真などと結び付ける活動」に該当する。選択肢ウは，同じく「(ウ)　友達や家族，学校生活など，身近で簡単な事柄について，簡単な語句や基本的な表現で話される短い会話や説明を，イラストや写真などを参考にしながら聞いて，必要な情報を得る活動」に該当する。選択肢エは，小学校ではなく中学校における「聞くこと」の言語活動の一つである。

7 「小学校学習指導要領」の「第２章　各教科　第 10 節　外国語　第２　各言語の目標及び内容等　英語　２　内容〔第５学年及び第６学年〕〔知識及び技能〕(1)　英語の特徴やきまりに関する事項　エ　文及び文構造」において，述べられていない内容を，次のア〜エの中から一つ選んで記号で答えなさい。

ア　肯定，否定の命令文
イ　動名詞や過去形のうち，活用頻度の高い基本的なものを含むもの
ウ　[主語＋動詞＋目的語] のうち，

主語＋動詞＋ { 名詞 / 代名詞 }

エ　感嘆文のうち基本的なもの

7 エ

解説 アとイは「文」の項，ウは「文構造」の項に取り上げられている。エは小学校ではなく中学校の「英語の特徴やきまりに関する事項」における指導内容である。

8 「小学校学習指導要領」の「第２章　各教科　第10節　外国語　第２　各言語の目標及び内容等　英語　２　内容〔第５学年及び第６学年〕〔知識及び技能〕（1）英語の特徴やきまりに関する事項　ア　音声」において取り扱う事項として「(エ)　文における基本的なイントネーション」が示されている。会話文の文末のイントネーションとして，誤りを含むものを，次のア～エの中から一つ選んで記号で答えなさい。

ア　A：Do you like music? ↗　　B：Yes, I do. ↘

イ　A：Where do you want to go? ↗　　B：I want to go to Italy. ↘

ウ　A：What do you like? ↘　　B：Pardon? ↗

エ　A：What subjects do you like? ↘

　　B：I like science, ↗ math, ↗ and English. ↘

8　イ

解説　小学校学習指導要領解説外国語活動・外国語編には，「文における基本的なイントネーション」の説明として，下降調のイントネーションは平叙文や命令文に見られることが多く，wh-疑問文も原則としてこのイントネーションが用いられること，一方，上昇調のイントネーションはyes-no疑問文や言葉を列挙するときなどに見られることが多いと述べられている。選択肢イのA文では，疑問詞whereを用いた疑問文のイントネーションが上がり調子になっているので誤り。

9 「小学校学習指導要領」の「第２章　各教科　第10節　外国語　第２　各言語の目標及び内容等　英語　２　内容〔第５学年及び第６学年〕〔知識及び技能〕(1)　英語の特徴やきまりに関する事項　エ　文及び文構造」において，取り扱う事項が示され，その中には疑問文も含まれている。
次の疑問詞で始まる疑問文において誤りを含むものを，次のア〜エの中から一つ選んで記号で答えなさい。

ア　What food do you like?
イ　When is your mother's birthday?
ウ　How many sheep are in the zoo?
エ　Who want to go to Italy?

9 エ

解説 選択肢エは，疑問詞Whoが3人称単数の主語として用いられているため，動詞wantはwantsと変形する必要がある。よって誤り。なお，小学校の外国語科の「文及び文構造」で学ぶ疑問文とは，「疑問文のうち，be 動詞で始まるものや助動詞(can，doなど)で始まるもの，疑問詞(who，what，when，where，why，how)で始まるもの」であり，orを含む選択疑問文，mayやwillなどの助動詞で始まる疑問文，doesやdidで始まる疑問文，whichやwhoseなどの疑問詞で始まる疑問文は扱わない。

10 『小学校学習指導要領解説』の「第１部　外国語活動　第２章　外国語活動の目標及び内容　第２節　英語　２　内容　〔第３学年及び第４学年〕〔思考力，判断力，表現力等〕(3)　言語活動及び言語の働きに関する事項　ア　聞くこと」では，「聞くこと」に関わる指導の要点を解説している。「聞くこと」に関する次の英文を読み，［　①　］〜［　④　］に当てはまる語句の正しい組合せを，以下のア〜エから一つ選んで記号で答えなさい。

Annamaria Pinter(2006).
Teaching Young Language Learners より

許諾を得ておらず不掲載

	①	②	③	④
ア	avoid	familiarity	modify	meaning
イ	avoid	nationality	modify	ability
ウ	achieve	familiarity	think	meaning
エ	achieve	nationality	think	ability

10 ア

解説 問題文は非公開である。出典は，イギリスのウォリック大学の応用言語学博士Annamaria Pinter氏の著作*Teaching Young Language Leaners*で，児童に対する英語教育に関する主要理論と実践的な方法をまとめた入門書である。本問は，実質的には，文章を読解して文脈に合うように単語を当てはめる読解力と語彙力が問われているが，学習指導要領において第3学年及び第4学年の「ア　聞くこと」の言語活動として，「(ア)　身近で簡単な事柄に関する短い話を聞いておおよその内容が分かったりする活動」，「(イ)　身近な人や身の回りの物に関する簡単な語句や基本的な表現を聞いて，それらを表すイラストや写真などと結び付ける活動」，「(ウ)　文字の読み方が発音されるのを聞いて，活字体で書かれた文字と結び付ける活動」の3つが挙げられていることを踏まえれば，解答できる問題と思われる。

2022年度 ◆ 教科及び教職に関する科目（Ⅲ）

※国語，社会，算数，理科，生活，音楽，図画工作，家庭，体育，外国語(英語)の10教科の中から1教科を選択して解答する。

国語

1 「小学校学習指導要領」の「第2　各学年の目標及び内容　〔第3学年及び第4学年〕　2　内容　〔思考力，判断力，表現力等〕　A　話すこと・聞くこと」の(1)においては，次の指導事項が示されている。

> ウ　話の中心や話す場面を意識して，言葉の抑揚や強弱，間の取り方などを工夫すること。

この指導事項を踏まえ，〔思考力，判断力，表現力等〕の「A　話すこと・聞くこと」の(2)に示されている言語活動例「ア　説明や報告など調べたことを話したり，それらを聞いたりする活動」を通して指導を行いたい。そこで，第4学年の授業で，「離れた地域の小学校の4年生に向けて，自分たちの小学校のことを説明しよう」という具体的なテーマを設定して6時間の学習活動を進めることとした。その際，指導の効果を高めるためにICT機器を活用することとした。

あなたならどのような授業内容を考え，どのような指導を行うか，ICT機器の活用を含め6時間の学習指導全体が分かるように，600字以上，800字以内で書きなさい。

1 解答略

解説 指導案を書く際には，次のことがポイントとなる。一つ目は，語句の表現や記述が適切であり，論理的で分かりやすい構成になっていることである。二つ目は，自分の考えを具体的に述べていて，教師としての資質(熱意，誠実さ，向上心，柔軟性，協調性，発想力など)が見て取れることである。三つ目は，目標を明確に示し，その目標に沿った評価の観点や方法を述べていることである。目標の明示と目標に沿った評価の観点や方法の述べ方については，「『指導と評価の一体化』のための学習評価に関する参考資料」(国立教育政策研究所)に，小学校学習指導要領(平成29年告示)に示された学力観を踏まえた書き方が示されており，それを踏まえることが必要である。四つ目は，目標達成のために適切な言語活動の設定を行い，その実例を示していることである。例えば，設問では，離れた地域の小学校の4年生に自分たちの小学校のことを説明するとされているが，スピーチ内容を考える際には，アンケートやインタビュー活動を取り入れたり，スピーチ原稿を考える際には，モデル例などを示して，よりよいスピーチについて考えさせたりすることが有効である。五つ目は，課題意識が高まる導入の工夫について述べていることである。児童の伝えたいという思いから学習が立ち上がるように，例えば，相手の学校からのビデオレターを視聴させるなどするとよい。六つ目は，効果的で分かりやすい学習活動の設定として，ICT機器の活用を含め，学習指導全体について書かれていることである。ICT機器の活用の例としては，児童のスピーチを録画させ，振り返りに生かすようにしたり，スピーチそのものを録画し，ビデオレターとして相手に届けたりする方法が考えられる。

2 「小学校学習指導要領」の「第2　各学年の目標及び内容　〔第1学年及び第2学年〕　2　内容〔思考力，判断力，表現力等〕　C　読むこと」の(1)においては，次の指導事項が示されている。

ウ　文章の中の重要な語や文を考えて選び出すこと。 オ　文章の内容と自分の体験とを結び付けて，感想をもつこと。

この指導事項について，〔思考力，判断力，表現力等〕の「C　読むこと」の(2)に示されている言語活動例「ウ　学校図書館などを利用し，図鑑や科学的なことについて書いた本などを読み，分かったことなどを説明する活動」を通して指導を行いたい。そこで，第1学年の授業で，学

校図書館などを利用し「乗り物について書かれた図鑑を読んで，分かったことを説明しよう」という具体的なテーマを設定して10時間の学習活動を進めることとした。

あなたならどのような授業内容を考え，どのような指導を行うか，10時間の学習指導全体が分かるように，600字以上，800字以内で書きなさい。

2 解答略

解説 指導案を書くにあたって重要な点としては，**1**で挙げた六つのポイントと同様である。具体的な事案については，個々の問いに即した例を書くことが必要となる。ポイントの四つ目，目標達成のために適切な言語活動の設定を行い，その実例を示すということについては，本問では乗り物の学習に関して論じる必要がある。まずは，乗り物について書かれた本を正確に読むという精査・解釈における指導が必要となる。その上で，分かったことを説明するという考えの形成に関わる指導を行っていく。五つ目，課題意識が高まる導入の工夫については，教師がモデルを見せたり，児童のお気に入りの車を紹介させたりするとよい。六つ目について，本問ではICT機器の活用という条件は付けられていないが，効果的で分かりやすい学習活動の設定として，学習指導全体について書くようにする。

社会

1　「小学校学習指導要領」の「第２　各学年の目標及び内容　〔第３学年〕２　内容」として，次の事項が示されている。

> (3)　地域の安全を守る働きについて，学習の問題を追究・解決する活動を通して，次の事項を身に付けることができるよう指導する。
> ア　次のような知識及び技能を身に付けること。
> (ア)　消防署や警察署などの関係機関は，地域の安全を守るために，相互に連携して緊急時に対処する体制をとっていることや，関係機関が地域の人々と協力して火災や事故などの防止に努めていることを理解すること。
> (イ)　(略)
> イ　次のような思考力，判断力，表現力等を身に付けること。
> (ア)　施設・設備などの配置，緊急時への備えや対応などに着目して，関係機関や地域の人々の諸活動を捉え，相互の関連や従事する人々の働きを考え，表現すること。

このことについて，次の問いに答えなさい。

(1)　消防署に関する学習において，上記イ (ア) の「施設・設備などの配置」に着目して取り上げる施設・設備として適切なものを，具体的に三つ挙げなさい。

(2)　警察署に関する学習において，上記イ (ア) の「施設・設備などの配置」に着目して取り上げる施設・設備として適切なものを，具体的に三つ挙げなさい。ただし，交番，駐在所は除く。

(3)　消防署に関する学習において，上記イ (ア) の「緊急時への備えや対応など」に着目し，「地域の安全を守るために，関係機関が相互に連携して緊急時に対処する体制をとっていること」について，どのような内容を捉え，考えるようにするか具体的に140字程度で説明しなさい。

(4) 警察署に関する学習において，上記イ(ア)の「緊急時への備えや対応など」に着目して，「地域の安全を守るために，関係機関が地域の人々と協力して事故などの防止に努めていること」について，どのような内容を捉え，考えるようにするか具体的に140字程度で説明しなさい。

1 解答略

解説 (1) 設問の「施設・設備などの配置，緊急時への備えや対応などに着目して，関係機関や地域の人々の諸活動を捉え，相互の関連や従事する人々の働きを考え，表現すること」は，第3学年の内容(3)のイの(ア)の指導事項である。学習指導要領解説には，消防署に関する学習において，「施設・設備などの配置」に着目して取り上げる施設・設備として，消火栓や火災報知器，消防水利，消防団倉庫などが示されている。これらを参考に，三つ記述するようにする。

(2) 設問の「施設・設備などの配置，緊急時への備えや対応などに着目して，関係機関や地域の人々の諸活動を捉え，相互の関連や従事する人々の働きを考え，表現すること」は，第3学年の内容(3)のイの(ア)の指導事項である。学習指導要領解説には，警察署に関する学習において，「施設・設備などの配置」に着目して取り上げる施設・設備として，ガードレールや交通標識，信号，カーブミラー，「子ども110番の家」などが示されている。これらを参考に，三つ記述するようにする。

(3) 設問の「施設・設備などの配置，緊急時への備えや対応などに着目して，関係機関や地域の人々の諸活動を捉え，相互の関連や従事する人々の働きを考え，表現すること」は，第3学年の内容(3)のイの(ア)の指導事項である。「緊急時への備えや対応など」に着目し，「地域の安全を守るために，関係機関が相互に連携して緊急時に対処する体制をとっていること」について，どのような内容を取り上げるかは，(3)の「ア　知識及び技能(ア)」の解説に次のように示されている。緊急時において，消防署や警察署などの関係機関が，緊急指令室等を中心にネットワークを活用して相互に連携するとともに，火災，交通事故，犯罪など緊急事態が発生した時には，状況に応じて迅速かつ確実に事態に対処していることや，近隣の消防署や警察署，市役所や病院，放送局，水・電気・ガスを供給している機関などが協力していること，消防団など地域の人々が組織する諸団体が緊急事態に対処していることなどを基に，地域の安全を守る働きについて理解することである。こうした内容を踏まえ，記述することが求められる。

(4)　設問の「施設・設備などの配置，緊急時への備えや対応などに着目して，関係機関や地域の人々の諸活動を捉え，相互の関連や従事する人々の働きを考え，表現すること」は，第3学年の内容(3)の「思考力，判断力，表現力等」に示されている。「緊急時への備えや対応など」に着目し，「地域の安全を守るために，関係機関が地域の人々と協力して事故などの防止に努めていること」について，どのような内容を取り上げるかは，(3)の「ア　知識及び技能(ア)」の解説に次のように示されている。火災については，消防署を中心に警察署，市役所，病院，放送局，学校，水，電気・ガスを供給している機関などが普段から施設・設備の整備や点検，訓練，広報活動などに取り組み，火災の予防に努めていることや，地域の人々が消防署への火災通報，避難訓練の実施，地域の消防団による防火を呼び掛ける活動などの火災予防に協力していることなどを基にして，地域の安全を守る働きについて理解することである。また，交通事故や犯罪などの事故や事件については，警察署が中心となって，消防署，市役所，病院，放送局，地域の町内会や自治会，学校，PTAその他の関係の諸団体が連携・協力して交通安全運動や防犯活動を展開していることや，保護者による地域の巡回，「子ども110番の家」の設置など，地域の人々が事故防止や防犯に協力していることなどを基に，地域の安全を守る働きについて理解することである。こうした内容を踏まえ，記述することが求められる。

2 次の文章は，第6学年の歴史学習における「源平の戦い」から「鎌倉幕府の始まり」の時期に起こった事柄の概要をまとめたものである。

> 平氏の滅亡後，源義経と源頼朝が対立すると，頼朝は義経を捕らえることを理由に，①守護と地頭を置くことを朝廷に認めさせ，1192年，頼朝は征夷大将軍に任じられた。将軍と武士たちは御恩と奉公という主従関係によって結ばれ，将軍に忠誠を誓った武士たちは御家人と呼ばれた。こうして頼朝は本格的な武士の政権である鎌倉幕府を開いた。
>
> 頼朝の死後，有力な御家人たちをまとめた北条時政が幕府の実権を握った。これ以後，北条氏は執権という地位を独占するようになった。三代将軍である源実朝が殺害される事件が起こると，1221年，後鳥羽上皇が北条氏討伐のために挙兵し，②承久の乱が起きたが，幕府はわずかな期間でこれを鎮圧した。

このことについて，次の問いに答えなさい。

(1)　下線部①について，この時，守護と地頭はそれぞれ何の別ごとに置かれ，どのような役割を果たしていたか。守護と地頭について，合わせて60字以上80字以内で述べなさい。

(2)　下線部②について，承久の乱は，幕府と朝廷の関係，幕府と武士たちの関係に，それぞれどのような影響を及ぼしたか。それぞれ事例を挙げて，合わせて100字以上120字以内で述べなさい。

2 **解答略**

解説 (1)　設問に関わる内容は，第6学年の内容の(2)「歴史と人々の生活」ア(エ)「源平の戦い，鎌倉幕府の始まり，元との戦いを手掛かりに，武士による政治が始まったことを理解すること」に区分される指導事項である。我が国の歴史上の主な事象に関する内容については，こうした各項目に示された「知識及び技能」と「思考力，判断力，表現力等」を関連付けて指導することとなっている。設問にある「守護・地頭」は，鎌倉幕府の成立や，幕府と御家人の関係を調べ，幕府の政治の仕組みについて捉えることをねらいとした学習において，取り上げられる内容である。源頼朝は有力な御家人を，貴族や寺社が支配する荘園や，国司の支配する公領の郡や郷ごとに全国各地に派遣し，武士による政治の体制を整えた。地頭は全国の荘園などから税を取り立て，守護は地頭を監督する役割を担った。その後，1192年に頼朝は征夷大将軍に任命され，全国の武士を従える地位につき，鎌倉幕府を開き，武士が中心となって，政治を動かす時代が始まった。「守護・地頭」は，地方を支配するための鎌倉幕府の政治の仕組みの1つとして，教材研究の際に，おさえておくべき内容である。

(2)　設問に関わる内容は，第6学年の内容の(2)「歴史と人々の生活」ア(エ)「源平の戦い，鎌倉幕府の始まり，元との戦いを手掛かりに，武士による政治が始まったことを理解すること」に区分される指導事項である。我が国の歴史上の主な事象に関する内容については，こうした各項目に示された「知識及び技能」と「思考力，判断力，表現力等」を関連付けて指導することとなっている。設問にある「承久の乱(1221年)」は，初めての朝廷と武士の戦いとされている。朝廷の後鳥羽上皇と執権の北条氏との関係が悪化し，上皇が執権・北条義時の追討を命じたのが始まりである。上皇のもとには，北条氏に反発する人たちが集まったが，「御恩と奉公」の関係で幕府と結ばれていた多くの御家人が幕府に味方した。結果，幕府軍は朝廷軍を破り，後鳥羽上皇は隠岐島に流された。「承久の乱」は，朝廷と幕府の力関係が逆転したことを象徴する出来事であった。関連資料をもとに教材分析を行い，幕府と御家人の「御恩と奉公」の関係が強固だったこと，また，朝廷に比べて，幕府の実力が強まっていたことをおさえておきたい。

算数

1 除法の意味には，乗法の逆として，割合を求める場合と，基準にする大きさを求める場合とがある。この見方は，割合や基準にする大きさが整数になる場合だけではなく，小数や分数になる場合にも当てはまるものである。このことを踏まえ，次の問いについて答えなさい。

(1) 除法の式が200÷2.5となる文章題で，「割合に当たる大きさ」と「割合」から「基準にする大きさ」を求める場面の文章題を一つ作りなさい。

(2) 除法の文章題には，「基準にする大きさ」と「割合に当たる大きさ」から「割合」を求める場面のものと，「割合に当たる大きさ」と「割合」から「基準にする大きさ」を求める場面のものとがあり，小数や分数を含む除法の場面では，後者の方が難しいと言われている。

「割合に当たる大きさ」と「割合」から「基準にする大きさ」を求める場面の文章題が難しいと言われる理由を簡潔に説明しなさい。また，指導に当たってはどのようなことに注意する必要があるか説明しなさい。(500字以内)

1 解答略

解説 (1) 除法を数量の関係に注目しA(割合に当たる大きさ)，p(割合)，B(基準にする大きさ)として考えると，作成する文章題で求める式が$B=A\div p$となるように文章題を設定する。

(2) 小学校学習指導要領解説　算数編の「第5学年の目標および内容」には，「p(割合)」を求める場面よりも「B(基準にする大きさ)」を求める場面の方が難しい理由について，「pが整数の場合は，p等分した一つ分の大きさを求めるという見方で除法を捉えることもできたが，pが小数の場合を含めるときは，見方を一般化して，1に当たる大きさ(基準にする大きさ)を求めるという説明で除法を捉える必要がある。このことに難しさがある。」と説明している。また，この点については，「公式や言葉の式だけでなく，数直線や図などを用いたり具体的な場面に当てはめたりして分かりやすくすることが大切である。また，はじめに乗法の式に表してから，除法で求めるという考えを用いることも大切である。」といった指導の必要性を示している。このことを踏まえて指導方法を作成する。

2 円周上に等間隔に m 個の点（ただし，$m \geqq 3$）を取り，そのうちの1つの点から，時計回りに n 番目の点（ただし，$n < \frac{m}{2}$）を順に結んでいき，最初の点に戻れば終わりとする。このときにできる多角形（星形の場合を含む）を，正 $\frac{m}{n}$ 角形と定義する。例えば，次の図は正 $\frac{8}{3}$ 角形を作図する過程を示している。以上を踏まえて，以下の問いについて答えなさい。

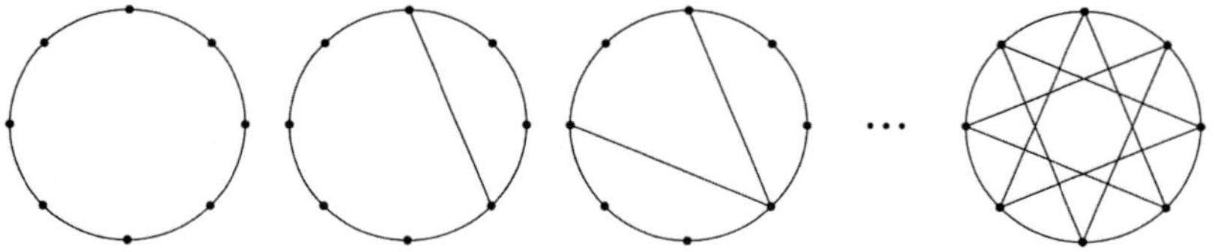

（正 $\frac{8}{3}$ 角形）

(1)　正 $\frac{m}{n}$ 角形は，m，n の条件によって正多角形になる場合と，上の図のような星形になる場合とがある。どのようなときに星形となるか。星形になるときの，m，n の条件を求めなさい。

(2)　正 $\frac{m}{1}$ 角形において，円周上の各頂点にできる角の大きさを，m を用いて表しなさい。ただし，結果だけではなく，求める過程についても記述しなさい。

(3)　正 $\frac{5}{2}$ 角形において，円周上の各頂点にできる角の大きさを求めなさい。ただし，結果だけではなく，求める過程についても記述しなさい。

2 解答略

解説 (1)　次の表は，mとnを増やしていったときに，どのような図形になるかを表したものである。nが1であれば，点は時計回りに一つずつ進むからmがどんなときでも正多角形になる。また，mが6，nが2のときや，mが12，nが3のときなど，mとnが同じ数で割り切れる場合も星型にならない。星型になるのは，mが7，nが2のときや，mが10，nが3のときなど，mとnが同じ数で割り切れない場合である。

m	3	4	5	6	7	8	9
$n=1$	正三角	正四角	正五角	正六角	正七角	正八角	正九角
$n=2$	／	／	星型	正三角	星型	正四角	星型
$n=3$	／	／	／	／	星型	星型	正三角
$n=4$	／	／	／	／	／	／	星型

(2)　正$\frac{m}{1}$角形は，正多角形となる。正m角形の内角の和は，180°×$(n-2)$である。これは図①のように，$m=5$，すなわち正五角形の場合は，1つの頂点から対角線を引くと3つの三角形ができる。図②の$m=6$の正六角形の場合でも同様に対角線を引くと4つの三角形ができる。m角形の場合は，$(n-2)$個の三角形ができると考えられるので，180°×$(n-2)$である。

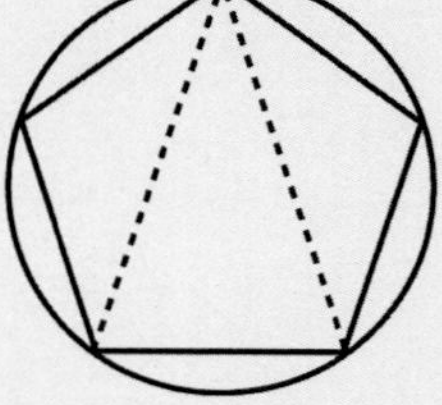
図①

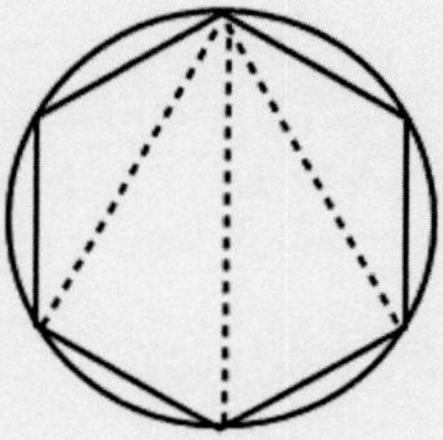
図②

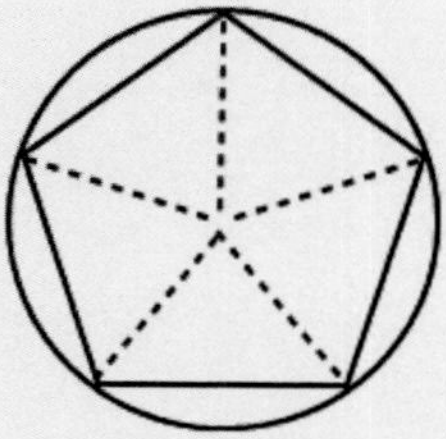
図③

また，図③のように円の中心と各頂点を結ぶと，正五角形なら5個の三角形ができる。このとき，円の中心にできる360°の角は，正五角形の内角に関係がないので，$180^\circ \times 5 - 360^\circ$となる。$180^\circ \times 5 - 180^\circ \times 2$，つまり，$180^\circ \times (n-2)$である。

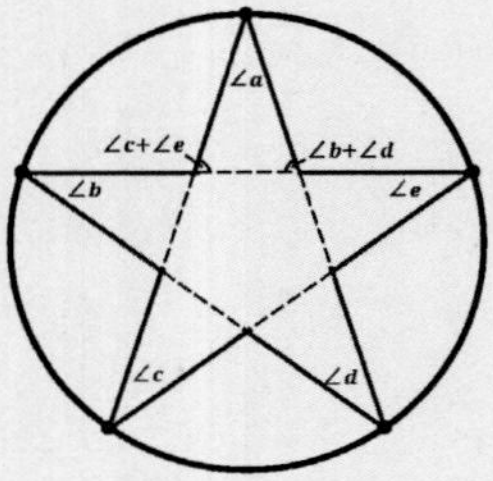

図④

(3)　正$\dfrac{5}{2}$角形は図④のような星型正五角形である。円周上の各頂点にできる角の大きさは三角形の外角の性質を使うと，星型五角形の１つの三角形は，５つの角（$\angle a$，$\angle b$，$\angle c$，$\angle d$，$\angle e$）が集まったものと考えることができるので，$180^\circ \div 5 = 36^\circ$となる。

理科

1 第5学年「電流がつくる磁力」において「電磁石の強さは，電流の大きさや導線の巻数によって変わること」を学習する。このことに関連した次の(1)～(3)の問いについて，答えなさい。

(1) 「電磁石」とはどのようなもののことか。「電磁石」の定義を100字以内で記述しなさい。

(2) Aさんは「電流の大きさを大きくすると，電磁石の強さは強くなると思う。」と予想した。Aさんはどのような実験をすると，このことが調べられるか。指導に当たって配慮することを含めて，実験方法を350字以内で記述しなさい。

(3) Bさんは「導線の巻数を多くすると，電磁石の強さは強くなると思う。」と予想した。Bさんはどのような実験をすると，このことが調べられるか。指導に当たって配慮することを含めて，実験方法を350字以内で記述しなさい。(2)で記述した指導に当たって配慮することと重複する内容については(3)に記述しないこと。

1 解答略

解説 (1) 小学校第5学年では電流には磁力を発生させ，鉄心を磁化させる働きがあることを取り扱う。このことから電磁石とは導線を同じ向きに何回も巻いたコイルの中に，鉄心を入れて電流を流すと磁力が生じ，電流を止めると磁力を失うものという説明が適当である。

(2) 電流の大きさが電磁石に与える効果について検証するために対照実験を行う必要がある。対照実験では一つの条件だけを変え，他のすべての条件を同じにして行う必要があるため電流の大きさ以外の条件は同じにしておくことに留意して実験を設定する。また，電磁石の実験では電流を流し続けるとコイルが熱くなり火傷の危険があること，検流計を利用する際は抵抗をつながずに電源と検流計のみで回路をつなぐと検流計が壊れること等を事前に注意・指導する必要がある。

(3)　銅線の巻き数が電磁石に与える効果について検証するために対照実験を行う必要がある。(2)と同様に対照実験では一つの条件だけを変え，他のすべての条件を同じにして行う必要があるためコイルの巻き数以外の条件は同じにしておくことに留意して実験を設定するが，コイルの巻き数を変更する際は銅線の長さに差があると銅線の抵抗に差が生まれるため，銅線は全て同じ長さに調節してそれぞれのコイルを作成する必要がある。

2　小学校のある地域で２回の大きな地震があった。すべての揺れが収まってからニュースで確認したところ，それぞれの地震の震度とマグニチュードは，次の表のような値であった。地震に関連した以下の(1)～(5)の問いについて，答えなさい。

地　震	震　度	マグニチュード
1 回目	5 弱	6.8
2 回目	4	7.4

(1)　震度とマグニチュードの違いについて，50字以内で説明しなさい。

(2)　それぞれの地震では，最初に小さな揺れを感じ，その後に大きな揺れを感じた。最初に感じた小さな揺れ，後で感じた大きな揺れ，小さな揺れが始まってから大きな揺れが始まるまでにかかる時間は，それぞれ何と言われているか，三つを順番に答えなさい。また，なぜ，小さな揺れが始まってから大きな揺れが始まるまでに時間がかかるのを説明しなさい。なお，(2)の解答は，すべてを合わせて200字以内とすること。

(3) 2回起こった地震のうちで，最初に小さな揺れを感じてから大きな揺れを感じるまでの時間が長かったのは，1回目の地震と2回目の地震のどちらであったと考えられるか。理由とともに，200字以内で説明しなさい。

(4) 日本で起こる地震は，主に発生する場所や仕組みの違いからいくつかのタイプに分けて考えることができる。1995年の兵庫県南部地震と2011年の東北地方太平洋沖地震は，それぞれどのような場所と仕組みで発生した地震であったか，150字以内で簡単に答えなさい。

(5) 建物の高さによる揺れの違いを視覚的に捉えるため，図のような装置を作った。板を左右に動かして，長さの異なる「先端に重りをつけたしなやかに揺れる棒」A，B，Cの揺れ方を観察したところ，板の動かし方によって，揺れ方に違いが見られた。この実験で観察されたと思われる板の動かし方と棒の揺れ方の関係を，そのように考える理由とともに200字以内で説明しなさい。それぞれの棒は長さのみ異なり，太さや材質，先端の重りの重さなど，他の条件はすべて同じであるとする。

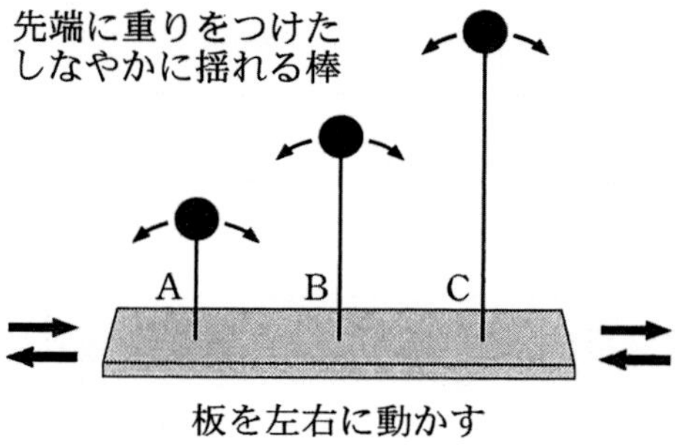

2 解答略

解説 (1)　震度は地震の揺れの強さを示す単位であり，マグニチュードは地震の規模(エネルギー)を示す単位である。

(2)　地震内部を伝わる地震波には，P波(初期微動)とS波(主要動)がある。P波とS波の伝わる速さの違いから発生する時間差を初期微動継続時間という。

(3)　一般的に震源までの距離が同じ場合，マグニチュードが大きいほど震度は大きく，マグニチュードが同じ場合，震度が大きいほど震源までの距離は短くなるといえる。大森公式より震源までの距離が長いほど初期微動継続時間は長くなる。よって，マグニチュードがより大きく震度が小さい2回目の方が初期微動継続時間は長いと推定できる。

(4)　日本では，太平洋プレートとフィリピン海のプレートの沈み込みに伴いひずみが蓄積し，その場が耐えうる値を超えたときにプレート境界で「プレート間地震」が発生する。2011年の東北地方太平洋沖地震はこのタイプの地震である。一方，大陸プレート内では，プレートの動きなどによって地下に歪みが蓄積し，そのひずみが地下に蓄えることのできる許容範囲を超えたとき，断層がずれて地震が発生する。1995年の兵庫県南部地震がこのタイプである。

(5)　この実験は地震の揺れと建物の共振実験である。板の動かし方を速く左右に動かす場合と，ゆっくり左右に動かす場合とで，重りをつけた棒の揺れを比較してみる。すると，速く動かした場合は，低い棒が大きく揺れるのに対し，ゆっくり動かした場合は高い棒が大きく揺れる結果が観察できる。地震の揺れには，小刻みの短周期のものから，ゆったりした長周期のものまで，色々な周期が含まれる。建物は，高さや形状の違いによって揺れやすい周期が異なることがこの実験から考察できる。

生活

1 生活科において「動物の飼育や植物の栽培に関する内容」の授業を行う。このことについて，次の各問いに答えなさい。

(1) 「動物を飼ったり植物を育てたりする活動」を通して児童に気付かせたいことを，多様な観点から四つ取り上げ，200字以内で書きなさい。

(2) 1年生の単元「花をそだてよう」では，対象の植物を児童が自分で選ぶのではなく教師が意図的に選択することにした。1年生が育てる植物を選択するに当たり，考慮すべきことを多様な観点から四つ取り上げ，200字以内で書きなさい。

(3) (2)のように栽培の対象を教師が選択したとき，配慮すべきことと，その具体的な対応例を挙げて200字以内で書きなさい。

1 解答略

解説 (1) 設問の「動物を飼ったり植物を育てたりする活動」は，生活科の内容の(7)「動物を飼ったり植物を育てたりする活動を通して，それらの育つ場所，変化や成長の様子に関心をもって働きかけることができ，それらは生命をもっていることや成長していることに気付くとともに，生き物への親しみをもち，大切にしようとする」ことに関わる活動である。

この項目には，気付きの観点が次のように示されている。成長や変化に関する気付き，生命をもっていることへの気付き，自分のかかわり方に対する気付き，または，動物と自分とのかかわり方に対する気付き，がんばった自分や優しく接することができた自分自身への気付きなどである。こうした気付きの中から四つを取り上げ，具体例とともに示すとよい。

(2) 設問の「花をそだてよう」の授業は，継続的に植物を栽培する活動を通して，植物の育つ場所，変化や成長の様子について考え，それらが生命をもっていることや成長していることに気付くとともに，生活上必要な習慣や技能を身につけ，植物に親しみをもち，大切にすることができるようにすることをねらいとしている。栽培する植物としては，種まき，発芽，開花，結実の時期が適切なもの，低学年の児童でも栽培が容易なもの，植物の成長の様子や特徴が捉えやすいもの，確かな実りを実感でき満足感や成就感を得られるものなどの観点を考慮しながら選択することなどが考えられる。春からの栽培では，「種から種」を意識させるため，種から育てる一年草を主に扱うとよい。例えば，マリーゴールド，おしろい花，おじぎ草，コスモス，ふうせんかずら，ホウセンカ，ひまわりが考えられる。秋からの栽培では，球根から育てる植物を扱うと，種との植え方の違いや，育て方の違いなどにも，興味･関心をもたせることができる。例えば，チューリップ，スイセン，あぶらな，クロッカス，ヒヤシンス，スイートピーが挙げられる。

(3)　単元を構想する段階としては，発想する段階，構想する段階，計画する段階がある。それぞれの段階において，児童の思いや願い，関心や疑問を生かす，児童の活動を中心とした単元づくりを心がけることが大切であるが，設問の「花をそだてよう」の学習の場合，初めて，一人で栽培活動を行う児童が多ければ，発芽から開花，種取りまでが安定的に行われ，成長の様子も楽しめるアサガオを教師が選択するということも考えられる。その場合，教師は，児童の興味関心がアサガオに向くような工夫を行う必要がある。例えば，第2学年の児童からアサガオの種をプレゼントしてもらい，その種を育てようと意欲づけをすることであったり，アサガオの絵本を一緒に読み，アサガオを身近に感じさせることであったりする。また，毎日の学校生活の様々な場面に飼育・栽培活動を位置付けることができるように，登校してきた児童が朝一番にアサガオを見ることができるように，アサガオの鉢を児童の玄関に並べたり，また，休み時間に動植物の世話をする活動を取り入れるなど，生活科を中心に一日の学校生活を設計したりすることも考えられる。

2 『小学校学習指導要領解説』の「第２章　生活科の目標　第１節　教科目標　３　資質・能力の三つの柱としての目標の趣旨　(1)「『知識及び技能の基礎』に関する目標」において，「生活科は，特に自分自身についての気付きを大切にしている」と述べられている。

(1)　自分自身についての気付きとして，重視されている気付きを三つ挙げなさい。またそれらに気付かせることによって，さらに大切にしたいことをそれぞれ書きなさい。

なお，解答は，気付き一つにつき100字以内で書きなさい。

(1)　①

(1)　②

(1)　③

(2)　２年生の単元「いよいよ　３年生」における「自分が大きくなったこと，自分でできるようになったこと」という生活科の授業を，児童自身が「自分自身についての気付き」を得ることをねらいとして構想する。どのような「自分自身についての気付き」をねらいとして想定できるか，異なる観点に基づいて，具体的な例を200字以内で書きなさい。

2 解答略

解説 設問は，(1)「知識及び技能の基礎」に関する目標「活動や体験の過程において，自分自身，身近な人々，社会及び自然の特徴やよさ，それらの関わり等に気づくとともに，生活上必要な習慣や技能を身に付けるようにする」に示された「自分自身」についての気付きの具体を記述する問題である。小学校低学年の児童における自分自身の気付きとしては，次のようなことが重視される。それらに気付かせることによって，さらに大切にしたいことも合わせて示す。

一つは，集団生活になじみ，集団における自分の存在に気付くことである。例えば，友達とものづくりをしたのがうまくいって「みんなでやったからできました。わたしもがんばりました。またやってみたいです」ということがある。活動における自己関与意識や成功感，成就感などから，仲間意識や帰属意識が育ち，共によりよい生活ができるようになることである。また，集団の中の自分の存在に気付くだけでなく，友達の存在に気付くことも大切にする。

二つは，自分のよさや得意としていること，また，興味・関心をもっていることなどに気付くことである。例えば，生き物を育てることが得意で，それに興味・関心をもっていること，人や自然に優しくできることなどに気付くことである。そこに個性の伸長・開花の兆しが現れる。また，自分のよさや得意としていることなどに気付くことは，同時に，友達のそれにも気付き，認め合い，そのよさを生かし合って共に生活や学習ができるようになることである。

三つは，自分の心身の成長に気付くことである。例えば，自分が大きくなったこと，できるようになったことや役割が増えたこと，更に成長できることなどに気付くことである。そして，こうした自分の成長の背後には，それを支えてくれた人々がいることが分かり，感謝の気持ちをもつようになること，また，これからの成長への願いをもって，意欲的に生活することができるようになることを大切にする。

(2)　設問の「いよいよ　3年生」の単元は，自分の成長を振り返る活動を通して，自分のことやたくさんの人に支えられてきたことについて考え，できるようになったことがあることに気付くとともに，自立への心構えをもって生活しようとすることをねらいとしている。「自分自身についての気付き」としては，これまでの自分や友達の成長を振り返り，できるようになったことがあることへの気付き，たくさんの人たちの支えの中で，自分や友達が成長していることへの気付き，自分のよさや可能性への気付きである。できるようになったことへの気付きとしては，友達と仲良くできるようになったこと，お手伝いができるようになったこと，鍵盤ハーモニカをうまく吹けるようになったこと，町の人と仲良くなったことなどがある。たくさんの人たちの支えの中で，成長していることへの気付きについては，なぜ，こんなに成長できたのかを考えさせながら，友達とたくさん遊んだから，先生に教えてもらったから，お家の人に支えてもらっていることなどに気付かせたいものである。また，自分のよさや可能性への気付きについては，3年生への見通しをもたせ，3年生になって頑張りたいことを考えさせるとよい。たくさん本を読みたい，リコーダーが上手くなりたい，もっと友達と仲良くなりたい，植物の世話を続けて，もっと栽培してみたいなど，自分自身への期待や願いとともに，自分のよさや可能性への気付きを新たにすることができるであろう。

音楽

1 次の (1) ～ (5) の中から 2 曲選んで，時代，国や地域，楽曲の特徴や様式や内容，演奏の形態等について，それぞれ100 ～ 150字で記述しなさい。

(1)　シューマン作曲《詩人の恋》
(2)　プッチーニ作曲《蝶々夫人》
(3)　ベートーヴェン作曲《交響曲第９番》
(4)　ラヴェル作曲《ボレロ》
(5)　《こきりこ節》

1 解答略

解説 時代，国や地域，楽曲の特徴や様式や内容，演奏の形態

(1)　シューマン作曲《詩人の恋》

ドイツの詩人ハインリヒ・ハイネの詩に，シューマンが曲をつけたもので，1840年に作曲された。シューベルトの三大歌曲集と同様，ドイツリートを代表する歌曲集である。全16曲であるが，第１曲の「美しい5月に」は特によく知られている。シューベルトのものも含め，ドイツリートは，歌の声部だけでなく，ピアノの伴奏の精度が高く，芸術作品としての歌曲の価値を上げた。

(2)　プッチーニ作曲《蝶々夫人》

長崎を舞台に，蝶々さんとアメリカ海軍士官ピンカートンとの恋愛の悲劇を描く，1904年に初演されたオペラである。代表的なアリアは，蝶々さんの歌う「ある晴れた日に」である。プッチーニは「ラ・ボエーム」「トスカ」「トゥーランドット」など伝統のイタリアオペラを数多く作曲した。「蝶々夫人」は西洋では異国情緒あふれる作品として評価されている。

(3)　ベートーヴェン作曲《交響曲第９番》

ベートーヴェンが，オーケストラのための楽曲であった交響曲に，初めて独唱と合唱を取り入れた。1824年に作曲された，ベートーヴェンの

9番目にして最後の交響曲である。大規模な編成や1時間を超える長大な演奏時間，それまでの交響曲でほとんど使用されなかったティンパニ以外の打楽器の使用，独唱や混声合唱の導入など，それ以前の交響曲の常識を打ち破った大胆な要素が多く，ロマン派の始まりを思わせる音楽史上，重要な曲となった。

(4)　ラヴェル作曲《ボレロ》

フランスの作曲家モーリス・ラヴェルが1928年に作曲したバレエ音楽である。スネアドラムにより，同一のボレロのリズムが保たれている中で，2種類の旋律が繰り返されるという特徴的な構成をしている。徐々に楽器が増えていき，異なった楽器編成で旋律が演奏される。

(5)　《こきりこ節》

富山県南砺市の五箇山地方に伝わる日本の民謡である。祭礼にて唄い継がれてきた，五穀豊穣を祈り祝う大らかで素朴な民謡である。こきりこという竹の打楽器と，びんざさらを使用し，由緒ある衣装をまとって踊り歌う。

2 音楽科の指導内容の取扱いに関して，「小学校学習指導要領」ではどのように取り扱うよう示しているか，次の (1) 及び (2) について，それぞれ指定された字数で説明しなさい。

(1)　各学年の「A 表現」の中の「音楽づくり」において，つくった作品の記録についてはどのような姿勢や方法が示されているか，80～100字で説明しなさい。

(2)　各学年の「A 表現」及び「B 鑑賞」の，我が国や郷土の音楽の指導に当たって，指導の目標や教材選定や指導方法の工夫について，どのように示されているか，120～150字で説明しなさい。

2 解答略

解説 (1)　小学校学習指導要領では，「つくった音楽については，指導のねらいに即し，必要に応じて作品を記録させること。作品を記録する方法については，図や絵によるもの，五線譜など柔軟に指導すること。」としている。

(2)　小学校学習指導要領では，「我が国や郷土の音楽の指導に当たっては，そのよさなどを感じ取って表現したり鑑賞したりできるよう，音源や楽譜等の示し方，伴奏の仕方，曲に合った歌い方や楽器の演奏の仕方などの指導方法を工夫すること。」としている。我が国や郷土の音楽は，主に口承されてきたり，人々の生活や文化と関わって伝承されてきたりしたという特性がある。指導に当たっては，このような特性を踏まえて，知識や技能の習得に偏ることなく，そのよさなどを十分に感じ取って表現したり鑑賞したりできるよう，指導方法を工夫することが重要となる。また，歌唱教材については，共通教材として，文部省唱歌やわらべうた，日本古謡から，学年ごとに４曲ずつあげられている。

図画工作

1 高学年の図画工作科における「工作」の活動で，クランクを使った「動きのある○○」の授業を行うこととする。このことについて，次の問いに答えなさい。

(1) この授業の指導案を作成することを前提に，次の三つの観点「知識・技能」「思考・判断・表現」「主体的に学習に取り組む態度」の評価規準を各75字以内で答えなさい。三つの観点に対応する評価規準を先に述べた順に，評価規準一つごとに改行して記述すること。問題番号は，「知識・技能 」を(A)，「思考・判断・表現」を(B)，「主体的に学習に取り組む態度」を(C)とする。

(2) この授業を次のような展開計画で実施する。①～⑦に入る内容を答えなさい。①～③は50字以内で，④～⑦は75字以上100字以内で記述すること。問題番号は①～⑦とする。

場面	児童の活動について	教師の言葉
導入	①	「 ④ 」
展開	クランクを使った動きを想像して，どのような作品をつくるかアイデアスケッチを行う活動	「クランクの仕組みが分かったかな？自分の考えた作品にどんな動きを取り入れるか考えてみよう。アイデアスケッチには表したい世界とそれに合った動きを考えましょう。」
	②	「 ⑤ 」
	自分の表したい世界を表現するために，いろいろな材料を使って飾りをつくる活動	「家から持って来た材料はどんなものですか？たくさん持ってきたね。自分の表したい世界にはどんな材料をどんな風に使うとよいかな。クランクでの動き方に合った飾りを考えよう。」
	③	「 ⑥ 」
振り返り	作品を鑑賞する活動	「 ⑦ 」

1 解答略

解説 (1) 「クランクを使った「動きのある○○」の授業は，第５学年及び第６学年Ａ表現(1)イ，(2)イ，Ｂ鑑賞(1)ア，〔共通事項〕(1)ア，イを踏まえて，指導法を考察するものである。これらを踏まえて行う学習活動の評価規準を以下に示す。

(A) 「知識・技能」の「知識」については，クランクの仕組みを使って，楽しく動くものをつくるときの感覚や行為を通して，動き，バランスなどを理解している。「技能」については，表現方法に応じて身辺材などを活用するとともに，前学年までの材料や用具についての経験や技能を総合的に生かしたり，表現に適した方法などを組み合わせたりするなどして，表したいことに合わせて表し方を工夫して表しているか。

(B) 「思考・判断・表現」の「発想や構想」については，動き，バランスなどを基に，自分のイメージをもちながら，仕組みを動かして感じたこと，想像したこと，見たことから，表したいことを見付け，形や色，材料の特徴，構成の美しさなどの感じなどを考えながら，どのように主題を表すかについて考えているか。「鑑賞」については，動き，バランスなどを基に，自分のイメージをもちながら，動かすなどして自分たちの作品の造形的なよさや美しさ，表現の意図や特徴，表し方の変化などについて，感じ取ったり考えたり，自分の見方や感じ方を深められたか。

(C) 「主体的に学習に取り組む態度」は，つくりだす喜びを味わい主体的にクランクの仕組みを使って，楽しく動くものをつくる学習活動に取り組んでいるか。

(2) ①～⑦には例えば次のような内容が考えらえる。①クランクの仕組みを知り，想像を膨らませる活動　②クランクに仕組みを生かし，形や色，動きを工夫して表す活動　③クランクの仕組みの使い方を工夫したり，飾りのつけ方を工夫したりして表す活動　④クランクの仕組みを使って，どんなものが表せるかな。　⑤クランクの仕組みを作って，動きを確かめながら，美しい動きのあるものを作ろう。⑥表したいことに合わせて，クランクの仕組みの使い方や飾りのつけ方を工夫しよう。　⑦動かしながら，自分や友達の作品を鑑賞しよう。

指導計画を考える際には，次のことがポイントとなる。

・語句の表現や記述が適切であり，論理的でわかりやすい構成になっている。
・自分の考えを具体的に述べ，教師としての資質(熱意，誠実さ，向上心，柔軟性，協調性，発想力など)が窺える。
・図画工作科の教材や指導方法等についての正しい知識をもっている。
・図画工作科に関する正しい知識を基に，児童の確かな学力を育もうとする意欲が窺える。
・提示された課題の意図を正確にとらえて論述している。
・図画工作科の基本的知識を基盤として，独自性や創意工夫がある。

2 「小学校学習指導要領」の「第３　指導計画の作成と内容の取扱い　１　指導計画の作成に当たっては，次の事項に配慮するものとする。」に記載された次の文章を踏まえて，以下の問いに答えなさい。

> (2)　第２の各学年の内容の「A 表現」及び「B 鑑賞」の指導については相互の関連を図るようにすること。ただし，「B 鑑賞」の指導については，指導の効果を高めるため必要がある場合には，児童や学校の実態に応じて，独立して行うようにすること。

(1)　上記の文章における「相互の関連を図る」指導にはどのようなものがあるか，具体的な授業場面を四つ挙げて，各75字以内で説明しなさい。説明の中には，それぞれ何のために，どのようなことを行うのかという内容を含むこと。解答は，授業場面一つごとに改行して記述すること。

(2) 「独立して行う」場合として，第３学年及び第４学年でアートカード(美術作品が印刷されたB6サイズ程度のカード。絵画，彫刻，ポスターなどがあり，30～50枚程度がセットになっている)を活用した授業をすることになった。カードを利用した具体的な活動内容を五つ挙げて，各75～100字で説明しなさい。説明の中には活動内容が想起されるように例を入れるなどの工夫をすること。解答は，活動内容一つごとに改行して記述すること。

2 解答略

解説 (1)　この項目では「A表現」と「B鑑賞」は関連させて行うことを原則とすることを示している。小学校学習指導要領解説の例では「例えば，一つの題材において，造形活動と鑑賞活動とが往還するような学習過程を設定し，児童が表現したことを，自身で味わったり，友人と交流したりすることにより，表現が深まったり，広がったりするように配慮することが大切である。鑑賞の場面においても，表現と分けて設定するのではなく，味わったことを試したり，表現に生かしたりすることができるような学習過程を設定することが考えられる。」としている。

解答例として

・「まだ見ぬ世界」気に入った写真を選び，自分が何に惹かれたのかを確認した上で，さらに新たな発想や構想，技能を加えたりしながら，自分らしい世界を描く。

のように，四つ挙げる。

なお，自分たちの作品の場合，児童は自分の試みや手がかりにした形や色，表し方などを視点に鑑賞する場合が多いが，美術作品の鑑賞では，作品を探るように見たり考えたりする傾向がある。この特性を生かして，「友人の作品の観賞を通して自分の作品のよさに気づく」「美術作品から考えたことを言葉にしてまとめる」など鑑賞対象の違いに応じた指導計画の作成が必要である。

(2)　アートカードを活用した授業は，小学校学習指導要領　第3学年及び第4学年　B鑑賞(1)ア「身近にある作品などを鑑賞する活動を通して，自分たちの作品や身近な美術作品，製作の過程などの造形的なよさや面白さ，表したいこと，いろいろな表し方などについて，感じ取ったり考えたりし，自分の見方や感じ方を広げること」を踏まえて指導案を作成するとよい。具体的な活動として，次のようなことが考えられる。

・「どのカードが好き？」アートカードをラシャ紙に貼りつけ，掲示する。その中から，好きなカードを選ばせ，選んだカードの下に，1人1枚シールを貼り付けるようにする。集計し，結果を発表するときに感想を述べ合う。

・「絵合わせゲーム」カードを15枚選ぶ。同じ絵のカードをさらに15枚用意する。30枚を裏にしてバラバラに広げ，トランプ遊びの神経衰弱のように，順番に，同じ絵を探し当てるというゲームである。最終的に，1番多くカードをとった人が勝ちということにすると盛り上がるだろう。色や形を見たり，特徴をとらえたりする観察力がつく。

・「キーワードゲーム」例えば，「うれしい」を表現しているカードはどれかなというように，キーワードの言葉に合ったカードを探すというゲームである。まず，カードを表にして並べ，親を決める。親は，キーワードに合った絵を1枚選ぶ。選んだカードは他の人には教えない。キーワードを発表し，親の選んだカードがどれなのか，グループで相談して1枚選ぶ。グループごとに，選んだカードと，そのカードを選んだ理由を発表する。最後に親のカードを発表する。

・「マッチングゲーム」2枚のカードの共通点を見つけるゲームである。すべてのカードを裏にして並べる。順番にカードを2枚めくり，表に向ける。2枚のカードの共通点を見つけ，その理由を説明する。みんなが認めれば，そのカードを手に入れることができる。説明できないときは，2枚のカードを裏にしてもとに戻す。これら順番に行い，1番多くのカードを手にした人が勝ちとする。

・「3ヒントゲーム」どのカードを選んだか，3つのヒントからカードを当てるゲームである。まず，1人1枚カードを選ぶ。選んだカードのキーワードを短い言葉で3つ考える。例えば，①花がきれいです，②橋がかかっています，③花は池にうかんでいますのようなヒントがある。

こうした活動について，75～100字でまとめて書くとよい。独立して設定した鑑賞の場面で，新たな発想や構想，技能の手掛かりを得ることもある。指導の工夫としては，例えば，絵の具のにじみを鑑賞し，そこからイメージを膨らませ発想や構想をするようにする，彫刻刀の彫り跡を見て，彫り方を工夫するようにする，枝や木切れなどを鑑賞し，触れたり，香りをかいだりすることにより表したいことを思い付くようにするなどが考えられる。

家庭

1 以下の図は，男女別に見た生活時間のグラフである。このことに関する次の問いについて，それぞれ答えなさい。

(1)　このグラフから読み取ることができる，日本の生活時間の特徴を200字以内で説明しなさい。

(2)　(1)を踏まえ，あなたが考える小学校家庭科の「A 家族・家庭生活」の「(2)　家庭生活と仕事」の学習内容について，具体的に600字以内で記述しなさい。

図　男女別に見た生活時間（週全体平均）（1日当たり，国際比較）

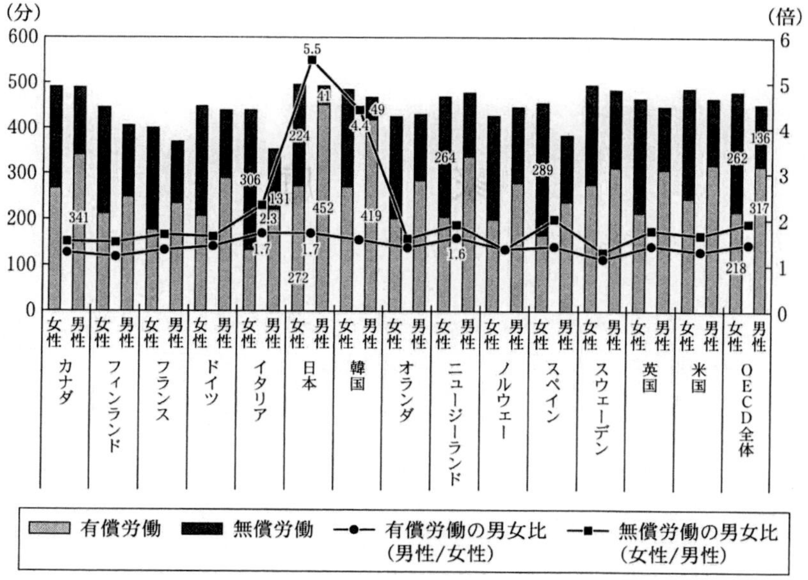

（備考）1．OECD Balancing paid work, unpaid work and leisure (2020) をもとに，内閣府男女共同参画局にて作成。

2．有償労働は，「paid work or study」に該当する生活時間，無償労働は「unpaid work」に該当する生活時間。

「有償労働」は，「有償労働（すべての仕事）」，「通勤・通学」，「授業や講義・学校での活動等」，「調査・宿題」，「求職活動」，「その他の有償労働・学業関連行動」の時間の合計。

「無償労働」は，「日常の家事」，「買い物」，「世帯員のケア」，「非世帯員のケア」，「ボランティア活動」，「家事関連活動のための移動」，「その他の無償労働」の時間の合計。

3．調査は，2009 年～2018 年の間に実施している。

出典　「男女共同参画白書」(令和２年７月　内閣府男女共同参画局)

1 解答略

解説　(1)　このグラフは，OECD(経済協力開発機構)が2020年にまとめた生活時間の国際比較データ(15～64歳の男女を対象)である。有償，無償それぞれの労働時間とその合計(総労働時間)について，各国別，男女別に表し，さらにその男女比が分かるようになっている。ここから読み取ることができる日本の生活時間の特徴としては，男性の総労働時間に対する有償労働時間の割合の高さ，無償労働時間の男女比の女性の比率の高さがあげられる。具体的には，日本人男性は，総労働時間に対する有償労働時間が極端に長いため，無償労働時間が女性に偏る傾向がある。女性の有償労働時間時間が極端に短いわけではないのに，無償労働時間も同程度にあるため，男性との比率の格差が生まれている。

(2)「A家族・家庭生活」の「(2)　家庭生活と仕事」では，家庭には衣食住や家族に関する仕事があり，自分や家族の生活を支えていることが分かるとともに，家族が協力し分担する必要があることや，生活時間の有効な使い方について理解できるようにする必要がある。そのため，まずは自分や家族の生活を見つめる活動として，生活時間を書きだすことや観察などを通して，家族が互いの生活時間を工夫し，仕事を分担したりして協力し合って生活する必要があることを理解し，課題を設定できるようにする。そして，その課題を解決するために，まずは生徒自身が家族の一員として家庭の仕事で何ができるのかを考え，家族と話し合い具体的に計画し，実践につなげられるようにする。また，既習事項や自分の生活経験と関連付けて考えたり，「B衣食住の生活」の内容と関連を図ったりすることで，児童が考えを広げたり深めたりできるよう配慮する。

2 「小学校学習指導要領」の「第１　目標」には，次の事項が示されている。

生活の営みに係る見方・考え方を働かせ，衣食住などに関する実践的・体験的な活動を通して，生活をよりよくしようと工夫する資質・能力を次のとおり育成することを目指す。

この事項に関する次の問いについて，それぞれ答えなさい。

(1)　「生活の営みに係る見方・考え方」の四つの視点を挙げなさい。

(2)　(1) で挙げた四つの視点を踏まえ，小学校家庭科で「和食」を教材とする学習活動について，600字以内で説明しなさい。

2 解答略

解説 (1) 「生活の営みに係る見方・考え方」の四つの視点とは，「協力・協働」「健康・快適・安全」「生活文化の継承・創造」「持続可能な社会の構築」である。「小学校学習指導要領」では，家族や家庭，衣食住，消費や環境などに係る生活事象を，これら四つの視点でとらえ，よりよい生活を営むために工夫することと示されている。また，小学校においては，「協力・協働」については「家族や地域の人々との協力」，「生活文化の継承・創造」については「生活文化の大切さに気付くこと」を視点として扱うことが考えられている。

(2)　小学校学習指導要領では，「日本の生活文化に関する内容の充実」について記述されている。グローバル化に対応して，日本の生活文化の大切さに気付くことができるようにするために，「B衣食住の生活」において，食生活では「伝統的な日常食である米飯及びみそ汁の調理の仕方を理解し，適切にできること。」としており，和食の基本となる「だし」の役割についても触れることとされている。我が国の主要な農産物である米について学習し，米の研ぎ方，水加減，炊き方を理解し炊飯できるようにする。また，古くから親しまれている発酵食品であるみそについて学び，みそ汁を調理するにあたって，和風だしの取り方を実践する。だしを取った場合と取らない場合，だしの種類による味の変化などを比べる学習などをする。

体育

1 あなたは，5年生の学級担任になった。『小学校学習指導要領解説』を踏まえて，体ほぐしの運動を行う上で，低学年，中学年からの発展として，どのようなことを目指して授業を展開すればよいか，次の六つの語句を全て用いて400～600字程度で記述しなさい。その際，用いた次の六つの語句に下線を引きなさい（複数回使用した場合にもその全てに下線を引くこと）。

【語句（使用する順番は問わない）】

「手軽な運動」　「手軽な運動遊び」
「心と体の変化に気付く」　「心と体との関係に気付く」
「仲間と関わり合う」　「みんなで関わり合う」

1 解答略

解説 次の表は，小学校学習指導要領解説体育編における「体ほぐしの運動」に関する低中高学年の内容についてまとめたものである。低学年で「運動遊び」と示されているのは，入学後の児童が就学前の運動遊びの経験を引き継ぎ，小学校での様々な運動遊びに親しむことをねらいとしているからである。中学年では，低学年での体つくりの運動遊びの学習を踏まえ，手軽な運動を行うことを通して，高学年の運動の学習につなげる。高学年では，手軽な運動を行うことを通して自己や仲間の心と体との関係に気付いたり，仲間と関わり合ったりするとともに，低学年・中学年での多様な動きをつくる運動（遊び）を踏まえ，体の動きを高める運動の行い方を理解し，体の柔らかさ，巧みな動き，力強い動き，動きを持続する能力を高めて中学校での体つくり運動の学習につなげていくことが求められる。

ここでは，まず低学年の「手軽な運動遊び」や中学年の「手軽な運動」を踏まえ，体を動かす楽しさや心地よさを味わう運動を行うこと，またそのような運動を行う中で，中学年で得られた「心と体の変化の気付き」を活かしながら，運動をすると心が軽くなったり，体の力を抜くとリラックスできたり，体の動かし方によって気持ちも異なることなど，「心と体との関係に気付く」ように授業を展開する旨を記述するとよい。さらに，これまでに「みんなと関わり合う」ことで知ったこと，感じたこと，体験したことを活かしながら，自他の心と体に違いがあることを理解し，仲間のよさを認め合うとともに，仲間の心と体の状態に配慮しながら豊かに関わり合う楽しさや大切さを体験するような「仲間との関わり合い」を大切にする授業を目指すことを記述するとよい。その際，表の末尾にある［行い方の例］も引用しながら記述できると，わかりやすいだろう。

第１学年及び第２学年の内容	第３学年及び第４学年の内容	第５学年及び第６学年の内容
ア　体ほぐしの運動遊びでは，手軽な運動遊びを行い，心と体の変化に気付いたり，みんなで関わり合ったりすること。	ア　体ほぐしの運動では，手軽な運動を行い，心と体の変化に気付いたり，みんなで関わり合ったりすること。	ア　体ほぐしの運動では，手軽な運動を行い，心と体との関係に気付いたり，仲間と関わり合ったりすること。
体ほぐしの運動遊びでは，その行い方を知るとともに，手軽な運動遊びを行い，体を動かす楽しさや心地よさを味わうことを通して，自己の心と体の変化に気付いたり，みんなで関わり合ったりすること。	体ほぐしの運動では，その行い方を知るとともに，手軽な運動を行い，体を動かす楽しさや心地よさを味わうことを通して，自己や友達の心と体の状態に気付いたり，みんなで豊かに関わり合ったりすること。	体ほぐしの運動では，その行い方を理解するとともに，手軽な運動を行い，体を動かす楽しさや心地よさを味わうことを通して，自己や仲間の心と体の状態に気付いたり，仲間と豊かに関わり合ったりすること。
心と体の変化に気付くとは，体を動かすと気持ちがよいことや，力一杯動くと汗が出たり心臓の鼓動が激しくなったりすることなどに気付くことである。	心と体の変化に気付くとは，体を動かすと心も弾み，体の動きが軽快になることや，体の力を抜くと気持ちがよいこと，汗をかいた後は気分もすっきりするなど，運動により心や体が変化することに気付くことである。	心と体との関係に気付くとは，運動をすると心が軽くなったり，体の力を抜くとリラックスできたり，体の動かし方によって気持ちも異なることなど，心と体が関係し合っていることに気付くことである。
みんなで関わり合うとは，人それぞれに違いがあることを知り，誰とでも仲よく協力	みんなで関わり合うとは，運動を通して自他の心と体に違いがあることを知	仲間と関わり合うとは，運動を通して自他の心と体に違いがあることを理解

したり助け合ったりして運動遊びを行い，友達と一緒に体を動かすと楽しさが増すことや，つながりを体験することである。	り，誰とでも仲よく協力したり助け合ったりして様々な運動をすると楽しさが増すことや，友達とともに体を動かすと心のつながりを感じ，体を動かすことへの不安が解消されることなどを体験することである。	し，仲間のよさを認め合うとともに，仲間の心と体の状態に配慮しながら豊かに関わり合う楽しさや大切さを体験することである。
［行い方の例］ ・伸び伸びとした動作で新聞紙やテープ，ボール，なわ，体操棒，フープといった操作しやすい用具などを用いた運動遊びを行うこと。 ・リズムに乗って，心が弾むような動作で運動遊びを行うこと。 ・動作や人数などの条件を変えて，歩いたり走ったりする運動遊びを行うこと。 ・伝承遊びや集団による運動遊びを行うこと。	［行い方の例］ ・伸び伸びとした動作でボール，なわ，体操棒，フープといった用具などを用いた運動を行うこと。 ・リズムに乗って，心が弾むような動作で運動を行うこと。 ・動作や人数などの条件を変えて，歩いたり走ったりする運動を行うこと。 ・伝承遊びや集団による運動を行うこと。	［行い方の例］ ・伸び伸びとした動作で全身を動かしたり，ボール，なわ，体操棒，フープなどの用具を用いた運動を行ったりすること。 ・リズムに乗って，心が弾むような動作での運動を行うこと。 ・ペアになって背中合わせに座り，互いの心や体の状態に気付き合いながら体を前後左右に揺らすなどの運動を行うこと。 ・動作や人数などの条件を変えて，歩いたり走ったりする運動を行うこと。 ・グループや学級の仲間と力を合わせて挑戦する運動を行うこと。 ・伝承遊びや集団による運動を行うこと。

2 高学年の水泳運動で取り扱う「安全確保につながる運動」において身に付けさせる「背浮き」と「浮き沈み」について，その内容を次の五つの語句を全て用いて400～600字程度で具体的に記述しなさい。その際，用いた次の五つの語句に下線を引きなさい（複数回使用した場合にもその全てに下線を引くこと）。

【語句（使用する順番は問わない）】

「だるま浮き」　「顔以外の部位」　「顔を上げて呼吸」

「手や足をゆっくりと動かす」　「背中を押して沈めてもらう」

2 解答略

解説 以下の記述は，小学校学習指導要領解説体育編における「第5学年及び第6学年の内容」の「D 水泳運動」の一部である。ここでは，安全確保につながる運動について，その行い方を理解するとともに，背浮きや浮き沈みをしながら，タイミングよく呼吸をしたり，手や足を動かしたりして，続けて長く浮くことができるようにすることが示されている。

[例示]

○　10～20秒程度を目安にした背浮き

・　顔以外の部位がしっかりと水中に入った背浮きの姿勢を維持すること。

・　息を一度に吐き出し呼吸すること。

・　背浮きの姿勢を崩さないように，手や足をゆっくりと動かすこと。

○　3～5回程度を目安にした浮き沈み

・　大きく息を吸ってだるま浮きをした状態で，仲間に背中を押して沈めてもらい，息を止めてじっとして水面に浮上する浮き沈みを続けること。

・　浮いてくる動きに合わせて両手を動かし，顔を上げて呼吸をした後，再び沈み，息を止めて浮いてくるまで姿勢を保つ浮き沈みを続けること。

◎　運動が苦手な児童への配慮の例

・　背浮きの姿勢での呼吸を続けることが苦手な児童には，浅い場所で踵を付けたまま背浮きになる姿勢の練習をしたり，補助具を胸に抱えたり，仲間に頭や腰を支えてもらったりして続けて浮く練習をしたりするなどの配慮をする。

・　浮き沈みの動きに合わせた呼吸をすることが苦手な児童には，体が自然に浮いてくるまで待ってから息継ぎをすることや，頭を大きく上げるのではなく首をゆっくりと動かし呼吸することを助言するなどの配慮をする。

なお，着衣のまま水に落ちた場合の対処の仕方については，安全確保につながる運動との関連を図り，各学校の実態に応じて積極的に取り扱うこと。

ここでは，上記の内容を踏まえ，「安全確保につながる運動」において身に付けさせる「背浮き」と「浮き沈み」について，その内容を具体的に記述することが求められる。運動が苦手な児童への配慮も記述できるとよい。

外国語（英語）

1　「夏休み」を題材にして，went，ate，saw，enjoyedなど動詞の過去形を扱う授業を行うことを想定して，次の問いに答えなさい。

(1)　あなた(教師)の夏休みについて，児童に話して聞かせる英語を50語程度で書きなさい。

(2)　動詞の過去形について，小学校での授業においてどのように扱うべきか，中学校との違いを意識して，あなたの考えを500字以内で述べなさい。

1　解答略

解説 (1)　設問では，児童に聞かせる英語を書くことが求められているため，「聞くこと」を意識して記述することが大切である。小学校学習指導要領(平成29年3月告示)には，外国語科の「聞くこと」の「目標」のひとつとして，「ゆっくりはっきりと話されれば，日常生活に関する身近で簡単な事柄について，具体的な情報を聞き取ることができる」と示されている。したがって，話す内容は「日常生活に関する身近で簡単な事柄」になるような配慮が必要である。例えば，食べることや食べ物，衣類を着ることや衣類，遊ぶことや遊びの道具など，児童が日々の生活の中で繰り返す出来事や習慣的なこと，あるいはその中で用いたり，接したりするものなどを扱うことが望ましい。これらを踏まえて，設問で設定されている「夏休み」から連想しやすい言葉を使うようにするとよい。また，外国語科における〔第5学年及び第6学年〕の「内容」には，「単文(文の中に主語と述語の関係が一つだけ含まれるもの)を指導すること」とある。したがって，重文や複文のような複雑な構造は避ける。そして実際に話す場面では，ゆっくりはっきりとした話し方にも配慮すべきである。
(2)　外国語科〔第5学年及び第6学年〕で扱う「文」については，「動名詞や過去形のうち，活用頻度の高い基本的なものを含むもの」と示されている。しかしながら，「過去形」という用語を「文」から取り出して指導することはしない。動詞の過去形への変化を練習するのではなく，自分の経験したことを伝える表現として，言語活動の中で過去形を活用できるよう指導することが求められているからである。一方，中学校の外国語科においては，動名詞や過去形は「文法事項」として扱われ，使い方の理解を深めると同時に，別の場面や異なる表現の中で活用できるように指導することとしている。小学校と中学校では，外国語の目標が異なることを意識して答えることがポイントとなる。

2 外国語活動・外国語の授業で起こり得る場面について，次の問いに答えなさい。

(1) 児童が，文法や発音の誤りがある発話や，単語だけの発話を行った。教師としてあなたはどのように対応するか。理由を示して，200字以内で述べなさい。

(2) ある教師が，ワークシートを作成した際に，英語に片仮名で振り仮名を付けた。このことについて，考えられる問題点を200字以内で述べなさい。

(3) 英語に片仮名で振り仮名を付けることなく，児童が話せるようにするためには，どのような指導が必要か。指導の過程や留意事項を200字以内で述べなさい。

2 解答略

解説 (1)　小学校学習指導要領には，外国語科における「英語の特徴やきまりに関する事項」の指導について，「言語材料と言語活動とを効果的に関連付け，実際のコミュニケーションにおいて活用できる技能を身に付けることができるよう指導する」と示されている。同解説外国語活動・外国語編では，この箇所について，言語材料を言語活動と切り離して「知識及び技能」として個別に指導するのではなく，常に言語活動と併せて指導することが大切であると説明している。このような考えから，設問にあるように，児童が文法や発音の誤りがある発話や，単語だけの発話をした場合も，言語材料として文法や発音をその言語活動から切り離して指導することは避け，実際のコミュニケーションにおいて活用できる技能を身に付けることに配慮した指導をするべきである。

(2)　本問については，小学校学習指導要領外国語科における〔第5学年及び第6学年〕の「内容」の「英語の特徴やきまりに関する事項」の「音声」の項を確認されたい。「音声」については「現代の標準的な発音」を扱うこととされているが，その理由として同解説外国語活動・外国語編では，「多様な人々とのコミュニケーションが可能となる発音を身に付けさせるために，特定の地域やグループの人々の発音に偏ったり，口語的過ぎたりしない，いわゆる標準的な発音を指導する」旨の説明がなされている。また，小学校の外国語科では，「活字体で書かれた文字を識別し，その読み方を発音することができるようにする」と示されており，これを踏まえて，FやKという文字を見て /ef/ や /kei/ と発音するといった文字の名称の読み方を扱うとされている。特にa，e，i，o，uなどの母音字について，日本語のローマ字表記の読み方と英語の文字の名称の読み方が異なることに留意して指導することが必要であると示されている。さらに，catの母音やmathのthの子音など日本語の発音にはない母音や子音があること，日本語とは異なり，likeやmusicのように発音が子音で終わったりすることなど，日本語と英語の音声の特徴や違いに気付かせることに十分留意する必要があり，singer や six，easy などの語の /si/ や /zi/ を，日本語の「し」や「じ」と同じように，/ʃi/ や /dʒi/ と発音しないように注意する必要があることも明示されている。したがって，設問にあるように片仮名で振り仮名を付けた場合，「現代の標準的な発音」や「日本語と英語の音声の特徴や違いに気付かせること」には当てはまらない場合があることに留意し，問題点を考えることがポイントとなる。なお，児童が英語に接する最初の段階で，本来日本語(片仮名)で表記することのできない英語の発音に振り仮名を付けてしまうと，正しい発音が身に付かなくなるという否定的な意見が多くある一方，片仮名で発音が表記されている辞書もあることから，児童が英語になじみやすくするため，振り仮名を付けるという教師もいる。

(3) (2)で述べたように，片仮名で振り仮名を付けることは，児童が片仮名の発音で英語を覚えてしまうことにつながり，さらに，児童が振り仮名にだけ注目して英語を見ようとしなくなるため，綴りも音声も覚えにくくなるという意見もある。子どもは英語をそのまま「音」として捉えることができるという特長を生かし，できるだけ多く英語ネイティブの発音に触れさせることが有効である。早い段階からICT機器等を活用し，単語を見ながら英語ネイティブの発音を繰り返し聞かせ，綴りと発音をセットで身に付けられるよう工夫することが望ましいだろう。

2022 年度 ◆ 教科及び教職に関する科目（Ⅳ）

1 「学び続ける教師」とはどのような教師か。「学び続ける教師」が求められる社会的背景を踏まえながら，あなたの教師としての取組を 300 字以上 400 字以内で具体的に述べなさい。

1 解答略

解説

●方針と分析

(方針)

「学び続ける教師」が求められる社会的背景とともに，受験者が考える「学び続ける教師」像とその取組を具体的に述べる。

(分析)

教育公務員特例法第21条に，「教育公務員は，その職責を遂行するために，絶えず研究と修養に努めなければならない」と示されている。研修は必須事項であり，教師は学び続けなければならないのである。

さらに，これからの教育を担う教師を考えると，令和3年5月「教員免許更新小委員会」が示した「『令和の日本型学校教育』を担う教師の学び(新たな姿の構想)」では，「時代の変化が大きくなる中で常に学び続けなければならない。」「主体的に学び続ける教師の姿は，児童生徒にとっても重要なロールモデルである。」「継続的な教師の学びを進める上で必要となるものは，変化を前向きに受け止め，探究心を持ちつつ自律的に学ぶという教師の主体的な姿勢」が重要であること，などが示されている。

「学び続ける教師」が求められる社会的背景は，平成27年12月中央教育審議会「これからの学校教育を担う教員の資質能力の向上について～学び合い，高め合う教員育成コミュニティの構築に向けて～(答申)」によると，①教員として不易とされてきた資質能力に加え，時代の変化(グローバル化・情報化・少子高齢化等)や自らのキャリアステージに応じて求められる資質能力を生涯にわたって高めていくことができる力や，情報を適切に収集し，選択し，活用する能力や知識を有機的に結び付け構造化する力などが必要，②「主体的・対話的で深い学び」の視点からの授業改善，道徳教育の充実，小学校における外国語教育の早期化・教科化，ICT機器の活用，発達障害を含む特別支援を必要とする児童生徒への対応などの新たな課題に対応できる力量を高めることが必要，③「チーム学校」の考え方の下，多様な専門性を持つ人材と効果的に連携・分担し，組織的・協働的に諸課題の解決に取り組む力の醸成が必要，と掲げている。つまり，これは「学び続ける教師」が求められる社会的背景でもある。

複雑・多様な課題を主体的に学ぶ児童生徒を育成するには，教師自身が主体的に学び続けなければならないことは自明のことである。

●作成のポイント

論文の構成は，序論・本論・結論とする。記述前に構想する時間を十分に取り，その内容を簡潔に整理することが重要である。300字以上400字以内であることから，文量を序論(約15〜20％程度)・本論(約65〜75％程度)・結論(約10〜15％程度)の目安で，端的に記述することが大切である。

序論では，「学び続ける教師」が法律的にも社会的背景からも求められることを端的に述べる。

本論では，序論を受けて筆者が考える「学び続ける教師」の具体的な取組について，自己研修としての主体的な取組と現職研修として校内研修等の取組について，多くを網羅することなく「令和の日本型学校教育」を担う教師の学びの姿を視野に入れて述べることが大切である。

結論では，筆者の「学び続ける教師」を目指す強い決意を述べて，論文をまとめる。

2 いじめ問題への対応は教育界の喫緊の課題の一つである。あなたは，小学校の教師としていじめ問題にどのように取り組むか。「いじめ防止対策推進法」（平成 25 年法律第 71 号）の規定を踏まえながら，300 字以上 400 字以内で具体的に述べなさい。

2 解答略

解説

●方針と分析

(方針)

いじめの実態とそれが学校教育の喫緊の課題であることを簡潔に述べる。次に，いじめ問題の解決への取組を「いじめ防止対策推進法」の規定をもとに，未然防止，早期発見，事後対応等に関し，受験者が重要と考えるものについて述べる。

(分析)

「令和4年度児童生徒の問題行動・不登校等生徒指導上の諸問題に関する調査結果の概要」(文部科学省)では，小学校児童のいじめの認知件数は，551,944人で前年度比10.3%増であり，喫緊の課題であるとし，いじめ防止対策推進法に基づき，積極的認知や組織的対応の徹底，いじめ重大事態調査の適切な実施の推進を掲げている。ポイントは，「いじめ防止対策推進法」に示された規定に基づく具体的な取組である。

平成25年4月に制定された「いじめ防止対策推進法」は，児童生徒の間で起きているいじめの問題に対し，社会全体で向き合い，適切に対処していくための基本的な理念や体制を定めた法律である。

この法律をもとに，平成25年10月，文部科学省は，「いじめの防止等のための基本的な方針」を示し，平成29年3月，最終改定が行われた。この中で，「3．いじめ防止のために学校が実施すべき施策」として，(1)学校いじめ防止基本方針の策定，(2)学校におけるいじめ防止等の対策のための組織の常設，(3)学校におけるいじめ防止等に関する措置を明記している。

特に，(3)をもとに考えられる取組としては，①いじめの未然防止の取組

(○いじめが起こりにくい学級づくり，○授業の充実，○体験活動の充実等)，②早期発見の取組(○相談体制の充実，○アンケートの実施，○児童観察の充実等)，③いじめの事後対応(○組織的対応，○事実確認，○被害児童，保護者支援等)，④ネットいじめへの対応(○教職員研修の実施，○情報モラル教育の充実等)などが考えられる。

なお，「いじめ防止対策推進法」では，学校・教員が行わなければならない規定が，条項として明確に示されていることを確認しておくことが望まれる。列記すると，第13条(学校いじめ防止基本方針)，第15条(学校におけるいじめの防止)，第16条(いじめの早期発見のための措置)，第19条(インターネットを通じて行われるいじめに対する対策の推進)，第22条(学校におけるいじめの防止等の対策のための組織)，第23条(いじめに対する措置)，第25条(校長及び教頭による懲戒)，第28条(学校の設置者又はその設置する学校による対処)等が示されている。

●作成のポイント

論文の構成は，序論・本論・結論とする。記述前に構想する時間を十分に取り，その内容を簡潔に整理することが重要である。300字以上400字以内であることから，文量を序論(約15～20％程度)・本論(約65～75％程度)・結論(約10～15％程度)の目安で，端的に記述することが大切である。

序論では，いじめが増加し，いじめ問題が学校教育の喫緊の課題であることを簡潔に述べる。

本論では，小学校教師のいじめ問題への取組として，①いじめの未然防止，②早期発見，③いじめの事後対応の三つの視点からの取組について，「いじめ防止対策推進法」の規定を踏まえて重点的に述べる。その際，視点ごとに述べてもよいが，規定字数が多くないため，受験者が重要であると考える取組1～2点に絞って述べてもよい。いずれにしても読み手に分かりやすく，具体的な記述が求められる。

結論では，いじめは人権侵害であり，根絶しなければならないといった強い決意をもって取り組むことを述べて，論文をまとめる。

●書籍内容の訂正等について

弊社では教員採用試験対策シリーズ（参考書，過去問，全国まるごと過去問題集），公務員試験対策シリーズ，公立幼稚園・保育士試験対策シリーズ，会社別就職試験対策シリーズについて，正誤表をホームページ（https://www.kyodo-s.jp）に掲載いたします。内容に訂正等，疑問点がございましたら，まずホームページをご確認ください。もし，正誤表に掲載されていない訂正等，疑問点がございましたら，下記項目をご記入の上，以下の送付先までお送りいただくようお願いいたします。

① **書籍名，都道府県（学校）名，年度**
（例：教員採用試験過去問シリーズ　小学校教諭 過去問　2025 年度版）
② **ページ数**（書籍に記載されているページ数をご記入ください。）
③ **訂正等，疑問点**（内容は具体的にご記入ください。）
（例：問題文では“ア～オの中から選べ”とあるが，選択肢はエまでしかない）

〔ご注意〕
○ 電話での質問や相談等につきましては，受付けておりません。ご注意ください。
○ 正誤表の更新は適宜行います。
○ いただいた疑問点につきましては，当社編集制作部で検討の上，正誤表への反映を決定させていただきます（個別回答は，原則行いませんのであしからずご了承ください）。

●情報提供のお願い

協同教育研究会では，これから教員採用試験を受験される方々に，より正確な問題を，より多くご提供できるよう情報の収集を行っております。つきましては，教員採用試験に関する次の項目の情報を，以下の送付先までお送りいただけますと幸いでございます。お送りいただきました方には謝礼を差し上げます。
（情報量があまりに少ない場合は，謝礼をご用意できかねる場合があります）。
◆あなたの受験された面接試験，論作文試験の実施方法や質問内容
◆教員採用試験の受験体験記

送付先
○電子メール：edit@kyodo-s.jp
○FAX：03-3233-1233（協同出版株式会社　編集制作部 行）
○郵送：〒101-0054　東京都千代田区神田錦町2-5
協同出版株式会社　編集制作部 行
○HP：https://kyodo-s.jp/provision（右記のQRコードからもアクセスできます）

※ 謝礼をお送りする関係から，いずれの方法でお送りいただく際にも，「お名前」「ご住所」は，必ず明記いただきますよう，よろしくお願い申し上げます。

教員資格認定試験 過去問題集
2025 年度版

編　集　© 協同教育研究会
発　行　令和 6 年 4 月 25 日
発行者　小貫　輝雄
発行所　協同出版株式会社
〒 101 − 0054
東京都千代田区神田錦町2 − 5
電話　03 − 3295 − 1341
振替　東京00190 − 4 − 94061
印刷所　協同出版・POD 工場

落丁・乱丁はお取り替えいたします